Glänzel · **Ägypten**

LIBERTAS
OPTIMA
RERUM

Schriften des Instituts
für Sicherheitspolitik an der
Christian-Albrechts-Universität
zu Kiel

Herausgegeben
von Werner Kaltefleiter

in Zusammenarbeit mit dem
Deutschen Strategie-Forum

Band 6

Ralph Glänzel

Ägypten

und die Stabilität des Mittleren Ostens

Verlag E.S. Mittler & Sohn
Herford und Bonn

Die Arbeit wurde im Februar 1987 von der Hohen Philosophischen Fakultät der Christian-Albrechts-Universität zu Kiel unter dem Titel »Ägypten: Zur Interdependenz von politischer Kultur und politischem Regierungssystem« als Dissertation angenommen.

CIP-Titelaufnahme der Deutschen Bibliothek

Glänzel, Ralph:
Ägypten und die Stabilität des Mittleren Ostens /
Ralph Glänzel. — Herford ; Bonn: Mittler, 1988

(Libertas optima rerum ; Bd. 6)
ISBN 3-8132-0302-6

NE: GT

ISBN 3 8132 0302 6; Warengruppe Nr. 16

Umschlag- und Innentitelgestaltung: Ernst A. Eberhard, Bad Salzuflen
Gesamtherstellung: Hans Kock Buch- und Offsetdruck GmbH Bielefeld
Printed in Germany

Inhaltsverzeichnis Seite

Geleitwort

Die ersten fünf Bände der Schriftenreihe "Libertas Optima Rerum" haben sich fast ausschließlich mit Aspekten der internationalen Sicherheit beschäftigt, wenn auch gerade in Band 4 (Matthée, Neutronenwaffe) schon deutlich die Interdependenz zwischen innenpolitischer Willensbildung und außenpolitischem Verhalten herausgearbeitet wurde. Die hiermit vorgelegte Studie von Ralph Glänzel "Ägypten: Zur Interdependenz von politischer Kultur und Regierungssystem" scheint von dieser Tradition zunächst abzuweichen, konzentriert die Arbeit sich doch schwerpunktmäßig auf die Entwicklung des politischen Systems Ägyptens. In einem großen historischen Wurf wird das Zusammenwirken von unterschiedlichen Elementen der politischen Kultur und den sich herausbildenden politischen Institutionen dargestellt. Außenpolitische Faktoren spielen dabei scheinbar nur eine untergeordnete Rolle. Dennoch zeigt eine nähere Betrachtungsweise die sicherheits- und außenpolitische Relevanz dieses Themas für eine der bedeutendsten Krisenregionen dieser Welt.

Glänzel beginnt mit einer kurzen Charaktorisierung des alten Ägyptens als einen Prototyp einer "hydraulischen Kultur". Die Überlebenschancen einer solchen Gesellschaft hingen davon ab, ob es ihr gelingt, das Bewässerungsproblem administrativ zu lösen. Dieser Aufgabe wurde sie durch die Entwicklung zentralistischer bürokratischer Institutionen gerecht, in denen es keinen Raum für die politische Partizipation breiter Bevölkerungsschichten gab.

Die zweite, bis in die Gegenwart hineinreichende Entwicklungsstufe beginnt mit der Islamisierung des Landes. Für die politische Kultur des Landes ist es von zentraler Bedeutung, daß auch die politischen Institutionen des Islams keine Partizipationsformen größerer Teile der Bevölkerung, sondern nur mehr oder weniger verbindliche Konsultationsverfahren innerhalb der politischen Elite kennen. Nicht weniger wichtig ist, daß mit der Islamisierung die Grundlagen einer Wirtschaftsgesinnung gelegt wurden, die keinerlei Voraussetzung für jene Wirtschaftsdynamik bietet, die später so wesentlich für die Industrialisierung und generelle Überlegenheit der westlichen Zivilisation werden sollte. Man mag darüber streiten, ob mit Max Weber die protestantische Ethik den Geist des Kapitalismus geprägt hat oder ob es noch andere normative Grundlagen für die dem Kapitalismus eigene Wirtschaftsdynamik gibt, wie man sie gerade heute in Teilen Asiens beobachten kann; dem Geist des Islams ist der Kapitalismus jedenfalls bis heute fremd geblieben. Dazu fehlt es vor allem an der Vorstellung der individuellen Verantwortung für das eigene Schicksal. Dies aber ist nicht nur eine Voraussetzung einer dynamischen Wirtschaftsgesinnung, sondern auch einer pluralistischen Gesellschaft und damit demokratischer politischer Institutionen.

Die Folge dieser Entwicklung war spätestens seit den Tagen Napoleons, daß die ägyptische Gesellschaft auf das Zusammentreffen mit der westlichen Zivilisation zwiespältig reagierte. Einerseits entsteht das Empfinden struktureller Unterlegenheit mit der Tendenz, durch das Nachahmen der äußeren Formen dieser Zivilisation die perzipierte Unterlegenheit zu überwinden, andererseits kommt es immer wieder zu einem Aufbegehren gegen die westliche Überfremdung, ein Zurückweisen dieser Lebensform, um durch Rückbesinnung auf die wahren Werte des Islams zu einer Lösung der eigenen Probleme zu kommen. In diesem Sinne ist der islamische Fundamentalismus keine Erfindung des zu Ende gehenden 20. Jahrhunderts, sondern ein zyklisch auftretendes Reaktionsmuster der islamischen Welt auf die Herausforderung durch die westliche Zivilisation.

Im Falle Ägyptens kann dahingestellt bleiben, ob die Ansätze zur Übernahme westlicher konstitutioneller Regierungsformen im letzten Jahrhundert eine Chance hatten, stabile politische Institutionen zu entwickeln. Angesichts der Vorprägung der ägyptischen politischen Kultur erscheint dies zweifelhaft. Wichtiger ist, daß diese Frage für die weitere politische Entwicklung Ägyptens nach der Kolonialisierung durch Großbritannien obsolet wurde. Der damit in das politische System eingefügte Kolonialkonflikt dominiert die weitere politische Entwicklung in einer Form, die die Herausbildung demokratischer Institutionen nahezu möglich werden ließ. Das entstehende Parteiensystem war durch die Dominanz der populistisch organisierten antikolonialen Sammlungsbewegung Wafd gekennzeichnet, die keinen Raum für die

Entwicklung von Demokratie als ein System wechselnder Parteiregierungen ließ.

Der Putsch von Naguib und seine baldige Ablösung durch Nasser war die logische Konsequenz dieser Entwicklung. Es gab keine gefestigten politischen Institutionen der politischen Partizipation, der Machtbildung und der Machtausübung. Nasser und seine Nachfolger, also Sadat und Mubarak, schufen sich eine quasi plebiszitäre Legitimation, wobei die Variablen Konflikt mit Israel, Beziehungen zu den westlichen Staaten, innenpolitische Visionen und die Organisation von parteiähnlichen Formationen zur Absicherung der eigenen Macht in unterschiedlicher Konfiguration auftreten. Die Variable Beziehungen zu den westlichen Staaten steht dabei in unmittelbarer Verbindung mit zwei anderen, nämlich den Beziehungen zur Sowjetunion einerseits und der innenpolitischen Bedeutung der Fundamentalisten andererseits: je positiver die Beziehungen zu den westlichen Staaten, d.h., in erster Linie zu den USA, desto geringer die Bedeutung der Sowjetunion bzw. der Fundamentalisten und umgekehrt.

Die Folge war und ist die mehr oder weniger gesicherte Machtposition des jeweiligen Amtsinhabers, aber keine Festigung des politischen Systems. Da von den vier Machtsicherungsvariablen zwei, nämlich die Beziehung zu Israel und zu den westlichen Industriegesellschaften außenpolitischer Natur sind, ist das jeweilige außenpolitische Verhalten Ägyptens unmittelbar eine Funktion der zur innenpolitischen Machtsicherung zweckmäßig erscheinenden Konfiguration dieser Variablen. Damit erhält die innere Struktur des politischen Systems Ägyptens eine Bedeutung für die internationalen Beziehungen, die durch die geopolitische Lage des Landes verstärkt wird: Ägypten ist das bevölkerungsreichste Land in einer der wichtigsten Krisenregionen des internationalen Systems, dem Nahen und Mittleren Osten.

Ein zweites kommt hinzu. Die von Glänzel herausgearbeitete Interdependenz von politischer Kultur und politischer Form, die zu der strukturellen Instabilität der Gegenwart geführt hat, ist eine case study, die in vielerlei Hinsicht auf andere Staaten der Region, insbesondere auf Syrien und den Irak übertragen werden kann. Das bedeutet zugleich, daß die für Ägypten formulierte

Hypothese, daß das außenpolitische Verhalten das Ergebnis des innenpolitischen Machtkampfes ist, in mehr oder weniger starkem Umfang für fast alle Länder der Region gilt. Der arabisch-israelische Konflikt, der vordergründig das Beziehungsgeflecht beherrscht, erhält eine besondere Bedeutung nicht zuletzt dadurch, daß mit der Existenz Israels wesentliche Teile der als überlegen perzipierten westlichen Zivilisation wie eine Insel im arabischen Meer zum Staat wurden. Die entwicklungspolitischen und militärischen Erfolge Israels allein reichen aus, dieses Land zu einer Symbolfigur im innenpolitischen Kräftespiel der arabischen Länder werden zu lassen.

Für die Perspektive der Krisenregion Naher und Mittlerer Osten bedeutet dies, daß der innenpolitischen Entwicklung Ägyptens eine Schlüsselrolle zukommt. Solange es dem jeweiligen Machthaber in Ägypten gelingt, seine innenpolitische Machtbasis zu sichern, ohne eine innenpolitische Kreuzzugsstimmung gegen Israel aufzubauen, solange ist eine größere militärische Konfrontation zwischen Israel und seiner arabischen Umwelt unwahrscheinlich.

Die Krisenregion des Nahen und Mittleren Ostens ist somit ein Subsystem des internationalen Systems, in dem die Kant'sche Hypothese, nach der dauerhafter Frieden nur möglich ist, wenn die beteiligten Staaten über stabile demokratische Institutionen verfügen, nachdrücklich veranschaulicht werden kann. Während die Bände 1-5 dieser Schriftenreihe die Fragen der Friedenssicherung mehr auf das globale, internationale System bezogen haben, wendet sich Band 6 einem Subsystem zu, für das die innenpolitische Entwicklung des bedeutendsten Landes, nämlich Ägyptens, die Schlüsselvariable ist.

Kiel, im Mai 1988

Werner Kaltefleiter

Vorwort

Die Themenstellung dieser Arbeit geht auf eine intensive Auseinandersetzung mit den innenpolitischen Determinanten der Außenpolitik moderner Staaten zurück.
Diese am Institut für Politische Wissenschaft der Universität Kiel geleistete Arbeit förderte das Interesse auch an außereuropäischen Kulturen, insbesondere an dem politischen System Ägyptens, das, weil es im Schnittpunkt geo-strategischer sowie regionaler Konflikte steht und darüber hinaus sich im tiefgreifenden Wandel befindet, eine außenpolitische Sonderrolle aufweist, die deutlich von seiner arabisch-islamischen Umwelt abweicht.

Meinem akademischen Lehrer Herrn Prof. Dr. Werner Kaltefleiter, der die Entstehung der Arbeit mit wissenschaftlichem Rat und stetigem Ansporn unterstützte, gilt mein besonderer Dank. Mein Dank gilt auch Herrn Prof. Dr. Heribert Busse, für seine kritischen Anmerkungen aus islamkundlicher Sicht. Zusätzliche Anregungen erhielt ich durch zahlreiche Studien- und Forschungsaufenthalte an den Universitäten von Essex (G.B.), Georgetown Washington (D.C.) sowie an ausgewählten wissenschaftlichen Einrichtungen in Kairo. Mit Dank verbunden fühle ich mich ferner Herrn Dr. B. Eisenblätter und Herrn Dr. R. Glagow, die mir in der ägyptischen Hauptstadt nicht nur Kontakte vermittelten, sondern auch wertvolle Diskussionspartner waren.
Frau Karen Keil danke ich für das sorgfältige Abfassen des Manuskriptes.

Gewidmet aber sei diese Schrift Katharina und Maximilian, die allzuoft auch an Wochenenden auf einen Spielkameraden verzichten mußten.

Ralph Glänzel

1. Problemstellung

Seit der Machtergreifung am 23. Juli 1952 etablierten die ägyptischen Offiziere ein Regierungssystem, das sich trotz zahlreicher innen- wie außenpolitischer Fehlschläge durch ein hohes Maß an Stabilität auszeichnet. Ihren sichtbarsten - personenbezogenen - Ausdruck findet diese in der dominierenden Person Nassers und ihre institutionelle Bestätigung in der Präsidentschaft Sadats, der, von den zuständigen Gremien nominiert, gewählt und durch Plebiszit bestätigt, nach dem Tode Nassers im September 1970 die Nachfolge antrat.

Die politischen Ereignisse im Zusammenhang mit der Ermordung Sadats richteten die Aufmerksamkeit nicht nur auf die Existenz einer massiven Opposition, sondern schienen insgesamt einen gegenläufigen Trend der bisher beobachteten politischen Entwicklungstendenzen in Ägypten anzudeuten. Doch das in Übereinstimmung mit den geltenden Verfassungsregeln abgesicherte Verfahren der Übertragung der Macht auf Mubarak - ohne wesentliche politische und soziale Erschütterung der ägyptischen Gesellschaft - vermittelte das Bild einer institutionellen Bewährung des Regierungssystems.

Auch die vielfältigen demographisch-sozialen, ökonomischen und religiösen Probleme haben augenscheinlich diese politische Stabilität nicht entscheidend beeinflussen können. Ferner kann auch die Fähigkeit zur Realisierung der außenpolitischen Sonderrolle Ägyptens - Friedensvertrag mit Israel und dadurch Ausschluß aus der arabischen Staatengemeinschaft - als weiterer Beleg einer internen Stabilität interpretiert werden.

Dabei steht Ägypten in einem krisenhaften Umfeld, das durch Instabilitätserscheinungen sowohl der gesamten Region - vordergründig infolge eines islamischen Erneuerungsanspruchs - als auch einiger Staaten aufgrund der Herausforderung des angestrebten Sozialen Wandels gekennzeichnet ist. Diese erstaunliche Handlungsfähigkeit nach innen und nach außen gibt Anlaß, die Bestimmungsfaktoren der politischen Entwicklung, die Wirkungsweise und die Funktionsfähigkeit des von seiner Umwelt[1] abweichenden "Modell Ägypten" näher zu analysieren.

Seit der Entstehung von souveränen, unabhängigen Staaten in der Dritten Welt, die vielfach nicht dem Typus des europäischen Nationalstaates entsprechen, sind zahlreiche politikwissenschaftliche Erklärungsvarianten zur Herausbildung und Etablierung dieser "neuen" Regierungssysteme vorgelegt worden.[2] Ausgehend von der Analyse der Entstehung europäischer und nordamerikanischer politischer Institutionen und sozio-politischer Verhaltensweisen sind eine Reihe von Modellen und Konzepten der Modernisierung und Nationenbildung entstanden, die vielfach mit der Zielsetzung auftraten, den neuen, politischen Einheiten sozialtechnologische Steuerungsinstrumente bereitzustellen.[3]

Die politische Realität der Dritten Welt im allgemeinen und des islamischen Raumes im besonderen zeigt, daß der angestrebte soziale, wirtschaftliche, politische und kulturelle Wandel nur in Teilbereichen erfolgreich verlaufen ist. Im Gegenteil: Das Ergebnis war vielfach die Erosion der demokratischen Einrichtungen und der Rückfall in überkommene Techniken der Allokation politischer Macht[4] oder die Errichtung "moderner Einparteiensysteme" und autokratischer Militärdiktaturen, oft mit äußerer Hilfe.

Diese Entwicklung fordert zu kritischer Bestandsaufnahme der angebotenen politikwissenschaftlichen Erklärungsmuster auf.

1.1. Politische Institutionalisierung als Indikator politischer Modernisierung

In der kontroversen und noch nicht abgeschlossenen politikwissenschaftlichen Entwicklungstheorie,[5] die aus dem Phänomen "Sozialer Wandel" einen generalisierbaren Modelltyp zur Erklärung[6] des Prozesses der politischen Veränderungen in den Entwicklungsgesellschaften[7] abzuleiten versucht, lassen sich vier Forschungskonzeptionen herauskristallisieren. Diese, nämlich Prozesse der Rationalisierung, nationalen Integration, Mobilisierung und Demokratisierung, werden zunächst als Implikationen der unabhängigen Variablen "Sozialer Wandel" gesehen und in ihren spezifischen Auswirkungen[8] auf das jeweilige Regierungssystem (abhängige Variable) als politische Entwicklung identifiziert.

Letztere ist wiederum nur Teil des umfassenderen gesamtgesellschaftlichen Modernisierungsprozesses; da aber politische Entwicklung nicht immer geradlinig und stetig verläuft, sondern auch umkehrbar ist - bei gleichzeitigem Fortschreiten der Entwicklung in anderen Bereichen -, muß das gewünschte Modell auch Bedingungen des politischen Verfalls beinhalten. Huntington[9] schlägt daher vor, zwischen Modernisierung und politischer Entwicklung zu unterscheiden und politische Entwicklung mit der Institutionalisierung politischer Organisationen und Verfahrensweisen gleichzusetzen.[10]

Zentraler politischer Aspekt und das politikwissenschaftliche Hauptmerkmal, das zumindest eng mit diesen vier Makrovariablen in Verbindung zu stehen scheint, ist die politische Partizipation.[11] Huntington formulierte deshalb ausgehend von diesem theoretischen Bezugsrahmen einen neuen Ansatz; seiner These zufolge ist die politische Entwicklung einer transitorischen Gesellschaft abhängig von dem Verhältnis zwischen "politischer Partizipation" und "politischer Institutionalisierung", wie es die graphische Darstellung demonstriert:

Schaubild 1:

Politische Institutionalisierung
und politische Partizipation

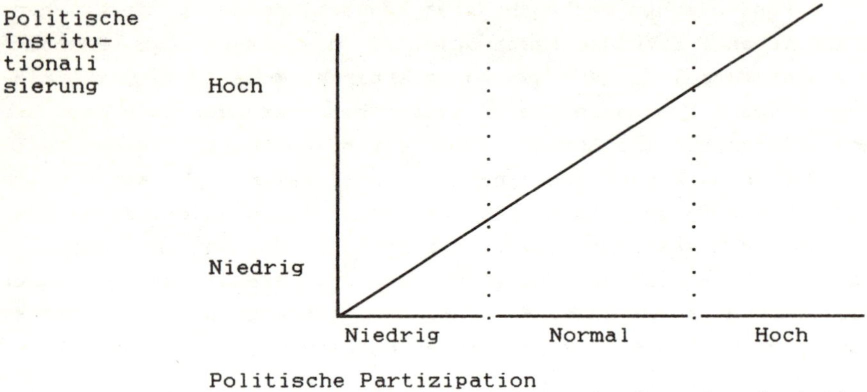

Quelle: S.P. Huntington, Political Order in Changing Societies, a.a.O., S. 79.

Die zunehmende Institutionalisierung[12] der Konfliktschlichtung innerhalb eines Gemeinwesens wird als Reaktion auf das Entstehen neuer sozialer Schichten[13] und damit eines erweiterten Partizipationspotentials verstanden. Gelingt es nicht, die existierenden politischen Organisationen den veränderten sozialen Bedingungen anzupassen bzw. durch einen Prozeß der Institutionalisierung neue Verfahrensweisen zur Integration der aufgekommenen "demands" zu entwickeln und diese Institutionen in ihrem Autonomiegrad[14] zu stärken, so führen die Konflikte zwischen den widerstreitenden Gruppen zu einer Konfrontation, die sowohl Konsensverweigerung als auch Legitimationsentzug gegenüber dem politischen System impliziert. Anstelle der kontinuierlichen Entwicklung im Sinne einer weiteren Rollendifferenzierung und -internalisierung durch die politischen Akteure fördert die fehlende institutionelle Mediatisierung der Gruppenkonflikte eine Partizipationskrise,[15] die schließlich die Paralyse des Regierungssystems verursacht.

Huntingtons Theorie beruht auf einer Kette von komplexen Axiomen, in denen mindestens zwei Argumentationslinien problematisch sind. Zwar schließt er die Möglichkeit, den Prozeß der Institutionalisierung einzuleiten und somit die politische Macht zu entpersonalisieren mit einer pluralistischen Organisationsstruktur nicht ausdrücklich aus; aber die einzige effektive Organisation, die in der transitorischen Phase den neuen Integrations- und Adaptionsanforderungen gerecht zu werden und politische Stabilität zu erreichen vermag, ist für ihn die politische Partei.

Sein Interesse gilt dabei primär der Herstellung von Handlungsfähigkeit des politischen Systems, die er am besten durch ein Einparteiensystem gesichert weiß. Diese "output"-orientierte Betrachtung verstellt den Blick auf die innere Ausgestaltung der politischen Partei, limitiert deren Funktion und reduziert die so erzielte Partizipation auf den "support"-Bereich.[16]

Damit kann der aus dem Sozialen Wandel resultierende "Partizipationsschub" zwar absorbiert werden, aber die Realisierung der geforderten aktiven Teilnahme - also der Einfluß der Regierten auf die Regierungsbildung und deren politische Entscheidungen - und damit ein Instrument zur politischen Kontrolle erscheint auf diesem Wege nur schwer vorstellbar.

Huntington immunisiert[17] seine Partizipationsstrategie, indem das Interesse der Institutionen mit dem allgemeinen, öffentlichen Interesse gleichgesetzt wird. Die Handlungsweise der politischen Elite wird in Anlehnung an das Rousseausche Demokratieverständnis[18] als Ausdruck einer "volonté générale" vermittelt, die das "summum bonum" der Gesellschaft anstrebt.

Die empirisch vorgefundene Realität wie die politische Willkür, bürokratische Verselbständigung, also die politischen Strukturprobleme, werden aber mit Hilfe derartiger sozialphilosophischer Tautologien weder problematisiert noch abgestellt.[19] Letztlich reduziert sich das Huntingtonsche Aussagesystem zu einer Wachstumstheorie politischer Institutionen. Um diesen Ansatz durch überzeugendere Variablen zu ergänzen, ist es zweckmäßig, die Rolle dieser politischen Eliten zu betrachten, die im transitorischen Prozeß oft mit der Mittelschicht identifiziert werden.

1.2. Die Mittelschicht als Akteur im Prozeß der politischen Modernisierung

Einige andere Aspekte des "feed back" des Sozialen Wandels auf das Regierungssystem und die politische Entwicklung akzentuiert die Mittelschichtentheorie,[20] deren prominentester Vertreter für die Nah- und Mittelost Region Halpern ist. Das aus der Stratifikationstheorie[21] abgeleitete Konzept der "Neuen Mittelschicht" determiniert die politische Entwicklung einer Modernisierungsgesellschaft in Abhängigkeit von der politischen Durchsetzungs- und Handlungsfähigkeit einer neuen "Aufsteigerelite".

Im Paradigma der Modernisierung erfolgt durch den sozio-ökonomischen Input die Aufspaltung der traditionellen Gesellschaftsstruktur. Diese Aufspaltung produziert eine neue Mittelschicht, die im wesentlichen aus einer Kombination städtischen Kleingewerbes und den administrativen 'professionals'[22] besteht; diese dominierende Schicht der Übergangsgesellschaft erlangt und legitimiert ihre politische Macht aufgrund ihrer dynamisch-strategischen Überlegenheit[23] und der Fähigkeit, für ihre gesellschaftlichen Zielsetzungen "popular support and participation, whether achieved by consent, authority or terror" zu mobilisieren.[24]

Dieser Erklärungsversuch stellt die soziale, berufsspezifische Herkunft der neuen Eliten in den Vordergrund. Der Vorteil hierbei ist, daß man aus individuell-personalen Daten Auskunft über Milieubedingungen,[25] Wertorientierungen und politische Einstellungen dieser Akteure gewinnen kann. Insbesondere bei vergleichenden Studien erweist es sich als wertvoll, derartige soziale Regelmäßigkeiten, etwa bei der Eliterekrutierung, formulieren zu können.

Das Hauptaugenmerk dieses Ansatzes richtete sich also hauptsächlich auf die organisationssoziologischen Kriterien des Machterwerbs und weniger auf die Bedingungen der Konsolidierung und weiteren Entwicklungsfähigkeit des politischen Systems. Es ist aber zu fragen, welche Symbole, Machtmittel, Integrationsinstrumente werden von den jeweils herrschenden Eliten eingesetzt.[26]

Das Unterlassen einer wertorientierten Zuordnung der Integrationsstrategien ('by consent, authority or terror') führt außerdem zu einer starren, eindimensionalen Betrachtung politischer Partizipationen (Elite-Gesellschaft) und übergeht die Legitimationsproblematik.[27] Dabei gibt es gerade in den zu untersuchenden Staaten eine machtpolitische Eigendynamik der Elite, die sich aus der Verteilung der Zugangschancen zu den machtpolitischen Institutionen zu einem autonomen Verbandsinteresse formiert und verfestigt. Damit können sie andere gesellschaftliche Gruppen (Opposition) aufgrund ihres Informations-, Organisations- und Ressourcenvorsprungs von jedem Machterwerb bzw. jeder Machtbeteiligung fernhalten. Die potentielle Opposition im System kann auf diese Weise zur Opposition im System werden.

Wenn dieser Aspekt nicht berücksichtigt wird, wird der Blick auf die zentrale politikwissenschaftliche Fragestellung verstellt, nämlich individuelles, kollektives, politisches, potentielles (Fehl-)Verhalten durch entsprechende institutionelle Rahmenbedingungen auszuschalten, bzw. zu begrenzen.[28] Betrachtet man aber die politischen Eliten[29] nicht als isolierte Einheit und nicht um ihrer selbst willen, sondern als Akteure, die sich im machtpolitischen Interaktionsprozeß zwischen Regierenden und Regierten der Institutionen bedienen, so erhält man einen mehrdimensionalen Ansatz zur Erklärung politischer Partizipation.

Die politischen Entscheidungen der Eliten sind stets eine Reaktion auf die aus der Konfliktstruktur einer Gesellschaft hervorgehenden Interessen. Zur angestrebten Lösung dieser Konflikte werden von den Eliten bestimmte Regelungen eingeführt, bzw. von den potentiellen Gegeneliten gefordert, die dann das weitere politische Teilnahmeverhalten aller Akteure nicht immer bestimmen, aber doch beeinflussen.

Dieses Verhalten kann man nur erklären, wenn man die Wirkungen des institutionellen Rahmens kennt, und die Wirkungen des institutionellen Rahmens auf die politische Partizipation kann man nur herausarbeiten, wenn man das Verhalten untersucht.[30] Erst die Verknüpfung[31] von Institutionentheorie mit politischem

Rollenverhalten ermöglicht also im Hinblick auf die politische Partizipation die Beschreibung des institutionellen Rahmens, seine Erklärung im Sinne einer ordnungspolitischen Bewertung sowie eine Prognose der potentiellen Auswirkungen auf das politische Teilnahmeverhalten im zukünftigen Allokationsprozeß politischer Macht.

1.3. Politische Partizipation als Indikator politischer Modernisierung

Zweifelsohne haben die beiden Ansätze einschließlich ihrer Kritik die Aufmerksamkeit und das methodische Interesse der Analytiker von politikwissenschaftlichen Aspekten des Sozialen Wandels auf bislang vernachlässigte spezifische politische Prozesse in transitorischen Gesellschaften gelenkt und zu weiterführenden Forschungsfragen beigetragen.

Modifizierte empirische Studien, die diese aufgeworfenen Thesen problematisieren, weisen nach, daß hauptsächlich die neue, vorwiegend städtische Mittelschicht graduelle Reformen am stärksten präferiert. Daß sich diese Reformpräferenzen nicht nur auf die Steigerung der direkten Verfügbarkeit von materiellen Gütern und Dienstleistungen beziehen, sondern auch die Einführung und/oder Erweiterung politischer Partizipation mit einschließen, wurde in zahlreichen weiteren Untersuchungen auch bestätigt.[32] In der Literatur ist das Verlangen nach Teilnahme am Prozeß der Allokation politischer Macht die unbestrittene Zielfunktion der politischen Modernisierung in der Dritten Welt.

Nun lassen sich zunächst einmal zahlreiche politische Einwirkungsmöglichkeiten darstellen, die von der ad hoc Demonstration über revolutionäres Engagement bis hin zur Mitwirkung bei der Kandidatenaufstellung für politische Ämter reichen. Je nach Forschungsinteresse lassen sie sich nach definierten Konstitutionsprinzipien[33] zusammenfassen – wie beispielsweise die Kategorisierung von Almond[34] –, die Auskunft geben sollen über den erreichten "Grad" der Integration, Partizipation und Legitimation innerhalb eines Regierungssystems.

Schaubild 2: Politische Einwirkungsmöglichkeiten

Konventionelle Formen	Unkonventionelle Formen
Wahl	Demonstration
Diskussion	Individuelle Eingaben
Wahlkampfaktivität	Ziviler Ungehorsam
Gruppenbildung (Lobby)	Politische Gewalt
Individuelle Kommunikation mit politischen und und administrativen Funktionsträgern	Gewalt gegen Sachen/ Personen
	Untergrundaktivität
	Umsturz

Um diese deskriptive Vorgehensweise zu überwinden, erweist sich die Aufgliederung nach passiver und aktiver politischer Teilnahme[35] als relevantes Untersuchungsmerkmal, das überhaupt erst die Analyse von traditionellem und modernem Regierungssystem ermöglicht und damit über den Grad der Modernisierung Aussagen zuläßt. Die Partizipation in traditionellen Gesellschaften kennt - außer in sozialen, wirtschaftlichen Umbruchsperioden - keine auf Dauer angelegte aktive Massenbeteiligung,[36] sondern nur die selektive Rekrutierung aus einem exklusiven Elitepotential nach meist sakralen sowie überlieferten Kriterien.[37] Während häufig nur das Bestellungsprinzip für politische Mandate zur Kennzeichnung von patrimonalen, zentralisiert bürokratischen und feudalen Systemen als konkrete Ausformung traditionaler Systeme Anwendung findet und auf die soziale und ökonomische Abhängigkeit der Beherrschten abgestellt wird, lassen sich aus dem Studium anthropologischer und historisch/ethnologischer Arbeiten[38] noch weitere spezifische Merkmale traditionaler - in Gegenüberstellung zur modernen - Partizipation aufzeigen.

Schaubild 3: Idealtypische Komponenten der Partizipation innerhalb eines Regierungssystems

	Gruppe I	Gruppe II
	Traditional	Modern
Bestellung	Ernennung / Kooptation	Wahl / Abwahl
Mobilisierung	passiv / herrschaftsdominant	aktiv / basisdominant
Zugang	monopolisiert qua Privilegiensystem	offen
Einfluß	beratend / akklamativ	entscheidend
Kanäle	Klientel	organisierte Partei
Orientierung	partikularistisch	universalistisch
Kommunikation	lizensiert / konsensorientiert	transparent / konfliktorientiert

Diese Merkmale in Verbindung mit einer funktionalen Einordnung der Partizipation in das jeweilige Regierungssystem erweitern die deskriptive Präsentation um einen strukturellen Aspekt. Nur bei einer Gesellschaft, die die politische Beteiligung ihrer Mitglieder nach den Komponenten der Gruppe II organisiert, kann von einer aktiven, unmittelbaren Teilnahme gesprochen werden; nur aus diesem Partizipationsverhalten der Akteure resultiert u.a. die politische Innovationsfähigkeit und damit die Überlebensfähigkeit des Systems.

Gerade diese endogene, institutionalisierte, politische (Weiter-)Entwicklungsfähigkeit sorgt für die Kontinuität des Sozialen Wandels und bewältigt dessen Auswirkungen mit effizienten Anpassungskapazitäten,[39] weil der Mechanismus von Wahl und Abwahl zumindest - bei angebbaren kompetitiven Bedingungen - die Chance des Machtwechsels impliziert. Diese - auf der Grundlage von konsensfähigen Alternativen - steht nicht nur für die ständige personelle und inhaltliche Erneuerung der Regierung, sondern gewährt auch eine direkte Kommunikation, Information und

Artikulation zwischen Regierung und interessierter Öffentlichkeit.

Aus der traditionalen Verknüpfung von Regierten und Regierenden, die einen derartigen Anpassungs-/Reformmechanismus nicht hervorbringt, sind dagegen mit einem Wechsel in der politischen Führung selten strukturelle, weitreichende Innovationen verbunden. In diesen traditionellen politischen Einheiten entwickeln sich aus den sozialen, wirtschaftlichen Veränderungen Krisen,[40] deren politischer Aspekt im Verlassen der herkömmlichen systemnormativen Partizipationskanäle besteht; die dabei auftretenden Desintegrationserscheinungen erzwingen - häufig in Form von Palastrevolutionen - nur das Ersetzen der alten durch eine neue Elite.

Eine historische Ausformung des Modells (Gruppe II) findet sich in den pluralistischen Demokratien, die sich im Laufe der letzten 150 Jahre in Europa herausgebildet haben. Am Beispiel der skandinavischen Regierungssysteme zeigen und erklären Lipset/Rokkan,[41] wie die aus dem Sozialen Wandel resultierenden Konfliktstrukturen - bei angebbaren Bedingungen[42] über politische Institutionen (Parteien) zu einem Set von allgemein akzeptierten "Spielregeln"[43] geführt haben: Sie erlauben ein aktives Partizipationsverhalten, das sowohl Handlungsfähigkeit als auch Kontrolle der Regierenden durch die Regierten ermöglicht. Diese Regierungssysteme haben somit zumindest die strukturelle Chance, auf neue Problemstellungen zu reagieren und sich aufgrund der offenen Mitwirkungschancen weiterzuentwickeln.

In den Entwicklungsländern sind ähnliche "cleavages"[44] beobachtbar. Wie historisch belegt, sind solche Konfliktstrukturen grundsätzlich durch die Kombination von politischem Handeln und institutionellen Regeln lösbar. Wenn dies aber in Entwicklungsländern heute nicht geschieht, muß es zusätzliche intervenierende Variablen geben. Da andere Gründe, wie Klima, Rasse, nicht stichhaltig sind, muß das politische Normensystem der politischen Akteure im Prozeß der Allokation politischer Macht als intervenierende Variable zur Erklärung herangezogen werden. Damit wird die Frage nach dem Einfluß der politischen Kultur aufgeworfen.

1.4. Politische Kultur als intervenierende Variable in transitorischen Prozessen

Unter politischer Kultur wird verstanden "the set of attitudes, beliefs, and sentiments which give order and meaning to a political process and which provide the underlying assumptions and rules that govern behavior in the political system. It encompasses both the political ideals and the operating norms of a polity."[45] Dieses Konzept wurde entwickelt, um zwischen der Mikroanalyse, die im wesentlichen auf die sozialpsychologische Interpretation des politischen Verhaltens des einzelnen abhebt, und der Makroanalyse, die mit Strukturen und Prozeßfunktionen aus der politischen Soziologie arbeitet, einen Beziehungszusammenhang empirisch sichtbar zu machen.[46]

Der Begriff 'politische Kultur' wird deshalb in eine wissensmäßige, eine gefühlsmäßige und eine bewertende Dimension[47] aufgeschlüsselt, die die politische Orientierung des einzelnen oder auch einer Gruppe gegenüber den input- und output-Strukturen des politischen Systems erfaßt.[48] Das Konzept politische Kultur beansprucht dabei nicht, mit einem konkreten politischen Handlungs- oder Orientierungssystem identifiziert zu werden, sondern ist vielmehr ein Perzeptionsrahmen; dieser vermittelt dem Akteur in seiner wechselseitigen Beziehung zur politischen Umwelt eine Basis oder politische Grundeinstellung, die nicht auf das, was ist, sondern auf das, was man davon hält abstellt; es handelt sich also um eine subjektive Ausprägung.[49]

Das Aggregat dieser Grundhaltungen umschreibt das kollektive Selbstverständnis einer Gesellschaft, wobei unterschiedliche individuelle Abweichungen [50] möglich sind. Die Untersuchung dieses Selbstverständnisses oder der politischen Identität erlaubt Aussagen über das Ausmaß der allgemeinen Akzeptanz politischer "Spielregeln" zu einem bestimmten Zeitpunkt.

Mit anderen Worten: Die Vorstellungen, Meinungen, Überzeugungen wie Herrschaft ausgeübt wird und wie die Beherrschten sich dem Herrscher und den Institutionen gegenüber verhalten – also Fragen der Partizipation[51] - können erst unter Einbeziehung des Konzeptes politische Kultur beantwortet werden.

Der Aufbau eines Individuums zu einer politischen Persönlichkeit vollzieht sich im Sozialisationsprozeß, der, eingebettet in die kulturelle Infrastruktur, in drei Stufen abzulaufen scheint:[52]

-	Grundsozialisationsprozeß	(Einführung in die Kultur und die soziale Identität)
-	politische Sozialisation	(Erlernung und Bewertung politischer Handlungen)
-	politischer Rekrutierungsprozeß	(Übernahme aktiver politischer Rollen)

Diese Sozialisationssequenzen - auch Einweisung in die politische Kultur genannt[53] - sind langfristige, in der Regel stetige Lernprozeßreihen,[54] wobei zwei Agenturen maßgeblichen Anteil an der Ausformung des politischen Rollenverhaltens haben:

- die Primärgruppe, da innerhalb dieser sozialen Bezugssysteme die geschichtlich geformten bzw. alltäglichen Gemeinschaftserfahrungen am stärksten 'gefiltert' werden.[55]

- individuelle Erfahrungen[56] im Umgang mit dem politischen System.

Kennzeichnend für die traditionalen Regierungssysteme ist eine Kongruenz zwischen den Inhalten der einzelnen Sozialisationsphasen und den akzeptierten Werten, der überlieferten, parochialen Kultur. Die im Kontext der Kolonialisierung erfahrenen neuen Muster an Ideen, Organisationsmechanismen und politischen Prozeßabläufen sprengten diese Kongruenz[57] und ließen eine neue Mittelschicht entstehen mit drei Implikationen für die politische Kultur:

1. Die vorhandene duale politische Kultur Elite - Bevölkerung wurde um die Subkultur modern - traditionell erweitert.

2. Die daraus resultierende, in ihrer Grundstruktur nun multivalente politische Kultur sorgte für eine gesellschaftliche Dynamik, die wiederum latente Identitätskrisen produzierte.

3. Zur Überwindung dieser Herausforderung, deren zentrale Bestandteile aus Mobilisierungs- und Säkularisierungstendenzen bestehen, wurde durch die jeweilige Elite ein Prozeß eingeleitet, der sowohl die Übernahme moderner Institutionen, die Abstützung auf die 'bewährten' Instrumente der traditionellen Ideenwelt beeinhaltete, als auch der Versuch unternommen, beide Aspekte miteinander zu verbinden.

Ausgehend von der einleitenden Feststellung einer bemerkenswerten Stabilität des ägyptischen Regierungssystems und der Zusammenfassung der methodisch-theoretischen Überlegungen ist das Interesse demnach auf acht Fragenkomplexe gerichtet:

1. Welche langfristigen Komponenten lassen sich als originäre Bestandteile der ägyptischen politischen Kultur identifizieren?

2. Welche Konfliktstrukturen entstanden zu Beginn der transitorischen Phase - also zu Beginn der Modernisierung Ägyptens - Anfang des 19. Jahrhunderts?

3. Welche gesellschaftlichen Gruppen, Organisationen, Institutionen waren auf welche Weise an der Lösung der aus diesem Sozialen Wandel entstandenen Konfliktpotentiale beteiligt?

4. Entstanden aus dem Beziehungsgeflecht Konfliktstruktur, institutionelle Regelung und Beteiligungsform organisatorische oder auch institutionelle Neuerungen sowie ein Wandel in der politischen Kultur?

5. Sind die institutionellen, organisatorischen Veränderungen des politischen Regierungssystems aktiven oder passiven Beteiligungsformen zuzuordnen?

6. Begünstigte diese politische Kultur auch den Einbau weiterer sozio-politischer Komponenten sowie die Transformation der Konfliktstruktur in ein Parteiensystem?

7. Reichte dieser politische Entwicklungsprozeß aus, die für jede Gesellschaft notwendigen Innovations- und Anpassungskapazitäten bereitzustellen?

8. Haben die Rückwirkungen des politischen Struktur-/Funktionswandels im Zeitablauf Werte und eine politische Orientierung geschaffen, die das Zusammenwirken von traditionalen und modernen Elementen ermöglichen und damit die (latente) Identitätskrise durch eine spezifische autochthone Kultur beenden?

Anmerkungen

zu Kapitel 1 "Problemstellung"

1) Diese exponierte Stellung des ägyptischen Regierungssystems unter den arabischen Republiken des Nahen Ostens wird im Vergleich zu den kurzlebigen Zivil- und Militärregimen in Syrien und Irak deutlich. Seit der Unabhängigkeit Syriens bis 1970 regierten 20 unterschiedliche Regime; allein von Dezember 1946 bis März 1958 traten 24 Kabinette in Erscheinung. Vgl. G.H. Torrey, Instability in Syria, in: Current History, Januar 1970, auch: J. Gaspard, Damascus After the Coup, in: New Middle East No. 28, London, Januar 1971; zu Irak vgl. Area Handbook for Iraq, 2. Aufl., Government Printing Office, Washington D.C. 1971, zweiter Abschnitt "Political".

2) Eine Aufsatzsammlung zu den zahlreichen Konzepten und den hauptsächlich von amerikanischen Sozialwissenschaftlern - im Rahmen der sogenannten "Studies in Political Development" - ausgegangenen Forschungsimpulsen findet sich bei: J. LaPalombara, M. Weiner (Hrsg.), Political Parties and Political Development, Princeton 1966.
Dazu der systemtheoretische Ansatz von G.A. Almond, G.P. Powell Jr., Comparative Politics: A Developmental Approach, Boston 1966, mit dem Anspruch: "to explain how political systems change and why they change." (S. 13)

3) D.A. Rustow, R.E. Ward, Political Modernization in Japan and Turkey, Princeton 1968 (1. Paperback Ausgabe), Introduction S. 3-13, und L. Binder, Iran: Political Development in a Changing Society, Berkeley and Los Angeles, 1962.

4) "Macht bedeutet jede Chance, innerhalb einer sozialen Beziehung den eigenen Willen auch gegen Widerstreben durchzusetzen, gleichviel worauf diese Chance beruht."
Vgl. M. Weber, Wirtschaft und Gesellschaft, 5. rev. Aufl. (Studienausgabe), Tübingen 1976, S. 28.
Der Allokationsprozeß politischer Macht umfaßt die Machtbildung, -ausübung und -kontrolle. Die alleinige Analyse des geschriebenen Verfassungsrechts reicht dafür nicht aus. Es gilt daher, die aus dem Gesamtzusammenhang des jeweiligen Regierungssystems abgeleiteten "Regelungen", die in der Verfassungswirklichkeit vorliegen, zu berücksichtigen. Dazu gehören die politische Meinungs- und Willensbildung und das für diesen Bereich latente und manifeste Normensystem sowie die Verhaltenserwartungen der agierenden Gruppen.

5) So besteht über den Begriff "Entwicklung" keineswegs Einvernehmen. Synonym dafür stehen häufig Sozialer Wandel, Modernisierung, Industrialisierung, Westernisierung. Dabei ist es Konvention, unter "Sozialem Wandel" die allgemeinste Definition eines ungerichteten sozialen Wandlungsprozesses zu verstehen. Für die durch den Sozialen Wandel induzierten Phänomene, die denen der Industrieländer zumindest ähnlich sind, wird der Terminus "Modernisierung" wegen seiner vorgegebenen wertorientierten Aufladung vielfach abgelehnt und durch Westernisierung ersetzt. Vgl. D.A. Rustow,

Politics and Westernization in the Near East, Princeton 1956, S. 5; demgegenüber argumentieren A. Etzioni, Social Change, New York 1964, S. 181, und S.N. Eisenstadt, Modernization: Protest and Change, Englewood Cliffs 1966, S. 1, daß die transitorische Dynamik unvermeidlich zur Auflösung bislang althergebrachter und statischer Strukturen führt und einen universalen Trend auslöst, der sukzessive Modernität anstrebt. Weitere Diskussionsbeiträge zur Begriffsbildung finden sich bei: L. Binder, J.S. Coleman, J. LaPalombara, L.W. Pye, M. Weiner, S. Verba, Crisis and Sequences in Political Development, Princeton 1971. F. Nuscheler, Bankrott der Modernisierungstheorien?, in: D. Nohlen und F. Nuscheler (Hrsg.), Handbuch der Dritten Welt, Bd. 1: Theorien und Indikatoren von Unterentwicklung und Entwicklung, Hamburg 1974, S. 195-207. M. Bohnet (Hrsg.), Die Entwicklungstheorien - Ein Überblick, in: ders., Das Nord-Süd-Problem, Konflikte zwischen Industrie- und Entwicklungsländern, 3. bearb. Aufl. 1974, S. 49 ff.

6) Auf einem Kontinuum werden die idealtypischen Muster 'traditional' (A, a_1 ...) und 'modern' (B, b_1 ...) als in sich abgeschlossene Pole definiert. Das Interesse der Entwicklungsländerforschung richtet sich auf die Charakteristika und Abläufe, die während des Übergangs von (A) nach (B) beobachtbar sind. Mischformen, d.h. (b-)-Elemente im (A)-Zustand (neue politische Einrichtungen) oder (a)-Elemente im (B)-Zustand (etwa Personalisierung der Politik durch Massenmedien) werden dagegen kaum problematisiert. Vgl. H. Besters, E. Boesch, Entwicklungspolitik, Handbuch und Lexikon, Stuttgart, Berlin 1966, S. 192 ff. "Akkulturation".

7) Der Ausdruck "Entwicklungsgesellschaft" bezieht sich auf diejenigen sozialen Einheiten, "deren vorherrschende technische, wirtschaftliche und gesellschaftliche Lebensform 'entwicklungsmäßig' zurückgeblieben ist hinter denjenigen, die grundsätzlich zu einem gegebenen Zeitpunkt möglich sind und die sich zur gleichen Zeit in anderen Gegenden der Erde als möglich erwiesen haben." Hierzu: R.F. Behrendt, Soziale Strategie für Entwicklungsländer, Frankfurt 1965, S. 55.

8) Zu deren Erfassung werden - zurückgehend auf Parsons - fünf dichotomische Parameter herangezogen: Affektivität oder affektive Neutralität, Diffusität oder Spezifität, Universalismus oder Partikularismus, askriptive Qualitäten oder Leistungen, Selbstorientierung oder Kollektivitätsorientierung. Vgl. D. Goetze, Entwicklungssoziologie, München 1976, S. 78.

9) S.P. Huntington, Political Order in Changing Societies, New Haven, 7. Auflage 1973.

10) Ders., Politische Entwicklung und politischer Verfall, in: M. Jänicke (Hrsg.), Politische Systemkrisen, Gütersloh 1973, S. 260-294.

11) Vgl. C.E. Black, Comparative Modernization, New York, London 1976, S. 53, "The fundamental source of expansion of

political participation is the non-political socioeconomic process ...". Für D. Lerner, The Passing of Traditional Society, Modernizing the Middle East, London 1964, S. 49 ff., ist die politische Partizipation das Schlüsselelement politischer Entwicklung.

12) "The level of institutionalization of any political system can be defined by the adaptability, complexity, autonomy, and coherence of its organizations and procedures." Vgl. S.P. Huntington, Political Order in Changing Societies, a.a.O., S. 12.

13) Die Land-Stadt-Wanderung und Urbanisierung im Verlauf der Industrialisierung führen zu modernen Segmenten und Schichten mit eigenen, neuen Verhaltensweisen und Bedürfnissen; für Huntington ist die mobilitätsorientierte Stadt schlechthin der potentielle Unruheherd. Aus dem Dominanzstreben der Stadt gegenüber dem traditionellen Land entstehen Konflikte, die nicht mehr mit den Instrumenten des traditionellen Ausgleichs ('Eliten-bargaining') zu lösen sind. Vgl. S.P. Huntington, Political Order in Changing Societies, a.a.O., S. 72 ff.

14) Hierunter begreift Huntington nicht die subsystemische Differenzierung, sondern bestimmt das Maß der Autonomie nach der Herausgehobenheit der Institutionen aus den gesellschaftlichen Spannungen und Konflikten. Je stärker die neuen normspezifischen Werte internalisiert sind, desto geringer sind die Durchdringung und Beeinflussung durch Partikularinteressen möglich. Ebenda, S. 20.

15) Dieser "prätorianisch" genannte Zustand stellt sich ein, wenn die zur Partizipation drängenden sozialen Kräfte aufgrund der niedrigen oder fehlenden Institutionalisierung direkt in die politischen Entscheidungsprozesse eingreifen.

16) Huntington entzieht sich dieser Diskussion der "internen Prozesse"; ihn interessiert nur das Verhältnis von politischen Institutionen und politischer Partizipation im Hinblick darauf, ob es zu einem nicht näher erläuterten Gleichgewicht zwischen diesen beiden Variablen kommt, das eine effektive Regierungsarbeit erlaubt und eine stabile "political order" hervorbringt und sichert. Konsequenterweise kommt er unter dieser Betrachtung des politischen Systems zu einer problematischen Einteilung der Regierungsformen, die ihn cum grano salis in die Nähe der Konvergenztheoretiker rückt. "The United States, Great Britain, and the Soviet Union have different forms of government, but in all three systems the government governs. Each country is a political community with an overwhelming consensus among the people on the legitimacy of the political system. In each country the citizens and their leaders share a vision of the public interest of the society and of the traditions and principles upon which the political community is based. All three countries have strong, adaptable, coherent political institutions: effective bureaucracies, well-organized political parties, a high degree of popular participation in public affairs, working systems of civilian control over the

military, extensive activity by the government in the economy, and reasonably effective procedures for regulating succession and controlling political conflict. These governments command loyalties of their citizens and thus have the capacity to tax resources, to conscript manpower, and to innovate and to execute policy." Vgl. S.P. Huntington, Political Order in Changing Societies, a.a.O., S. 1.

17) Weitere kritische Anmerkungen finden sich bei A. Organski, Rezensionsartikel, in: The American Political Science Review, No. 3, Sept. 1969, S. 921 ff. Auch W.D. Narr, Theoriebegriffe und Systemtheorie, 3. Aufl., Stuttgart 1972, S. 158, der bei Huntington die Erneuerung einer Staats- und Gesellschaftsdichotomie konstatiert und dessen Stellungnahme für den "starken Staat" kritisiert.

18) Vgl. J.J. Rousseau, Der Gesellschaftsvertrag, Stuttgart 1974 (Reclam), 2. Buch, Kap. 6; Wie kurz der Weg vom "Gesetzgeber" zur Erziehungsdiktatur ist, s. R. Emerson, From Empire to Nation, Cambridge, Mass. 1960, S. 282 ff.

19) Entwickeln sich soziale Mobilisierung und Institutionen in Richtung Ungleichgewicht, so muß erstere eingeschränkt werden; bezeichnenderweise wird dafür postuliert: "Dieses Dilemma zu lösen, ist nicht einfach; nur Führer mit seltenen politischen Fähigkeiten und ebenso seltener Hingabe an die Sache können dies. So etwa Mustafa Kemal, der es in fast zwei Jahrzehnten fertigbrachte, seine eigene persönliche Macht zu erhalten, bedeutende modernisierende Reformen durchzusetzen und politische Institutionen zu errichten, auf die die Regierung nach seinem Tod aufbauen konnte. Atatürk ist ein überragendes Vorbild für viele zeitgenössische modernisierende Führer, aber, wenn überhaupt, scheinen nur wenige in der Lage zu sein, seinen Erfolg zu wiederholen." Vgl. S.P. Huntington, Politische Entwicklung und ..., a.a.O., S. 288.

20) M. Halpern, The Politics of Social Change in the Middle East and North Africa, Princeton 1963.

21) Aus dem Oberbegriff "social stratification" lassen sich die geschichtlichen Erscheinungsformen Klasse, Stand und Kaste ableiten; für die Angehörigen einer Schicht ergibt sich aus der Schichtungslage ein typischer Lebensstil, seltener eine identische Weltanschauung. Vgl. H. Schoeck, Soziologisches Wörterbuch, 4. Aufl., Freiburg 1971, S. 286.

22) Eine Sondergruppe der 'professionals' sind die Militärs; die Tatsache von 272 militärischen Putschen/-versuchen in 58 Staaten der Dritten Welt im Zeitraum 1946-1970 (Thompson) rechtfertigt durchaus das militärsoziologische Forschungsinteresse; die Forderung nach selektiver Transformation moderner Organisationen für das Subsytem Militärwesen als Ausgangspunkt für gesamtgesellschaftliche Modernisierung kennzeichnet die vorwiegend deskriptiv angelegten Arbeiten (Pye) und weist ebenso wie die nicht zu übersehende Hilfskonstruktion, die Armee als 'bewaffneten Arm der Kleinbourgeoisie' (Tibi) zu sehen, aber eher auf ein

Erklärungs- und Prognosedefizit als auf einen brauchbaren Analyseansatz hin.
Neuere Veröffentlichungen (Weiher) zeigen, daß die Militärs häufiger inhomogene Gruppen (interne Differenzierung) sind als bisher angenommen und die den Militärs zugewiesenen Entwicklungskapazitäten über potentielle, selektive Modernisierungsanstrengungen nicht hinausgehen.
Vgl. W.R. Thompson, The Grievances of Military Coup-Makers, London 1973, S. 7; L.W. Pye, Armies in the Process of Political Modernization, in: J.J. Johnson (Hrsg.), The Role of the Military in Underdeveloped Countries, Princeton 1962; B. Tibi, Militär und Sozialismus in der Dritten Welt, Frankfurt 1973; G. Weiher, Militär und Entwicklung in der Türkei 1945-1973, Opladen 1978.

23) "What characterizes the middle class in the Middle East is that it is the first that has the capacity to envisage new types of roles to be played in a new kind of world." Vgl. M. Halpern, The Politics of ..., a.a.O., S. 71. Die Voraussetzungen zur neuen Rollenwahrnehmung sieht D. Lerner, Die Modernisierung des Lebensstils: eine Theorie, in: W. Zapf (Hrsg.), Theorien des Sozialen Wandels, 4. Aufl., Königstein/Ts. 1979, S. 362 ff. im wesentlichen in einem psychischen Prozeß, der eine Steigerung der Empathiefähigkeit mit sich bringt (S. 365). Er übergeht aber dabei, daß die neuen Kommunikations- und Informationsimpulse - die auf den Perzipienten einwirken - neben vorhandenen Werten selektiv aufgenommen werden können. Zum Problem der eigenen und der "geliehenen" Werte vgl. I. Davies, Soziale Mobilität und politischer Wandel, München 1972, S. 88 f.

24) Vgl. M. Halpern, The Politics of ..., a.a.O., S. 78.

25) Eine interessante Materialsammlung und Interpretation von Milieudaten erstellte: R. Dekmejian, Patterns of Political Leadership, Lebanon, Israel, Egypt, New York 1975.

26) R.A. Dahl, Die politische Analyse, München 1973, Kap. VIII, Der politische Mensch, S. 139 ff.

27) Derartige Zusammenhänge übersah M. Zonis, The Political Elite of Iran, Princeton 1976, der mit einem beneidenswerten Apparat - bis zu 300 Mitarbeiter vor Ort - eine alles in allem lesenswerte Elitenstudie vorlegte.
Zwar prognostizierte er mit Hilfe seiner sorgfältig herausgearbeiteten Strukturcharakteristika der iranischen Elite (Erziehung, politische Ämter, Position in der sozialen Hierarchie usw.) den Zusammenbruch des Schah-Regimes; aber ausgehend von einem gleichgerichteten Wandlungsprozeß der politischen Kultur sah er nur die verwestlichte Elite als Agens einer künftigen Entwicklung. Durch einen zusätzlichen methodischen Fehler übersah er die Existenz einer multivalenten politischen Kultur. Da er nur die beantworteten Fragebögen auswertete - die Funktionsträger und Mitglieder der schiitischen klerikalen Elite lehnten jegliche Befragung ab -, nehmen die Klerikalen in der für das Regime erstellten Bedrohungshierarchie (14 Ränge) den 11. Platz ein. Seiner

Einschätzung zufolge handeln die Klerikalen "not as a major institutional group". Ebenda, S. 194.

28) Vgl. F.A. Hermens, R. Wildenmann, Politische Wissenschaft, in: Handwörterbuch der Sozialwissenschaften, Bd. 8, Tübingen 1964, S. 387-396.

29) Zur Abgrenzung der politischen Eliten von anderen sozialen, wirtschaftlichen Führungsgruppen vgl. G. Endruweit, Elitebegriff in den Sozialwissenschaften, in: Zeitschrift für Politik, Jg. 26, Heft 1, März 1979, S. 30 ff.

30) Vgl. F.A. Hermens, Verfassungslehre, 2. Aufl., Köln und Opladen 1968, S. 1 ff.; auch: W. Kaltefleiter, Politische Form, in: R. Wildenmann (Hrsg.), Ein Leben für die Demokratie, Festschrift zum 70. Geburtstag von F.A. Hermens, Berlin 1976, S. 173 ff.

31) Zur grundsätzlichen Relevanz des institutionellen Ansatzes unter Einbeziehung der politischen Soziologie und behavioristischer Methoden s. K.v. Beyme, Die politischen Theorien der Gegenwart, 2. korrigierte und ergänzte Aufl., München 1974, S. 97 ff.

32) Dazu: N.H. Nie, G.B. Powell, Jr., K. Prewitt, Social Structure and Political Participation: Developmental Relationships, in: The American Political Science Review, Juni 1969, Teil 1, No. 2, S. 361-3678 und September 1969, Teil 2, S. 808-832.

33) So ergibt die Umgruppierung nach plebiszitären und repräsentativen Beteiligungselementen zwar eine neue Gliederung, die aber ebenfalls nicht über eine klassifizierende Deskription hinausgeht.

34) Vgl. G.A. Almond (Hrsg.), Comparative Politics Today: A World View, 3. Aufl., Boston, Toronto 1974, S. 59, der mit diesem Schema allgemein akzeptierte Partizipationsformen in modernen Demokratien systematisiert.

35) Unter aktiver Teilnahme wird verstanden: Der Einfluß der Regierten auf die Regierungsbildung und deren Entscheidungen, vgl. H. McClosky, Political Participation, in: International Encyclopaedia of the Social Sciences, Vol. XII (Ausgabe 1968), S. 252 ff. Dieses Partizipationsverständnis beruht auf der arbeitsteiligen Differenzierung in Wählerschaft und gewählte Führer; vgl. J.A. Schumpeter, Kapitalismus, Sozialismus und Demokratie, 4. Aufl., München 1975, 22. Kap. Einzelne Aspekte zur repräsentativen/imperativen Technik s.: B. Guggenberger, H.J. Veen, A. Zunker (Hrsg.), Parteienstaat und Abgeordnetenfreiheit, München 1976.

36) Vgl. M.D. Biddiss, The Age of the Masses, Ideas and Society in Europe Since 1870, New York 1977, S. 29 ff.

37) Vgl. G. Lenski, Macht und Privileg, Frankfurt/M. 1977.

38) Vgl. G. Balandier, Politische Anthropologie, München 1972; auch: D. Goetze, Entwicklungssoziologie, a.a.O., S. 49 ff.

39) Ist diese politische Partizipationsstruktur nämlich gegeben, so ermöglicht sie, daß:
1. die politischen Eliten durch den verantwortungsschaffenden feed-back der Beteiligung (Wahl) gezwungen werden, das Ausmaß des Sozialen Wandels, den Umfang der Redistribution des Bruttosozialprodukts sowie den Grad der notwendigen Akkulturation an neue Verhaltens- und Wertemuster unter Einbeziehung der Betroffenen zu entscheiden.
2. die aus der sozialen Konfliktstruktur resultierenden Interessen sich wahrscheinlich in Parteien formieren und diese als Instrumente des formalisierten Machterwerbs einsetzen, damit aber gleichzeitig integrierend wirken und den Konfliktaustrag institutionalisieren.
3. dieser Konfliktaustrag wahrscheinlich eine Tendenz zur Mäßigung und (auch innerparteilich) Kompromißfindung erzwingt, weil nur konsensorientierte (personelle und sachliche) Angebote mehrheitsbeschaffend wirken.

40) Hierzu: R. Starn, Historische Aspekte des Krisenbegriffs, in: M. Jänicke (Hrsg.), Politische Systemkrisen, Gütersloh 1973, S. 52 ff.

41) S.M. Lipset, S. Rokkan (Hrsg.), Party Systems and Voter Alignments, New York 1967; insbesondere der gemeinsame Aufsatz: Cleavage Structures, Party Systems, and Voter Alignments: An Introduction, S. 1-64.

42) Wesentliche Voraussetzung ist, daß die Akteure die Konflikte nicht als antagonistisch perzipieren; weiterhin mußten bei der Transformation der gesellschaftlichen Konflikte in politischen Parteien vier Schwellen (Legitimation, Integration, Repräsentation, politische Mehrheit) überwunden werden, die durch die bestehenden institutionellen Rahmenbedingungen gebildet waren; ebenda, S. 27 ff.

43) Das Gründen neuer Parteien oder das Ersetzen (in Großbritannien liberal durch labour) sowie der Einbau weiterer Beteiligungsmöglichkeiten verstoßen nicht gegen dieses System, solange sie sich an die akzeptierten Regeln halten (Mehrheitsbeschluß usw.). E. Hübner, Partizipation im Parteienstaat, München 1976, diskutiert die Formen und Grenzen verstärkter Bürgerbeteiligung im modernen Staat.

44) Ein 'cleavage' oder eine Konfliktdimension kann manifest oder latent innerhalb eines sozialen Systems vorhanden sein; vier Grundkonfliktdimensionen (Stadt-Land, Staat-Kirche, Industrie-Landwirtschaft, Angestellte-Besitzer) haben in Europa während zweier revolutionärer Umbruchsphasen - also transitorischen Phasen - oppositionelles Verhalten, aber auch Koalitionen über verschiedene soziale Segmente hinweg induziert. S.M. Lipset, S. Rokkan, Cleavage Structures ..., a.a.O., S. 33 ff.
Das heißt also, nicht jede Konfliktdimension oder Kontroverse muß derartiges Verhalten induzieren; vielmehr gibt es

eine Hierarchie - die selbst Veränderungen unterworfen sein kann-, denn nur wenige übergeordnete Konflikte haben zu einer Polarisierung und Parteibildung - bei den untersuchten Ländern auch abhängig vom Wahlsystem - geführt. Vgl. ebenda, S. 6.

45) Vgl. L.W. Pye, Political Culture, in: D.L. Sills (Hrsg.), International Encyclopaedia of the Social Sciences, 1968, Vol. XII, S. 218.

46) Methodische Aspekte sind abgewandelt in: P.V. Dias, Der Begriff "Politische Kultur" in der Politikwissenschaft, in: D. Oberndörfer (Hrsg.), Systemtheorie, Systemanalyse und Entwicklungsländerforschung, Berlin 1971, S. 409-448.
Dieses neue Konzept wurde erarbeitet, um die vagen Begriffe wie "Mentalität", "nationaler Charakter" usw. zu ersetzen und zwar durch Definitionskomponenten, die meßbar und somit überprüfbar sind.

47) Vgl. G.A. Almond, S. Verba, The Civic Culture, Boston 1965, S. 14.

48) Aus der Kombination dieser potentiell unterschiedlich vorhandenen Häufigkeitsdimensionen erstellten Almond/Verba eine Typologie politischer Kulturen. Die Erwartungskategorien parochial, subject, participant entsprechen den traditionalen, transitorischen, modernen Systemzuständen mit der je spezifischen Legitimitätsproblematik, S. ebenda, S. 16 ff.

49) Vgl. S. Verba, Comparative Political Culture, in: L.W. Pye, S. Verba (Hrsg.), Political Culture and Political Development, Princeton 1965, Kap. 12, S. 513, "The political culture of a society consists of the system of empirical beliefs, expressive symbols, and values which define the situation in which political action takes place. It provides the subjective orientation to politics."

50) Grundsätzlich finden sich in einer politischen Einheit die zwei politischen Subkulturen Elite/-Bevölkerung. "The fact that the two cultures of elite and the mass exist in all political systems means that systems can be readily classified according to the character of the relationship between the two. Political systems significantly differ, for example, according to the degree of homogeneity between the two cultures, and within each of them separately." Vgl. L.W. Pye, Introduction, in: ders., S. Verba (Hrsg.), Political Culture and Political Development, Princeton 1965, S. 16. Für die politische Analyse schlägt Pye daher vor, "to distinguish between those systems in which recruitment into the elite subculture is generally proceeded by socialization into the mass subculture and those in which the channels of socialization are completely separate." Vgl. L.W. Pye, Political Culture ..., a.a.O., S. 220. Weitere Formen von Subkulturen und damit Mischformen politischer Kultur, vgl. Almond/Verba, The Civic Culture, a.a.O., S. 26 ff.

51) S.H. Beer, A. Ulam, Patterns of Government, New York 1962, S. 32 ff. subsumieren darunter noch weitergehend auch, was für eine Aufgabe die Regierung hat sowie die Glaubenssätze und die emotionellen Haltungen, die sich auf die jeweilige Zielvorstellung beziehen.

52) Vgl. im einzelnen: L.W. Pye, in: Political Culture ..., a.a.O., S. 219, "Stages of Socialization".

53) Vgl. G.A. Almond, J.S. Coleman (Hrsg.), The Politics of the Developing Areas, Princeton, N.J. 1960, S. 27.

54) Zum Zusammenhang von gleichförmigen Erfahrungswerten und kohärentem Meinungsbild einerseits und widersprechenden Informationen und selektiver Wahrnehmung andererseits s. C. Festinger, A Theory of Cognitive Dissonance, Evanston 1957.

55) Vgl. H. Schoeck, Soziologisches Wörterbuch, a.a.O., S. 266. Zu der Bedeutung der unmittelbaren Kommunikation (face to face) für die Willensbildung und politische Orientierung, s. P.F. Lazarsfeld, B. Berelson, The People's Choice, New York 1948.

56) G.A. Almond, G.B. Powell, Jr., unterscheiden zur Erfassung dieser Erfahrungen drei Variablen: system culture (1), process culture (2), policy culture (3), wobei für die transitorischen Systeme folgende inhaltliche Kriterien vorgeschlagen werden zu (1) Entwicklungstendenzen zum säkularen Nationalstaat, (2) Ansätze für das Mehrheitsprinzip, (3) output-Erwartung; diese Variablen sind zumindest vorläufig als Indikatoren für kollektive/individuelle Verschiebungen der politischen Rahmenbedingungen geeignet. Vgl. Comparative Politics, Boston, Toronto 1978, S. 30 ff.
Aus beiden Komponenten entwickelt sich das 'Political Memory', das von Generation zu Generation weitergegeben wird. Besondere Bedeutung kommt hierbei der Art und Weise der Konfliktentstehung und -lösung zu, "problem solving has an important effect on political beliefs, it is the salient crises that are most likely to form a people's political memory," vgl. S. Verba, Comparative Political Culture, a.a.O., S. 555.

57) Vgl. D.A. Apter, Political Change, Collected Essays, London 1973, S. 102 ff., 'Why Political Systems Change'; auch L.W. Pye, Politics, Personality and Nation Building, New Haven 1962, S. 47-53, der am Beispiel 'Burma' diese 'basic identity'-Belastung feststellte.

2. Strukturkomponenten der politischen Kultur in Ägypten

2.1. Politische Partizipation im Rahmen einer hydraulischen Kultur

Die geographisch klimatischen Bedingungen der Flußoase Ägypten[1] erlauben das physische Überleben ihrer Bewohner nur in Abhängigkeit von einer effizienten Bewässerungswirtschaft. Der von Wittfogel formalisierte Begriff - hydraulische Kultur - deutet den agrarmanagerialen und agrarbürokratischen Charakter all dieser Kulturen an und weist auf die entscheidende Rolle hin, die die Regierung im politischen Prozeß wahrnimmt.[2]

Die Herausforderungen, die durch das trockene Klima und die lebensfeindliche Wüstenwelt an die Agrarproduktion und -verteilung gestellt werden, finden ihre Antwort in einer zentralen Planung, Steuerung und Kontrolle des Agrarsystems. Die Totalität in der Erfassung der einzelnen Mitglieder dieses Gemeinwesens bezieht sich nicht nur auf die hydraulischen Faktoren - wie Sicherstellung und gelenkter Einsatz des 'knappen Gutes' Wasser -, sondern spiegelt sich auch in der absoluten Unterwerfung des Individuums unter die Zentralgewalt wider. Da zudem Privateigentum an Boden nur in wenigen Ausnahmefällen und dann in bescheidener Größenordnung in einer lehensähnlichen Beziehung[3] existiert, fehlten dieser Gesellschaft wesentliche Komponenten sozialer und ökonomischer Kontrolle, wie sie bei der Herausbildung der dezentralisierten Gesellschaften Europas mitwirkten.[4] Vielmehr wuchsen die bürokratischen Führer aufgrund ihres technischen Initialvorteils der Organisation der Bewässerung in die Position der politischen Führer hinein; diese monopolisierten nicht nur den Erwerb und die Ausübung politischer Macht mit Hilfe eines hierarchischen zentralen Apparates, der konsequenterweise auch über die Instrumente der physischen Gewaltanwendung verfügte, sondern auch die infrastrukturellen und kognitiven Fähigkeiten;[5] sie beherrschten so die Grundlagen der materiellen und gesellschaftlichen Reproduktion.

Die Folgen aus dieser bürokratisch organisierten Exekutivstruktur der hydraulischen Gesellschaft durchdrangen nicht nur Handel und Außenpolitik,[6] sondern schufen auch eine spezifische politische Kultur. Das dem übermächtigen Zentralapparat ausgelieferte Individuum nahm am politischen Prozeß nur insofern teil, als es die Anweisungen der Bürokratie auszuführen hatte. Hinsichtlich der politischen Partizipation läßt sich eine vertikale Segmentierung der Gesellschaft in Mitglieder der bürokratischen Eigentumsklasse und Beherrschte feststellen. Die herrschende Bürokratenklasse schloß sich gegenüber den Befehlsempfängern systematisch ab und ergänzte ihren Personalbedarf aus einem privilegierten exklusiven Kreis, der vorwiegend durch Verwandtschaftsverhältnisse von den übrigen Mitgliedern des Gemeinwesens klar abgegrenzt war.[7]

Während die ersteren durch die Akkumulation unkontrollierter Macht jederzeit potentielle Ansätze politischer Aktivität ausschalten konnten,[8] lähmte außerdem die erzwungene Sozialisation, deren oberste Lerntaxonomien auf die Einübung von Gehorsam[9] ausgerichtet waren, sonstige kollektive Aktionen der Untertanen, die ihrerseits teilweise mit Leistungsverweigerung reagierten.
Weiterhin waren die damit einhergehende mehrdimensionale zwangsweise Anpassung an vorgegebene Verhaltensmuster und das ausgeklügelte Überwachungssystem im Alltagsleben für die gesellschaftliche Isolierung der Individuen und für den Rückzug in primäre soziale Einheiten verantwortlich; die fehlende politische Partizipation und Kommunikation konzentrierte die Identität, Solidarität und das Interesse auf den unmittelbaren Bereich.[10]

Die aus dieser Segmentierung und passiven Teilnahme resultierende Petrifizierung der politischen Machtverteilung und der Sozialstruktur produzierte ihrerseits jenes soziale und intellektuelle Verhalten, das häufig mit Fatalismus beschrieben und oberflächlich nur auf religiöse Denk- und Lebensweisen zurückgeführt wurde. Dagegen hebt Wittfogel nachdrücklich den stationär passiven Charakter dieser Gemeinwesen hervor, deren hydraulische Organisatoren sich weder für Beteiligungsimpulse von seiten der

Beherrschten, geschweige denn für soziale oder für politische Entwicklungsalternativen interessierten. Wesentliches strukturelles Kennzeichen dieser hydraulischen Gesellschaft ist das Fehlen endogener Innovationen.

Diese allgemeine Skizzierung reicht trotz ihrer Simplifizierung aus, das politische System und die Herrschaftsverhältnisse der zentralistisch-hydraulisch organisierten Gesellschaft für die Dauer der Pharaonendynastien[11] zu umreißen. Ungeachtet der Überlagerung[12] des Landes durch ethnische (Perser, Griechen, Römer) und religiöse (Christianisierung)[13] Kolonisationsschübe läßt sich bis zur arabisch-islamischen Eroberung im Hinblick auf die politische Kultur feststellen: "Das System vielfältig abgestufter Abhängigkeiten empfand der Ägypter offenbar als eine Verwirklichung göttlicher Ordnung."[14]

Die wesentlichen Determinanten, die diese Empfindungen, Vorstellungen und Normen hervorgebracht und ihre Akzeptanz gefördert haben, sind:

- das Machtmonopol der göttlich legitimierten Elite und die totale Unterwerfung des Individuums unter die bürokratische Zentralgewalt;

- die in der Regel unüberwindliche Segmentierung der Gesellschaft in politische Elite und Bevölkerung und zwei in sich abgeschlossene Kultur- und Wertesysteme;

- keine weitere Rollendifferenzierung, sondern Besetzung der politischen, sozialen, religiösen und ökonomischen Statuspositionen durch die herrschende Elite;

- politische Orientierung der Beherrschten und damit gleichzeitig religiöse Orientierung, die wiederum Kritik[15] und Artikulation an die gottgewollte Ordnung a priori ausschließt;

- passive Komponenten,[16] getragen von einer input-output Erwartungshaltung, die sich am status quo des 'ewig gestrigen' ausrichtet;

- ein Sozialisationsprozeß, der aufgrund dieser homogenen Umwelt gleichförmige Erfahrungs- und Informationsimpulse vermittelt, die ein hohes Maß an Übereinstimmung zwischen wissensmäßiger, affektiver und bewertender Beurteilung der machtpolitischen Vorgänge mit sich bringen.

Diese Fundamente der politischen Kultur gewinnen umso mehr an Gewicht, als sie über einen Zeitraum von viertausend Jahren eine stetige Einweisung in festgefügte, askriptive Rollen bewirkten.

2.2. Politische Partizipation in der islamischen Gesellschaft

Die überwiegende Mehrheit der ägyptischen Bevölkerung (90% sunnitisch) gehört der streng monotheistischen[17] Weltreligion Islam an, die mit der militärischen Eroberung sieben Jahre nach dem Tode des Propheten Muhammad (632 n.Chr.) von den arabischen Muslimen unter dem Feldherrn 'Amr ibn al-'As in das Land gebracht wurde.[18] Mit diesem militärischen Vorstoß nach Nordafrika war weniger die Islamisierung der dort lebenden koptischen Bevölkerung intendiert, als vielmehr die Aussicht nach Beute.[19] Der Umstand, daß Ägypten nach der Eroberung Palästinas von der byzantinischen Machtbasis in Kleinasien abgeschnitten war, erleichterte den Zugriff auf das fruchtbare Land am Nil.[20] Auch die vorgefundene Organisation des Landes nach den Prinzipien der hydraulischen Verwaltung wurde von den Muslimen zunächst nicht entscheidend verändert;[21] vielmehr lebten die militärischen Einheiten nach der noch intakten Stammeszugehörigkeit streng in Quartieren voneinander abgetrennt und von der Bevölkerung abgeschottet gleich dem irakischen Basra in Militärlagern.[22]

Von den allgemein gültigen Grundlagen der islamischen Lehre fällt die organische Verbindungsstruktur zwischen Gesellschaft und

Religion für den säkularisierten Betrachter besonders ins Auge.[23] Im Unterschied zum Christentum kennt der Islam keine Trennung der Macht[24] in eine geistliche und weltliche Kompetenz, sondern mißt die Handlungsmotivation und das gesamte Verhalten – sowohl der politischen Entscheidungsträger, der Garanten der göttlichen Ordnung, als auch der übrigen Gläubigen – an der von Gott mittels seines Propheten Muhammad verkündeten Offenbarung. Das offenbarte Wort, festgehalten im Qur'an,[25] vermittelt den Menschen die Existenz und den Willen Gottes und damit auch die unabänderlichen göttlichen Gesetze. Der Islam ist zugleich auch Gesetzesreligion und politischer Auftrag.[26]

Diese organische Strukturkomponente der islamischen Religion transzendierte nicht nur das religiöse und damit gleichzeitig politische Handeln des Religionsstifters in eine göttliche Legitimation, die ihm die klassische charismatische Autorität verlieh,[27] sondern verschloß seine Aktionen jeglicher Kritik und erschwerte auch in der Frühphase des Islams Innovationen im weltlichen, sozialen und politischen Bereich. Zwar sehen die Muslime in Muhammad nur das instrumentale Sprachrohr Gottes und lehnen jede metaphysische Überhöhung des Religionsstifters ab, doch kennt er die Gesetze in vollkommenster Weise und wird damit zum Muster für das heilsichernde Verhalten der frommen Gläubigen. Für die Generationen nach Muhammad regeln Koran und die "Präzedenzfälle" des Propheten als wichtigstes Zeugnis und subsidiäre Rechtsquelle, in den Traditionen (Sunna) zusammengetragen und im zweiten Jahrhundert der islamischen Zeitrechnung zur autoritativen Auslegung in den Hadiṯen fixiert,[28] die Rechtsverhältnisse.[29] Koran und Sunna formen das islamische Recht (Šarī'a),[30] das die Beziehungen der Muslime zu Gott sowie untereinander konstitutiv festlegt.

Ein öffentliches Recht mit definitiver Bindungsqualität für die politischen Akteure fand in der Lehre des Islam keinen Raum, weil im Verständnis der Muslime Gott die Herrschaftsgewalt direkt auf Muhammad und dessen Nachfolger delegierte, die Auflehnung gegen die legitimen Herrscher aber einer Sünde gegen Gott gleichkommt.

Historisch gesehen fiel das akzeptierte religiöse Wirken des Propheten mit der Übernahme der politischen Leitung der Stadt Yaṯrib, später Medina (Stadt des Propheten) genannt, zusammen.[31] Der vom charismatischen Führer innerhalb des islamischen Gemeinwesens erreichte soziale Frieden und das mit den benachbarten Stämmen aufgebaute Vertrags- und Steuersystem boten die Voraussetzungen zur Schaffung einer politischen Einheit.

Die Basis dieses "nation-building" Prozesses lag in der Integrationskraft[32] der "neuen", auf arabisch verkündeten Religion,[33] die keine Diskriminierung der Gläubigen nach ethnischen, regionalen oder sprachlichen Kriterien kennt und deshalb das Zusammengehörigkeitsgefühl ('asabiya)[34] und eine gemeinsame Identitätsfindung erleichterte.

Die Herausbildung des Wir-Gefühls wurde bei den arabischen Muslimen durch das bereits praktizierte mechanische Solidaritätsverhalten in der Stammes- oder Klangemeinschaft und durch das Überlegenheitsgefühl qua Religion gefördert. Für Ibn Khaldun[35] (1332-1406), der die Soziabilität der Menschen als Funktion der jeweiligen Intensität der Gruppenidentität - ausgehend von der nomadischen Gemeinschaft bis zur urbanen Zivilisation - in zyklischen Prozessen problematisierte, lag erst in der Synthese von 'asabiya und Religion die stärkste Form der Solidarität vor. Auch die Belegstellen im Koran[36] heben die Wichtigkeit der Einheit und des Zusammenhalts der Gläubigen hervor; vor jeder zentrifugalen Tendenz, die der Kohäsion der Gemeinschaft zuwiderläuft, wird gewarnt und sie wird unter Strafandrohung als Auflehnung gegen Gott dargestellt.

Die Gewaltenverschränkung in der Person des Propheten stellt die politische Machtstruktur der islamischen Urgemeinde dar.[37] Dabei darf nicht übersehen werden, daß die Gefährten des Propheten und die Fürsten der einzelnen Stämme in der Zeit der rechtgeleiteten Kalifen (ar-Rāsidūn, 632-661) de-facto ein informelles Beratungsgremium bildeten, dadurch Einwirkungsmöglichkeiten auf die politische Entscheidungsfindung offenstanden und deshalb die Vorstellung von einer totalitären Alleinherrschaft des Leiters der Gemeinde zu relativieren ist.[38]

Dieses Konsultationsprinzip (sūra)[39] - das von zeitgenössischen islamischen Denkern aufgegriffen und den Nichtmuslimen als die Urform der demokratischen Regierungsweise vorgehalten wird[40] - entsprach dem Ideal der alten arabischen Stammesverfassung aus der vorislamischen Zeit.[41] Freilich tangierte die Macht, besser die Schlichter- und Schutzfunktion[42] des Stammesscheichs aufgrund der wenigen Regelungsbedürfnisse und dem Grundsatz der gleichen Rechte aller freien männlichen Mitglieder des Verbandes nur in Ausnahmefällen, die egalitär freiheitliche Lebensform der in Klanen zusammengefaßten Familien. In der Regel artikulierten die Oberhäupter der Familien ihren Willen in den Versammlungen und fanden durch Kompromisse und Interessenausgleich Respektierung. Mit anderen Worten: "The powers of the leader were those of persuasion rather than of command."[43] Die Freiheit der Stammesmitglieder war ohnehin durch die äußeren natürlichen Lebensbedingungen mehr oder weniger gleich stark begrenzt; dieser Rahmen formte die autochthone Beduinenkultur[44] mit ihrem spezifischen Wertesystem, das eine Vielzahl von internalisierten sozialen Schranken auferlegte und die daraus folgende politische Kultur prägte.[45]
Der Stammesscheich legitimierte seine meist ererbte Führungsposition über die anderen männlichen Familienvorstände teils mit dem Ansehen seiner (Groß-)Familie, teils mit seiner Durchsetzungsfähigkeit. Dieses war meßbar am Erfolg des Stammes, der von seinen Kenntnissen von Weideplatz, Wasserstelle und sicheren Wegen und seinen persönlichen Kampfeigenschaften (Mut, taktisches Verhandlungsgeschick, Rhetorik, auch großzügiger Gastgeber) um die ständige Bedrohung durch ebenfalls räuberische Nachbarstämme zu meistern, abhängig war.

Dieses Konsensmuster wurde auf die politische Führung der islamisch-städtischen Gesellschaft in Medina und Mekka (ab 630) übertragen, wobei das niemals institutionalisierte Beratungsverfahren auf die frühen Prophetengenossen begrenzt war. Gegenüber der aristokratischen mekkanischen Händleroligarchie wurden taktische Konzessionen gemacht.[46] Verbunden mit dem akzeptierten göttlichen Auftrag, den Willen Gottes zu vollstrecken, sicherte dies dem Inhaber der Führungsposition eine Machtkonzentration,[47] die der in der hydraulischen Kultur strukturell ähnlich war. Die

jeder charismatischen Führung inhärente Tendenz zur Instabilität konnte der Prophet durch das erfolgreiche Zusammenwirken von traditionaler und legaler (kraft Koran) Legitimation kompensieren.
Dennoch blieb die Kombination alter Loyalitätsverfahren mit neuen supratribalen Pflichten im Kontext der arabisch-nomadischen Klientelordnung an den Zwang zu materiellem Erfolg gebunden. Andererseits erlaubte erst die Kanalisierung der bislang zersplitterten und latenten kriegerischen Ressourcen eine Aktionsfähigkeit, die in der expansiven Mobilisierung den materiellen Anreiz zum Gehorsam perpetuierte.

Das eigentliche, politisch relevante Problem, nämlich die politische Kontinuität der islamischen Gesellschaft, also ihre Institutionalisierung und die politische Nachfolgeregelung, mußten nach dem unerwarteten Tod des Propheten (632 n.Chr.) von der neuen Statusgruppe "Prophetengenossen" pragmatisch geregelt werden, denn der Prophet "made no pronouncement on the question of how the umma should continue after him."[48]

Der erste Kalif (Khalīfa = Nachfolger) Abū Bakr,[49] mit dem Beinamen as-Siddīq (der Wahrhafte), ein Verwandter und Mitglied des "inner circle" des Propheten, der vor allem in Vertretung des Propheten die Gebete leitete, übernahm durch konkludente Zustimmung "by the leading Companions who gave him an oath of allegiance"[50] trotz Widerstand der Ansār[51] die politische Führung. Diese ad hoc Entscheidung diente zur Sicherstellung der Handlungsfähigkeit und der politischen Existenz des islamischen Commonwealth, da einzelne Stämme sich nur gegenüber Muhammad persönlich verpflichtet fühlten und nach seinem Tode die Gefolgschaft und Steuerzahlung kündigten. Der Nachfolger hatte jedoch "no authority to give new interpretations to religious matters; his function was merely to maintain old doctrines."[52]

Nach seinem Tod (634) akzeptierte die neue Elite den von Abū Bakr designierten 'Umar ibn al-Khattāb als Nachfolger. Nach dessen Ermordung 644 soll ein von 'Umar noch auf dem Sterbebett ernanntes Wahlkollegium den Umaiyaden und angesehenen Kaufmann 'Uṯmān ibn 'Affān nach heftigen Auseinandersetzungen als schwachen Kompromißkandidaten zum neuen Leiter gewählt haben. Die Durchdringung des Regierungsapparates mit Verwandten und der Aufbau eines Klientelsystems zur Eindämmung der Separations- und Dezentralisierungsbestrebungen der Militärführer und Provinzgouverneure stärkte die allgemeine Unzufriedenheit; diese wurde hauptsächlich von den Befürwortern eines dynastischen Nachfolgeprinzips artikuliert und konnte auch nach dem gewaltsamen Tod des 'Uṯmān nicht beseitigt werden.

Obwohl 'Alī, Schwiegersohn und Vetter des Propheten, der letzte der rechtgeleiteten Kalifen, durch einen Wahlakt die Macht (656) erhielt, herrschte bereits tiefer Dissens in der islamischen Gesellschaft vor. Der syrische Statthalter und Vetter 'Uṯmāns Mu'āwiya focht die Wahl an, rebellierte und übernahm nach einem heftigen Bürgerkrieg 661 die Macht.

Aus dieser knappen Wiedergabe der historischen Überlieferungen lassen sich vier Nachfolgeverfahren[53] systematisieren:

- 'Abū Bakr durch Akklamation und konkludente Huldigung,

- 'Umar durch Designation,

- 'Uṯman durch Wahl,

- 'Alī durch Wahl / Mu'āwiya durch gewaltsame Usurpation.

Dieser im Grunde "von Anfang an" fehlende Konsens über die politische Nachfolge zerstörte die geforderte und für so wichtig angesehene Kohäsion der islamischen Gesellschaft. Während im Okzident seit dem 19. Jahrhundert der Begriff Partei (pars) als ein notwendiger, autonomer Teil eines Ganzen akzeptiert wird, perzipieren die Muslime "Partei" (arab. hizb, wörtlich: Spaltung) bis in die Gegenwart durchweg negativ.

Daher trifft heute der okzidentale Parteien- und Interessenpluralismus auf eine religiös-theologisch definierte Schwelle, die das Entstehen von Konflikten leugnet und das Verstehen der Funktionsweise politischer Konkurrenzmodelle erheblich erschwert, ja mit materialistischer oder Bürgerkriegsgesinnung[54] assoziiert.

Die Synthese aus alt-arabischen[55] mit neu-religiösen Elementen erweist sich als wesentliche Determinante der islamischen politischen Kultur. Die Bedeutung der Tradition, der sakralen Legitimation und des Machtmonopols zugunsten einer aristokratischen Elite legen einen ähnlichen Wirkungszusammenhang zwischen politischen Normen und politischem Teilnahmeverhalten wie in der hydraulischen Kultur nahe.[56]

Aus der wechselseitigen Kooperation zwischen Rechtsgelehrten und den Kalifen entwickelte[57] sich in der Hauptrichtung der orthodoxen islamischen Rechts- und Staatsauffassung graduell[58] eine Konzeption, die schließlich in der Epoche der 'Abbasīden (750-1258, Sitz Bagdad) jeden weltlichen Usurpator (Sultan) legitimierte und für ihn absoluten Gehorsam forderte, solange er nur ausreichend Machtmittel besaß.[59] Diese Entwicklung wurde begünstigt durch die rituellen und dogmatischen Ansprüche der totalitären Gesetzesreligion, die von den 'Ulamā'[60] artikuliert wurden. Das wog umso schwerer, als es im islamischen Gesellschafts- und Regierungssystem keine anerkannte objektive Kontrollinstanz gibt, die "religiöse" Dispute bzw. Problemstellungen als solche definiert und verbindliche Entscheidungen treffen kann.

Die interpretatorische Anpassung der Offenbarung - anstelle der Formulierung neuer Lösungen - an die praktischen Erfordernisse konnten die religiösen Rechtsgelehrten nur leisten, wenn sie die Theorie mit der Wirklichkeit in Einklang brachten, um damit das göttliche Staatsideal zu retten. Schließlich herrschten 'de facto' territorial eigenständige Sultane und Dynastien mittels Armee und einer aus iranischen Wurzeln entstandenen Bürokratie, die den Hof strikt vom Volk trennten. "Dadurch setzte eine praktische (wenn auch nicht legale) Trennung der politischen und religiösen Funktionen ein, insofern der Kalif, der Wahrer der religiösen Autorität, die Sultane in feierlichem Zeremoniell in ihr Amt einsetzte, bis die Würde des Kalifen im ottomanischen Sultanat erblich wurde."[61]

Zusammenfassend lassen sich folgende Grundstrukturen islamischer politischer Kultur herauskristallisieren:

Die Fixierung auf die formalen Koran- und Prophetenvorgaben und die verfassungspolitische Orientierung auf die jeweiligen Herrscher erzwangen einen spezifischen Sozialisationsprozeß, der ausgerichtet war

- auf die Schaffung eines homo religiosus, dessen politisches, soziales, kulturelles Dasein und Handeln nur unter religiösen Aspekten zu sehen, erklärbar und vertretbar ist.

- auf ein imitatives und nicht kreatives Handlungsgebot, das der idealisierten Frühphase verpflichtet ist, denn jede Erneuerung stellt eine Deterioration dar.[62]

- auf die Verpflichtung des Gläubigen zum Gehorsam gegenüber der von Gott gesetzten Obrigkeit.

- auf ein personenbezogenes Macht- und Loyalitätsverständnis gegenüber dem Herrscher.

Die daraus resultierenden Einstellungen, Verhaltensweisen und Erfahrungen innerhalb der islamischen umma prägten eine politische Kultur, deren Merkmale

- akzeptierte Segmentierung in Herrscher und Beherrschte,

- Konsensorientierung und Solidargemeinschaft, unter Ausschluß individueller Freiheits- und Schutzrechte, legaler Opposition und Minoritätenschutz,

- dogmatische, an den Machtverhältnissen ausgerichtete Interpretation politischer Verhaltensregeln,

die passiven Formen politischer Partizipation förderten. Die strikte Einbeziehung aller Lebensbereiche in ein für den Muslim nachvollziehbares, aber nicht zu kritisierendes theologisches

Erklärungsmodell 'politischer Macht' verstärkte noch das in der hydraulischen, parochialen Kultur internalisierte Verhalten.

Diese passiven, totalitären Komponenten enthalten zugleich Tendenzen, die im Gegensatz zur hydraulischen Kultur mobilisierende Wirkungen hervorbringen können: Der im Sozialisationsprozeß vermittelte Grundsatz der Einheit von Religion und 'Staat' einerseits und die erlebte Erfahrung machtpolitischer/religiöser Auseinandersetzungen andererseits schaffen auch die Voraussetzung für kognitive Dissonanzen.

Für ihre Entstehung sind zwei Bedingungen, die je unterschiedliche Varianten der Mobilisierung bewirken, notwendig:

1. rivalisierende Ansprüche innerhalb der Gemeinde um den wahren Glauben (endogener Dominanzkonflikt),

2. Bedrohung der islamischen Gemeinde von außen (exogener Kolonialkonflikt).

Die im Verlauf der militärischen Auseinandersetzung um die Nachfolge - nach dem Scheitern diplomatischer Bemühungen - erfolgte Aufspaltung der islamischen Gesellschaft in mehrere politische Gruppen zerstörte auch die Einheit im Glauben und produzierte verschiedene religiöse Sekten.[63] Die zunehmende räumliche Ausdehnung der umma und die militärpolitische Ohnmacht der Kalifen[64] - insbesondere unter den Abbasiden wurde auf ausländische Prätorianergarden zurückgegriffen - vertiefte diese Spaltung und leitete das Entstehen partikularistischer Territorialstaaten ein (Sonderrolle der berberischen Dynastien im Maghreb), die teilweise von nicht arabischen Militärführern regiert wurden.

Für das Niltal lassen sich ebenso verschiedene Phasen machtpolitischer Verschiebungen zwischen Peripherie (Provinz Ägypten) und Zentrum (Bagdad) systematisieren, die aber keine grundsätzlichen Veränderungen im individuellen bzw. kollektiven Teilnahmeverhalten bewirkten. Das gilt auch für die "Reichsfürsten" Ägyptens nach der islamischen Eroberung sowie während der Mamlukenherrschaft[65] (1250-1517) und der Epoche der osmanischen Oberhoheit bis zur französischen Invasion (1517-1798). Die machtpolitischen Auseinandersetzungen, die zwischen dem osmanischen Statthalter (wālī) und den Mamlukenfürsten institutionell und militärisch stattfanden,[66] erzwangen zwar eine duale Machthierarchie mit wechselnden Dominanz-Perioden, die aber wegen der nicht gesicherten materiellen und rechtlichen Grundlagen nur kurzfristige Allianzen und labile "Palastregime" hervorbrachten.

Obwohl im Zeitablauf Modifizierungen in der Gestaltung des Pachtsystems und daraus sozio-ökonomische Auswirkungen festzustellen sind,[67] kennzeichnet Stagnation die politische Entwicklung und politische Kultur in der osmanischen Provinz Ägypten.[68] Die Ablösung einer Mamlukenkoalition durch eine andere bedeutete für die Bevölkerung dieselbe Unterdrückung und ethnische Fremdherrschaft.

Das Arrangement der 'Ulamā'[69] mit den Mächtigen und deren formell islamischer Amtsführung reichte zur Rechtmäßigkeit der Herrschaft aus und verfestigte die politische Kultur, die wiederum verhinderte, daß sowohl die ständigen Dominanzkonflikte als auch die Bedrohung von außen zur Herausbildung konstitutionell gesicherter Teilnahmerechte führten. Im Gegensatz zur europäischen Entwicklung fehlten die Rahmenbedingungen für eine Magna Charta.[70]

Erst die durch exogene Einflüsse induzierten Veränderungen ermöglichten Rahmenbedingungen, die eine Perzeption neuer Ideen und das Auftreten neuer sozialer Akteure zuließen, und schufen "ein völlig neues, ganz anders orientiertes und vor allem wissenschaftlich anders zu behandelndes Ägypten ... . Das Eindringen Europas in das Nilland ist für dieses von unendlich größerer Tragweite als selbst das Aufkommen des Hellenismus gewesen. Mit den Khediven beginnt eine völlig neue Zeit, der gegenüber vielleicht die ganze, jahrtausende lange Geschichte Ägyptens, sicher aber die islamische Periode, zu einer Einheit zusammenfließt."[71]

2.3. Muhammad 'Alis partielle Modernisierung als Instrument der Herrschaftssicherung

Nach dem militärischen Sieg über die Mamluken suchte Napoleon das traditionelle Zusammenwirken zwischen Mamluken und 'Ulamā - zur Beherrschung des Landes - mit den Rechtsgelehrten fortzusetzen. Dazu gründete er eine Anzahl von Beratungsausschüssen,[72] "who were to help him legislate, maintain order, and act as an intermediary between the French authorities and the people."[73] Dieser Rückgriff auf die klassische Funktion des religiösen Repräsentanten des Landes war notwendig, weil es keine anderen sozialen Kräfte gab,[74] die in der Perzeption der Bevölkerung legitimiert waren bzw. die Fähigkeit besaßen, politisch-administrative Aufgaben wahrzunehmen. Doch selbst das Arrangement mit den Religiösen reichte nicht aus, die labile Herrschaftsstruktur im Sinne der französischen Interessen zu stabilisieren.

Während und nach der französischen Okkupation fiel das Land wiederholt in Phasen bürgerkriegsähnlicher Anarchie.[75] Der albanische Offizier Muhammad 'Alī,[76] der mit einem albanischen Kontingent zur Verstärkung der osmanischen Truppen nach Ägypten gekommen war, nutzte die Wirren und füllte mit seinen soldatischen Verbänden, Intrigen und "diplomatischem" Geschick das entstandene Machtvakuum aus; ab 1805 kontrollierte er militärisch das agrarwirtschaftlich wertvolle Unterägypten (Deltagebiet) und vermochte dadurch sukzessive seine Herrschaft zu etablieren.

Sein machtpolitischer Erfolg beruhte im wesentlichen auf 3 Schritten:

1. In einem Abkommen mit den 'Ulamā' sicherte er ihnen zu, sie in allen Steuerfragen zu konsultieren und ohne ihr Einverständnis keine neuen Steuererhöhungen festzusetzen. Mit derartiger "Rückendeckung" schaltete er die potentiellen Rivalen aus dem osmanischen Offizierskorps und den nach Oberägypten geflohenen Mamlukenfürsten aus.[77]

2. Im Jahre 1811 vernichtete er physisch einen Großteil der Mamlukenführer.[78]

3. Nachdem seine Herrschaft durch die 'Ulama legitimiert worden war, schaffte er das Iltizamsystem[79] zur Besteuerung sowie das weitgehend abgabenfreie Waqf-Land (gegen Entschädigung) ab.[80]

Die aus diesen Aktionen resultierende Festigung seiner Machtposition stützte er mit der Neuverteilung des von ihm konfiszierten Landes zusätzlich materiell ab. Von insgesamt zwei Millionen Feddan kultivierten Landes fielen allein 200.000 Feddan[81] steuerfrei an seine nächsten Verwandten, an zuverlässige albanische Offiziere und an von ihm ernannte Verwaltungsbeamte; im Jahre 1845 sollen die ranghöchsten Familienmitglieder der neuen Dynastie bereits 677.000 Feddan "besessen" haben.[82] Da die so geschaffene "Aristokratie"[83] an die Person des Herrschers qua Landbenutzungsrecht gebunden war, schuf diese Umverteilung ein Netz von Loyalitäten und Abhängigen, "who supported his rule and had an interest in maintaining it."[84]

Diese Aktivitäten - im Zeitraum von 1805 bis 1820 - dienten nur einem Zweck. Muhammad 'Alī, tief beeindruckt von der Kampfweise, Logistik und dem Erfolg der französischen Interventionsarmee, wollte mit den überlegenen europäischen Methoden Ägypten zu einer immensen, effizienten Militärmacht aufbauen. Sein Ziel, das Land de facto von der osmanischen Vorherrschaft zu lösen und durch die eigene Person bzw. Dynastie zu beherrschen, konnte nur erreicht werden, wenn er ein modernes, d.h. europäisches Militärwesen - zur Verhinderung zukünftiger Interventionen, zur Unterdrückung interner 'Opposition', aber auch als Grundlage für die weitere Expansion in den Sudan und nach Palästina - einführte.

Aber eine moderne Armee benötigte eine nach sachlichen Kompetenzen geordnete Verwaltung, ein vorausberechenbares Steueraufkommen und -system sowie eine den technologischen Erfordernissen adäquate Ausbildung; kurzum Organisationsformen, zivile Techniken und Bildungsinhalte, die im Ägypten jener Epoche nicht vorhanden waren. Zur Überbrückung dieser qualitativen "Lücke" setzte der "aufgeklärte" Despot den ersten qualitativ bedeutsamen Kommunikationsprozeß und den Beginn kontinuierlicher kultureller Kontakte zwischen Ägypten und Europa in Gang.[85]

Wie stark 'Alī die naturwissenschaftliche, militärisch verwertbare Ausbildung präferierte,[86] zeigt die folgende statistische Übersicht:

Tabelle 1: Fachpräferenz der Studienkommission

Periode	Technische Fächer		Geisteswissenschaftliche Fächer	Gesamt
Muhammad 'Alī 1813-1848	Medizin Technik und Ingenieurwesen Agrarwissenschaft	15 310 2	12	339
1849-1882 bis zur britischen Besetzung	Medizin Technik und Ingenieurwesen	121 149	9	279
Cromer und während brit. Besetzung	Medizin Technik und Ingenieurwesen Agrarwissenschaft	25 45 4	215	289

(Zusammengestellt nach: D. Stewart, Young Egypt, London 1958, S: 104.)

Die operative Reichweite[87] und die Größenordnung des ägyptischen Militärs in den nachfolgenden Jahren unterstreichen die unmittelbare Wirkung der rigorosen Europäisierung des gesellschaftlichen Teilbereichs Militär.

Tabelle 2: Umfang des Militärs unter M. 'Alī

1823	24.000	Soldaten
1833	125.000	Soldaten
1837-39	130-160.000	Soldaten

(Zusammengestellt nach S. Gomaa, Das Militär in Ägypten, Bochum 1976, S. 10.)

Diese Dynamik blieb aber zunächst auf den militärischen Sektor begrenzt. Die militärischen Institutionen und die sie unterstützenden Einrichtungen blieben "eine moderne Enklave in einer 'traditionellen' Gesellschaft".[88]

Auch der von 'Alī ernannte Beratungsausschuß (1829) hatte nur marginalen Einfluß. Er bestand aus 156 Mitgliedern, "including 33 high-ranking officials, 24 district officials and 99 of the notables of Egypt;" seine Bedeutungslosigkeit geht aus der Praxis dieser Institution hervor. Der Beratungsausschuß trat einmal im Jahr für eine Sitzung zusammen "lasting a day or longer."[89]

Neben ausländischen Militärberatern ließ 'Alī zahlreiche Wissenschaftler und Geschäftsleute, überwiegend aus der Levantine ins Land rufen und ordnete den umfangreichen Import von Gebrauchs- und Investitionsgütern an.[90] Auch für die Agrarwirtschaft und im geringeren Maße für die Industrialisierung wurden ähnliche Finanzaufwendungen wie für die Modernisierung des Militärs bereitgestellt. Die infrastrukturellen Verbesserungen steigerten die Erträge der Landwirtschaft; der Anbau von Baumwolle erlaubte sogar den Aufbau einer - gemessen an der Region - komplexen rohstoffverarbeitenden Industrie.[91]

'Alī hatte inzwischen nicht nur das gesamte anbaufähige Land unter seiner Kontrolle, sondern er monopolisierte auch den Handel, die Industrie und das Kreditwesen. Seine zentralistische Reglementierung der Ökonomie ging soweit:
"Each year, according to the european market, he decided what acreage had to be sown with a given crop."[92]
Doch blieben die Resultate weit hinter den von ihm gewünschten Projektionen zurück. Die restriktive Haltung[93] gegenüber notwendigen sozialökonomischen Reformen im Sinne einer Anpassungsstrategie an veränderte Rahmenbedingungen verhinderte, daß Ägypten aus der Subsistenzwirtschaft in eine selbsttragende, wachstumsdynamische Ökonomie überging. Deshalb vermied er es, die traditional verfaßten städtischen Gilden aufzulösen und sie nach rationalen Gesichtspunkten analog dem okzidentalen Kapitalismus[94] in ein System selbstbestimmender Wirtschaftssubjekte/-verbände zu entlassen. Genausowenig vermochte er die

Mitglieder der Studienkommissionen nach ihrer Rückkehr aus Italien und Frankreich adäquat für den Aufbau einer modernen Gesellschaft einzusetzen.
Die offene Diskriminierung der ägyptisch-stämmigen Teilnehmer an den Auslandsaufenthalten, bei der Einstellung und den Aufstiegschancen im "öffentlichen" Dienst, ja die systematische Bevorzugung von Ausländern[95] bei der Vergabe der ethnisch-hierarchisch strukturierten Führungspositionen in Armee, Verwaltung und Wirtschaft führte über die Ablehnung der landfremden Dynastie und der diese umgebenden "Ausländerclique" zu einer zunächst noch latenten Unzufriedenheit mit den politischen und sozialen Verhältnissen in Ägypten.

Obwohl den Stipendiaten geistlicher "Beistand" mitgegeben wurde, blieb die Konfrontation mit säkularen Bildungsinhalten und die Teilnahme an liberalen Gesprächskreisen nicht ohne Folgen.[96] Das aufklärerische, egalitäre und demokratische Gedankengut - Rezeption der Gewaltenteilung und des Konstitutionalismus, aber auch die Idee des Nationalstaates -, das die Studierenden insbesondere in Frankreich kennenlernten, war schließlich für die geistige Neubesinnung im Sinne einer Infragestellung des verfassungsrechtlichen und machtpolitischen status quo verantwortlich. Die importierte Idee des Nationalstaates, ein der islamischen politischen Theorie völlig entgegengesetztes Organisationsprinzip, lieferte zunächst der relativ unbedeutenden, aber aktiven Opposition gegen die albanisch-turko-tscherkessische 'Alī-Dynastie eine theoretische Grundlage.

Neben der verständlichen individuellen Distanz der potentiell für die Bildung einer Mittelschicht prädisponierten Ägypter gegenüber der herrschenden Minorität und den Ausländern ist noch ein anderer Faktor hervorzuheben, ohne dessen Kenntnis die späteren religiös-kulturellen, politischen und sozialen Konfliktstrukturen unverständlich bleiben. Während der Akkulturationsprozeß allmählich in den urbanen Zentren ein vielschichtiges Interesse an der europäischen Zivilisation anregte, setzten die ländlichen bzw. die gänzlich dem traditionellen Wertesystem verbundenen Bevölkerungssegmente Modernisierung mit europäischer Dominanz gleich und perzipierten Erneuerungsversuche grundsätzlich als negativ. Die religiösen Repräsentanten reagierten zunächst indifferent und erst eine Generation später, so daß die Resultate des ersten Modernisierungsansatzes neben konstitutionellen Forderungen einen Akkulturationsprozeß auslösten. Dieser war durch einen ethno-hierarchischen Konflikt, der alle internen Auseinandersetzungen überlagerte, und einen Stadt-Land Konflikt geprägt, der den historisch entstandenen Gegensatz um eine neue Qualität ergänzte: Die neue Dimension der modern-traditionalen Auseinandersetzung. Die aus beiden exogen induzierten Veränderungsprozessen entstehenden mobilisierenden Tendenzen entwickelten sich in der Folgezeit zu regelrechten Destabilisierungsfaktoren der existierenden politischen Herrschaftsweise.

Anmerkungen

zu Kapitel 2 "Strukturkomponenten der politischen Kultur in Ägypten"

1) Das im Trockengürtel der Alten Welt gelegene Land umfaßt eine Fläche von etwa einer Million qkm. Die von der atmosphärischen Großzirkulation bedingte Regenlosigkeit - von bescheidenen Niederschlägen während des Winters an der Mittelmeerküste abgesehen - hat zur Folge, daß fast 97% des Landes vegetationslose, sterile Wüste sind. Das fruchtbare Kulturland Niltal und -delta einschließlich der wenigen Oasen der westlichen Wüste ist auf 36.000 qkm Fläche begrenzt. Dies entspricht der geographischen Größe Nordrhein-Westfalens (34.000 qkm); bezogen auf das kultivierte Land ergibt sich in Ägypten eine Bevölkerungsdichte von 1.068 Menschen pro qkm. Das dichtest besiedelte Land Europas, Belgien, kommt auf 318 Menschen pro qkm, Nordrhein-Westfalen auf 501/qkm im Jahr 1977 und die Bunderepublik auf 249/qkm. Vgl. H. Schamp, Ägypten, Das alte Kulturland am Nil auf dem Weg in die Zukunft, Tübingen 1977, S. 4 und S. 412.

2) Vgl. K.A. Wittfogel, Die orientalische Despotie, Frankfurt 1977, hier S. 25.

3) Zum reinen Typ der Feudalherrschaft, vgl. die Ausführungen von H. Kammler, Die Feudalmonarchien, Köln 1974.

4) Das vorhandene Eigentum wurde auch durch die "gesetzliche" Erbfolge immer wieder zersplittert, so daß ein Ansammeln großer Güter über Generationen - die Voraussetzung zur Schaffung einer privaten Machtbasis - unmöglich wurde. Weiter ist zu berücksichtigen, daß jede Form des Eigentums ohne gesicherte Rechtsgrundlage gewährt wurde und durch das System der Gewaltenverschränkung "Rechtsfindung" einem Willkürakt gleichkam. Überdies war privates Land von der bürokratischen Wasserzuteilung abhängig. Vgl. G. Niemeyer, The Structure of Total Power, in: The Review of Politics, Vol. 20, 1958, No. 2, S. 266.
E. Otto, Wesen und Wandel der ägyptischen Kultur, Berlin, New York 1969, schreibt dem Eigentum, das den religiösen Institutionen (Tempel) abhängig von ihrem Wohlverhalten gewährt wurde, vornehmlich Subsistenzcharakter und soziale Kontrollfunktion zu.
Da der Handel auf die "staatliche" Infrastruktur angewiesen war, konnte die Gewinnspanne jederzeit durch fiskalische Reglementierung bestimmt werden. Die Beherrschung der Verkehrseinrichtungen (Wasserstraßen) durch das manageriale Zentrum beeinflußte den Marktverkehr und die Geschäftstechnik. Neben der Jurisprudenz sind es nämlich gerade diese beiden Interessenkreise, "aus denen das Bemühen um Verselbständigung des Geschäfts hervorgeht." Vgl. W. Sombart, Der moderne Kapitalismus, 5. unerw. Aufl., 2. Bd., 1. Halbbd., München und Leipzig 1922, S. 103. Das gilt aber nicht für das alte, hydraulische Ägypten. Zwar gab es lokale Märkte, doch ließ die vorwiegend geübte Naturalwirtschaft eine stetige Kapitalbildung nicht zu. Damit bedeutet Stadt in der hydraulischen Kultur nicht den Ausgangspunkt für

"countervailing powers" auf der Basis ökonomischer Autonomie, die nach politischer Partizipation drängen, sondern Militärsiedlung und Residenz der Bürokratie. Vgl. M. Weber, Wirtschaft und Gesellschaft, a.a.O., S. 585.

5) Vgl. K.A. Wittfogel, Die orientalische Despotie, a.a.O., s. 383 ff.

6) Die durchorganisierte Gesellschaft erlaubte für militärische Konflikte die schnelle Aushebung von Truppen und gewann damit gegenüber der Peripherie mit abnehmender hydraulischer Dichte an Schlagkraft, was die expansiv-außenpolitischen Unternehmungen dieser Länder erklärt.

7) Hinzu kommt, daß der höchste politische Amtsträger - König, Pharao, Fürst - in Personalunion zugleich eine Gottheit oder zeitweise deren Stellvertreter verkörperte; die ihm zustehende Verwaltung von Tabuvorschriften und religiösen Ritualhandlungen (teilweise auf Priester delegiert) verhinderte nicht nur jede Angleichung der Amtsinhaber und ihres Apparates (Bürokratie, Tempel) an die Bevölkerung, sondern war ein zusätzlicher Legitimationsfaktor, der diese Abgrenzung in zwei nicht überbrückbare Lebenskreise verstärkte. Ausführlich, E. Otto, Ägypten, Der Weg des Pharaonenreiches, 4. Aufl., Stuttgart 1966, auch W. Wolf, Das alte Ägypten, München 1971, S. 295 ff.: "... ist die ägyptische Neigung, bedeutende Persönlichkeiten zu vergöttlichen." (S. 297).

8) Vgl. B. Grossmann, Orientalische Despotie. Über einen neuen Beitrag zur Deutung des totalen Staates, in: H.D. Ortlieb (Hrsg.), Hamburger Jahrbuch für Wirtschafts- und Gesellschaftspolitik, Hamburg 1958, S. 190.

9) Vgl. K.A. Wittfogel, Die orientalische Despotie, a.a.O., S. 199.

10) Ebenda, S. 209.

11) Zu den 30 Dynastien (3200-550 v.Chr.) vgl. G. Gottschalk, Die großen Pharaonen, Bern, München 1979.

12) Vgl. A. Rüstow. Ortsbestimmung der Gegenwart, Bd. 1, Ursprung der Herrschaft, Stuttgart 1950, S. 95 ff.

13) Vgl. O. Meinardus, Christian Egypt Ancient and Modern, 2. überarb. Aufl., Kairo (American University Cairo, AUC), 1977.

14) Vgl. E. Otto, Wesen und Wandel der ägyptischen Kultur, a.a.O., S. 52.

15) Punktuelle Unruhen und Proteste entstanden aus unmittelbaren Ursachen (Hungersnöte, Benachteiligung bei der Wasserzuteilung usw.), für die der lokale Amtsträger, also Personen und nicht das Verwaltungs-/Regierungssystem verantwortlich gemacht wurden.

Vgl. E. Otto, Wesen und Wandel der ägyptischen Kultur, a.a.O., S. 52.

16) Hydraulische Verschiebungen mobilisierten zwar weite Bevölkerungskreise (Bau von Bewässerungsanlagen, Kriege zur Sicherung der Wasserressourcen, Tributerzwingung), führten zu Reformen der Verwaltungseinteilung, -strukturen und zu bescheidenen Veränderungen der Produktions-/Lebensweise, aber nicht zu einer (ansatzweisen) Revision des politischen, sozialen Machtgefüges.
Vgl. Enzyklopaedia des Islam, Leiden (Brill) 1927, 'Egypten', S. 12.

17) Zur soziologischen Bedeutung dieses Begriffes vgl. M. Weber, Wirtschaft und Gesellschaft, a.a.O., S. 314 ff.

18) Ob 'Amr auf Befehl des zweiten Kalifen 'Umar oder selbständig handelte, ist kontrovers. S.G. Lewis, The Arabs in History, rev. ed., New York 1967, S. 54.

19) Hierzu F.G. Maier, Die Verwandlung der Mittelmeerwelt, Frankfurt 1968, S. 270 ff.

20) Vgl. H. Busse, Grundzüge der islamischen Theologie und der Geschichte des islamischen Raumes, in: W. Ende, U. Steinbach (Hrsg.), Der Islam in der Gegenwart, München 1984, S. 25 ff.

21) Die beduinischen Krieger und ihre Führer kannten milieubedingt keine zivilisatorischen Techniken i.S. von N. Elias, Über den Prozeß der Zivilisation, 6. Aufl., Ulm 1978, Bd. 1. Die zwangsweise Übernahme vorgefundener Institutionen und die Kooptation der administrativen Eliten aus dem "einheimischen Reservoir" zeichnet verantwortlich für den Lernprozeß, der infolge weiterer Expansion Elemente arabischer, hellenistischer, semitischer, iranischer und indischer Kultur zusammenschweißte und die arabisch-islamische Kulturblüte hervorbrachte. Vgl. W.C. Smith, Der Islam in der Gegenwart, Frankfurt 1963; die herrschenden muslimischen Araber hatten keinen kreativen Anteil am Leben der Kunst, sondern traten als Auftraggeber auf. So F. Taeschner, Geschichte der arabischen Welt, Stuttgart 1964, S. 92; das gilt auch für die Stilgestaltung in der Architektur, wofür der Felsendom in Jerusalem (Vorbild Kathedrale zu Bostra bzw. die Grabesrotunde selbst) und die Omaiyadenmoschee in Damaskus (Umbau der Johannesbasilika) zwei berühmte Beispiele sind. S.E. Kühnel, Die Kunst des Islam, Stuttgart 1962, S. 22, 23; auch D. Brandenburg, Die Baumeister des Propheten, Zürich 1971, S. 30.

22) Die Gründung der Garnison Fustat (heute Kairo) beschreibt U. Haarmann, Das islamische und christliche Ägypten, in: H. Schamp, Ägypten, a.a.O., S. 122 ff.
M. Weber sah im Islam eine ständisch orientierte Kriegerreligion: "Individuelle Heilssuche und Mystik ist dem alten Islam fremd. Reichtum, Macht und Ehre sind die alt-islamitischen Verheißungen für das Diesseits: Soldatenverheißungen also, und ein sinnliches Soldatenparadies im Jenseits."

Die strenge Kasernierung und die puritanische Lebensweise, vor allem unter dem zweiten Kalifen 'Umar gefordert, führten aber nicht zu der innerweltlich-asketischen Lebensmethodik, wie sie Weber für die Herausbildung der protestantischen Ethik konstatierte, sondern zu einer kriegerischen Feudalaristokratie. Die heitere Weltfreude der Omajjaden - von den orthodoxen Muslimen als Verfall der Sitten bewertet - stand erst recht im Gegensatz zur bürgerlich asketischen Systematik der Lebensführung. Die fehlende Erlösungsideologie der islamischen Lehre sowie die Stadt als politischer und kultischer Ort sind für ihn zentrale Bestimmungsfaktoren für die spezifisch islamische Ethik der Lebensweise. Vgl. M. Weber, Wirtschaft und Gesellschaft, a.a.O., S. 367 ff., Zitat 376. Zum Stellenwert der islamischen Stadt und zur "ewigen" Rivalität zwischen Beduinen und seßhaften Städtern (auch die Kain/Abel-Geschichte im Alten Testament) findet sich bei: H.v. Wißmann, Bauer, Nomade und Stadt im islamischen Orient, in: R. Paret (Hrsg.), Die Welt des Islam und die Gegenwart, Stuttgart 1961, S. 22 ff. (hier S. 45) folgender Beleg: "Trotz seiner großen Bedeutung im Heiligen Krieg wurde der Beduine doch vom Städter als wenig sicherer Muslim angesehen. Sure 9 sagt: 'Die Araber der Wüste sind die verstocktesten in ihrer Gottlosigkeit und Heuchelei.'" Die rechte Ausübung der Riten ist außerhalb der Stadt nicht einzuhalten. Das gemeinsame Gebet, besonders das Freitagsgebet, sollte in einem Haus, einer Moschee abgehalten werden; ein jeglicher Ritus ist auf die Stadt zugeschnitten. Ein Nomadisierender kann die Vorschriften nicht erfüllen.

23) Die methodologische Begründung für die Wahl der Religion (unit of analysis) und der hier aufgegriffenen strukturellen Relevanzebene (level of analysis) als Analyseansatz zur Betrachtung der politischen Kultur, bei: D.E. Smith, Religion and Political Modernization: Comparative Perspectives, New Haven 1974, S. 3 ff.

24) "Das im Westen von Papst Gelasius I. (492-496) für das christliche Imperium aufgestellte Prinzip der Trennung von geistlicher und weltlicher Gewalt, von auctoritas und potestas, hatte trotz der Existenz von muslimischen neben Herrschaftsinstitutionen keine Entsprechung im Islam." Vgl. F. Büttner (Hrsg.), Reform und Revolution in der islamischen Welt, München 1971, Kap. Islamische Reform S. 49 ff., hier S. 53.

25) Die schriftliche Fixierung der mündlich weitergegebenen Offenbarungen erfolgte erst unter 'Uṯmān (644-656 Kalif). Die von 'Uṯmān eingesetzte Kommission konnte auf schriftliche Fragmente einiger Persönlichkeiten zurückgreifen; doch im Zweifelsfall wurde das mündliche Zeugnis dessen, der selbst gehört hatte, wie der Prophet den in Frage stehenden Vers gesprochen hatte, dem geschriebenen Text vorgezogen. Die Einflußmöglichkeiten seitens der verschiedenen Klaninteressen auf diesen textus receptus durch den subjektiven Selektionsprozeß hebt A. Miquel, Der Islam, Essen 1975, S. 91/1 hervor.

26) L. Gardet, Der Islam, Aschaffenburg 1961, S. 18.

27) Der Prophet als rein persönlicher Charismaträger, s. M. Weber, Wirtschaft und Gesellschaft, a.a.O., S. 268 ff.

28) Autor der berühmtesten Hadit-Sammlung ist Al-Bukhari (810-870). "Die Suche nach Quellenmaterial führte ihn sechzehn Jahre lang durch nahezu die ganze muslimische Welt, wobei er angeblich mit 1.000 als glaubwürdig geltenden Gewährsmännern Fühlung nahm und an die 600.000 Überlieferungen gesammelt haben soll, von denen er schließlich nach genauer Prüfung mehr als 7.000 auswählte. Wie berichtet wird, nahm er jedesmal die rituellen Gebetsverrichtungen vor, ehe er an die Aufzeichnung eines Hadit ging." Vgl. S. u. N. Ronard, Lexikon der Arabischen Welt, Zürich, München 1972, S. 266 ff.

29) Neben diesen beiden Quellen (Koran und Sunna) entwickelten die islamischen Rechtsgelehrten zwei nachgeordnete und an die Quellen gebundene methodische Rechtsgrundsätze; der von den anerkannten Rechtsgelehrten erzielte Konsens (igmā), legitimiert durch einen Prophetenspruch, wonach Gott seine Gemeinde nicht in einem Irrtum übereinstimmen läßt, und der Analogieschluß (qiyās). Diese vier Wurzeln des Rechts (usūl al-fiqh') lassen theoretisch eine zeitkonforme Interpretation zu - insgesamt entstanden vier große gleichberechtigte Rechtsschulen -, doch wurde anstelle der selbständigen Ableitung religionsgesetzlicher Vorschriften in Anlehnung an die Quellen (igtihād) gegen Ende des 12. Jahrhunderts die Imitation und der Anschluß an die geschaffenen Autoritäten gesetzt (taqlīd). Akzeptiert man das sozialwissenschaftliche Hinterfragen der Religion als das, was Religion bewirkt und greift auf den weiteren Religionsbegriff zurück, der religiöses Handeln als eines der konstitutiven wechselseitigen Elemente des gesellschaftlichen Lebens interpretiert, so blockierte dieser imitative Rekurs auf die göttlichen Basisnormen die Anpassungsfähigkeit des Rechtssystems (Integration der Nichtmuslime usw.) und trug u.a. zum Prozeß des Kulturverfalls im 12./13. Jahrhundert bei. Vgl. P.K. Hitti, Islam, Chicago 1970, S. 41 ff., G. Kehrer, Religionssoziologie, Berlin 1968, S. 6 ff., P.H. Vrihof, Was ist Religionssoziologie, in: R. König (Hrsg.), Kölner Zeitschrift für Soziologie und Sozialpsychologie, Sonderheft 6, 1982, hier S. 10.

30) Zur Saria s. Recht, in: K. Kaiser, W. Diem, H.G. Majer (Hrsg.), Lexikon der Islamischen Welt, Stuttgart 1974.

31) Erste religiöse Eingebungen hatte Muhammad (geb. 570) schon um das Jahr 610. Der in den Verkündigungen stets geforderte strenge Monotheismus bedrohte unter anderem die ökonomische Bedeutung der polytheistischen Kult- und Marktstätte Mekka. Jedenfalls stieß der Prophet auf schroffe Ablehnung bei der aristokratischen Händleroligarchie, die die Stadt dominierte. Auf ein Angebot der Vertreter der Oase Yatrib, ihre Stammesfehden zu schlichten, verließ der Prophet im Jahre 622 (Higra, Beginn der islamischen Zeitrechnung) seine Vaterstadt und siedelte mit wenigen Getreuen (muhagirun) nach Yatrib über. Die okzidentale Islamkunde untersuchte mit

den Mitteln der philologischen Textexegese den weder nach inhaltlichen noch nach chronologischen Kriterien geordneten Koran (die 114 Suren sind entsprechend ihrer Länge in abnehmender Folge aneinandergereiht) und machte die beiden zeitlichen Wirkungsabschnitte sprachlich und inhaltlich sichtbar. So sind die frühen mekkanischen Offenbarungen (610-622) ganz auf das Abhängigkeitsverhältnis Gott-Mensch bezogen und die eschatologischen Erwartungen überwiegen. In Medina beinhalten die Offenbarungen sachliche Regeln für die praktischen Verhältnisse des Lebens. "Selbst seine eigenen ganz gleichgültigen persönlichen und häuslichen Angelegenheiten bezieht er zuweilen in den Kreis der an ihn ergangenen göttlichen Offenbarungen ein." Vgl. I. Goldziher, Vorlesungen über den Islam, Bd. 1, 2. umgearb. Aufl., Heidelberg 1925, S. 11.

32) Das oben theoretisch abgeklärte Mobilisierungspotential der Religion transformierte die vorislamische Gemeinschaft in eine Gesellschaft unter dem Aspekt einer strukturierten (Sarī'a) wechselseitigen Aktionsform, die das isolierte Nebeneinander durch Kommunikation und Interessenaufbau überwand. Vgl. G. Simmel, Grundlagen der Soziologie, unveränderte 2. Aufl., Berlin 1970, S. 48 ff.; doch muß die islamische Vergesellschaftung unter dem psychologischen Aspekt der Handlungsmaxime ablesbar an den Verhaltensmodi einer Verantwortungsethik in Frage gestellt werden, da die Zielvorgabe und -verwirklichung der Akteure wegen des allumfassenden Charakters der Religion eher unter gesinnungsethischen Motiven erfolgt. Vgl. M. Weber, Politik als Beruf, in: Gesammelte Politische Schriften, 3. Aufl., Tübingen 1971, S. 551/2.

33) Die Muslime begreifen die islamische Lehre als identisch mit der bereits den Juden und Christen offenbarten Religion. Demgemäß steht auch Muhammad mit Abraham, Jesus in der Reihe der Propheten, die stets die gleiche Wahrheit verkünden. Doch haben die Schriftbesitzer (ahl al-kitāb) immer wieder ihre Schriften vergessen oder verfälscht. Um die ursprüngliche reine Lehre wieder herzustellen, läßt Allah Muhammad als Siegel der Propheten den Koran verkünden. Daß Muhammad an die religiöse Geisteswelt (vgl. die Gleichnisse im Neuen Testament und im Koran) und Tradition anknüpft, zeigt sich unter anderem auch daran, daß er die Gebetsrichtung nach Jerusalem zunächst beibehielt und erst nach endgültigem Bruch mit den jüdischen Stämmen nach Mekka zur Kaaba wendete. Das Überlegenheitsgefühl der Muslime beruht auf der Tatsache, daß Muhammad unwiderruflich der letzte Prophet ist und sie deshalb die authentischen Worte und Gebote Gottes auf arabisch besitzen. Vgl. H.A.R. Gibb, Mohammedanism, 2nd. ed., London 1957, und R. Paret, Mohammed und der Koran, 4. Aufl., Stuttgart 1976.
Die arabische Sprache stellt zugleich ein zentrales symbolisches Element des Gruppenbewußtseins dar; die überregionale Verkündung und Rezitation des göttlichen Wortes wird somit zur irreversiblen Symbolausbreitung. Vgl. K.W. Deutsch, Nationenbildung - Nationalstaat - Integration, Düsseldorf 1972, S. 41.

34) Nach H. Wehr, Arabisches Wörterbuch, 4. Aufl., Arabisch-Deutsch, Wiesbaden 1968, S. 553 auch mit Gemeinschaftsgeist, Stammesbewußtsein, Volks-, Nationalitätsgefühl zu übersetzen. Vgl. F. Rosenthal, Ibn Khaldun - The Muqaddimah, 3. Bd., New York 1958; Bd. 1, Abschnitt 26 zur Beziehung 'Araber'/Religion, S. 305 ff.

35) Khalduns empirisch generalisierende Methodik in Abgrenzung zur traditionell-normativen Deskription hebt hervor: H. Simon, Ibn Khalduns Wissenschaft von der menschlichen Kultur, Leipzig 1959, S. 39 ff. Die kritische Stellung des "Empirikers" Ibn Khaldun gegenüber den Historikern seiner Zeit diskutiert M.K. Ayad, Die Geschichts- und Gesellschaftslehre Ibn Khalduns, Stuttgart, Berlin 1930, S. 72 ff.

36) Koran 3, 103-106, hier beispielsweise Vers 103: "Und haltet allesamt fest an der Verbindung (?) mit Gott und teilt euch nicht (in verschiedene Gruppen)!" R. Paret, Der Koran, Stuttgart 1979.

37) P.K. Hitti, Islam, a.a.O., S. 28 ff., auch dustūr, in: E.v. Donzel, B. Lewis, Ch. Pellat (Hrsg.), The Encyclopaedia of Islam, New Edition, Leiden 1978, S. 638; der aus dem persischen stammende Begriff dustūr (Verfassung) bezeichnete ursprünglich "a person exercising authority".

38) Dieses Verfahren interpretierten die apologetischen Schriften als Wahl- und Vertragsprinzip, vgl. W.M. Watt, Islam and the Integration of Society, London 1961, S. 161.

39) Enzyklopaedie des Islam, auch R. Paret, Der Koran, a.a.O., 3, 159; und 42, 38.

40) A.M.al-'Aqqād, al-falsafa al-qur'āniya (Koranphilosophie), Kairo 1970, S. 36 ff. und F. Radwan, ārā'hurra fī ad-dīn wa-l-hayāt (Meinungsfreiheit in Religion und Leben), Kairo 1969, S. 56 ff.

41) S.C. Brockelmann, History of the Islamic Peoples, New York 1960, S. 4 ff., sowie W.M. Watt, Islam and the Integration of Society, a.a.O., S. 165 ff.

42) Vgl. A. Al-Wardi, Soziologie des Nomadentums, Neuwied, Darmstadt 1972, S. 133. Der Beduine "nennt den Stammesführer bei seinem (Vor-)Namen oder bei seiner kunya (Beiname, d. Verf.) oder er redet ihn, besonders in unserer Zeit, mit ya mahfuz (Schützer) oder ya tawil al-'umr (der lange leben Sollende) an, und oft begegnet man ihm mit rauhen Worten und heftiger Kritik."

43) Vgl. M.A. Shaban, Islamic History, Cambridge 1971, S. 17.

44) Vgl. A. Al-Wardi, Soziologie des Nomadentums, a.a.O., S. 60, nennt drei wichtige Komponenten: Stammeszugehörigkeit, kriegerische Beutezüge, Ritterlichkeit.

45) Dazu E. Bräunlich, Bistam Ibn Qais, ein vorislamischer Beduinenfürst und Held, Leipzig 1923, und E. Bräunlich, Beiträge zur Gesellschaftsordnung der arabischen Beduinenstämme, in: Islamica Bd. 6, Leipzig 1934, S. 68 - III, Fortsetzung S. 183-229. Da der "Ahnenstolz" und die Genealogievermittlung des eigenen und fremder Stämme in der Sozialisation des "Führungsnachwuchses" den zentralen Bildungsinhalt ausmacht, wird der potentielle politische Führer zur Tradition verpflichtet. Diese, auf den status quo hin gerichtete Erziehung mag zur Problembewältigung der den Beduinen gestellten Aufgaben reichen. Das damit zusammenhängende Senioritätsprinzip hemmt aber jeden pädagogischen Impetus, der auf eigenständige, kritische und leistungsorientierte Verantwortlichkeit abzielt. "The untouchable esteem of age implies the selection of leadership according to the age and not according to qualification. Thus, the motivation for good performances is affected in a negative way: qualification looses its value and formal status governs economic rationality." Vgl. B. Eisenblätter, Muslim Practice and Modern Development, paper presented for delivery at the First Conference of Islamic Philosophy on Islam and Civilization, Cairo, 19.-22. November 1979. Gh. Schodjaie, Das Problem der Freiheit und Determination im Islam, München 1975 (Diss.), S. 28, hebt die kollektivistischen Zwänge dieser spezifischen Beduinen-Kultur hervor. "Das Individuum war gegenüber dem Stammeshäuptling und dem Familienoberhaupt, die die großen Autoritäten bildeten, nur ein untertäniger Knecht ... auch innerhalb des Stammes war eine Individualisierung kaum denkbar."

46) Nach dem siegreichen Einzug in Mekka ermöglichte eine kluge Heiratspolitik, die Mekkaner-Opposition zu spalten. Überdies setzte der Prophet nicht auf Zerstörung und Rache, sondern auf versöhnliche Integration. (Plünderungen waren streng untersagt und die "Liquidationsliste" eng begrenzt.) Vgl. W.M. Watt, Muhammad Prophet and Statesman, London 1961, S. 266, S. 205/6.

47) W.M. Watt, Muhammad, in: P. Holt, A. Lambton, B. Lewis (Hrsg.), The Cambridge History of Islam, Vol. 1, London 1970, S. 49.

48) Vgl. M.A. Shaban, Islamic History, a.a.O., S. 16.

49) Zu Abu Bakr und 'Alī s. Enzyklopaedia des Islam, S. 109 ff. und S. 381 ff. sowie den Artikel Khalīfa S. 937 ff., zu 'Umar und 'Uṯmān s. S. 1061 ff. und 1088; auch N. u. S. Ronard, Lexikon der Arabischen Welt, a.a.O., die entsprechenden Artikel, und The Cambridge History of Islam, Vol. 1, a.a.O., Part 1.3, S. 57 ff.

50) Vgl. Encyclopaedia of Islam, a.a.O., S. 937.

51) Unter Ansār (Helfer) werden die bei der Ankunft des Propheten in Medina lebenden und kooperationswilligen Bewohner verstanden. Nach seinem Tode versuchten sie, die politische Leitung von Medina wiederzugewinnen; ein Vorgang, der darauf hinweist, daß die politische Harmonie primär auf

der persönlichen und nicht institutionellen Integrationskomponente beruhte. Doch fielen diese und andere rebellierende Stämme nicht in die polytheistische Religiosität der vorislamischen Epoche zurück, obwohl zu dieser Zeit neue Propheten öffentlich auftraten. Vgl. E. Calverley, Islam, Kairo 1974, S. 32, 37 ff.

52) Vgl. Encyclopaedia of Islam, a.a.O., S. 948.

53) Ohne auf die fruchtlose Diskussion einzugehen, ob die Rekrutierungsmechanismen monarchisch-aristokratische bzw. demokratische Regierungssysteme zulassen, ergibt sich aus der Übersicht:
- die Kandidatenselektion und Allokation politischer Macht erfolgte aus und durch eine privilegierte Statusgruppe;
- das islamische Postulat der Egalität konnte die restriktive Partizipation bei der genuin arab. Führerauslese nicht entscheidend erweitern;
- eine konsistente "gesetzmäßige" Methode zur Wahl ist nicht erkennbar, sondern diese scheint ad hoc und situativ erfolgt zu sein.

54) Die apologetische Literatur hierzu ist Legion, vgl. H.K. Sherwani, Muslim Political Thought and Administration, Delhi 1976 (reprint), und I. Ahmad, The Social Contract and the Islamic State, Delhi 1944.

55) Insbesondere die Übernahme des Solidaritätsgebotes und die Personalisierung politischer Macht im Stammes-/Klanchef sind verantwortlich für die personenbezogene Betrachtung politischer Ämter und des zuerkannten, erwirtschafteten Eigentums daraus (Patronage, Korruption). Vgl. M. Berger, Social Basis of Political Institutions, in: A. Lutfiyya, C. Churchill (Hrsg.), Readings in Arab Middle Eastern Societies and Cultures, Paris, Hague 1970, S. 375-401. Daher gilt auch für die supratribale islamische Gemeinde zunächst noch primär: "Die Geschichte der arabischen Stämme steht völlig im Zeichen der Einstellung des Genealogen: Politische Beziehungen werden unter dem Bild von Blutsverwandtschaft gesehen. ... Verbündete stammen von gemeinsamen Vorfahren ab." G. v. Grunebaum, Der Islam im Mittelalter, Zürich 1963, S. 361.

56) Dennoch sind Einschränkungen zu machen, die aber in historischer Perspektive gesehen rein formale Kriterien geblieben sind. Dazu gehören: Die geradezu revolutionäre Maxime der rechtlichen Gleichstellung aller Muslime vor Gott und dem Gesetz; das Konsultations- und Wahlprinzip zur Bestellung des Kalifen; die rechtliche Bindung des Kalifen an die Sarī'a; hohe theologische und moralische Qualitäten an die Kandidaten; schließlich ein Widerstandsrecht gegen den Kalifen, falls er nicht die fünf Grundpfeiler des Islam wahrte (Glaubensbekenntnis an den einen Gott und seinen Gesandten Muhammad, täglich fünf rituelle Gebete, die Almosensteuer, das Fasten im Monat Ramadan, die Sicherstellung der Wallfahrt zu den heiligen Stätten Mekka, Medina) und die Religion gegen die Ungläubigen verteidigte.

57) Mit der Verlagerung der Macht unter den Omayyaden (661-750, Beginn mit Mu'āwiya) nach Damaskus waren die in Mekka lebenden 'ulamā (theoretisch die Legislative) rein technisch nicht mehr in der Lage, jede Handlung des Kalifen rechtlich zu würdigen. "Um diesem Dilemma abzuhelfen, wurde dem Staatschef das Recht und die Pflicht zuerkannt, bei unterschiedlichen Meinungen zu einer Rechtsfrage einzuschreiten, und nach seinem Dafürhalten einer Ansicht die Bindungsqualität zu geben, wenn das öffentliche Wohl es erforderte. Auf diese Weise fingierte der Herrscher den Konsens der Legislatoren (Ulama) und damit der Gemeinschaft der Muslime. Er konnte so legal eigenes Recht setzen. Diese seine Rechtssetzungsakte wurden von den Muslims freiwillig und vertrauensvoll akzeptiert, da sie als Ausdruck des grundsätzlichen Konsenses mit dem islamischen System galten. Illegitime Rechtssetzungsakte konnten nach der islamischen Staatstheorie nicht ergehen, da der Staatschef wie auch jeder einzelne Muslim an die Regeln von Koran und sunna gebunden waren." Vgl. R. Büren, Nassers Ägypten als arabisches Verfassungsmodell, Opladen 1972, S. 16.

58) Signifikantes Beispiel hierfür ist die Wahl des Kalifen. Da die Beteiligung aller Gläubigen a priori unmöglich war, hatten die Rechtsgelehrten die Wählerschaft auf die "Leute des Bindens und Lösens" beschränkt, worunter die Ulama selbst oder eine andere Gruppe verstanden werden kann. Al-Mawardi (972-1058 in Bagdad) setzt die üblich gewordene Praxis der Kalifenwahl - um die Institution vor den schiitischen Buyiden zu retten - dahingehend theoretisch um, daß er der Auffassung, ein Wähler genüge (also der Kalif selbst, um seinen Sohn zu inthronisieren), nicht widerspricht. Vgl. G.v. Grunebaum, Der Islam im Mittelalter, a.a.O., S. 196 ff.; dort auch zum Strukturwandel des Kalifenamtes (Delegation bestimmter Aufgaben an Sultane, Richter, Sonderbeauftragte), der zur politischen Entmachtung des Kalifen und zur Dezentralisierung der islamischen Gemeinde beitrug. Zu diesem Ergebnis auch H. Busse, Chalif und Großkönig, Beirut 1969, der die Geschichte der Buyiden nachzeichnet, S. 131: "Mit der Entmachtung des Kalifen in Bagdad selbst und im Zweistromland durch die Buyiden wurde eine Entwicklung zum Abschluß gebracht, die bereits zu Beginn des neunten Jahrhunderts mit der Gründung von de facto unabhängigen Teilstaaten im Osten eingesetzt hatte. Daß das Chalifat nur noch eine Institution war, die als juridisch-religiös höchste Instanz die tatsächlichen Machtverhältnisse zu legalisieren und den Maßnahmen und Entscheidungen der Teilherrscher gewissermaßen das 'kirchliche' Placet zu erteilen hatte, war in der Mitte des zehnten Jahrhunderts dem größten Teil der islamischen Welt eine vertraute Vorstellung geworden." Zur Delegation politischer Befugnisse und zur Herausbildung der machtpolitisch 'autonomen' Sultanate, s. K. Kreiser, W. Diem, H.G. Majer, Lexikon der islamischen Welt, a.a.O., Bd. 2, S. 79 ff.; zur 'Fiktion' der Wahl, auch: T.W. Arnold, The Caliphate, Oxford 1924, S. 22 ff.

59) Mit ein ausschlaggebender Grund für den unbedingten Gehorsam war die Furcht vor einer weiteren Desintegration der Gemeinde, denn jede Bedrohung des Staates wurde als Bedrohung der Religion empfunden. "Das heißt, daß die Theologen dem Gläubigen die Auflehnung gegen die Obrigkeit verbieten und ihm vorschreiben, den Befehlen der Obrigkeit zu gehorchen, ohne nach der Legitimität der Obrigkeit zu fragen. Dabei dürfen wir zwar voraussetzen, daß die Gehorsamspflicht nicht auf Befehle zu sündhaften Handlungen ausgedehnt wird: aber diese Seite des Problems diskutiert man kaum noch - sie scheint weitgehend aus dem Bewußtsein verdrängt zu werden. So entsteht im orthodoxen Islam eine klare Tendenz zur fast bedingungslosen Unterwerfung unter die Obrigkeit, ein theologisch gerechtfertigter Quietismus." Vgl. F. Steppat, Der Muslim und die Obrigkeit, in: Zeitschrift für Politik, Bd. 12, 1965, S. 325.

60) Dazu gehörte vor allem "the practice of transferring sociopolitical grievances to the level of theological disputes ..." Vgl. C.F. Gallagher, Islam, in: International Encyclopaedia of the Social Sciences, S. 209. Dieses Primat der Religion verhinderte in der theologischen Diskussion nicht nur die Wahrnehmung von komplexen Gesellschaftsbereichen bzw. Subsystemen, sondern ließ - wie noch gezeigt wird - auch Ansätze einer endogenen Säkularisierung scheitern.

61) Vgl. K.J. Newman, Papst, Kaiser, Kalif und Basileus, Eine Untersuchung über Ursprünge der autoritären Staatspraxis, in: PVS, März 1963, Heft 1, S. 22.

62) "Erneuerung ist immer eine Abweichung von dem perfekten göttlichen Konzept. Der Prophet hat einmal gesagt: 'Die übelsten Sachen sind die Neuigkeiten. Jede Neuigkeit ist eine Erneuerung. Jede Erneuerung ist ein Irrtum. Jeder Irrtum führt zur Hölle.'" Vgl. A.M. Laban, Einige Aspekte der Akkulturation und des sozialen Wandels in Ägypten von 1900 bis 1952, Frankfurt 1977, S. 8.

63) Zu den wichtigsten Sekten, Schiiten, Charidschiiten und einigen Sufi-Sekten, die allerdings erst später und als Reaktion auf die pedantische Dogmatisierung hin entstanden sind, s. die knappe Darstellung bei C.F. Gallagher, Islam, in: International Encyclopaedia of the Social Sciences, a.a.O., S. 209, 212, auch: T. Andrae, Islamische Mystiker, Stuttgart 1960. Die Anhänger oder Partei 'Alīs (šīa), aus denen die Schiiten hervorgingen, lehnen im Gegensatz zu der orthodoxen Mehrheit (Sunna) die rechtgeleiteten Kalifen als legitime Nachfolger ab und sehen nur in 'Alī und dessen leiblichen Nachkommen legitime Herrscher. Vgl. F. Taeschner, Geschichte ..., a.a.O., S. 69 ff.

64) "In dieser Zeit der beginnenden Ohnmacht der Kalifen setzte auch die Auflösung des Reiches in Reichsfürstentümer ein, indem besonders in den entfernten Provinzen die Statthalter die Steuereinkünfte nicht mehr an die zentrale Staatskasse nach Bagdad ablieferten, sondern für sich behielten und nur einen festen Tribut nach Bagdad ablieferten. Die Stellung

dieser zu Reichsfürsten emporgestiegenen Statthalter, deren Titel freilich nach wie vor Emir blieb, war so stark, daß sie sie ihren Nachkommen vererben konnten." Vgl. F. Taeschner, Geschichte ..., a.a.O., S. 123.

65) Die Mamluken waren Sklaven, vorwiegend aus dem Kaukasus importiert. Nach Übertritt zum Islam waren sie in aller Regel für den Militärdienst vorgesehen. Die in sich streng abgeschlossene Militärkaste übernahm in ihrer Funktion als Prätorianergarde während des Verfalls der Aiyubidendynastie (1171-1250) die Macht. Zur Legitimation ihrer Herrschaft kannten sie den vor den Mongolen nach Kairo (Zerstörung Bagdads 1258) geflohenen Kalifen nominell an.
Aufgrund ihres Waffenmonopols und der Vergabe von Pachtland als Unterhaltsleistung übten sie schon zuvor in der "Provinz" zeitweise Herrschaftsgewalt aus. Bei der osmanischen Eroberung 1517 lebten etwa 10.000 Mamlukenfamilien in und um Kairo konzentriert. Vgl. N. u. S. Ronard, Lexikon der Arabischen Welt, a.a.O., S. 679 ff.

66) Vgl. C. Brockelmann, History of the Islamic People, a.a.O., S. 347 ff.

67) "During the seventeenth and eighteenth centuries, however, state ownership became little more than a farce. State land was held on the iltizam System, under which land was made over to a multazim by public tender (mazad) in exchange for a sum of money called hilwan. The multazim was required to pay land tax (miri) on this iltizam, but was allowed to retain the difference between the miri and the amount he could exact from the fellah (fa'iz)". "The essence of the system was thus the leasing of the right to collect taxes on state land." Vgl. G. Baer, A History of Landownership in Modern Egypt 1800-1950, London 1952, S. 1, 2.

68) Zu Archivauswertungen vgl. St.J. Shaw, The Financial and Administrative Organization and Development of Ottoman Egypt 1517-1798, Princeton N.J. 1962, S. 63 belegt Shaw, wie das Aufkommen lokaler Mamlukenfürsten parallel zur (Land-)-Eigentumsbildung erfolgte. Mitte des 18. Jhdt. unterließen einige Klane die vom osmanischen Statthalter angeordneten Bewässerungsarbeiten und trockneten somit periphere Landstriche aus. Das dabei unterschlagene Geld nutzten sie zum Ankauf dieser nun "wertlosen" Ländereien und legten damit den Grundstein zu einer Hausmacht, die allerdings von konkurrierenden Mamluken (nach demselben Verfahren) bestritten wurde.

69) Die Zustände an der al-Azhar Universität, an der die Lehrstühle teilweise vererbt wurden, beschreibt J.C.B. Richmond, Egypt 1798-1952, London 1977, S. 12 f.

70) "Grundsätzlich bleibt dieses orientalische Machtverhältnis der ganz wenigen Allmächtigen und der vielen Machtlosen mit bloß geringfügigen Veränderungen bis zur Zeit der europäischen Eroberungen bestehen." Vgl. K.J. Newman, Die Entwicklungsdiktatur und der Verfassungsstaat, Bonn, Frankfurt/M. 1963, S. 39.

71) Enzyklopaedie des Islam, a.a.O., S. 5

72) "The first divan was that of Cairo, constituted by an order of 25 July 1798. It was composed of nine or ten members, almost all of whom belonged to the great Ulama. It was responsible primarily for the local government of Cairo, and in this respect it was an innovation in Egypt, where municipal councils were at that time unknown." Vgl. P.M. Holt, Egypt and the fertile crescent 1516-1922, a political history, London, 2. Aufl., 1975, S. 161.

73) Vgl. A.L. El Sayed, "The Role of the 'ulama' in Egypt during the Early Nineteenth Century", in: P.M. Holt, Political and Social Change in Modern Egypt, London 1968, S. 270.

74) Selbst die in den Städten lebenden "selbständigen" Händler und Gewerbetreibenden bildeten gegenüber den Theologen und Mamluken keine eigenständige, politische Kraft. Sie waren in mittelalterlichen Gilden mit weitreichenden Reglementierungen, selbst die Individualsphäre betreffend (berufliche Mobilität, Wohnort usw.), zusammengefaßt.
Hierzu Details bei: G. Baer, Egyptian Guilds in Modern Times, The Oriental Society (Nr. 8), Jerusalem 1964, S. 132 ff.

75) Vgl. Th. Kramer, Neuere Geschichte Ägyptens, in: H. Schamp, Ägypten, a.a.O., S. 183, dort auch zur Rolle der britischen Streitkräfte.

76) Zur Biographie Muhammad 'Alīs': A. Nutting, Von Mohammed bis Nasser, München, Wien 1964, auch: H. Braun, Der islamische Orient zwischen Vergangenheit und Zukunft, Bern, München 1960, der bei der Beschreibung der Persönlichkeitsvariablen dessen frankophile Orientierung hervorhebt.

77) Einzelheiten s.: P.J. Vatikiotis, The Modern History of Egypt, London, repr. 1976, S. 54.

78) "The final act in the destruction of Mamluk power in Egypt took place in March 1811." Ali lud zur Feier der Amtseinsetzung seines zweiten Sohnes als Kommandeur die führenden Mamelucken auf die Zitadelle von Kairo ein. "Shahin Bey, who had succeeded Bardissi and Elfi in the leadership was invited to the reception. He came accompanied by twenty-five beys, sixty kashifs and some 400 lesser Mamluks. After the party was over they mounted their horses and rode away down the narrow lane. They were led by the Vali's (M. Ali's) military band and a detachment of his troops. As soon as this detachment had passed, the lower gate was shut in the face of the Mamluks and the upper gate closed behind them. Sharpshooters posted on the walls then mowed them down. The story goes that only one escaped."

79) Vgl. Fußnote 67.

80) Der Ertrag aus solchem Land wurde zumeist durch "letztwillige Verfügung" oder Schenkung an religiöse Institutionen

(Moscheen, Pilgerorte, Schulen, Hospitäler) übertragen. Diese Verpflichtung bot dem Eigentümer Schutz vor weltlicher Konfiskation. Im gesamten osmanischen Reich jener Epoche war diese privat-wirtschaftliche Vermögensform anerkannt. Die Religiösen verwalteten diese meist in Stiftungen eingebrachten Ländereien. "Auf diese Weise erhielten sich zahlreiche Besitzungen viele Generationen hindurch in den Händen derselben Familie, die in vielen Fällen ein arbeitsloses Einkommen auf Kosten ihrer Bauern beziehen konnte." Vgl. N. u. S. Ronard, Lexikon der Arabischen Welt, a.a.O., S. 1056, auch: G. Baer, Studies in the Social History of Modern Egypt, Chicago 1969, S. 79 ff. Alis Vorgehen war ein Novum in der gesamten Region.

81) Vgl. A. Abdel-Malek, Ägypten: Militärgesellschaft, Frankfurt 1971, S. 99. 1 Feddan = 0,42 ha.

82) S. auch die Auflistung der Besitzverhältnisse der Prinzen aus dem offiziellen Register für die Jahre 1847/48, in: A. Schölch, Ägypten den Ägyptern, Freiburg o.J., S. 31.

83) Aus der Umverteilung entstehen nach A. Perlmutter, Egypt the Praetorian State, New Brunswick 1974, S. 28, drei neue Klassen: 1) Die dynastische Familie, 2) "the rural gentry who had been recruited by the dynasty to serve as its strategic elite", und 3) "former Bedouins and rural notables, who had been recruited to various segments of Ali's bureaucracy particularly the military."

84) Vgl. S. Arei, Agrarian Reform in Egypt, Kairo 1957, S. 11.

85) Vgl. K. Stowasser, at-Tahtāwī in Paris, Münster 1968 (Diss.).

86) Alle Schulen standen unter militärischer Aufsicht. Die Schüler entstammten seiner Dynastie bzw. alten Mamlukenfamilien. Ägypter wurden anfangs nur vereinzelt zugelassen.

87) Schon im Jahre 1813 besetzte 'Alīs Sohn Tusun im Auftrag der Hohen Pforte Mekka und trug wesentlich zur osmanischen Herrschaft über den Hijaz (und später auch Najd) bei. S. dazu H. Blume, Saudi Arabien, Tübingen und Basel 1976, S. 127 ff.

88) Vgl. B. Tibi, Armee und Sozialer Wandel in Nordafrika, in: Afrika Spectrum, Bd. 6 (1971), S. 36.
Die Armee war aber mehr als nur ein Machtinstrument; sie stellte ein beachtliches Potential von Spezialisten, die zukünftig auch in zivilen Berufen eingesetzt werden konnten. Die notwendige Orientierung an außernationalen Standards ermöglichte den Angehörigen dieser Organisation, die Akkulturationsschritte bei einem hohen Grad an psychischer Sicherheit leichter zu vollziehen.
Zur Armee als potentiellem Modernisierungsfaktor vgl. L.W. Pye, Armies in the Process of Political Modernization, in: J.J. Johnson (ed.), a.a.O., S. 79 ff.

89) J.M. Landau, Parliaments and Parties in Egypt, Tel Aviv 1953, S. 7.

90) Daten hierzu: C. Issawi, The Economic History of the Middle East 1800-1914, Chicago und London, repr. 1975.

91) Ebenda, S. 359 ff. Auch: K. Grunwald, J.O. Ronall, Industrialization in the Middle East, New York 1960, S. 182 ff.

92) Vgl. J. u. S. Lacouture, Egypt in Transition, New York 1958, S. 53.

93) Erklärbar aus seinem Verständnis, Ägypten zu sehen "as a private preserve to be exploited for his own and his family's benefit". Vgl. H.A. Riwlin, The Agricultural Policy of Muhammad Ali in Egypt, Cambridge Mass. 1961, S. 251, und seiner Zielsetzung, die eigene Dynastie zu etablieren, vermied er jede Delegationstechnik und "it is quite clear that he did not let his subordinates use any initiative". Vgl. N. Safran, Egypt in Search of Political Community, Cambridge Mass. 1961, S. 31.

94) Vgl. M. Weber, Gesammelte Aufsätze zur Religionssoziologie, Bd. 1, 7. Aufl., Tübingen 1978, S. 8.

95) Nach den Beobachtungen von E. Lane, An Account of The Manners and Customs of The Modern Egyptians, New York 1973, Neuaufl. der 1860 erschienenen Ausgabe, S. IX, Vorwort, stieg die Anzahl der europäischen Ausländer in Kairo im Zeitraum 1820-1870 auf ca. 30.000 an, bei einer Bevölkerungsentwicklung von 240.000 auf 400.000.

96) Vgl. J. Heyworth-Dunne, An Introduction to the History of Education in Modern Egypt, 2. Aufl., London 1968, S. 96 ff., weitere Angaben zu den Studienmissionen.

3. Konfliktfaktoren zur Destabilisierung der absoluten Herrschaft

Nach dem Tode 'Alīs (1849), der wegen seines schlechten Gesundheitszustandes die Amtsgeschäfte seit 1844 weitgehend seinen Söhnen übertragen hatte und 1848 seinen Sohn Ibrahim zum Nachfolger bestimmte, kam die von ihm eingeleitete Modernisierung des Landes vorübergehend zum Stillstand. Die aus seiner Familie stammenden Nachfolger[1] Ibrahim (regierte 1848 nur wenige Monate und verstarb im selben Jahr) und Abbas[2] I (1848-54) zeigten weder an der Fortführung noch an notwendigen Strukturreformen Interesse.[3]
Sie beschränkten ihre Aktivitäten auf den Konsum der von 'Alī ererbten Substanz und finanzierten die wenigen Großprojekte (Eisenbahnbau Alexandria-Kairo 1851-54) durch meist ausländische Kredite.

Im Unterschied dazu setzte Said[4] (1854-63) in drei Bereichen Neuerungen durch, die zur Grundlage der maßgeblichen sozialen und politischen Determinanten für das Entstehen der modernen Konfliktstruktur zu rechnen sind:

1. Nicht zuletzt unter dem Einfluß der europäischen Mächte gewährte er sukzessive Rechtspositionen, die auf die Sicherung des Eigentums an Immobilien hinausliefen. Sein Landgesetz von 1858 machte den Weg zum Erwerb gesicherter und vererbbarer Besitztitel[5] an Grund und Boden frei. Diese rechtspolitische Entscheidung ließ die Bildung einer neuen sozialen Schicht der Besitzbürger zu, die zum erstenmal auch aus landbesitzenden Ägyptern bestand.

2. Die Aufnahme von Söhnen der mittelständischen Bauern in die Militärakademie wurde von Said erheblich gefördert. Ihnen blieben zwar die Schlüsselpositionen und Privilegien der türkisch-tscherkessischen Minoritäten weiterhin versagt.[7] Aber: "Ägyptische Offiziere, die zuvor über den Rang des Majors nicht aufsteigen durften, konnten bis zu dem Rang eines Obersten befördert werden."[8]

3. Die Konzessionserteilung (1856) für den Bau des Suez-Kanals markierte zugleich den Beginn eines ungeheuren Kreditbedarfs, der aufgrund der verbrieften Vorrechte der Ausländer (Kapitulationen),[9] der Konsulargerichtsbarkeit und der "sorglosen orientalischen Verwaltungsmethoden"[10] nicht nur das Land völlig verschuldete, sondern auch den überwiegend ausländischen Kreditgebern politische Interventionsmöglichkeiten eröffnete.

Unter Said existierte zwar ein "Staatsrat", den er gelegentlich zu Problemen der Verwaltung und zu "wichtigen Staatsangelegenheiten" konsultierte,[11] aber ähnlich wie bei 'Alī hatte dieser Beratungsausschuß keinen machtpolitischen Einfluß. Dagegen berief Ismā'īl (1863-79), der die Modernisierung des Landes nach den Vorstellungen und Intentionen 'Alīs wieder aufnahm, ja im Hinblick auf eine rechtlich fundierte Unabhängigkeit verstärkt fortsetzte, erstmalig die neuen ägyptischen landbesitzenden Notabeln im Jahre 1866 in die von ihm geschaffene Delegiertenkammer ein.

3.1. Der Steuerkonflikt

Ismā'īl hatte in den Jahren zuvor für die Finanzierung seiner Vorhaben und finanziellen Verpflichtungen einfach Steuererhöhungen dekretiert[12] bzw. immer mehr neue Kredite in Europa aufgenommen. Diese Methode zur Haushaltsfinanzierung reichte aufgrund der Größenordnung nun nicht mehr aus.[13] Es lag nahe, daß er mit der Einberufung einer Versammlung von überwiegend Repräsentanten der neuen ägyptischen Landaristokratie den ungeheuren Finanzbedarf durch entsprechende Vergünstigungen für die Notabeln und eine wie auch immer geartete "Mitverantwortung" an den Regierungsgeschäften leichter aufzubringen gedachte.
Daß die Bewältigung der schwierigen Finanzlage das bestimmende Motiv für die Einberufung der Kammer ausmachte, zeigt auch ein anderer Tatbestand. Noch im Jahre 1865 kamen nämlich in europäischen Zeitungen Zweifel an der Kreditwürdigkeit Ismā'īls auf. Die Einrichtung einer parlamentarischen Institution analog den europäischen Parlamenten sollte diesen europäischen "Vorurteilen"

entgegenwirken und die Fortschrittlichkeit des Khediven und damit die zukünftige Leistungsfähigkeit[14] und Kreditwürdigkeit des Herrschers und des Landes beweisen.[15]

3.1.1. Die Delegiertenkammer 1866

Formal bestand diese Kammer aus 75, für jeweils drei Jahre indirekt gewählten Abgeordneten,[16] die gemäß dem islamischen Konsultationsprinzip an den Regierungsentscheidungen beteiligt werden sollten. Bei der Eröffnung der ersten Sitzung im November 1866 zitierte der Herrscher ausdrücklich die entsprechenden Koranstellen. Ungeachtet dieser religiösen Legitimation und artikulierten Verpflichtung des islamischen Herrschers zur "demokratischen" Regierungsweise läßt sich aus der knappen Bestandsaufnahme der verordneten Geschäfts-/Arbeitssatzung und der institutionellen Prärogativen des Khediven[17] der tatsächliche Beteiligungsgrad der Abgeordneten am (finanz-)politischen Prozeß ablesen. Diese nicht enumerativ zu verstehenden Vorrechte des Khediven lassen leicht erkennen, daß sich im Gegensatz zur Geschichte der europäischen Parlamente die Konstruktion der ägyptischen Kammer für die Mandatsträger nicht als ein Instrument erwies, die Parlamentarisierung des Regierungssystems,[18] also die Kontrolle des finanziellen Handlungsspielraums des Herrschers qua Budgetgenehmigung und eine ihnen verantwortliche Exekutive festzulegen.[19]

Zwei sozialstrukturelle Kriterien verstärkten noch die politisch-institutionelle Ohnmacht der Kammer:

1. Alle Deputierten waren Muslime und fühlten sich zum Gehorsam gegenüber dem Herrscher verpflichtet. Ismā'īl konnte mit der subtilen Waffe "Islam" an die "Einheit der Gläubigen" appellieren und damit Streitfragen zu seinen Gunsten lösen.

2. Die Deputierten gehörten mehrheitlich zur sozialen Elite der Provinzen und genossen im großen und ganzen ähnliche Steuerprivilegien wie die tscherkessische Machtelite in Kairo.

Selbst als Anfang der 70er Jahre zur Abwendung des drohenden Staatsbankrotts die Besteuerung der neuen Honoratioren und damit ihre Privilegien reorganisiert werden sollten,[20] fanden sich außer vereinzelten Kräften keine kollektiven Protest-Stimmen aus der Mitte der Kammer,[21] die in etwa mit den klassischen Vorläufern der Fraktionen in Europa ähnlich gewesen wären. Zur Formierung eines breit angelegten Widerstandes gegen den Herrscher bedurfte es erst noch der Übernahme zweier Ministerposten durch Ausländer und des europäischen Eingriffs in die Regierungsstruktur.

3.1.2. Der Widerstand gegen den europäisch dominierten Ministerrat

Nach dem Scheitern verschiedener Finanz- und Anleihenprojekte[22] zeichnete sich zu Beginn der zweiten Hälfte der 70er Jahre die Zahlungsunfähigkeit des Landes ab. Zu dieser Entwicklung trugen unter anderem[23] die Auswirkungen des deutsch-französischen Krieges von 1871 bei, die neue Kreditaufnahmen in Frankreich versperrten. Ismā'īl ließ daher in England um Unterstützung für eine geplante Finanzreform sondieren.

Die Veröffentlichung des daraufhin erstellten Cavereports,[24] der eine strenge Finanzkontrolle durch eine Schulden- und Kontrollkommission vorschlug, versuchte Ismā'īl – weil er negative Reaktionen bei seinen Gläubigern antizipierte – vergebens zu verhindern und trachtete, seine Position mit einer "Schaukelpolitik" zwischen den beiden in Ägypten um strategische Vorteile rivalisierenden Großmächten zu verbessern.
Doch die beiden Mächte verständigten sich auf eine "gemeinsame Sanierung" und errichteten im Mai 1876 die "Caisse de la Dette", die im November desselben Jahres in die "Dual Control" umgewandelt wurde. Diese europäisch kontrollierte Institution stellte zwei Generalkontrolleure, von denen je einer die Einnahmen bzw. die Ausgaben Ägyptens überwachen sollte. Trotz dieser "Zwangsschuldenverwaltung" wurde im Mai 1878 endgültig offenbar,[25] "daß es so nicht weitergehen konnte. Vor allem mußte der Zinsfuß herabgesetzt werden, das war gemäßigten Europäern schon 1877

aufgegangen. Man wußte aber, daß die Gläubiger einer solchen Maßnahme nur dann zustimmen würden, wenn eine intensive Überprüfung der Zahlungsfähigkeit Ägyptens vorausginge."[26] Die dafür gebildete Untersuchungskommission nahm nach heftigen Auseinandersetzungen zwischen dem Khediven und den europäischen Vertretern hinsichtlich der rechtlichen Kompetenz[27] dieser Kommission im Frühjahr 1878 ihre Arbeit auf.
Schon der erste Zwischenbericht - vorgelegt im August 1878 - forderte einschneidende Maßnahmen, die in toto auf die Trennung der Finanzen in das private Vermögen des Khediven und in öffentliches Eigentum abzielten. Die politischen Konsequenzen der Studie waren für das khedivale Herrschaftssystem noch gravierender. Die absoluten Machtbefugnisse des Khediven sollten beschränkt werden; er sollte durch einen Ministerrat (Kabinett) kontrolliert werden, in den zwei Europäer zu entsenden waren. Ferner sollten die nach dem Majoritätsprinzip zu treffenden Entscheidungen für den Herrscher bindend sein.[28]

Der Khedive stimmte gezwungenermaßen dieser Entmachtung zu, nahm aber Verbindung zur Abgeordnetenkammer auf, um sich deren Loyalität gegen das 'europäische Zwangskabinett' zu versichern. Ansatzpunkte für eine 'nationale' Zusammenarbeit ergaben sich aus den Plänen des Kabinetts, Abgaben für bislang steuerlich begünstigtes Land zu erheben und weitere kostspielige Privilegien der Notabeln - ohne Gegenleistung - abzuschaffen.[29]

Als zu Beginn des Jahres 1879 der immer noch arbeitenden Schuldenkommission per Dekret vom Ministerrat Legislativbefugnisse ohne vorherige Konsultation mit der Kammer übertragen wurden, verlangten mehrere Abgeordnete, "that there should be more discussion of financial problems and that reports should be requested from the Government" und schließlich die zentrale Forderung, "that in any matter concerning the population of Egypt no ultimate decision should be taken without consulting its elected representation (viz., the Assembly)."[30]

Während die gegen den Ministerrat gerichtete Kritik in einen heftigen Steuerkonflikt umzuschlagen drohte, eröffnete sich Ismā'īl die Chance, den Vorsitz im Kabinett selbst zu überneh-

men. Mit der Beendigung einer teilweise gewalttätigen Demonstration, die ägyptische Offiziere wegen ihrer bevorstehenden Entlassung unternommen hatten, konnte sich der Khedive als einziger Garant für die öffentliche Sicherheit den europäischen Konsuln anbieten.[31]
Eine Entspannung der innenpolitischen Situation schien im Interesse der Europäer dringender denn je zu sein, da die debattierende Delegiertenkammer auch für die Belange der protestierenden Offiziere Interesse gezeigt und zum erstenmal parlamentarische Forderungen (Ministerverantwortlichkeit) gegen die "europäische Regierung" erhoben hatte.[32]

Die Doppelstrategie des Khediven, einerseits als Krisenmanager der Europäer aufzutreten und andererseits die Konsuln mit Hilfe der Kammer unter Druck zu setzen, griff nur kurzfristig. Die Europäer bestanden nämlich auf Ismā'īls Rücktritt vom Amte des Ministerpräsidenten und der Auflösung der Kammer. Doch diese weigerte sich, dem vom Khedīven unterzeichneten Auflösungsbeschluß nachzukommen mit der Begründung, "that the Delegates were representatives of the Nation and would not relinquish their mandate at the orders of the Khedive influenced and pressed as he was by foreign powers."[33]

Die neue Qualität im Verhalten der Kammer und die Sorge vor einer potentiellen Allianz zwischen Kammer und Teilen der Armee waren ausschlaggebend für die europäische Zustimmung zu einer Regierungsneubildung - nach Ismā'īls Vorschlägen -, in der nur Ägypter vertreten sein sollten. Der neue Regierungschef Scharif, ein Vertrauter Ismā'īls ließ die Kammer weitertagen und legte dieser im Mai 79 einen Verfassungsentwurf vor, der den Abgeordneten aktive Beteiligungspunkte am Gesetzgebungsverfahren in Aussicht stellte.[34] Doch die Realisierung dieser Verfassungsreform konnte nicht mehr geleistet werden, weil die europäischen Mächte bereits im Mai beim Sultan diplomatische Schritte gegen die zu erwartenden Obstruktionen und alte Paschawirtschaft Ismā'īls unternommen hatten.[35] Ismā'īl wurde im Juni 1879 abgesetzt und sein Sohn Taufīq trat die Nachfolge an.

3.2. Der Status-Konflikt: Die Offiziersbewegung

Skizziert man das Verhalten der Delegiertenkammer bis zum Frühjahr 1881 als den Versuch, ihre bedrohten Steuerprivilegien zu sichern, so müssen die Aktionen der ägyptischen Offiziere (in dieser Phase) als ein Kampf für einen gleichberechtigten Status gegenüber den Turko-Tscherkessen in der Armee gesehen werden.

Die politische Stabilität der Ali Dynastie beruhte im wesentlichen auf der Vorherrschaft der turko-tscherkessischen Elite in Armee und Verwaltung.[36]

Die offene Diskriminierung der Ägypter innerhalb der Armee war besonders krass. Dabei überwog nicht einmal der materielle Aspekt der Ungleichbehandlung. Die überragende Persönlichkeit in der Bewegung der Offiziere, Ahmad 'Urābī,[37] beschrieb die sozialpsychologischen Auswirkungen der täglichen Herabsetzung und der Nichtanerkennung auf das Selbstwertgefühl der Ägypter oder besser der "Fellachenoffiziere", wie sie von den Tscherkessen abschätzig bezeichnet wurden.[38]

Mit Einwilligung der Hohen Pforte hatte Isma'īl seine Streitkräfte auf etwa 80.000 Mann erhöht, wobei nun die mittleren Offiziersränge mehrheitlich mit Ägyptern besetzt waren. "Der Tatbestand, daß die ägyptischen Offiziere seinerzeit schon einen wichtigen Bestandteil der Armee ausmachten, also numehr eine Machtposition innehatten, und trotzdem von führenden Positionen ferngehalten wurden, erklärt ihre ersten Handlungen gegen den Palast und die mit jenem eng verbündete türkisch-tscherkessische Militärkaste."[39]

Hinzu kamen die Erfahrungen aus dem Abessinienfeldzug Mitte der 70er Jahre, der aufgrund der außerordentlichen Inkompetenz und Korruption der Militärelite von vornherein zum Scheitern verurteilt war. Auch beinhaltete die vom europäisch dominierten Ministerrat eingebrachte Budgetsanierung rigorose Sparmaßnahmen, die gerade für den mittleren Bereich Entlassungen, vorzeitige Pensionierung ohne Ruhebezüge und die Streichung rückständiger Gehaltsforderungen zur Konsequenz hatten.[40]

Nachdem zahlreiche Beschwerden der Offiziere über diese 'Reformen' erfolglos blieben, kam es während der Demonstrationen im Februar 1879 zur Eruption der bisher latent vorhandenen Unzufriedenheit. Der Khedive Ismā'īl löste diese Auseinandersetzung durch taktische Zugeständnisse und ordnete die teilweise Auszahlung der rückständigen Gehälter an. Unter seinem Nachfolger Taufīq, der die europäischen Finanzpläne vorbehaltlos akzeptierte, wurden diese Zusagen nicht nur vergessen, sondern darüber hinaus die Armee auf etwa 12.000 Soldaten reduziert.
Die fortgesetzte Mißachtung geltender Beförderungsregeln (Senioritätsprinzip) und die verstärkte Privilegierung der Tscherkessen auch in den mittleren Rängen während des Jahres 1880 veranlaßte die Offiziere, ihre 1879 aufgenommenen Kontakte zu den Abgeordneten weiter auszubauen. Ende Januar 1881 verfaßten die Offiziere eine neue Resolution, die nach einigem Zögern angenommen wurde. Doch ohne weitere Untersuchungen der ernstzunehmenden Klagepunkte (einige Konsuln rieten zur Prüfung der Vorwürfe) befahl der Khedive die Verhaftung (1. Februar) der Sprecher und Führer der Offiziere. Aber die Festsetzung scheiterte, weil Offizierskollegen 'Urābī und die anderen befreiten.

Diese erfolgreiche Machtdemonstration war nicht nur der Beginn für 'Urābīs Popularität[41] über die Armee hinaus, sondern auch der Anfang einer aktiven Kooperation zwischen Kammer und Offizieren, wobei die Armee zum Kristallisationspunkt auch 'ziviler Proteste' wurde.[42]

3.3. Der Verfassungskonflikt

Für die politisch-soziale Elite innerhalb der Delegiertenkammer, der inzwischen auch Repräsentanten der kaufmännisch-städtischen Schicht angehörten, galt der neue Khedive Taufīq als willenloses Werkzeug der "europäischen Kontrolle". Vor allem der probritische Ministerpräsident Riyaḍ, der rigoros – zur Erfüllung des Liquidationsgesetzes (Juli 1880) – verschiedene Steuer- und Abgabenauflagen durchsetzte und dabei die Delegiertenkammer überging, rief die Kritik der Abgeordneten hervor.[43] Da die institutionalisierten Kontrollrechte der Kammer einerseits noch nicht einmal das Petitionsrecht gewährten, aber andererseits der Präzedenzfall Februar 81 bewiesen hatte, "that, short of foreign armed intervention, the Khedive could not withstand their new demand especially if these were backed by force,"[44] und nur die Armee eine Machtbasis für reale Veränderungen besaß, strebten die prominentesten Vertreter des Kairiner Großbürgertums sowie einige Notabeln ein Bündnis mit den Offizieren an.

3.3.1. Die Koalition der konstitutionellen Allianz

Die Offiziere willigten zunächst ein, durch schrittweise einzuführende Vorschriften die Mißstände innerhalb der Armee zu beseitigen. Noch im April 81 legten sie einen Katalog mit rein dienstrechtlichen Reformvorschlägen dem Kriegsminister vor, der keine konstitutionellen, machtpolitischen Forderungen erkennen ließ.[45] Doch diese gemäßigte, auf Reform angelegte Haltung veränderte sich unter dem Eindruck der französischen Invasion in Tunesien im Mai 81 und dem Konfrontationskurs, den der neue Kriegsminister, ein Schwager des Khediven, gegen die ägyptischen Teile der Streitkräfte einschlug. Die Offiziere hatten Gründe genug, nicht nur das beförderungspolitische 'roll back' dieses Ministers, sondern auch um ihre physische Sicherheit zu fürchten.

Das französische Exempel gegen das islamische Tunesien[46] und der demonstrative Bruch der Zusagen Taufīqs vereinigten im Sommer 81 die beiden Gruppen, die über eine sporadische Koalition[47] hinaus jetzt eine dauerhafte Allianz eingingen und die durch bloße Zusagen nicht mehr hingehalten werden konnten.
Aus einem nachgeordneten Anlaß entwickelte sich in dieser Konfrontationsphase unter der Führung der Offiziere eine machtpolitische Demonstration, die äußerlich nach dem Muster Februar 81 verlief, inhaltlich aber eindeutig konstitutionell parlamentarische Forderungen erhob. Die wichtigsten waren:

- Entlassung der gesamten Regierung,

- Proklamation einer Verfassung,

- Einberufung der Delegiertenkammer,

- Aufstockung der Armee auf 18.000 Mann.[48]

3.3.2. Der Sturz der Regierung Scharif

Der Khedive wollte in gewohnter Weise auf Zeitgewinn taktieren, mußte dann aber auf Drängen Londons die Regierung entlassen. Was die anderen Forderungen angeht, so verwies Taufīq auf den Sultan als kompetente Entscheidungsinstanz. Dieses Zwischenergebnis nahm 'Urābī unter der Bedingung an, daß kein Tscherkesse mehr Kriegsminister werden durfte.

Scharif, der auch von der Allianz als Ministerpräsident präferiert wurde, bildete eine neue Regierung und berief die Kammer fristgerecht Ende 81 ein. Ferner stellte er seinen Verfassungsentwurf vom Mai 79 wieder zur Diskussion.[49]
Doch die Behandlung der Budgetfrage,[50] der Hauptstreitpunkt zwischen Kammer und Regierung, leitete erneut eine krisenhafte Konfrontation ein. Die sich dahinziehenden Verhandlungsrunden wurden aber aufgrund der Doppelnote vom 8. Januar 1882,[51] die schon dem Wortlaut nach unmißverständlich eine Intervention zugunsten der Khediven/Regierung androhte, beendet. Die Kammer, gestützt auf die Armee, war nun nicht mehr bereit, in dieser Frage einzulenken und verlangte die sofortige Absetzung Scharifs.[52]

Neuer Kriegsminister wurde 'Urābī, der unverzüglich mittels Versetzungen und Beförderungen die ethnische Hierarchie in der Armee zugunsten der ägyptischen Soldaten veränderte. Auf das Niederschlagen eines angeblichen tscherkessischen Putschversuches und die Verabschiedung eines "organischen Gesetzes"[53] hin beendete Großbritannien den Prozeß der formal graduellen Entmachtung des Khediven mit militärischem Einsatz.

Die seit Mai vor Alexandria auf Reede liegenden britischen Kriegsschiffe beschossen unter dem Vorwand anti-europäischer Ausschreitungen die Stadt. Ein in Suez angelandetes Invasionskontingent (aus Indien) schlug die Verbände 'Urābīs vernichtend,[54] der anschließend exiliert wurde. Frankreich, zunächst aggressiver Befürworter einer Invasion, nahm aus innenpolitischen Gründen Abstand und zog kurzfristig seine Seestreitkräfte zurück. Obwohl die europäische Drohkulisse immer wieder Solidaritätswellen im Wege einer traditionell islamischen Mobilisierung provozierte, blieb ein breit angelegter nationaler Widerstand gegen die Invasion aus. Die nationale Idee wurde nur von einer Minderheit und vorwiegend außerhalb der politischen Institutionen propagiert.

3.4. Der Identitätskonflikt

Die Erfahrungen mit den Folgen der Modernisierung seit der napoleonischen Invasion bezeugten die allseitige, evidente eigene Rückständigkeit und erzwangen eine Auseinandersetzung mit den europäischen Zivilisationstechniken und deren intellektuell-kultureller Basis. Insbesondere die im Ausland Studierenden gerieten in ein heterogenes Umfeld sich kreuzender sozialer, wissenschaftlich-technischer und geistiger Kreise, also in eine Situation, die geeignet ist, die Inkongruenz von religiöser Orthodoxie und praktischer Lebenserfahrung zu vermitteln. Gerade diese Kreise stellten nach ihrer Rückkehr die Frage nach den Ursachen der europäischen Überlegenheit.
Zwei gesellschaftliche Gruppen fanden je eine eigenständige Antwort.

3.4.1. Die islamische Reform

Mit dem Fortschreiten des Akkulturationsprozesses und parallel zur Herausbildung der angeführten Konflikte sahen sich die Gläubigen Phänomena ausgesetzt, "die es fraglich erscheinen lassen, ob man mit seinem Glauben an die Wahrheit des Offenbarungsbuches überhaupt auf dem richtigen Wege ist."[55] Während die orthodoxen Klerikalen in ihrem petrifizierten Islamverständnis verharrten und jede Neuerung kategorisch als Abkehr von der gottgewollten Ordnung zurückwiesen, plädierten die im Kommunikationsprozeß mit Europa stehenden für eine partielle Übernahme[56] der dortigen Errungenschaften. Jene Muslime, die in der Lage waren, die Realitäten zu erfassen, suchten durch eine Reinterpretation des Korans im Lichte der modernen naturwissenschaftlichen Erkenntnisse Reformen in Gang zu setzen.

Die wirkungsvollsten Vertreter dieser gemäßigten Schule, Dschamal al-Dīn al-Afghānī[57] (gest. 1897) und sein Schüler Muhammad 'Abduh[58] (gest. 1905), propagierten die kulturelle und politische Mobilisierung aller Muslime, die zu einer autochthonen Aufklärung und einer panislamischen Gemeinschaft führen sollte. Freilich sollte diese panislamische Mobilisierung auf dem richtigen, wahren Islam der goldenen Kalifenzeit aufgebaut sein.[59]

Da die politischen Konzepte und Reflexionen dieser islamischen Modernisten eher auf Abwehr[60] der europäischen Einflüsse ausgerichtet waren, finden sich Hinweise auf das zu bauende islamische Regierungssystem nur fragmentarisch. Gesichert jedenfalls ist, daß sie die Einheit von Religion und Staat, wie sie in der Prophetengemeinde praktiziert wurde, vorbehaltlos bejahen. Das erklärt ihr Unvermögen, die Legitimationsgrundlage und die Funktionsweise der europäischen politischen Institutionen zu erfassen.[61]

Bei der Diskussion der politischen Reformen rekurrieren sie durchgängig auf das Vorbild des frühen Islam. So wie die Gemeinschaft aller Gläubigen expansiv das islamische Weltreich errichtete, sollten die Muslime nun in einem neuen Prozeß der

Kohäsion ihr latent vorhandenes Potential aktivieren. Afghanis Auffassung nach verdankte Europa seine Weltstellung der Idee des territorialen Nationalstaates; diesen erklärte er als modifizierten Ausdruck des islamischen Kohäsionsgebotes und verlangte daher - durch einen Analogieschluß - ein islamisches Nationalbewußtsein, davon überzeugt, "daß sich dieses Bewußtsein auf das Verhalten der Orientalen dahingehend auswirken könnte, ihnen wenigstens soviel politisches Selbstbewußtsein zu verleihen, daß ihre Heimatländer dem permanent drohenden europäischen Einfluß entrinnen können. Dann könnten die Orientalen einen Entwicklungsprozeß durchmachen, der ihren eigenen Vorstellungen und ihrer Kultur entspricht."[62]

Innerhalb des Gemeinwesens sollte das System der absoluten Autorität der Herrscher abgeschafft und durch ein nicht näher erläutertes Beratungsverfahren ersetzt werden.[63] Obwohl Afghani auf seinen Reisen liberale und parlamentarische Ideen kennenlernte, übernahm er nicht die Varianten des europäischen Konstitutionalismus, sondern stellte moral-philosophische Kategorien in den Mittelpunkt seiner staatsrechtlichen Gedanken; "his ideal of government was rather that of the Islamic theories - the just king recognizing the sovereignty of a fundamental law."[64]
Doch das an der 'communitas perfectas' orientierte Lehrgebäude war wenig geeignet, der transitorischen Gesellschaft am Vorabend der britischen Invasion neue Impulse und politische Entwicklungskapazitäten zu bieten. Die normative Verknüpfung islamischer Harmonievorstellungen mit europäischem, säkularem Denken und Organisationsformen endete letztlich in normativen Tautologien. Mit Recht resümierte Tibi: "Nach meiner Ansicht liegen in dieser normativen Attitüde die Gründe für das Scheitern des islamischen Modernismus. Afghanis Denken hat die Grenzen der islamischen Dogmatik nicht überschritten."[65] Es ist daher durchaus berechtigt, Afghani und seine Denkrichtung als neo-traditionalistisch[66] und nicht als reformistisch zu bezeichnen. Das Scheitern[67] beruht aber auch auf dem Umstand, daß die islamischen Reformer ihre Reislamisierung nicht nur in Konkurrenz zu den Orthodoxen, sondern auch zu säkularen Ideen verteidigen mußten.

3.4.2. Die Idee des Nationalstaates

Unabhängig davon, in welches Jahrzehnt man das Aufkommen der nationalen Idee in Ägypten datiert, bleibt die Tatsache, daß sich diese Bewegung außerhalb der vorhandenen politischen Institutionen formierte. Der Anstoß dazu kam aus anderen Teilen des osmanischen Reiches, in denen seit der Reformperiode[68] des Tanzimat (= wohlwollende Anordnungen, Beginn 1839) ein Prozeß der Zentralisierung und Modernisierung einsetzte, der zu einer Säkularisierung führte, die hauptsächlich die Armee und das Bildungssystem veränderte und wovon die religiösen Minderheiten profitierten.[69] "Es waren die von ihnen in die öffentliche Meinung des osmanischen Reiches hineingetragenen Ideen der bürgerlichen Gesellschaft, der Demokratie und des Nationalismus, die nach und nach das Vakuum ausfüllten, welches die politischen Veränderungen der Periode zwischen 1826 und 1876 hinterlassen hatten."[70]

Als unter Sultan Abdul Hamid II (ab 1876) eine restaurative Gegenbewegung die Reformperiode beendete, verlagerte sich die journalistische Tätigkeit der Nationalisten nach Ägypten. Dort gab es seit der Rückkehr der ersten Studenten von Europa Literaturzirkel und Geheimgesellschaften, in denen auch vereinzelt Offiziere und Abgeordnete anzutreffen waren. Ihre politischen Bestrebungen waren auf die Übernahme konstitutioneller Rechte zur Sicherung ihrer Privilegien gegen die Eingriffe der Europäer angelegt und erfaßten kaum die dem islamischen Universalitätsprinzip konträre Nationalstaatsidee.[71]

Eine systematische Kommunikation zwischen diesen Debattierclubs oder mit der Bevölkerung bestand bis zur britischen Intervention nicht.[72] Diese noch einflußlosen Vereinigungen wurden die Vorläufer der unter der de facto Herrschaft Großbritanniens Anfang des 20. Jahrhunderts gegründeten Parteien.

Das Auftreten der sich zu neuartigen Organisationsformen entwickelnden Gruppierungen signalisierte den Beginn der Herauslösung des städtischen Individuums aus dem Netzwerk der traditionellen Bindungen und Ideen sowie das Aufkommen autonomer gesellschaftlicher Kräfte, deren ambivalenter Charakter zwischen religiöser und säkularer Orientierung noch offenkundig ist.

Der einflußreichste Exponent dieser sozial-kulturellen Veränderungen, Mustafa Kamil (1874-1908), "ein junger Mann, der die Religion der Politik dienstbar machen will", verkörperte geradezu diese Ambivalenz.[73] Er versuchte, die panislamische Mobilisierung Afghanis mit den nationalstaatlichen Ideen dahingehend zu verknüpfen, daß er die Vaterlandsliebe zur religiösen Tugend stilisierte.
Dieser teilweise widersprüchliche Synkretismus erlaubte zwar die Artikulation rigoroser Formeln[74] und damit die Ansprache der analphabetischen Massen; doch über derartige, stark emotionalisierte Beschwörungsformeln hinaus bot er keinen politisch-thematischen Bezugspunkt und vermochte daher seine relativ große Anhängerschaft nur zu spontanen Demonstrationen zu bewegen. Besonders die nichtmuslimische, gebildete Öffentlichkeit - Kopten - konnte seinem Konzept eines ägyptischen Nationalstaates unter osmanisch/islamischer Oberhoheit weder intellektuell folgen noch akzeptable Erwartungen daran knüpfen.

Der entscheidende Impuls für ein säkulares Organisations- und Ideenäquivalent zur panislamischen Bewegung ging von der Gruppe um Lutfi Ahmad as-Sayid (1872-1964) aus, einem Schüler Kamils, der sich aber nach einem Europa-Aufenthalt von Kamil trennte. Im Mittelpunkt seiner Überlegungen zu einem ägyptisch-nationalen Staatsgebilde stand das Territorialprinzip, das er mit der geographischen Einheit des Niltals begründete und dabei die religiöse Zugehörigkeit überging.[75] Diese okzidental orientierte Konstruktion verband zugleich das Unabhängigkeitsstreben mit der Einführung konstituticneller Verfassungsgrundsätze, Eigentumsrechte und der Gleichheit aller vor dem Gesetz.[76]

Anmerkungen:

Kapitel 3 "Konfliktfaktoren zur Destabilisierung der absoluten Herrschaft"

1) Mit Hilfe seiner "europäischen" Armee hatte 'Alī in mehreren Feldzügen die arabische Halbinsel, Syrien und Teile des Zwei-Strom-Landes militärisch unter seine Kontrolle gebracht. Als Ende der 30er Jahre für das osmanische Heer in Anatolien eine vernichtende Niederlage und damit das Ende des Reiches abzusehen war, drohten die europäischen Großmächte (Großbritannien), zugunsten Konstantinopels einzugreifen. 'Alī, der seine Politik auf die zugesagte Unterstützung Frankreichs abstützte, dieses aber aufgrund der internen öffentlichen Meinung, militärische Optionen - gegen England - nicht realisieren konnte, mußte einen Verhandlungsfrieden akzeptieren. In einem Firman (Mai 1841) wurde 'Alī für die Räumung der besetzten Gebiete die erbliche Verwaltung Ägyptens und der Länder am oberen Nil zugestanden. "The question of succession was settled according to the principle of seniority then followed in Turkey. The annual tribute was fixed at 80,000 purses (Ŀ T. 400.000). With regard to grades, the Viceroy ('Alī) was to nominate and promote up to the grade of Brigadier." Vgl. M. Rifaat, The Awakening of Modern Egypt, London 1947, S. 86.

2) Zu 'Alīs Enkel Abbas und dessen Persönlichkeitsprofil wird berichtet: "Taciturn, morose, he did not share his family's admiration for French values. It was as though in him the rigid conservatism of the Turks had its revenge against the francophilia of Muhammad Ali. He disliked everything his grandfather had admired. ... He thwarted every reform that remained unbotched. The schools which were open he shut; the factories which foreign competition had not yet made unprofitable, he closed." Vgl. D. Stewart, Young Egypt, a.a.O., S. 52 f. Unter Abbas wurde beispielsweise Tahtāwī an eine Schule nach Khartum versetzt, was dem Exil gleichkam.

3) Neben dem Persönlichkeitsprofil lag dies vielleicht auch an der relativ soliden wirtschaftlichen Lage. Obwohl gesicherte Daten nur fragmentarisch vorliegen, kann von einer Prosperitätsphase Mitte des 19. Jahrhunderts ausgegangen werden. Vgl. C. Issawi, Egypt in Revolution. An Economic Analysis, London 1963, S. 22. Die Umstellung auf Perennialbewässerung durch den Bau von Kanälen erlaubte den Anbau der Baumwolle (ab 1821). "By 1824, over 200,000 cantars of cotton were being exported, and in 1845 the figure of 345,000 was reached." A.E. Crouchley, A Century of Economic Development of Modern Egypt, London 1938, S. 51 ff., schreibt, daß trotz einer Bevölkerungsverdoppelung (!) zwischen 1821 und 1847 auf rund 4,5 Mio. ein starker Bedarf an Arbeitskräften für landwirtschaftlich nutzbares Brachland vorlag.

4) Said ging es vor allem darum, den Einfluß der türkisch-tscherkessischen Elite zu begrenzen bzw. eine Gegenkraft aus Ägyptern aufzubauen. Zur Ägyptisierung (Arabisch jetzt offizielle Verwaltungssprache) auch in unteren Positionen

der Administration und der Provinzverwaltung, s. G. Baer, Social Change in Egypt 1800-1914, in: P.M. Holt, Social Change ..., a.a.O., S. 148 ff.

5) Diese Maßnahme sollte die agrarwirtschaftliche Produktion durch nichtstaatliche Initiativen zur Deckung des steigenden Finanzbedarfs erhöhen. (Tribut an die Pforte, Verstärkung der unter Abbas demobilisierten Armee.) Daher wurde auch erstmals das Recht der Hypothekenbelastung und der Verpachtung von landwirtschaftlich nutzbarem Land zuerkannt. Dazu: G. Baer, Studies in the Social History of Modern Egypt, a.a.O., S. 25 ff.

6) Vgl. A. Abdel-Malek, Ägypten: ..., a.a.O., S. 101.

7) Auch in der Armee des türkischen Sultans gab es bei der Besoldung eine Privilegierung der Ausländer, aber nicht so krass wie in Ägypten: "A brigadier in the army of the Sultan received 60 times as much as a private. In the army of M. Ali's (successor) he got 533 times as much as a private." Vgl. E. Be'eri, Army Officers in Arab Politics and Society, New York 1970, S. 307.

8) Vgl. S. Gomaa, Das Militär in Ägypten, a.a.O., S. 16.

9) Die Kapitulationen (teilweise Steuerfreiheit, Exterritorialität) und die auf eine türkisch-europäische Abmachung zurückgehende Konsulargerichtsbarkeit garantierten bei ägyptisch-ausländischen Streitfällen internationale, gemischte Gerichtshöfe (ab 1876 mit europäischem Übergewicht) und als Verhandlungssprache die des Ausländers. Einzelheiten bei M. Rifaat, The Awakening ..., a.a.O., S. 116 ff. "Die Kunst, von der ägyptischen Regierung Kontrakte zu erlangen und dann irgendeinen Hinderungsgrund sogleich zum Anlaß zu nehmen, die Ausführung des Kontraktes aufzugeben und die ägyptische Staatskasse auf Entschädigung zu verklagen, wurde zu förmlicher Meisterschaft entwickelt. Die europäischen Konsuln ließen sich ... allzu oft herbei, die Erfüllung auch der unglaublichsten Forderungen einzelner Angehöriger ihrer Nation mit diplomatischen Mitteln zu erzwingen." W. Mommsen, Imperialismus in Ägypten, Wien 1963, S. 40.

10) Enzyklopaedie des Islam, a.a.O., S. 1011.

11) Seine Mitglieder setzten sich aus der Umgebung Saids zusammen: "One of the princes of the ruling family, four high-ranking officers, and four important state officials." Vgl. J. Landau, Parliaments and Parties in Egypt, a.a.O., S. 7.

12) Zur verheerenden sozialen Lage und zum miserablen Gesundheitszustand der meisten landlosen Fellachen, die die steuerliche Hauptlast zu tragen hatten, s. G. Baer, Studies in the Social History ..., a.a.O., Kapitel 6 und bei H. Ayrout, The Egyptian Peasant, Boston 1963, S. 31 ff., die Rolle der reichen und einflußreichen Familien bei der Ausplünderung der Fellachen.

13) Die von Said übernommene Schuldenlast betrug (1863) 7 Mio. ägyptische Pfund, davon 3 Mio. im Ausland aufgenommene Anleihen. Die Schuldenentwicklung verlief dann in einem nicht mehr kontrollierbaren Ausmaß: "By 1876 the Egyptian treasury, or the Khedive (for there was then no substantial difference between Ismail's public and private liabilities), was in debt to nearly L 100,000,000, of which L 68,000,000 consisted of foreign loan." Vgl. P.H. Holt, Egypt and the Fertile Crescent 1516-1922, a.a.O., S. 208 ff. Ismail wandte gewaltige Summen für die Verbesserung der Infrastruktur (Suez, Straßen) und der Agrarproduktion (Bewässerungsanlagen) auf. Die gesamte Anbaufläche betrug 1862 3,16 Mio. fed., 1877 bereits 4,77 Mio. fed.. Da der Export der Baumwolle fast der einzige Posten im Außenhandel war (one-crop economy) und aufgrund des amerikanischen Bürgerkrieges ein Nachfrageboom für die ägyptische Produktion einsetzte (1860 501,000 cantars, 1865 2,140,000 cantars, 1 cantar = 50 kg), fanden in diesem Sektor die Hauptinvestitionen statt. Zur Abhängigkeit der Monopolwirtschaft vom Weltmarktpreis/-nachfrage und den daraus resultierenden Folgen s. C. Issawi, Egypt in Revolution, a.a.O., S. 24 ff.
Neben den Tributzahlungen waren an die Pforte für die schrittweise Erweiterung hoheitlicher Rechte (direkte Erbfolge für Ismails Familie 1866, 1867 der Titel Khedive, Verwaltungs- und Gesetzhoheit, Münzrecht 1873) stets neue Bestechungsgelder in Millionenhöhe aufzubringen. M. Rifaat, The Awakening ..., a.a.O., S. 112 ff.

14) L. Kenny, The Khedive Ismail's dream of Civilization and Progress, in: Muslim World, 1965 (2), S. 142-155, u. 1965 (3) S. 210-221.

15) Die Einstellung des Herrschers zum Parlament spiegelt sich in folgendem Kuriosum wider: "Die Episode des erstmaligen Zusammentretens der Kammer erzählte man sich nicht nur in den europäischen Kolonien, sondern auch unter den Ägyptern noch viele Jahre lang: Als man die Delegierten aufgefordert habe, nach dem Muster der europäischen Kammern drei Gruppen zu bilden, eine 'Rechte', welche die Regierung zu unterstützen habe, eine 'Linke', welche die Funktion der Opposition übernehmen solle, und eine gemäßigte 'Mitte', hätten alle Delegierten auf der rechten Seite Platz nehmen wollen; ... . Die Delegierten wollten keine Opposition machen; sie wußten, daß es lebensgefährlich war, Ismail unangenehm aufzufallen, auch wenn er das Land zivilisieren wollte." Vgl. A. Schölch, Ägypten den Ägyptern!, a.a.O., S. 29.

16) Nach Schölch, Ägypten den Ägyptern!, a.a.O., S. 29, Fußnoten 33-36, gibt es zahlreiche Belege, wonach die Abgeordneten schlicht und einfach vom Mudir - an Regierungsinstruktionen gebunden - ernannt worden sein sollen.

17) Der Khedive konnte die Versammlung beliebig vertagen, auflösen und wieder einberufen. Die Abgeordneten durften nur Probleme diskutieren, zu denen sie von Ismāʿīl aufgefordert wurden. Es gab kein individuelles oder gar kollektives

Grundlage (Grundgesetz) vgl. P.J. Vatikiotis, The Modern History of Egypt, a.a.O., S. 129 ff.

18) Vgl. K. von Beyme, Der Begriff der parlamentarischen Regierung, in: K. Kluxen, Parlamentarismus, Köln 1976, S. 188-195.

19) "Der Brennpunkt aber des epochalen Kampfes zwischen Krone und Parlament war das Steuererhebungsmonopol des Parlaments, ... Dies war der Hebel, der das Parlament und besonders die Commons in den Sattel der Macht hob. Ohne Steuern konnte die Regierung nicht regieren, so daß die Einberufung eines Parlamentes zur Steuerbewilligung, von letzterem regelmäßig von der Abstellung mißliebiger Praktiken der Krone abhängig gemacht, zur staatspolitischen Notwendigkeit werden mußte." K. Löwenstein, Staatsrecht und Staatspraxis von Großbritannien, Bd. 1, Berlin 1967, S. 64.

20) 1871 schlug der Khedive die Muqabala Steuer vor. Danach sollte, wer im voraus die sechsfache Jahressteuersumme für ein genau zu definierendes Stück Land aufbrachte, dafür auf Lebenszeit nur noch die Hälfte der Steuerschulden zahlen. Da diese Steuerreform kaum ein Echo fand, wurde die Muqabala 1874 per Dekret eingeführt. Vgl. P.J. Vatikiotis, The Modern History ..., a.a.O., S. 130.

21) Vgl. J.M. Landau, Parliaments and Parties in Egypt, a.a.O., S. 20.

22) Der Khedive hatte sich 1873 von der Pforte das Recht, selbständig Staatsanleihen aufzulegen, erkauft, womit er vor allem die kurzfristigen Verbindlichkeiten finanzieren wollte. "1873 kam es dann zu Ismails letzter großer Anleihe, die der ägyptischen Staatsschuldenbilanz die Riesensumme von 32 Millionen Pfund hinzufügte. Wieder vermittelte Oppenheim die Anleihe. Das Bankhaus übernahm die Anteile vom Khediven zu einem Kurs von 63 und verkaufte sie zu wechselnden Kursen zwischen 84 1/2 und 70 Punkten. Dementsprechend fiel der Ertrag aus, er betrug ganze 20 Millionen Pfund. Überdies zwangen Oppenheim, Nevien & Cie den Khediven, 8,7 Millionen davon in Form von ägyptischen Schatzanweisungen zu dem viel zu hohen Kurs von 93 zu übernehmen. Oppenheim konnte diese in großen Mengen zum Kurse von 65 aufkaufen und machte dergestalt Profite bis zu 20%. Ismail erhielt schließlich von der ganzen Anleihe nur ca. 11 Millionen in bar. Selten ist im internationalen Bankgeschäft eine Anleihe zu profitableren Bedingungen für die emittierende Bank, zu schlechteren für den Schuldner aufgelegt worden." Vgl. W. Mommsen, Imperialismus in Ägypten, a.a.O., S. 31.

23) Nach Beendigung des amerikanischen Bürgerkrieges ging die Nachfrage nach ägyptischer Baumwolle drastisch zurück. 1876 mußte Isma'il eine schwere, kostspielige militärische Niederlage in Abessinien hinnehmen.

24) Auszüge aus dem Bericht bei: P. Mansfield, The British in Egypt, London 1971, S. 3, die Abschlußbeurteilung "the resources of Egypt are sufficient if properly managed, to

meet her liabilities ... Egypt is well able to beat the whole of her present indebtedness at a reasonable rate of interest, but she cannot go on renewing floating debts at 25 per cent and raising loans at 12 or 13 per cent to meet these additions to her debt."

25) 1877 führte der Nil eine extrem niedrige Flut, die verheerende Folgen für die Ernte brachte. In Oberägypten herrschte eine schlimme Hungersnot.

26) Vgl. A. Schölch, Ägypten den Ägyptern!, a.a.O., S. 57.

27) Streitpunkte waren das Vorladungsrecht, Aussagepflicht der Minister sowie die Definition des Untersuchungsgegenstandes 'finanzielle Lage' (die Güter des Khediven usw.) .

28) Ende August 78 übertrug Ismā'īl auf 'Ratschlag' der beiden Großmächte diese Kabinettsbildung dem für europäische Belange aufgeschlossenen Nubar Pasha. Das Finanzressort übernahm der Brite Wilson, das Ministerium für öffentliche Arbeiten (Kanäle, Wasser, Verkehr) ein Franzose. Aus diesen beiden Schlüsselpositionen heraus konnte in jedes andere Ressort hineininterveniert werden und damit stand der Khedive unter europäischer Aufsicht. Nubar stellte parallel zur Etablierung des Ministerrats zusätzlich Europäer in die Verwaltung ein. "It is reported, for instance, that thirty British officers were appointed to the Land Survey department alone." Vlg. P.J. Vatikiotis, The Modern History of Egypt, a.a.O., S. 130 ff., Zitat S. 133.

29) Der Khedive bot sich daher als Verteidiger des steuerpolitischen status quo ante den Delegierten an und stellte der Kammer weitreichende konstitutionelle Rechte bezüglich der Finanz- und Justizhoheit in Aussicht, falls Nubar scheitern sollte. Außerhalb der politischen Institutionen ermunterte Ismā'īl durch finanzielle und rechtliche Protektion die Presse zu Kampagnen gegen die europäische Dominanz. Hervorzuheben ist, daß - Napoleon importierte die erste Druckmaschine - das Pressewesen ab 1876 einen wahren Boom erlebte, zumal vor allem nichtmuslimische Journalisten aus dem osmanischen Reich (Syrien, Libanon) wegen der dort verhängten Zensur in das 'liberale' Ägypten einwanderten. Zur Geschichte der Presse und ihrer Agitation in dieser Phase vgl. K. ed-din Galal, Entstehung und Entwicklung der Tagespresse in Ägypten, Frankfurt/M. 1939, S. 43 ff.

30) Vgl. J.M. Landau, Parliaments and Parties in Egypt, a.a.O., S. 24.

31) Von den Sparmaßnahmen des Nubar Kabinetts waren die ägyptischen Offiziere besonders betroffen; als 500 ohne Pensionsanspruch und ohne Auszahlung des rückständigen (teilweise mehrere Monate) Solds entlassen und bei 2.500 eine Kürzung der Bezüge um 50% vorgenommen werden sollte, kam es am 18. Februar 1879 zu Demonstrationen. "When they saw Nubar driving into the Ministry, they surrounded his cab and insulted and rough-handled him. Presently Sir Rivers Wilson came along ... but the crowd stopped him ... and shut

him up with Nubar and Riad in a room in the upper story of the Ministry. The officers then occupied the Ministry and threatened the European officials." Vgl. M. Rifaat, The Awakening of Modern Egypt, a.a.O., S. 162. Der Khedive erschien sofort nach Bekanntwerden der Proteste, ließ die Versammlung gewaltsam auflösen und befreite die Gefangenen.

32) Diese Forderungen sollen auf die Initiative Ismā'īls erfolgt sein, der parallel dazu eine Pressekampagne gegen die europäische Regierung finanzierte. P.J. Vatikiotis, The Modern History of Egypt, a.a.O., S. 142.

33) Vgl. P.J. Vatikiotis, The Modern History of Egypt, a.a.O., S. 136.

34) "... implying that no law would be passed without the acceptance of the delegates." Vgl. J.M. Landau, Parliaments and Parties in Egypt, a.a.O., S. 25.

35) Im neuen Kabinett saßen trotz anderslautender Ankündigungen nur Tscherkessen oder Angehörige der khedivialen Entourage. S. A. Schölch, Ägypten den Ägyptern!, a.a.O., S. 92.

36) Die Tscherkessen ihrerseits setzten Kopten und teilweise Europäer (Levantiner) für die Steuerverwaltung im ländlichen Raum ein. Dazu H. Motzki, Ḏimma und Egalité, Bonn 1979, s. 32 ff.

37) 'Urābī war der Sohn eines Dorfscheichs; er gehörte zu den ersten Ägyptern, die seit Said Stabsoffiziere werden konnten. Zuvor hatte er eine traditionelle, religiöse Ausbildung erhalten.

38) Vgl. W.S. Blunt, Secret History of the English Occupation of Egypt, New York 1967, der für 'Urābīs Ideen und Forderungen Partei ergriff.

39) Vgl. B. Tibi, Militär und Sozialismus ..., a.a.O., S. 123.

40) Zu Wilsons Sparmaßnahmen, s. S. Gomaa, Das Militär in Ägypten, a.a.O., S. 19.

41) "He was the first of his type in the history of modern Egypt to raise his voice against authority ... . He set an example." Vgl. T. Little, Egypt, New York 1958, S. 85.
A. Hasenclever, Geschichte Ägyptens im 19. Jahrhundert, Halle 1917, führt dessen Beliebtheit auf die "bestechende Gewandtheit der Rede" (S. 203) und seine Religiosität zurück; "und wußte durch eifriges Studium des Koran, dessen Verse er stets zu zitieren pflegte, sich in den Ruf einer gewissen Frömmigkeit zu setzen." (S. 204).

42) Auch seitens der Bevölkerung erhielt 'Urābī nach Februar 81 entsprechende Klageschriften bzw. Schilderungen über ungerechte Behandlung durch die staatlichen Organe. Vgl. G.M. Haddad, The Arabi Revolt: Comparisons and Comments, in: The Muslim World, Okt. 1964, No. 4, S. 260.

43) "Die in ägyptischen Augen am wenigsten tragbare Bestimmung des Liquidationsgesetzes war, daß der Beitrag, der für die allgemeine Verwaltung des Landes zur Verfügung stehen sollte, genau festgelegt wurde, auf etwa die Hälfte der erwarteten Jahreseinkommen. Die zweite Hälfte und eventuelle Überschüsse gingen an die europäischen Gläubiger." Vgl. A. Schölch, Ägypten den Ägyptern!, a.a.O., S. 123 f.

44) Vgl. P.J. Vatikiotis, The Modern History of Egypt, a.a.O., S. 148.

45) A. Schölch, Ägypten den Ägyptern!, a.a.O., S. 140; es handelte sich um dienstrechtliche Anordnungen wie Urlaub, Reisekostenbestimmungen und ähnliches.

46) "... und es war ein Schlag gegen den Gesamt-Islam, und wurde als solcher empfunden, den sich ein christlicher Staat ohne äußere Veranlassung zu Schulden kommen ließ. War die Annahme nicht naheliegend, ..., daß wie Frankreich in Tunis, so England in Ägypten sich festsetzen werde?" Vgl. A. Hasenclever, Geschichte Ägyptens im 19. Jahrhundert, a.a.O., S. 207.

47) "... consisted of several disparate and ultimately incompatible elements which were temporarily emitted against the danger of foreign domination and arbitrary government." Vgl. P. Mansfield, The British in Egypt, a.a.O., S. 17.

48) T. Little, Egypt, a.a.O., S. 85 nennt abweichend von anderen Darstellungen noch die Abschaffung der Zwangsarbeit und die rechtliche Fixierung der Wasserrechte als zentrale Forderungspunkte.

49) Mehrere Anhaltspunkte sprechen dafür, daß Scharif der Kammer mit substantiellen Kontrollrechten - wie schon 79 - entgegenkommen wollte, um die Allianz zu spalten. In der Literatur wird mehrheitlich die Meinung vertreten, daß eine Beilegung der Krise - ohne ausländische Einmischung - möglich schien.

50) Die Kammer beanspruchte das Kontrollrecht über das Inlandsbudget und die Kompetenz für die einzelnen Haushaltstitel (Militär-, Polizeibudget!), was die französischen Offiziellen ablehnten. Vgl. D. Stewart, Young Egypt, a.a.O., S. 86 f.

51) Zum Hintergrund der französisch-britischen Note, die auf Betreiben Frankreichs die Unterstützung für den Khediven in allen innen-/außenpolitischen Fragen klarstellen sollte, s. W. Mommsen, Imperialismus in Ägypten, a.a.O., S. 68 ff.

52) Taufiq, in Antizipation einer neuen Demütigung durch die Armee, willigte ein, übertrug der Kammer die Regierungsbildung und lehte jede weitere Verantwortung ab.

53) Das organische Gesetz - vom Khediven am 7. Februar 1882 unterzeichnet - entsprach weitgehend den konstitutionellen Forderungen der Kammer und beinhaltete Vorschriften über den

persönliche Status der Abgeordneten. Die drei wesentlichen Artikel sind:
1. "The Assembly was to have the right of amendment and might accept or reject any clause of a proposed law;"
2. "The Budget was to be examined by the Assembly and not to come into force until passed by it;"
3. "No treaty, contract or engagement of the Government with a third party was to be valid until ratified by the Assembly."

Vgl. J.M. Landau, Parliaments and Parties in Egypt, a.a.O., S. 37.

54) Zur Invasion und militärischen Niederlage 'Urābis, s. W.S. Blunt, Secret History of the English Occupation, a.a.O., S. 357 ff.

55) Vgl. R. Wielandt, Offenbarung und Geschichte im Denken moderner Muslime, Wiesbaden 1971, S. 3, die detailliert die daraus potentiell entstehende, bedrohliche Glaubenskrise behandelt. "Das Faktum, daß der Sieg nicht auf Seiten derer gewesen war, die die wahre Religion repräsentierten, bedurfte einer Erklärung. Und dies umso mehr, als sich der anfängliche Eindruck, man befinde sich nur in einer momentanen technischen Rückständigkeit, die sich leicht werde aufholen lassen, als trügerisch erwies." (S. 45)

56) Hier sei nochmals Tahtāwī erwähnt, der sich für einen Kultur- und Wissenschaftstransfer aussprach, allerdings unter dem Vorbehalt: "Selbstverständlich billige ich nur, was nicht im Widerspruch steht zum Wortlaut unseres islamischen Gesetzes." Vgl. K. Stowasser, at-Tahtāwī in Paris, a.a.O., S. 65.

57) Al-Afghānī, von Konstantinopel kommend, lehrte bis zur Ausweisung 1879 (unter Taufīq) einige Jahre an der Al-Azhar Universität. Zusammen mit seinen Schülern gab er mehrere Zeitschriften heraus; viele seiner Studenten gingen als "Vorbeter" auf die Dörfer und interpretierten dort seine Reformideen, insbesondere die Zurückweisung der europäischen Interventionspolitik gegenüber der islamischen Welt.
Eine Zusammenfassung seiner Lehren und deren Wirkung findet sich bei: F. Büttner, Islamische Reform, in: ders. (Hrsg.), Reform und Revolution in der islamischen Welt, a.a.O., S. 49-85.

58) Zu 'Abduh, s. M. Rowlatt, Founders of Modern Egypt, London 1962, S. 13 ff.

59) "What had once been achieved could be achieved again: on the one hand by accepting those fruits of reason, the sciences of modern Europe, but also, and more fundamentally, by restoring the unity of the umma." Vgl. A. Hourani, Arabic Thought in the Liberal Age 1798-1939, London 1970, S. 115.

60) M.A.Z. Badawi, The Reformers of Egypt, London 1978, unterstreicht den Zusammenhang zwischen europäischem Eingriff (Finanzkontrolle) während Isma'īls Regentschaft und al Afghānis politischer Agitation: "In his opinion

Great Britain constituted the gravest menace to Islam and in combating her ambitions he was willing to enlist the support of France, Russia or any other force available. His main preoccupation was external defence ... ." (S. 21)

61) A. Hourani, Arabic Thought ..., a.a.O., S. 258: "Abduh made a further point. The separation of religion and State was not only undesirable, it was impossible. A ruler must belong to a specific religion, and how could he free himself from its influence in his acts?"

62) Vgl. H. Srour, Die Staats- und Gesellschaftstheorie bei Sayyid Gamaladdin "Al Afghani" als Beitrag zur Reform der islamischen Gesellschaften in der zweiten Hälfte des 19. Jahrhunderts, Freiburg 1977, S. 173.

63) Ebenda, S. 114 ff.

64) Vgl. H. Hourani, Arabic Thought ..., a.a.O., S. 116.

65) B. Tibi, Die Krise des modernen Islam, München 1981, S. 118.

66) Nach: N.R. Keddie, Sayyid Jamel ad-Din "al-Afghani", A Political Biography, Los Angeles, 1972, S. 1.

67) H. Busse, Tradition und Akkulturation im islamischen Modernismus (19./20. Jahrhundert), in: Saeculum XXVI, Heft 2 (Sonderdruck) 1975, analysiert die Rechtsgutachten, die seit Ende des 19. Jahrhunderts von Rashid Rida (Schüler Abduhs) in der Zeitschrift al-Manar (Der Leuchtturm) veröffentlicht worden sind.
Er legt anschaulich dar, welche enormen 'religiösen' Hindernisse die reformwilligen Modernisten – selbst auf der Basis der Reinterpretation des Korans – schon bei der Behandlung so banaler Fragen wie dem Tragen europäischer Kleidung (auch: Speisevorschriften, Verkehrsmittel, Medizin, Schulsystem, Banken, Wirtschaftsleben) zu überwinden hatten. H. Busse konstatiert ebenfalls das theologische Scheitern des islamischen Modernismus, sieht aber auch positive Aspekte dieses Ansatzes: "Und doch ist die Arbeit der islamischen Modernisten nicht ganz ohne Erfolg geblieben. Die Reduktion des Islam auf die wesentlichen Elemente, seine Befreiung vom Ballast der Jahrhunderte durch die reinliche Scheidung von Gesetz und Brauchtum, die Neuinterpretation des Gesetzes entsprechend den Forderungen der Zeit, alles dies macht es dem frommen Muslim möglich, sich ohne religiöse Skrupel der zivilisatorischen Errungenschaften zu bedienen." (S. 165)

68) Vgl. R.E. Ward, D.A. Rustow, Political Modernization in Japan and Turkey, a.a.O., S. 149 ff.; die Entwicklung in der 'Türkei' ist in dieser Frühphase mit den Veränderungen unter Ali vergleichbar (Armee, Pressewesen usw.).

69) "The story of the Arab national movement opens in Syria in 1847 with the foundation in Beirut of a modest literary society under American patronage ... when five young men who had been educated at the Syrian Protestant College formed a

secret society ... . And there can be no doubt at all that the college founded by the Lazerist brothers, the printing press installed earlier by the Jesuits, the Syrian Protestant College, and the Catholic schools in Syria and Beirut were the rallying-points of Arab nationalism." Vgl. W. Lacqueur, Communism and Nationalism in the Middle East, 2. Aufl., London 1957, S. 15.

70) Vgl. K. Steinhaus, Soziologie der türkischen Revolution, Frankfurt/M. 1969, S. 42, dort auch die Auswirkungen der Tanzimatperiode auf die Armee (Verwestlichung), aus der die 'Jungtürken' und Atatürk hervorgingen.

71) Zu den anfänglichen Spannungen zwischen diesen beiden Gruppen, s. B. Tibi, Nationalismus in der Dritten Welt am arabischen Beispiel, Frankfurt/M. 1971, S. 168. "Die syro-libanesischen Intellektuellen wollten ihr Land von der osmanischen Herrschaft befreien. Um diese Ziele zu erreichen, waren sie selbst bereit, mit den europäischen Kolonialmächten zu kollaborieren, ... Dagegen war das Angriffsziel der ägyptischen Nationalisten nicht das Osmanische Reich, das seinerzeit auf Ägypten keinen Einfluß mehr hatte, sondern das englische Kolonialsystem, zu dessen Herrschaftsbereich Ägypten nunmehr gehörte."

72) Dazu: J.M. Landau, Prolegomena to a study of Secret Societies in Modern Egypt, in: Middle Eastern Studies, Heft 1, Januar 1965, S. 135 ff., der auf diese für den islamischen Orient typische Organisationsform politischen Protestes hinweist.

73) Vgl. F. Steppat, Nationalismus und Islam bei Mustafa Kamil, in: Die Welt des Islam, IV (1956), S. 241-341 (Zitat S. 277), zur Biographie: Als Sohn einer Familie der neuen landbesitzenden Mittelklasse erhielt Kamil eine moderne Ausbildung, studierte in Frankreich und arbeitete später als Rechtsanwalt. Bis zur Gründung seiner eigenen Zeitung war er ein gefragter "Leitartikler".

74) "His main concern was neither to analyze the nature of Egyptian society, nor to educate it in political virtue, but to generate energy for the struggle against the British. The British for him were the enemies of the Egyptian people, and the enmity would not end until the occupation ended." Vgl. A. Hourani, Arabic Thought ..., a.a.O., S. 203.

75) "Ganz entschieden weise ich die Auffassung zurück, die Religion könne (auch) im 20. Jahrhundert ein geeignetes Instrument für politisches Handeln sein. Unser Nationalismus muß auf unseren Interessen, nicht auf unserem Glauben beruhen." Nach I. Ibrahim, Der Aufstieg des Nationalismus, in: F. Büttner, Reform und Revolution in der islamischen Welt, a.a.O., S. 98.

76) N. Safran, Egypt in Search of Political Community, a.a.O., S. 92 ff.; die europäische liberal-demokratische Tradition bildete sein Leitbild.

4. Die Transformation der Konfliktstruktur in ein Parteiensystem

Im Vergleich zu der Herausbildung der Parteienorganisationen[1] in Europa verlief die Entstehung der ägyptischen Parteien in umgekehrter Richtung.

In Skandinavien und Großbritannien bildeten die parlamentarischen Fraktionen im Zuge der sukzessiven Wahlrechtsausdehnung und dem Aufkommen neuer Konfliktstrukturen außerhalb der Kammern politische Clubs und Vereine. Diese Organisationen dienten zur Festigung der vorhandenen Wählerbasis und zur gezielten Ansprache der neuen, potentiellen Wählerschichten. Faktisch wurden diese Organisationen zum verlängerten Arm und zu Wahlkampfmaschinen der im Parlament vertretenen Fraktionen.

Da in Ägypten um die Jahrhundertwende - wie noch gezeigt wird - die 'parlamentarischen' Institutionen am politischen Allokationsprozeß nicht beteiligt waren und ein Zensuswahlrecht die Wählerbasis konstant hielt, entfiel der Zwang, das angestrebte Mandat in Konkurrenz zu rivalisierenden Politikangeboten zu erwerben. Dieses in der Praxis der Entwicklungsländor unter den Bedingungen eines Kolonialkonfliktes - typische Muster verstärkt das Wirken außerparlamentarischer Gruppen und begünstigt deren Anspruch auf das Kritik- und Artikulationsmonopol bezüglich der politischen und ökonomischen Interessen der Gesellschaft.

Dieser strukturelle Unterschied im Entstehungsprozeß ist insofern für das Verständnis des späteren Parteiensystems von Bedeutung, als

1. extern gebildete Parteiorganisationen spezifische Merkmale[2] hinsichtlich Ideologie, Selbstverständnis, Mitgliederstruktur und Forderungen an das politische System präjudizieren,

2. diese eher bereit sind, zur Erlangung politischer Macht mit neuen, modernen Organisationsformen auf die öffentliche Willens- und Meinungsbildung einzuwirken.

Die ersten ägyptischen Parteiorganisationen traten 25 Jahre nach der britischen Intervention (1882) auf. Die führenden Vertreter dieser in erster Linie auf die größeren Städte Unterägyptens (Delta) konzentrierten Erscheinung kamen aus der dritten Generation seit Beginn der Ali Herrschaft.

Warum die Repräsentanten dieser inhaltlich antibritischen Bewegung gerade ab 1907 eine bisher nicht gekannte politische Mobilisierung für die Unabhängigkeit Ägyptens erreichten, ist mit der faktisch auf Dauer angelegten Präsenz der Briten allein nicht zu begründen.[3] Vielmehr war die Entstehung der Parteien das Ergebnis eines wechselseitigen Zusammenwirkens der Konfliktstruktur, einer sozialen Mobilisierung und protestauslösender wirtschaftlicher und außenpolitischer Faktoren.

4.1. Die Konfliktstruktur als Ausgangsbasis

4.1.1. Der Kolonialkonflikt

Nach der militärischen Niederlage der ägyptischen Offiziere wurde die Armee umorganisiert und in ihrem Personalstand derartig reduziert, daß sie keine machtpolitische Determinante mehr sein konnte.[4] Der für eine politische Bestandsaufnahme nach Ägypten entsandte Lord Dufferin erstellte einen Bericht zur Neugestaltung des politischen Systems, auf dessen Grundlage 1883 ein rein beratendes Zwei- und 1913 ein Einkammersystem eingerichtet wurde.[5]

Der Khedive Taufiq blieb nominell das Oberhaupt der rechtlich autonomen Provinz Ägypten innerhalb des osmanischen Reiches. Abgesehen von der institutionellen Neutralisierung der beiden Kammern soll die Mehrheit der Abgeordneten der aufgelösten früheren Abgeordnetenkammer dem Khediven persönlich ihre Loyalität geschworen haben, so daß neben der Armee auch die zweite Säule der konstitutionellen Allianz bedeutungslos wurde.
Die veröffentlichten Hauptintentionen der britischen Regierung konzentrierten sich auf die Sanierung des Haushalts;[6] tatsäch-

lich ging es London aber in erster Linie um eine reibungslose Bedienung der europäischen Gläubiger, um damit jeden Mitwirkungsanspruch anderer europäischer Staaten zu unterlaufen und das Monopol für eine "Lösung" der strategischen Ägypten-Frage zu bewahren.[7]

Obwohl der erste Prokonsul Lord Cromer[8] das kulturelle und religiöse Normensystem (Erziehungswesen) nicht nach europäischen Vorstellungen neu gliederte[9] und eine erstaunlich liberale Pressezensur praktizierte, muß er als de facto Herrscher bezeichnet und die britische Präsenz als klassische Kolonialverwaltung aufgezeigt werden. Die Auswirkungen dieser Administration bis zum 1. Weltkrieg zeigen zwei unterschiedliche wirtschaftspolitische Phasen.

4.1.2. Wirtschaftliche Prosperität und soziale Mobilisierung

Der von Cromer erklärten Zielsetzung britischer Besatzungspolitik "balancing the budget"[10] suchte der von britischen Beratern gelenkte Verwaltungsapparat mit praktischen Reformen im agrarwirtschaftlichen Sektor[11] nachzukommen. Deshalb hatten alle Maßnahmen Priorität, die dem Anbau und Export der "cash crop" Baumwolle dienten. Daher sein Interesse am Ausbau der Bewässerungsanlagen und Infrastrukturen, an neuen Anbaumethoden und an die physische Existenz[12] der Kleinbauern sichernden Agrarreformen. Die unter britischer Anleitung einsetzenden Wirtschafts- und Verwaltungsaktivitäten "brought benefits to both peasant farmer and landowner. The orderly and expert administration of these projects, coupled with the administrative reorganization of provinces, districts and villages gave the Egyptian cultivator relative stability and security."[13] Einige Daten verdeutlichen die Dynamik der ökonomischen Veränderungen. Die Anbaufläche stieg von 4.764.000 fed. im Jahre 1881 auf 5.658.000 im Jahre 1911 "while the crop area increased to 7.712.000 fed." Die Steigerung der Ertragsfläche[14] ergab sich aus der Mehrfachbepflanzung dank der erweiterten ganzjährigen Bewässerung. Auch die Kapazitätsverschiebungen im Transportwesen signalisieren die signifikante

Zunahme des Warenumschlags. Die staatlichen Eisenbahnen transportierten im Jahre 1890 4,7 Mio. Personen und 1,7 Mio. Tonnen Güter. 1906 wurden bereits 22,5 Mio. Personen und 20 Mio. Tonnen Güter befördert.

Tabelle 4: Zunahme der Baumwollproduktion (1 Cantar = 50 kg)

1879	3.100.000 Cantar
1890	4.100.000 Cantar
1905	6.500.000 Cantar
1913	7.700.000 Cantar

Die Zunahme der Baumwollproduktion und ihr Export waren der Motor der wirtschaftlichen Entwicklung und Grundlage der ägyptischen Kreditwürdigkeit auf dem europäischen Kapitalmarkt. Trotz der nach wie vor ungleichen Steuerbelastung zugunsten der Landaristokratie profitierten neben dem Handel besonders die mittleren landwirtschaftlichen Betriebe von den Reformmaßnahmen. Sie waren zuvor von Krediten abhängig, aber der Baumwollexport - und der von Zuckerrohr, wenngleich weit geringer - führte von der Subsistenzwirtschaft weg und ließ überdies verbesserte marktwirtschaftliche Rahmenbedingungen entstehen. Hierunter fielen 'freie Pachtoptionen' und der freie Handel mit Immobilien. Diese, zusammen mit weiteren britischen Sanierungsdirektiven, "caused the emergence of a complete new rural class in Egypt - that of owners of medium-sized landed property. At the end of the nineteenth century these medium-sized properties of between five and fifty feddans covered about 35 per cent of the privately owned landed property."[15]

Diese neue ägyptische Mittelschicht konnte ihren Söhnen eine kostspielige, säkulare Ausbildung finanzieren, mit dem traditionellen Ziel, in der Administration einen lukrativen Posten zu erwerben. Doch den hochgeschraubten Zukunftserwartungen stand - bei nicht ausreichenden beruflichen Optionen im Privatsektor - die restriktive und selektive Einstellungspolitik der Briten entgegen. Durch die Bevölkerungsexplosion im letzten Quartal des 19. Jahrhunderts verschärfte sich diese Problematik.

Tabelle 5: Bevölkerungsentwicklung in Ägypten von 1873-1914

	Bevölkerung	Durchschnittliche jährliche Zunahme in 1000
1873	5.250.000	-
1882	6.804.021	29.23
1897	9.714.525	24.03
1907	11.287.359	15.12
1914	12.292.000	12.27

So wurde in der Dekade 1896-1906 der Personalbestand in der Verwaltung von 9.134 auf 13.279 Mitarbeiter, also um 45% aufgestockt. Zwar nahm der Anteil der Ägypter insgesamt um 3.583 auf 12.027 zu, was 42% entspricht, aber gleichzeitig erhöhte man die Zahl der Dienstposten für Ausländer von 690 auf 1252, was eine Erhöhung von 81% ausmacht.

Aufschlußreicher für die Bewertung der Einstellungspraxis ist die Unterteilung der Positionen nach Gehaltsbezug: Waren 1898 noch 30% aller Posten mit über 70 ägyptischen Pfund monatlicher Vergütung von Ägyptern besetzt, so verringerte sich ihr Anteil sukzessive auf 23% im Jahre 1920. Daß mit der Zunahme des ausländischen, d.h. britischen Personals die Verschlechterung der 'geförderten' Kandidaten einherging, intensivierte noch die Verbitterung der abgelehnten, qualifizierten ägyptischen Bewerber.[16]

Trotz dieser kurzen und unvollständigen Beschreibung wird ersichtlich, wie unmittelbar und existenziell die Heranwachsenden der neuen Mittelschicht mit der britischen Präsenz konfrontiert wurden.
Das hier im Entstehen begriffene mittelständische Protestpotential blieb kein Einzelfall: Infolge der Land-Stadt Wanderung entstand in den Städten des Deltas ein Überangebot an Arbeitskräften, das auch vom desintegrierten Sektor des Arbeitsmarktes nur schwerlich absorbiert werden konnte.

Diese festgestellten sozialen Wandlungen sind - in beiden Teilbereichen - typische Kennzeichen der ersten Phase einer sozialen Mobilisierung,[17] deren latent vorhandenes Unruhepotential aufgrund einer spürbaren Preissteigerung (seit 1903) und der Wirtschaftskrise 1907 politisch aktiviert wurde.

4.1.3. Wirtschaftskrise und Protestpotential

Die Nachteile einer jeden Monokultur (Abhängigkeit vom Weltpreisniveau, Schädlingsbekämpfung, einseitige Wirtschaftsstruktur) beeinflußten im relevanten Zeitraum auch die landwirtschaftliche Entwicklung des Landes erheblich. Blieb bis 1889 die produzierte Menge Baumwolle und der erzielte Preis im großen und ganzen konstant, so änderte sich die Relation in der darauffolgenden Dekade. Der Export verdoppelte sich von 3.203.000 cant. im Jahre 1890 auf 6.512.000 im Jahre 1899. Parallel dazu fiel aber der Preis von 13 Dollar im Jahre 1890 auf 7 Dollar im Jahre 1897. Obwohl also der Ertrag sich mehr als verdoppelte, blieb die Summe des Erlöses fast konstant. Die Preisentwicklung erholte sich und stieg 1899 auf 12 Dollar und erreichte schließlich 1907 19 Dollar.
Dieser Preisanstieg bei Baumwolle, dem absolut größten Posten im Außenhandel, verdoppelte den Exporterlös von L.E.[18] 12.318.000 im Jahre 1898 auf L.E. 25.301.000 im Jahre 1906.
Diese positive Tendenz in der Preisbildung gab dem Baumwollanbau auf Kosten der Grundnahrungsmittel einen weiteren Auftrieb. Dementsprechend wurden die vornehmlich von den Landgesellschaften in Europa aufgenommenen Kredite nicht mehr zur notwendigen Beseitigung der einer ganzjährigen Bewässerungskultur spezifischen Folgeschäden investiert, sondern für spekulativen Landkauf eingesetzt.[19] "The presence of this large sum of capital, the rapidly rising value of land owing to the rising prices of agricultural products and mortgage loans and the effect of the irrigation works, led to a burst of speculation that culminated in the disastrous slump of 1907. In the period preceeding 1907 many individuals and firms had been led into engagements beyond their means. During and after the crisis there were many who were unable to carry on and there were many failures."[20]

Die Bevölkerungsexplosion seit den 80er Jahren (Tabelle 5) und die durch das islamische Erbrecht bedingte Parzellierung des Landes waren weitere Faktoren, die eine existenzsichernde Bewirtschaftung der kleineren landwirtschaftlichen Betriebe nicht länger zuließen. Die daraus zusätzlich zu dem strukturschwachen Süden entstandene neue Land-Stadt Wanderung nach der Jahrhundertwende transferrierte die sich verschlechternden Lebensverhältnisse auf dem Lande in die Städte. Die verstärkte Nachfrage nach Konsumgütern und Wohnraum - bei fehlenden Investitionen in diesem Wirtschaftszweig - führte nämlich zu einer spürbaren Verteuerung der Lebenshaltung. "This rise in prices, which until 1903 had made itself felt gradually, has since that date accelerated sharply, and it is precisely since then that complaints have been heard especially in large cities like Cairo and Alexandria. The complaints soon became widespread in the whole of Egypt, coming mainly from those classes of the population that live on fixed salaries and wages."[21]

Diese wirtschaftliche Krisensituation war begleitet von einer heftigen antibritischen Pressekampagne;[22] die dominierenden außenpolitischen Themen waren das britisch-ägyptische Kondominium über Sudan (1899),[23] der Sieg des 'orientalischen' Japans über das christlich-europäische Rußland und die Erfolge der Jungtürken gerade ab 1905.[24]

Doch der Agitationspunkt mit den langfristigsten Folgen war ein quasi exogenes Ereignis: der Denschaway Vorfall.[25] Bei einem Jagdausflug verletzten britische Offiziere eine Ägypterin. Als Fellachen des Dorfes Denschaway dagegen protestierten, kam es zu einem Handgemenge. Ein Offizier erlitt eine Schußverletzung, der er erlag. (Einige Quellen führen seinen Tod auf einen Sonnenstich zurück.) Die Justiz (3 britische, 2 ägyptische Beamte) verhängte äußerst harte Urteile: Ohne Schöffen und Berufungsmöglichkeit wurden vier Todesurteile und mehrere lebenslange bzw. langjährige Haftstrafen verhängt.
Auch wenn die Presse nur die urbanen Zentren mit Informationen versorgte und eine Analphabetenquote von etwa 90% anzunehmen ist, so breitete sich die Geschichte dieses Dorfes dennoch über das ganze Land aus und ging in das Erzählgut gerade der Landbevölke-

rung ein, wie sich Sadat (geb. 1918) in seiner Biographie erinnert.[26]

Diese protestauslösenden Ereignisse führten zu einer Überschneidung aller sich abzeichnenden Konfliktlinien: Stadt-Land, religiös-säkular, Mittelschicht-Großgrundbesitzer, Tscherkessen-Ägypter usw. Sie formten eine stabile Konflikthierarchie, die nur noch eine Dimension manifestierte: den Kolonialkonflikt. Dieser gab nicht nur eine Erklärung für den tatsächlichen oder perzipierten wirtschaftlichen Abstieg, sondern bot mit dem antikolonialen Issue als einer über alle sozialen Differenzierungen hinausgehenden Symbolausbreitung[27] eine neue Form der Integration. In dieser Situation entstanden die ersten Parteien, die alle um diesen Kolonialkonflikt oszillierten, freilich nach Interessenlage in differenzierten Varianten.

4.2. Die Entstehung der Parteien

4.2.1. Die Watani[28] Partei

Sicherlich ist es kein Zufall, daß Mustafa Kamil im Jahre 1906 den ersten Studentenstreik in Ägypten organisierte. Der gelernte Rechtsanwalt kannte auch die Methoden und Inhalte der europäischen Ausbildung. Doch er studierte in Frankreich nicht nur Jurisprudenz und die Ideen des Liberalismus, "but also the political tactics and the methods of party organization and propaganda in France."[29] Ihn interessierte der Einsatz der Presse zur Information und Mobilisierung der öffentlichen Meinung.[30] Überdies vertiefte er seine praktischen Erfahrungen bezüglich der Funktionsweise der modernen Massenkommunikationsmittel während seiner Kontakte zu verschiedenen französischen literarischen Zirkeln.

Nach Beendigung seiner Studienaufenthalte in Europa rief er in immer neuen Anläufen unbeständige politische Gruppen ins Leben, deren zentrale programmatische Aussage die Standardformel 'Evakuierung aller Briten' beinhaltete. Diese Formel sorgte in

der Wirtschaftskrise für den Übergang von der Polarisierungsphase zur Expansionsphase.[31] Die Polarisierungsphase war 1906 abgeschlossen. Istanbul ließ eine Ortschaft westlich von Aqaba zur Sicherung des Eisenbahnbaus besetzen. Die Briten, unterstützt von Paris, protestierten gegen die osmanische Okkupation des von ihnen als ägyptisch beanspruchten Territoriums. Kamil und andere panislamische Vertreter stellten sich aber auf die osmanische Seite, so daß es zu einer Auseinandersetzung zwischen panislamischen und gemäßigt nationalen Kräften kam, die sich dann getrennt organisierten.[32]
Als 1907 ein paar Aristokraten zusammen mit Mitgliedern der hohen Beamtenschaft, die einen modus vivendi mit Großbritannien suchten, mit Unterstützung Cromers die Umma-Partei ins Leben riefen, ergriff Kamil die Initiative und gründete die Watani-Partei.[33]

Formal wurde die Partei nach europäischen Vorbildern kopiert: also Präsident - allerdings auf Lebenszeit gewählt -, Programm, jährlicher Kongreß mit satzungsmäßigen Kontrollrechten, weiteren Parteigremien und der Parteizeitung Al-Liwa (das Banner).
Das Ende 1907 verabschiedete Parteiprogramm forderte - über Autonomiegewährung - die Unabhängigkeit des Landes; zwar blieb die Beseitigung der englischen Besatzung und Einmischung die oberste Priorität in der politischen Werteskala, doch finden sich jetzt verstärkt Hinweise auf die Errichtung einer konstitutionellen Regierung. In Kamils Reden nimmt auch das Problem der Förderung und Ausbreitung der Erziehung, darunter die Propagierung "gesunder religiöser Prinzipien, die den Fortschritt anregen" einen breiten Raum ein. Abgesehen vom "Mangel an gedanklicher Klarheit" - Kamil nannte sich selbst einen osmanischen Ägypter[34] und sprach sich stets für enge Bindungen ans Osmanische Reich aus - fehlen Formulierungen zu den realen sozialen und ökonomischen Problemen des Landes fast vollständig. Alle konzeptionellen Aussagen sind auf das Ziel der Befreiung von der Kolonialmacht gerichtet. Freiheit und Parlamentarismus werden im Hinblick auf ihre Zweckmäßigkeit interpretiert. Auch der theoretische Widerspruch zwischen (pan)arabischer und panislamischer Orientierung wird durch taktische Nützlichkeitserwägungen umgangen.

Die ideologische Fixierung auf die geradezu mystisch überhöhte Zielsetzung ließ einen Alleinvertretungsanspruch des "wahren Patriotismus" entstehen;[35] dieser Anspruch - mit der Entstehung extern gegründeter Parteien strukturell verbunden - ist für den Übergang von der Polarisations- zur Expansionsphase unter den oben angeführten Bedingungen häufig konstitutiv: "A social movement can rouse people when it can do three things: simplify ideas, establish a claim to truth and in the union of the two, demand a commitment to action."[36]

Der personelle, aktive Kern der Partei bestand aus wenigen engen Vertrauten Kamils. Die Kommunikation innerhalb der Partei lief einseitig von der Führungsspitze zu den Mitgliedern, die an der Willensbildung und Entscheidungsfindung kaum beteiligt waren. Die parteieigene Zeitung Al-Liwa diente daher als sprachregelndes Bindeglied zur Mitgliederschaft, als Diskussionsforum zur Mobilisierung potentieller Anhänger und suchte insgesamt, die Öffentlichkeit für die Partei zu interessieren. Eine auf Dauer angelegte Organisation über die Städte hinaus zur Ansprache und Gewinnung der Landbevölkerung existierte noch nicht. Die Partei fand vorerst ihre Gefolgschaft unter der dem Akkulturationsprozeß besonders ausgesetzten städtischen Protestschicht.[37]

Doch der rudimentäre Parteiapparat erlaubte Kamil immerhin die Durchführung von propagandistischen Massenveranstaltungen, die er durch emotionalen Stil und ausgefeilte Rhetorik beherrschte, "um jeweils ein bestimmtes Publikum zu einer bestimmten Sache zu überreden"[38] bzw. in seiner spezifischen Erwartungshaltung zu bestärken.

Nach dem frühen Tode[39] Kamils (1908) und der Übernahme des Parteivorsitzes durch M. Farid konnte der insgesamt auf persönlichen Loyalitäten zu Kamil aufgebaute Parteiapparat die politische Existenz der Watani zwar bewahren; sie zählte aber zukünftig nur zu den bedeutungslosen, miteinander um den 'richtigen' Weg zur Unabhängigkeit rivalisierenden Parteien. Wenngleich die Watani Partei noch einige Merkmale einer populistischen Bewegung aufwies, so war sie doch - wenn auch nur kurzfristig - ein Muster moderner politischer Organisationsformen, das schichtübergreifende Kontakte und Strukturen zuließ.

Es gelang schließlich der Wafd-Partei, eine organisierte politische Verbindung zwischen städtischen und ländlichen Bevölkerungssegmenten aufzubauen, die bis heute funktioniert.

4.2.2. Die Wafd-Partei

4.2.2.1. Rahmenbedingungen für die Entstehung der Partei

Die Vielzahl der agitierenden Gruppen und politischen Parteien – von der 'educated youth' ins Leben gerufen – blockierte sich in ihrer Wirkung einerseits aufgrund des jeweiligen Alleinvertretungsanspruchs; andererseits betrieb Kitchener, der Nachfolger von Gorst (1907-11), eine recht erfolgreiche Strategie der Spaltung der antibritischen Bewegung durch unbedeutende Zugeständnisse und Ämterpatronage.[40]

Doch entstand mit Hilfe der Presse[41] nicht nur eine höhere Kommunikationsdichte und ein sich stetig erweiterndes Diskussionsforum, sondern eine bisher nicht gekannte Gegenöffentlichkeit. Die Medieninhalte artikulierten weit schärfer als die wenigen ägyptisch orientierten Abgeordneten in der Kammer die Forderungen nach Unabhängigkeit und Selbstbestimmung. Die Verwendung europäischer Techniken, Karikaturen, Leitartikel, Kommentare und die Information über fremde Länder, jetzt erstmalig kontinuierlich zugänglich, "all das hat hier wie immer den Wunsch nach einer durchgreifenden Veränderung der bestehenden Zustände erweckt."[42]

Die einseitigen politischen Maßnahmen[43] Londons zu Beginn des Ersten Weltkrieges und die Radikalisierung[44] der nationalen Presse ließen eine 'attentive public' entstehen, die neben antibritischen Affekten auch die Notwendigkeit politischer, sozialer und säkularer Reformen artikulierte, in der Absicht, damit die britische Position zu schwächen.

Doch das zunehmende Bewußtsein unter den alphabetisierten Ägyptern kolonialisiert, also politisch ohnmächtig zu sein, hätte allein nicht ausgereicht, das urbane Protestpotential mit den Massen der Landbevölkerung zu verbinden und die antibritische Stimmung auf Dauer politisch zu kanalisieren. Erst die zwangsweise Einbeziehung Ägyptens in den Krieg, eine soziale Umschichtung innerhalb der Kleinbauern und eine sozio-ökonomische Abstiegsperzeption der mittleren Landbesitzer trugen zur organisatorischen Verfestigung des Kolonialkonfliktes bei.

Unter Verzicht auf eine ausführliche Darlegung der ökonomischen Entwicklung innerhalb der verschiedenen Bevölkerungsschichten seit der Krise 1907 und des Ersten Weltkrieges zeigt die bis 1916 erfolgte Umschichtung des Landbesitzes bei Kleinbauern Indikatoren eines gravierenden Verarmungsprozesses[45] auf dem Lande.

Tabelle 6: Veränderungen in der Eigentumsstruktur

Größe der Einheiten	1906 Flächen in fed.	Zahl der Eigentümer	1916 Flächen	Zahl der Eigentümer in fed.
1 feddan und weniger	-	-	429.532	1.006.866
1.1-5 fed.	1.292.786	1.084.928	1.020.928	473.688
5.1-10 fed.	538.111	76.935	528.560	76.641
10.1-20 fed.	512.199	36.951	509.991	36.982
20.1-49.9 fed.	611.669	20.029	607.002	19.852
50 fed. und mehr	2.476.007	12.665	2.356.453	12.297
Gesamt	5.430.772	1.230.581	5.452.466	1.626.326

S. Z.Y. Hershlag, Introduction to the Modern Economic History, a.a.O., S. 126.

Gruppiert man die in der Tabelle angeführten Daten nach dem üblichen Klassifikationschema für die Einteilung in Ober-, Mittel-, Unterschicht um, so fällt zunächst die neue "Eigentümerschicht" von über 1 Mio. Fellachen auf, die aus der bisherigen Schicht der Kleinbauern hervorging.

Tabelle 7: Schichtenspezifische Verteilung des Landes in Prozent

	1906		1916	
	Land	Eigentümer	Land	Eigentümer
Oberschicht 50 fed. und mehr	45.55	1.02	43.12	0.75
Mittelschicht 49.9-5.1 fed.	30.58	10.8	20.44	8.1
Unterschicht 5-1.1 fed.	23.78	88.02	18.68	29.0
"Kleinsbauern" 1 oder weniger fed.	-	-	7.86	61.82

Noch deutlicher sichtbar wird dieser Verarmungsprozeß, wenn man die Entwicklung nach dem Verhältnis fed. pro Kopf analysiert. In der Unterschicht (< 5 fed.) ist die Anzahl der Kleineigentümer um 396.553 angestiegen, was 36% gegenüber dem Stand von 1906 entspricht, während der Zuwachs an Land für diese Schicht insgesamt 157.674 fed. betrug, was wiederum nur einen Zuwachs von 12% ausmacht. Die durchschnittliche Betriebsgröße dieser Klein-Landwirte hat sich also um 0.2 fed./Kopf verringert, das sind 20%.

Bezieht man ferner mit ein, daß drei fed. als Mindestquantum für das physische Überleben einer Fellachenfamilie angesetzt werden müssen, so lebten 1916 mehr als 62% aller "landbesitzenden" Bauern unter dem Existenzminimum, und die Feststellung einer völlig neuen sozialen Lage ist nur zu berechtigt.

Da die Kleinbauern meistens als Klientel der Mittelschicht[46] arbeiteten, die ihrerseits häufig angrenzendes Großgrundland (für effektive Betriebsgrößen) gepachtet hatte, bedeutete die Verschuldungssituation und Zahlungsunfähigkeit der Kleinen eine unmittelbare Bedrohung der mittleren Bauern.
Darüber hinaus trafen die allgemeine Kostenteuerung, Steuererhöhungen (seit 1912), der kriegsbedingte Ausfall von Maschinen, Saatgut sowie Anbau- und Exportbeschränkungen für Baumwolle diese Problemschichten überdurchschnittlich härter als die Großgrundbesitzer.

Hinzu kam die ungleichgewichtige Verteilung der Kriegslasten.[47] Die mittleren Landbesitzer sowie die Fellachen waren zusätzlich direkt von den britischen Requisitionen betroffen. Während die ersteren nur Tiere, Futter und andere materielle Kontingente stellen mußten, rekrutierten die Briten via ägyptische Bürokratie 500.000 Fellachen, "to serve the Labour and Camel Transport Corps in the Egyptian Expeditionary Force."[48] Die dabei angewandten dubiosen Methoden seitens der ägyptischen Erfüllungsgehilfen sowie der am Krieg verdienenden Hofclique, Oberschicht und ausländischen Repräsentanten verfehlten ihre entsprechende negative Resonanz bei den betroffenen Bevölkerungskreisen nicht; nur: "the fellah obviously ascribed all such vicissitudes to the British occupying forces."[49]

Die Wirtschaftskrise und die während des Krieges direkt erfahrenen Auswirkungen der britischen Besatzung setzten eine Reaktionskette in Gang, wobei über die Dorfnotabeln als Meinungsführer - mit ihrer Verbindung zu Großgrundbesitz und Stadt - ein Pendant zum städtischen Protestpotential auf dem Lande entstand.

4.2.2.2. Die Gründung der Partei

Unmittelbar nach dem Abschluß des Waffenstillstandes im November 1918 hatte sich aus einem politischen Gesprächskreis um Saad Zaghlul,[50] dessen ständige Teilnehmer sich teils von der Watani Partei abgespalten hatten, teils zu den säkularen Reformern zählten, eine Gruppe gebildet, die beim britischen Residenten in Kairo Sondierungsgespräche über eine Aufhebung des britischen Protektorats in die Wege leiten wollte.

Die gemäßigten programmatischen Aussagen und ihre Orientierung an der europäischen Zivilisation sicherte ihnen - im Gegensatz zu den radikalen Panilamisten - die Unterstützung der koptischen Bevölkerung und die Mehrheit der Deputierten in der seit 1914 sine die vertagten Kammer. Die einflußreichen Verbindungen dieser Mandatsträger in die Provinzen und die soziale Herkunft Zaghluls sorgten für die Einbeziehung des Landes, so daß er "and his colleagues were still identified in origins and social milieux with the groups of small propertied farmers in the Egyptian countryside."[51] Die Kontakte zwischen diesen heterogenen Segmenten, die sich seit der Verhängung des Kriegsrechts 1914 feststellen lassen, schlugen in eine intensive Zusammenarbeit[52] um, als bekannt wurde, daß London eine Verfassungsrevision[53] beabsichtigte, die ägyptische Interessen völlig ignorierte.

Der Zeitpunkt der Vorsprache einer Abordnung (arab.: wafd) unter Zaghluls Leitung war primär[54] eine Reaktion auf außenpolitische Ereignisse. Die Gruppe wollte sich nicht damit abfinden, daß gemäß dem Briefwechsel[55] zwischen dem britischen Hochkommissar in Kairo und dem Sherifen von Mekka über die Gründung eines unabhängigen arabischen Königreiches im Hijaz verhandelt werden sollte, ohne die ägyptischen Forderungen nach Selbstbestimmung in Betracht zu ziehen. Der 14-Punkte-Plan des amerikanischen Präsidenten Wilson, der die Unabhängigkeit aller nichttürkischen Völker des osmanischen Reiches vorsah, hatte dem nationalen Anliegen Auftrieb gegeben und in der Meinung der Ägypter beinhaltete dieser eine reelle Chance, in Paris (Friedenskonferenz) Unterstützung gegen Großbritannien zu finden.[56]

Durch die strikte Weigerung der Briten, Verhandlungen mit 'mandatslosen Ägyptern' zu führen, "verwandelte sich der Wafd (Delegation) in die Partei des Wafd."[57] Zaghlul beantwortete die britische Zurückweisung mit Kundgebungen, Resolutionskampagnen und "launched a nationwide campaign by setting up local committees and collecting signatures to back his claim to be the true representative of Egypt."[58] London nahm die plebiszitäre Abstützung Zaghluls nicht zur Kenntnis, sondern deportierte ihn und führende Mitglieder nach Malta. Daraufhin eskalierten die Veranstaltungen in Demonstrationen, Streiks und in gewalttätigen Aktionen, die von Kairo ausgehend das Deltagebiet erfaßten und schließlich das ganze Land in Aufruhr versetzten (März, April 1919). Da die vorwiegend von Jurastudenten und Landbevölkerung getragenen Ausschreitungen und Sabotageakte auch unter Einsatz militärischer Mittel nicht länger zu kontrollieren waren, suchte London mittels eines Verhandlungsangebotes an die ägyptische Regierung nach einer Lösung. Die im Dezember 1919 entsandte fact-finding Kommission (Leitung Lord Milner), die auch von offiziellen ägyptischen Regierungsstellen völlig boykottiert wurde, empfahl in ihrem Abschlußbericht die Aufhebung des Protektorats und die Sicherung der britischen Interessen per Vertrag.[59] Zaghlul, der inoffiziell zu Sondierungen nach London eingeladen wurde (Juni-November 1920), legte diese Empfehlungen den Wafdgremien vor, die aber wegen der von London ausgeklammerten Sudan-Frage und der Absicht, britische Truppen in Ägypten zu belassen, ablehnten.

Die britische Regierung lud daraufhin eine offizielle Regierungsdelegation ein, der auch einige Wafd-Mitglieder angehören sollten. Diesmal lehnte Zaghlul die Einladung mit dem 'Repräsentationsmonopol der Wafd für Ägypten' ab. Zwar führte diese Verhaltensweise innerhalb der Wafd zu Abspaltungen, aber sie blieb geschlossen genug - durch Mobilisierung der öffentlichen Meinung -, die britisch-ägyptischen Gespräche scheitern zu lassen.[60]

Dieses Scheitern und die ausweglose Situation veranlaßten London im Februar 1922 zur einseitigen Aufhebung des Protektorats. In der Unabhängigkeitserklärung behielt sich Großbritannien aber 4 Bereiche vor,[61] die bilateral geregelt werden sollten.

1. Die Sicherung der durch Ägypten führenden 'communications' zwischen Großbritannien und dem Empire.

2. Die Verteidigung Ägyptens gegen jede direkte oder indirekte ausländische Aggression oder Einmischung.

3. Der Schutz der ausländischen Interessen und der Minoritäten in Ägypten.

4. Das Sudanproblem.

Da Sultan Fuad an der von London in Aussicht gestellten, für seine Familie erblichen Königswürde interessiert war, akzeptierte er die britische Unabhängigkeitsdeklaration und nahm im März 1922 den Königstitel an.

Anmerkungen

Kapitel 4 "Die Transformation der Konfliktstruktur in ein Parteiensystem"

1) Zur Erklärung der organisatorischen Umsetzung politischer Interessen s. die drei Theorieansätze: institutionell (Parlament), historisch-situativ (Krise, neue Aufgaben), entwicklungspolitisch (Modernisierung), die auch kombinierte Varianten zulassen, bei: J. LaPalombara, M. Weiner, Political Parties and Political Development, a.a.O., S. 7 ff.

2) "It is not merely that the externally created parties are more ideological, more disciplined, or more aggressive in making demands on the system." Vgl. J. LaPalombara, M. Weiner, Political Parties and Political Development, a.a.O., S. 11.

3) Die Briten stellten bei weitem nicht das größte Kontingent an in Ägypten lebenden Ausländern und formal gehörte das Land immer noch zum osmanischen Reich.

Tabelle 3: Verteilung der Ausländer nach Staatsangehörigkeit (1907)

147.000	- 63.000 Griechen
	- 35.000 Italiener
	- 21.000 Briten
	- 15.000 Franzosen
	- 13.000 andere

"Of the Semi-Egyptianized communities, the Jews were decisively in control of finance, the Syrians provided officials, men of letters, traders ..., and the Armenians skilled artisans." Vgl. C. Issawi, Egypt at Mid-Century, An Economic Survey, London 1954, S. 43.

4) M. Berger, Military Elites and Social Change: Egypt Since Napoleon, Princeton 1960, S. 206-210; für den Neuaufbau wurden 6.000 Fellachen rekrutiert, in zwei Brigaden mit einem britischen bzw. einem ägyptischen Kommandeur gruppiert, die jedoch nur als Anhängsel an den Civil Service (Polizeiaufgaben, Beduinenabwehr) zu werten sind. Bis in die 1930er Jahre hinein spielte die Armee keine politische Rolle mehr.

5) Von 1883-1913 existierte auf der Grundlage des Dufferin-Reports ein Zweikammersystem: Der Legislativrat mit 30 Mitgliedern, davon 14 vom Khediven ernannt und die "Generalversammlung", deren 82 Delegierte sich aus dem Legislativrat (30), 6 Ministern des Rates des Khediven und 46 von den Provinzversammlungen gewählten Abgeordneten zusammensetzten. Die Generalversammlung tagte alle zwei Jahre einmal. Der Legislativrat hatte keine legislativen Rechte und sollte die Beschlüsse der Regierung beratend begleiten. Die Kandidaten für die Kammern mußten jährlich mindestens 50 Pfund Steuern bezahlt haben. (Eine fünfköpfige Fellachenfamilie erwirt-

schaftete höchstens 25 Pfund pro Jahr.) Ausgehend von den Erfahrungen in Indien wollte Dufferin das Entstehen eines "Fellachenparlaments" verhindern. In den Kammern herrschten daher aufgrund der geforderten Qualitäten (Bildung) und eines die ländlichen Wahlkreise bevorzugenden Wahlmodus Vertraute des Khediven und 'the big landowners' (über 50 fed. Besitz) vor. Die Machtlosigkeit und die oligarchische Zusammensetzung hatten direkten Einfluß auf die Wahlbeteiligung in den urbanen Zentren. Von den 134.000 wahlberechtigten Männern in Kairo ließen sich bei der Wahl 1908 34.000 registrieren und 1.500 (1,5%!!) wählten tatsächlich; (in Alexandria gerade 1%). Vgl. J.M. Landau, Parliaments and Parties in Egypt, a.a.O., S. 44 ff.
Kitcheners neues organisches Gesetz vom 1. Juli 1913 sah neben der beratenden Funktion einer einzigen Kammer mit 83 Mitgliedern (66 für 6 Jahre gewählt, 17 zur Repräsentation der Berufsstände und Religionen ernannt) ein Vetorecht gegen die Erhöhung direkter Steuern vor. Präsident und Vizepräsident wurden von der Regierung ernannt. 49 der 66 indirekt Gewählten waren Grundherren oder ländliche Notabeln.

6) Zwischen 1882 und 1907 wurde 72 mal in offiziellen Verlautbarungen der Abzug aus Ägypten, nach Erledigung der finanzpolitischen Aufgaben, in Aussicht gestellt. Dazu P. Mansfield, The British in Egypt, a.a.O., S. XI, der auch auf die in London umstrittene Dauer der Präsenz eingeht.

7) A. Hasenclever, Geschichte Ägyptens ..., a.a.O., S. 238 ff., weist (neben strategischer Verbindung nach Indien) auf den komplexen Zusammenhang zwischen britischer Besetzung und der Entwicklung im Sudan (Wasserzufuhr) hin.

8) Zu Cromer, der aus der indischen Kolonialverwaltung kam, R. Owen, Die indischen Erfahrungen Lord Cromers und ihr Einfluß auf die britische Ägyptenpolitik 1883 bis 1907, in: R. v. Albertini, Moderne Kolonialgeschichte, Köln 1970, S. 174 ff.

9) Schwere Vorwürfe wurden und werden zu Cromers Schulpolitik vorgebracht. Dabei wird übersehen, daß die vorgegebene Generallinie Londons einen Eingriff in die kulturelle Autonomie verbot, also eine (Zwangs-)Säkularisierung ausschloß. Abgesehen von den fehlenden Finanzen müssen die korrupt-chaotischen Zustände in den für die Erziehung verantwortlichen ägyptischen Institutionen (al-Azhar) berücksichtigt werden. "... El Azhar, a stronghold of Muslim orthodoxy, and at this time, by reason of the avid scholasticism of its teaching, an undoubted barrier to educational evolution." Vgl. G.A. Lloyd, Egypt Since Cromer, 2 Bde., New York 1970 (repr.), Bd. 2, S. 158.

10) Vgl. M. Rifaat, The Monetary System of Egypt, London 1935, S. 31.

11) Cromer lehnte eine Diversifizierung der Produktion (Industrialisierung) - mit Ausnahme einer Baumwollindustrie wegen der Konkurrenz zu Großbritannien - nicht von vorn-

herein ab. Aber der Mangel an Investitionskapital, an geschulten Arbeitskräften und die vorhandene ausbaufähige Agrarstruktur sowie seine Indien-Erfahrungen trugen zu seiner pragmatischen Präferenz für die Landwirtschaft bei.

12) Abschaffung der Zwangsarbeit und der gewaltsamen Steuereintreibung sowie die Unpfändbarkeit des Arbeitsgerätes und des Landes (bei Kleinbauern bis zu 5 fed.); weitere Reformen bei G. Young, Egypt, London 1927, s. 159 ff., 198 ff.

13) Vgl. P.J. Vatikiotis, The Modern History of Egypt, a.a.O., S. 208.

14) Vgl. C. Issawi, Egypt at Mid-Century, a.a.O., S. 34 ff., die nachfolgenden Daten entstammen: C. Issawi, ebenda; C. Issawi, Egypt in Revolution, a.a.O.; C. Issawi, The Economic History of ..., a.a.O.; G. Baer, History of Landownership, a.a.O.; G. Baer, Studies in the Social History ..., a.a.O.; Z.Y. Hershlag, Introduction to the Modern Economic History of the Middle East, Leiden 1980.

15) Vgl. G. Baer, Studies in the Social History of Modern Egypt, a.a.O., S. 215; anzumerken ist der Unterschied in der wirtschaftlichen Entwicklung zwischen Ober- und Unterägypten (Delta). Die Entstehung der hier zitierten Mittelklasse, etwa 18% aller Landeigentümer, fand vornehmlich im Delta (Baumwollgebiet) statt. Das führte zu einer Landflucht aus Oberägypten in die Städte des Deltas.

16) "Consequently, a major grievance of the Egyptian nationalist movement on the eve of the period under study was the presence of a large number of foreigners and British in particular in the Government service." Vgl. M. Deeb, Party Politics in Egypt: The Wafd and its Rivals 1919-1939, London 1979, S. 38.

17) K.W. Deutsch, Soziale Mobilisierung und politische Entwicklung, in: W. Zapf, Theorien des sozialen Wandels, 4. Aufl., Königstein/Ts. 1979, S. 329 ff. Deutsch markiert zwei prozessuale Phasen: 1. die Phase des Herausgerissenwerdens aus alten Umgebungen, Gewohnheiten und Bindungen; und 2. das Hineinführen mobilisierter Bevölkerungsteile in relativ stabile neue Formen der Gruppierung, Organisation und Verpflichtung.

18) Abkürzung L.E. steht für Ägyptische Pfund.

19) 7.326.000 L.E. (1892), 26.280.000 L.E. (1902) und 87.176.000 L.E. (1907).

20) Vgl. A. Crouchley, A Century of Economic Development of Modern Egypt, a.a.Ol., S. 180; auch E.R. Owen, The Attitudes of British Officials to the Development of the Egyptian Economy, 1822-1922, in: M. Cook, Studies in the Economic History of the Middle East, London 1970, S. 493 f. "The same spring recession in Europe had brought an end to the decade of mounting prosperity, causing Egyptian share prices to tumble, credit to dry up, and a number of firms to go on

liquidation ... Many proprietors who had bought land on credit were now in difficulties, others were affected by the fall in the value of their crops in 1908 and 1909." Vorausgegangen war eine Insektenplage (1905), die besonders die mittleren Farmer verheerend traf.

21) Vgl. C. Issawi, The Economic History of the Middle East 1800-1914, a.a.O., S. 450 ff., dort auch Angaben zur Lohn-Preis Entwicklung (Miete, Baukosten) und weitere Inflationsdeterminanten.

22) Die Anzahl der Zeitungen und Zeitschriften von 40 im Jahre 1812 stieg auf 145 im Jahre 1909. Th. Kramer, Neuere Geschichte Ägyptens, in: H. Schamp, Ägypten, a.a.O., S. 205. L. Zolondek, al-Ahrām and Westernization: Socio-Political Thought of Bisharah Taqla (185391), in: Die Welt des Islam, Vol. XII, Nr. 1-3, 1969, S. 182 ff. analysiert die Berichterstattung und weist folgende Themenprioritäten nach: a) Evacuation, b) Recovery of Sudan, c) Egypt for the Egyptians. (S. 185)

23) A. Hasenclever, Geschichte Ägyptens ..., a.a.O., S. 332, das Vorschlagsrecht für den Generalgouverneur lag bei Großbritannien.

24) Diese Bewegung gab den Ägyptern "a tremendous impetus"; ausführlich behandelt bei: Z.N. Zeine, The Emergence of Arab Nationalism, Beirut 1966, S. 77 ff.

25) S. Searight, The British in the Middle East, London 1979, S. 128, die auch die Empörung in der englischen Presse zitiert.

26) A. Sadat, Unterwegs zur Gerechtigkeit, Wien 1977, S. 15, "Ich hörte halb schlafend, halb im Wachen, Nacht um Nacht diese Ballade, deshalb mag sie sich auch in meinem Unterbewußtsein verankert haben. ... Daheim, auf dem Ofendach ruhend, wurde mir klar, daß irgend etwas in unserem Leben nicht stimmte. Selbst bevor ich noch Engländer gesehen hatte, lernte ich die Aggressoren hassen, die unsere Leute peitschten und töteten."

27) K.W. Deutsch, Nationenbildung ..., a.a.O., S. 41; dieses säkulare Zusammengehörigkeitsmerkmal kann als Pendant zum religiösen Integrationsfaktor der Frühphase verstanden werden (Muslim - Ungläubiger).

28) Wörtlich: Heimat, Vaterland. Zwischen 1907 und 1912 erlebte das Land einen Gründungsboom politischer Parteien, die reine Interessenparteien (Notabeln, Tscherkessen, Höflinge, die teils mit panislamischen, teils mit nationalislamischen Reformideen antraten) waren und verbal die kompromißlose Unabhängigkeit anstrebten, aber auch zur Ausschaltung anderer Parteien gegenüber London oder Konsantinopel Kooperationsbereitschaft signalisierten. J.M. Landau, Parliaments and Parties in Egypt, a.a.O., S. 137 ff., stellt neben der Watani Partei noch 8 weitere vor, die aber allenfalls nur wenige Jahre Bestand hatten und sich durch einen geringen Organisationsgrad auszeichneten.

29) Vgl. J.M. Landau, ebenda, S. 107.

30) Bereits 1893 gab Kamil die monatlich erscheinende Studentenzeitschrift al-madrasa heraus. Dadurch kam er mit Abd Allah Nadīm, Journalist und "ghost writer" von 'Urabī, zusammen. Als Nadīm wegen seiner satirischen Artikel gegen Großbritannien auf Drängen Lord Cromers erneut exiliert werden sollte, bat er Kamil, seine Arbeit fortzusetzen "and advised him not to repeat the errors of the Orabists, namely their opposition to the Khedive and their reliance on the strength of the Egyptian army rather than on that of public opinion." Vgl. A. Goldsmith, Jr., The Egyptian Nationalist Party: 1892-1919, in: P.M. Holt, Political and Social Change in Modern Egypt, London 1968, S. 312. Diese Empfehlungen und die ungeklärte Finanzierung der Studentenzeitschrift sowie seine Auslandsaufenthalte - bei bescheidenen finanziellen Verhältnissen - gaben Anlaß zu Behauptungen, Kamil sei schon damals vom Khediven 'Abbas II (Sohn und Nachfolger von Taufiq seit 1892) finanziert worden. Kontakte zum Khediven gab es bereits 1892 während dessen Besuch der Khedivial Law School. Und als 1893 die Auseinandersetzungen um die Ministerpräsidentenernennung zwischen 'Abbas II und der Besatzungsmacht an Schärfe zunahmen, führte Mustafa eine eindrucksvolle antibritische Demonstration an. Im folgenden Jahr veranstaltete er in Paris "an elaborate banquet for the Ottomans and Egyptians in Paris to celebrate the 1894 anniversary of the sultan's accession. At this time 'Abbas was still courting Ottoman support against the British in Egypt." Ebenda, S. 312.

31) S.P. Huntington, Political Order in Changing Societies, a.a.O., S. 412 ff., systematisiert in Abhängigkeit von sozialpsychologischen Bestimmungsfaktoren für die Partei(en)entstehung in transitorischen Gesellschaften die Phasen: Gruppenbildung, Polarisierung, Expansion und Institutionalisierung.

32) Vgl. P.J. Vatikiotis, The Modern History of Egypt, a.a.O., S. 211.

33) Die Umma Partei forderte repräsentative Institutionen und schrittweise Reformen u.a. im Erziehungswesen. Da sie antiosmanisch eingestellt war und über 'einflußreiche Beziehungen' zur Generalversammlung und zum Legislativrat verfügte, sollte sie - vermutlich - als Gegengewicht zu den panislamischen Gruppen aufgebaut werden. Vgl. M. Zayid, The Origins of the Liberal Constitutionalist Party in Egypt, in: P.M. Holt, Political and Social Change in ..., a.a.O., S. 338 ff.

34) Vgl. F. Steppat, Nationalismus und Islam bei Mustafa Kamil, a.a.O., S. 287 ff.

35) A. Goldsmith, The Egyptian Nationalist Party ..., a.a.O., S. 320.

36) Vgl. F. Tachau, The Developing Nations, New York 1972, S. 121.

37) Die Partei "attracted support from the young, the students, the petty officials and the lower ranks of the more modern callings, lawyers, journalists and pharmacists, whose Europeanization was only superficial. Its pan-Islamic tendencies also appealed to the broader traditional masses." Vgl. J.G.B. Richmond, Egypt ..., a.a.O., S. 160.

38) Vgl. F. Steppat, Nationalismus und Islam bei Mustafa Kamil, a.a.O., S. 250.

39) Ähnlich wie zu Denschaway waren nach dem Tode Kamils zunächst Gerüchte, dann Balladen von der Vergiftung des Helden durch die Briten im Umlauf, die das politische Bewußtsein der folgenden Generation prägten; dazu nochmals Sadat, Unterwegs zur Gerechtigkeit, a.a.O., S. 14, "Ich wußte damals weder, wer Mustafa Kamil gewesen, noch daß er tatsächlich in jungen Jahren gestorben war. Ich wußte nur – trotz meiner Jugend –, daß es Kräfte gab, genannt die "Engländer", die für uns fremd und böse waren, weil sie Menschen vergifteten."

40) Im Gegensatz zu Gorst, der eine Ägyptisierung der Verwaltung für notwendig erachtete, regierte Kitchener (1911-14) wie Cromer autokratisch und setzte auf Agrarreform zugunsten der Landbevölkerung. J.C.B. Richmond, Egypt, a.a.O., S. 165 ff. Die Ermordung (1910) des von Gorst eingesetzten koptischen Ministerpräsidenten Butros Ghali – er bestätigte als stellvertretender Justizminister die Urteile im Denschaway-Prozeß – führte zu christlich-islamischen Spannungen und daher zur vorübergehenden Lähmung der antikolonialen Kräfte.

41) 1913 existierten 282 Medienangebote; zu den einzelnen Publikationen, deren "Geldgeber" und Publikum, s. K. Galal, Entstehung und Entwicklung der Tagespresse in Ägypten, a.a.O., S. 145 ff.

42) Vgl. H. Kohn, Geschichte der nationalen Bewegung im Orient, Berlin 1928, S. 10.

43) Im November 1914 wurde das Belagerungsrecht verhängt, im Dezember Ägypten zum britischen Protektorat erklärt. Der Khedive wurde abgesetzt und sein Onkel Hussein Kamil als 'Sultan von Ägypten' inauguriert; bis 1918 stand das Land unter Kriegsrechtsverwaltung.

44) Die quantitative Expansion des Medienmarktes führte zu einer Konkurrenzsituation, die eine absatzfördernde stärkere Betonung nationaler Forderungen mit sich brachte. Diese interessante These wird vertreten von: J.M. Ahmed, The Intellectual Origins of Egyptian Nationalism, London, New York 1960, S. 66. Der Erfolg dieser medienpolitischen Entwicklung blieb nicht aus; sie hatte einen gewichtigen Anteil daran, daß Parteien, die vor 1914 kooperative Positionen (mit London) vertraten, nicht mehr existierten; ja selbst unter den ägyptischen Beamten, die durch britische

Protektion ihre Stellung erhielten, ließ sich keine proenglische Stimmung mehr finden.

45) Sozio-demographische Ursachen (Bevölkerungswachstum) und das islamische Erbrecht waren strukturelle Determinanten für einen Prozeß fortschreitender Parzellierung des Bodens. Die Beibehaltung der gemäß dem islamischen Steuerrecht getroffenen Einteilung in 'ushri Land (bewirtschaftet von den Eroberten, jährliche Fixsumme) benachteiligte ebenfalls die kleineren und mittleren Familienbetriebe (hauptsächlich kharadj-Land). Für 'ushri waren umgerechnet 7 piaster/fed., für kharadj-Land 18-22 piaster/fed. aufzubringen. Ausführlicher: Z.Y. Hershlag, Introduction to the Modern Economic History of the Middle East, a.a.O., S. 11 ff., dort auch juristische Tricks zur Umgehung erbrechtlicher Bestimmungen durch die Großgrundbesitzer. Das Zusammenwirken dieser Determinanten und die Folgen der Krise 1907 waren ursächlich für den hohen Verschuldungsgrad der Landbevölkerung.

46) Hierzu: G. Baer, A History of Landownership in Modern Egypt, a.a.O., S. 50 ff., die Großgrundbesitzer lebten vielfach von der Landpacht in den Städten oder in Europa.

47) Ausführlich: J. Marlowe, Anglo-Egyptian Relations 1800-1953, London 1954, S. 220 ff.

48) M. Deeb, Party Politics in Egypt: the Wafd and its Rivals 1919-1939, a.a.O., S. 42 mit weiteren Angaben dazu.

49) P.J. Vatikiotis, The Modern History of Egypt, a.a.O., S. 259 und auch S. 245.

50) Zur Person: E. Kedouri, Sa'ad Zaghlul and the British, in: A. Hourani (Hrsg.), St. Antony's Papers, No. II, Middle Eastern Affairs No. 2, London 1961, S. 139-160. Zaghlul, aufgewachsen als Sohn eines "well-to-do farmer" in Unterägypten, besuchte die Al-Azhar ('Abduh Schüler). Während eines Studienaufenthaltes in Frankreich studierte er die europäischen Verfassungssysteme. Aus beiden Erfahrungskreisen schrieb er "a remarkable attempt to deduce the necessity of constitutional government from the prescription of Islam", ebenda, S. 140. Durch Heirat (Tochter des probritischen Ministerpräsidenten Fahmy) erhielt er Beziehungen zu Hof und der Kolonialmacht. Von Cromer gefördert (Erziehungsminister 1907) trat er 1913 aus der Regierung aus, übernahm das Vizepräsidentenamt in der Kammer und profilierte sich zu einem der Sprecher der antibritischen Unabhängigkeitsbewegung. Er trat allerdings für eine einvernehmliche Regelung mit London bezüglich der Kapitulationsrechte und der britischen Interessen in Ägypten ein.

51) Vgl. P.J. Vatikiotis, The Modern History of Egypt, a.a.O., S. 253.

52) "Their chances for organizing country-wide support were in 1918 better than those of any other group", ebenda, denn neben der allgemeinen Wirtschaftslage bedrohte ein britisches Vorhaben massiv die Existenz der Landbevölkerung:

"The British administration in the Sudan decided late in 1917 to start a system of irrigation in Sudanese Gazira, a rich cotton-growing area between the White and Blue Nile. This plan struck all Egyptians, from the intelligent Ismail Sidqi to the simplest fellah, as an unbearable threat to Egypt's water supply: 'They are turning the course of the Nile!' No English decision could do more to set the whole country against them, ..." Vgl. J. und S. Lacouture, Egypt in Transition, a.a.O., S. 85.

53) It proposed the creation of a new legislature in whose upper chamber, the senate, not only British Advisers and Egyptian Ministers were to have seats, but also representatives of large foreign communities, chosen by electorates, to voice their commercial, financial, and professional interests ... ." Vgl. G. Kirk, A Short History of the Middle East, London 1964, S. 132.

54) Auch taktische Erwägungen dürften eine Rolle gespielt haben. Zahlreiche Informationen kursierten, wonach die Regierung/-Hof wegen der sich rapide verschlechternden 'Stimmung' im Lande eine ähnliche nationale Demarche zur Ablenkung von den sozialen und wirtschaftlichen Mißständen plante, denn "Schon im Jahre 1917 schätzte Dr. Wilson vom Kasr-Al 'Aini-Spital in Kairo, eine anerkannte Autorität in Fragen des Lebensunterhaltes der ärmeren Klassen, die Zahl der Männer, Frauen und Kinder, die bedrohlich unterernährt waren, auf 2 Millionen." Vgl. G. Galal, Entstehung und Entwicklung der Tagespresse in Ägypten, a.a.O., S. 162.

55) In dem Briefwechsel (seit 1915) hatte die britische Regierung den Forderungen Husains nach einem unabhängigen Staat - offen blieb der Grenzverlauf - grundsätzlich zugestimmt. Die wiederholten Äußerungen britischer Offizieller über die Unreife der Ägypter zur Selbstbestimmung reflektierend, mußten derartige Zusagen an einen 'Beduführer' geradezu eine Provokation sein. Vgl. S. Haim (Hrsg.), Arab Nationalism, Berkeley, Los Angeles 1976, S. 89 ff.

56) Zum Echo der Wilson Erklärung in der ägyptischen Öffentlichkeit und den daran geknüpften Hoffnungen, s. E. Klingmüller, Geschichte der Wafd Partei im Rahmen der gesamt-politischen Lage Ägyptens, Berlin 1937, S. 35 f.

57) K. Gamal, Entstehung und Entwicklung ..., a.a.O., S. 164; zu dem aus 26 Artikeln bestehenden Gründungsstatut, R.G. Landen, The Emergence of the Modern Middle East, New York 1970, S. 224 ff. In Art. 2 das Ziel der Wafd, "to seek by legitimate, peaceful means ... the complete independence of Egypt", nach deren Erlangung die Wafd aufgelöst werden sollte. Art. 3 bringt das Selbstverständnis zum Ausdruck, "The Egyptian Wafd derives its strength from the wishes of the inhabitants of Egypt ...".

58) Vgl. P. Mansfield, The British in Egypt, a.a.O., S. 222, aus diesen Komitees bildeten sich 'Ortsvereine' und das Zentralkomitee, dem Sekretariate (Propaganda-, Studenten-, Frauen-) unterstanden. Den Vorsitz innerhalb der hierar-

chisch zentralistisch gegliederten Organisationsstruktur hatte ein institutionell 'starker' Präsident inne. Zu den Kampagnen gehörten auch Flugblattaktionen, deren Inhalte (an einem Beispiel) bei M. Deeb, Party Politics in Egypt: ..., a.a.O., S. 47 zitiert werden: "Detest the Protectorate because it took possession of your cotton at ridiculous prices ... whilst independence will enable you to sell your cotton at a fair price: to grow tobacco and to have your sons appointed to the best Government posts."

59) Vgl. J. Marlowe, Anglo-Egyptian Relations, a.a.O., S. 238 ff.

60) Vgl. P.J. Vatikiotis, The Modern History of Egypt, a.a.O., S. 265 f.

61) Text bei P. Mansfield, The British in Egypt, a.a.O., S. 242.

5. Das Eineinhalbparteiensystem (1923-1952)

Der König setzte einen Ausschuß ein, der eine Verfassung - orientiert am belgischen Modell von 1830/31 - ausarbeiten sollte. Unter den 32 Ausschußmitgliedern befanden sich Vertreter der Religionen, Hofbeamte und eine Anzahl bekannter Juristen (Anwälte), die der Wafd angehörten bzw. ihr nahestanden. Innerhalb der Wafd, die eine demokratisch gewählte verfassungsbildende Versammlung gefordert hatte und die Mitarbeit im Ausschuß boykottierte, führten die Auseinandersetzungen über Konzeption und Taktik gegenüber der Krone zur Abspaltung der sogenannten Liberal-Konstitutionellen, die unter diesem Namen Ende 1922 eine neue Partei gründeten, der sich mehrere 'Ur-Wafdisten' anschlossen.
In dieser Übergangsphase entließ der König[1] drei von ihm selbst eingesetzte Premierminister, weil sie Entwürfe vorlegten, die auf konstitutionellen Prinzipien aufbauten und dem Parlament verschiedene Kontrollfunktionen gegenüber dem Monarchen garantierten. Die Machtprobe zwischen Konstitutionalisten und Krone gewann der Monarch; da die Verfassung erst durch seine Ratifizierung Rechtskraft erhielt und alle Gruppenvertreter an der Aufhebung des geltenden Kriegsrechts interessiert waren, stimmten sie schließlich den königlichen Änderungen zu. Fuad mußte allerdings nach Protesten Londons auf den Titel König von Ägypten und Sudan verzichten. Das durch königliches Dekret am 19. April 1923 schließlich verordnete neue Regierungssystem war nach den Bestimmungen der Verfassungsurkunde eine Erbmonarchie mit repräsentativer Regierung.[2] Dieses System bestand bis 1952.

5.1. Der Verfassungsrahmen der Monarchie

Im Gegensatz zum rein beratenden Einkammersystem vor der Protektoratszeit sah die Verfassung für die Ausgestaltung der legislativen Gewalt ein in Parlament[3] und Senat[4] aufgeteiltes Zweikammersystem vor, die im Zusammenwirken mit der Krone die Gesetzgebung wahrnehmen sollten.

Während der verfassunggebenden Beratungen, in denen diese königliche Mitwirkung zurückgewiesen und die originäre Gesetzgebungskompetenz für die Kammern beansprucht[5] wurde, setzten schließlich die Vertreter der königlichen Interessen einen Verfassungsmodus durch, der die Ausfertigung eines Gesetzes an die Zustimmung der Krone band und im Zusammenhang mit den anderen Verfassungselementen dem Monarchen de facto ein Veto-Recht einräumte.
Der Monarch war aber als Träger der Exekutive in der bekannten Weise an die Gegenzeichnung der königlichen Staatsakte durch den Ministerpräsidenten und die zuständigen Fachminister gebunden.
Diese Konstruktion hatte in Europa während der Herausbildung der parlamentarischen Regierungsweise anhand mehrerer Präzedenzfälle dazu beigetragen, die Krone aus der politischen Verantwortung zu entlassen, "wodurch das Prinzip der Unverletzlichkeit der Krone gewährleistet schien"[6] und die sukzessive Funktionsverlagerung der Exekutivgewalt auf den (später gewählten) Premier - in Abhängigkeit von der parlamentsinternen Mehrheitskonstellation - zu beschleunigen. Dieser Prozeß war zugleich eine zentrale Voraussetzung für die Festigung von Fraktionen und die Entwicklung des Parteiensystems.[7]

In der ägyptischen Verfassung[8] war dagegen ein latent vielschichtiger Mechanismus zur Aktivierung der königlichen Prärogative eingebaut, dessen starre Anwendung eine solche Transformation unmöglich machte und geradezu gegenläufige Entwicklungen provozierte, die in späteren Auseinandersetzungen zwischen König und Mehrheitsfraktion jeden Ausweg aus den Krisen versperrten.
Diese Vormachtstellung der Krone läßt sich ohne weiteres aus dem Zusammenhang der Ernennungs-, Legislativ- und Auflösungsbefugnisse ablesen.[9] Der König ernannte nämlich den Premierminister und mußte die Fachminister bestätigen (Art. 49), so daß er sich ein gehorsames Kabinett, ohne Beachtung der durch Wahlen zustande gekommenen parlamentarischen Mehrheiten im Parlament und Senat zusammenstellen konnte.
Das im Typus der parlamentarischen Regierungsweise verfassungsrechtlich vorgesehene individuelle und kollektive Mißtrauensvotum der Abgeordneten gegenüber den Kabinettsmitgliedern, wovon sie auch keine ausdrückliche Anweisung des Königs befreite (Art. 61,

62, 65), erwies sich im Gesamtzusammenhang als ein zu schwaches parlamentarisches Kontrollmittel gegenüber dem Kabinett; denn der König konnte bei einem solchermaßen erzwungenen Rücktritt seiner Regierung per Dekret oder Notstandsgesetzgebung ohne parlamentarische Zustimmung weiterregieren.

Ferner belegt die Ausgestaltung der gemeinsamen Legislativfunktion zwischen den beiden völlig gleichgestellten Kammern einerseits und der Krone andererseits, welche dominierende Stellung der Krone schon verfassungstheoretisch zukam. Verweigerte der König die Ausfertigung eines Gesetzes - unter Einhaltung bestimmter Fristen -, so mußten sich die beiden Kammern erneut mit der Vorlage befassen; um das königliche Veto zurückzuweisen, benötigten sie jeweils eine zwei-Dritte-Mehrheit (Art. 34, 35, 36). Da zwei Fünftel der Mitglieder des Senats vom König ernannt wurden, sicherte ihm die Aktivierung dieser Sperrminorität das Scheitern der Kammer von vornherein.

Die Tatsache eines verfassungsrechtlich gesicherten Budgetrechts veränderte nichts an dem einseitigen Gewicht der Krone im legislativen Prozeß, denn das dritte Instrument in der Auseinandersetzung mit einem potentiell widerstrebenden Parlament war das Auflösungsrecht. Im Gesamtkontext eines parlamentarischen Regierungssystems schreibt das Recht zur Parlamentsauflösung nicht ohne weiteres ein einseitiges Übergewicht der Regierung fest. Doch der ägyptische Monarch konnte jederzeit und de facto uneingeschränkt das Parlament vertagen und auflösen, mußte allerdings innerhalb zweier Monate Neuwahlen ausschreiben (Art. 38, 39). Die rechtliche Einschränkung, das Haus nicht zweimal hintereinander wegen derselben Konfliktmaterie aufzulösen, war für das Parlament ein schwacher Trost. Da es nämlich keine vorgeschriebene Regelung gab, "wer verbindlich darüber zu entscheiden hatte, ob dieselbe Frage vorlag, war der praktische Wert der Vorschrift begrenzt auf offensichtliche und unleugbare Fälle der Identität des Konfliktstoffes."[10]
Es zeigte sich, daß genau diese verfassungstheoretischen Schwachstellen schon im Normalfall die Beziehungen Parlament versus Exekutive erschwerten und im Ergebnis die Institutionalisierung eines funktionierenden Parlamentsbetriebes verhinderten,

wie allein schon das Beispiel der Suspendierungspraxis[11] der Krone belegt.

5.2. Der Dominanzkonflikt

Die disfunktionalen Verfassungsbestandteile und das Parteiensystem, das aus der Wafd und zahlreichen kleineren Parteien, teils von der Krone, teils von London initiiert und unterstützt, bestand, waren die wesentlichsten internen Faktoren für das Aufkommen und den Fortbestand eines machtpolitischen Dominanzkonfliktes. Beide Faktoren waren zugleich konstitutiv für die Orientierung der politischen Akteure an einer Konfrontations- anstelle einer Konsenshaltung und erzwangen nicht nur einen verfassungspolitischen Immobilismus, sondern perpetuierten die überlieferte politische Kultur, die zwar den Einsatz moderner Organisationsformen honorierte, aber die Substanz des traditionellen Partizipationsmusters beibehielt. Der Dominanzkonflikt läßt sich in drei Hauptphasen nachzeichnen.

5.2.1. Phase 1: Der Konflikt um die Regierungsbildung (1924-1928)

Zaghlul kehrte im September 1923 aus dem zwangsauferlegten Exil zurück und führte die Wafd in den Wahlkampf, der bis Ende des Jahres dauerte. Betrachtet man die Wahlkampfführung der Wafd, so schien Zaghlul an das Issue 'Wafd gegen Großbritannien' und damit – unter Vernachlässigung innenpolitischer Fragestellungen[12] – an die bewährte Thematik von vor 1923 anzuknüpfen.

Bei diesen ersten allgemeinen Parlamentswahlen im unabhängigen Ägypten[13] konnte die Wafd 188 von 215 Mandaten auf sich vereinigen. Diese klare Mehrheit erteilte nicht nur allen anderen Parteien (Liberal-Konstitutionelle Partei, Watani Partei) eine deutliche Abfuhr, sondern signalisierte auch der Krone und London

die Existenz einer strukturellen Mehrheit für die Wafd, die ihre Stammwählerschaft vor allem auf dem Lande fand.[14]
Nur zögernd und nur auf britischen 'Rat' hin entließ der König die amtierende Übergangsregierung und ernannte in Übereinstimmung mit den parlamentarischen Regeln den Führer der stärksten Fraktion zum Ministerpräsidenten. Von Juni 1924 bis zum Sommer "of that year Fuad acted in a strictly constitutional manner, seeing all things through the eyes of his Ministers and differing with them on no point."[15]

Aus der breiten Zustimmung leitete Zaghlul die Legitimation ab, den Willen des ägyptischen Volkes ausschließlich zu repräsentieren und sah daher die "non-Wafdist members of the house not as forming a weak opposition but as a group of men that had left the national pale."[16] Mit einem personalpolitischen Revirement selbst in den untersten Rängen der Provinzialverwaltungen wurden systematisch nicht der Wafd angehörige Beamte durch Wafdisten ausgewechselt.[17]
Neben dieser innenpolitischen Polarisierung und verwaltungstechnischen Zentralisierung konzentrierte Zaghlul die Regierungsarboit auf die Revidierung der britischen Vorbehalte und die Vereinigung des Landes mit dem Sudan. Die von der Regierung[18] initiierten und von der Wafd-Partei in die Öffentlichkeit getragenen Unabhängigkeitskampagnen leiteten eine Radikalisierung[19] ein, die sich in verschiedenen Attentatswellen äußerte und deren Höhepunkt in der Ermordung des britischen Oberbefehlshabers und Generalgouverneurs des Sudan, Lee Stack , gipfelte. Die britische Regierung verlangte unmittelbar danach ultimativ sehr weitreichende Forderungen,[20] die Zaghlul verweigerte. Er trat anschließend mit seinem Kabinett im November 1924 zurück.

Daraufhin beauftragte der Monarch den von ihm eingesetzten Senatspräsidenten Ziwar, ein 'gemäßigtes Kabinett' zu bilden. Per königliches Dekret wurde das Parlament für einen Monat suspendiert, danach aufgelöst und für März 1925 Neuwahlen ausgeschrieben.[21]

Trotz dieser Maßnahmen der Krone konnte sich die Wafd-Partei mit knapper Mehrheit erfolgreich behaupten. Ohne auch nur die

Mehrheitsfraktion zu konsultieren, negierte der König das Wahlergebnis dahingehend, daß er Ziwar erneut die Regierung bilden ließ unter Beteiligung der Liberal-Konstitutionellen, der Unions-Partei[22] und einiger Unabhängiger. Welche Mehrheitsverhältnisse tatsächlich vorlagen, zeigte die Wahl zum Parlamentspräsidenten; Zaghlul erhielt 40 Stimmen mehr als der Kandidat des Hofes. Auf diesen für die Krone negativen Popularitätstest löste der Monarch - zehn Tage nach der Wahl - das Abgeordnetenhaus wieder auf.[23]
Als in den folgenden Wochen das eingesetzte Minderheiten-Koalitionskabinett eine Strafrechtsnovelle zum Presserecht vorlegte, die praktisch die Abschaffung der freien Presse bedeutet hätte, verweigerten die Liberal-Konstitutionellen die Mitarbeit im Kabinett und schieden aus der Koalitionsregierung aus. Ziwar bestellte nun ein reines Unions-Kabinett, das mit Unterstützung des Königs und durch Neufestsetzung eines bildungs- und vermögensorientierten Wahlrechtes nicht nur die Wafd-Partei, sondern das Mehrparteiensystem generell abschaffen sollte.[24]

Dieser Versuch, die Verfassung indirekt auszuhöhlen, wurde durch das Eingreifen des neuen britischen Hochkommissars Lloyd verhindert, der die Vernichtung eines potentiellen Verhandlungspartners nicht dulden wollte. Der König mußte auf britischen Druck Neuwahlen für Mai 1926 ankündigen und Ziwar entlassen.
Auch bei diesen Wahlen stellte die Wafd mit 165 von 215 Sitzen die stärkste Fraktion, wurde aber bei der Regierungsbildung wieder übergangen. Erst nachdem zwei Premierminister[25] gescheitert waren, berief der König den Nachfolger des 1927 verstorbenen Zaghluls an die Spitze einer neuen Regierung. Damit lag am 18. März 1928 wieder eine ähnliche Konstellation wie im Januar 1924 vor: die Wafd-Partei als stärkste parlamentarische Fraktion stellte den Premier, doch der König verweigerte[26] die Zusammenarbeit und suchte einen Weg, den Wafd-Führer an-Nahas zu entlassen.

5.2.2. Phase 2: Der Systemkonflikt 1928-1935

Der permanente Konflikt um die Bildung des Kabinetts in Übereinstimmung mit den parlamentarischen Mehrheitsverhältnissen, der in der ersten Phase noch im Rahmen der vorgegebenen Verfassungsregeln zwischen Wafd und Krone ausgetragen wurde, eskalierte in der zweiten Phase durch einen zentralen Angriff der Krone auf die verfassungsmäßige Ordnung in einen Systemkonflikt.
An-Nahas bildete zunächst eine Koalitionsregierung, die wegen koalitionsinternem Dissens im Juli 1928 auseinanderbrach und dem König die Gelegenheit[27] bot, den Royalisten Mahmud zum Premier zu ernennen sowie das Parlament im Juli aufzulösen. Mit einschlägigen königlichen Dekreten, insbesondere für den Bereich des Pressewesens, sollte die öffentliche Meinungsbildung einerseits kontrolliert und andererseits den oppositionellen Politikern die legale Grundlage für ihre Informations-, Artikulations- und Kritikfunktion entzogen werden. Dazu gehörten auch eine Verordnung, die speziell die Teilnahme der Studenten an Demonstrationen unter Strafe stellte und schließlich im März 1929 ein Gesetz, "providing for the punishment of all those who agitated against the regime."[28]

Großbritannien, das ein starkes Interesse an der Ratifizierung der Henderson-Mahmud[29] Vorschläge hatte, drängte Fuad zur Entlassung Mahmuds und zur Wiederherstellung konstitutioneller Freiheiten, da die Wafd die Bereitschaft zur Diskussion der Vertragsmodalitäten von allgemeinen Neuwahlen abhängig machte.

Die daraufhin im Dezember 1929 abgehaltenen Wahlen gewann die Wafd wiederum mit klarem Vorsprung und eroberte von 235 (wegen der Bevölkerungszunahme gab es eine neue Wahlkreiseinteilung) 212 Mandate. Dieses Ergebnis und die politische Intervention Londons ließen dem König keine andere Wahl: Am 1. Januar 1930 bildete Nahas das dritte Wafdkabinett seit der Unabhängigkeit.

Das Scheitern der ägyptisch-britischen Vertragsverhandlungen im Mai 1930 - hauptsächlich wegen Ausklammerung der Sudan-Frage[30] - hatte ein Abrücken Londons von der Wafd und die Stärkung der

Krone zur Folge; diese Verschiebung der britischen Präferenz suchte an-Nahas mit zwei Gesetzentwürfen, die im Kern die Bildung zukünftiger Regierungen durch eine parlamentarische Mehrheit vorsahen, zu neutralisieren.[31] Der König zerschlug diesen Ansatz zur institutionellen Parlamentarisierung mit der Entlassung des Wafdkabinetts im Juni 1930, wozu er die Zustimmung aller anderen Parteien einholte, die wiederum die Wafd als Verräter denunzierten und durch Propagierung eines extrem englandfeindlichen Kurses ihr eigenes Image zu verbessern und ihre Position auszubauen suchten.
Ismail Sidqi, der neue Premier, bildete ein Kabinett aus der Ittihad und den Vertrauten des Königs. Die von der Wafd organisierten massiven Protestkundgebungen ließen bei den Briten – zumal die potentiellen Auswirkungen der Weltwirtschaftskrise nicht kalkulierbar waren – die Befürchtung, eine Wiederholung der Unruhen von 1919 stehe bevor, aufkommen.[32] Sie billigten daher parallel zur Verschlechterung der Sicherheitslage einschneidende Begrenzungen der Presse- und Versammlungsfreiheit, denen dann die Suspendierung der Verfassung folgte. Sidqi legte im Oktober 1930 einen eigenen Verfassungsentwurf[33] vor, der unter anderem[34] die Verantwortlichkeit des Kabinetts gebenüber dem Parlament aufhob und die Verantwortlichkeit der Regierung gegenüber der Krone einführte; ein neues Wahlgesetz, das rund 80% der Wahlberechtigten ausschloß,[35] sollte der Wafd wieder einmal nur einen Minderheitenstatus in der Kammer zukommen lassen.

Zu den für Juni 1931 geplanten Wahlen riefen Wafd und Liberal-Konstitutionelle zum Boykott auf und forderten die Rückkehr zur Verfassung von 1923; doch Sidqi gründete seine eigene Partei (as-Schaab, Volkspartei), die wie geplant dieses 'Plebiszit' über die neue Verfassung gewann. Bis zur Wiedereinsetzung der ursprünglichen Verfassung im Jahre 1935 erfolgten zahlreiche Regierungskrisen und der Austausch der Regierungschefs zur kurzfristigen Stabilisierung der königlichen Macht gehörte genauso wie (noch) spontane Unruhen in Kairo und Alexandria zur Tagesordnung.[36]

5.2.3. Phase 3: Der Kooperationskonflikt (1935-1952)

Die Wiedereinsetzung der 1923er Verfassung Ende 1935 und die Bildung einer Wafd Regierung 1936, getragen von einer parlamentarischen Mehrheit, waren nicht das Ergebnis einer verfassungspolitischen Umorientierung, sondern ein pragmatischer Reflex auf die veränderte Interessenlage innerhalb der tripolaren Machtkonstellation.

Dem von einer Krankheit in seiner Handlungsfähigkeit beeinträchtigten Monarchen mißfielen das Intrigenspiel und die unkontrollierbare Machtfülle Sidqis, so daß er Ende 1934 die Sidqi Verfassung wieder außer Kraft setzte und mehrere 'Übergangsregierungen' ernannte, die mit königlichen Dekreten und Notverordnungen regierten. Auf die wachsende Unzufriedenheit in der Bevölkerung, bedingt durch die ökonomischen Belastungen der Weltwirtschaftskrise,[37] die eine rasante Zunahme der Arbeitslosigkeit unter Akademikern[38] und im Dienstleistungsbereich bewirkten, fanden Sidqi und seine zwei Nachfolger keine überzeugenden Antworten, so daß Großbritannien seine Interessen substantiell bedroht sah.[39]

Bei der Suche nach einem zuverlässigen und mehrheitsfähigen Verhandlungspartner für die Regelung des noch immer umstrittenen britischen Engagements bot sich für London aufgrund des Parteiensystems nur die Kooperation mit der Wafd an. Die Rückkehr zur Verfassung von 1923, wie gemäßigte Wafdführer zu erkennen gaben, konnte im Wege eines do ut des der Ausgangspunkt für eine Neuauflage britisch-ägyptischer Verhandlungen werden.

Schließlich forderte die italienische Invasion in Äthiopien (Oktober 1935) dringend stabile Verhältnisse und einen abwehrbereiten Bündnispartner Ägypten. Diese veränderte außenpolitische Konstellation wurde von den miteinander rivalisierenden Parteien als eine direkte Bedrohung perzipiert und stellte zum erstenmal einen über die Parteien hinwegreichenden, innenpolitischen Konsens für einen bilateralen Vertrag und damit für die diplomatische Beilegung der anglo-ägyptischen Streitpunkte her.

Die Wafd gewann die Wahlen im Mai 1936 mit 169 von 232 Sitzen und unmittelbar nach seiner Ernennung zum Kabinettschef begann an-Nahas die Verhandlungen mit London auf der Grundlage der Gespräche mit Henderson von 1930. Ende August 1936 wurde das für eine Laufzeit von 20 Jahren ausgehandelte Abkommen[40] unterzeichnet, das die militärische Präsenz Großbritanniens auf die Suez-Kanal-Zone ('an integral part of Egypt'!) und Alexandria beschränkte, im Kriegsfall eine Allianzpflicht beider Staaten vorsah und dem Sudan das Selbstbestimmungsrecht zusprach.

Von ausschlaggebender Bedeutung sind aber weniger die Textstellen, sondern zwei Aspekte der indirekten Wirkung dieses Abkommens:

1. Neben den militärischen Beistandsklauseln sah der Vertrag den Ausbau und die Ägyptisierung der ägyptischen Streitkräfte vor.[41] Das Wafdkabinett liberalisierte deshalb die Aufnahmebedingungen für die Militärakademie, die zum erstenmal seit 1882 jetzt auch Söhnen unterer Einkommensschichten offenstand.[42]
   Dieser grundsätzliche Strukturwandel der ägyptischen Streitkräfte beendete die tscherkessische Vorherrschaft endgültig, ersetzte weitgehend die britischen Offiziere und absorbierte einen Teil der arbeitslosen akademischen Jugend,[43] die das städtische Klientel der Wafd bildete, aber auch aus anderen antibritischen politischen Gruppen entstammte.

2. Der Vertragsabschluß führte zu Machtkämpfen innerhalb der Wafd und schließlich zur Spaltung der Partei. Die Dissidenten, die 1937 unter Ahmed Maher die Saad-Partei gründeten, hielten jegliche Präsenz britischer Truppen auf ägyptischem Territorium für unvereinbar mit dem Anspruch und den Zielen der Partei. Die 'Saadisten' entfachten einen ideologisch-programmatischen Feldzug gegen die Wafd-Führung, der zu antagonistischen, gesinnungsethischen Gegensätzen führte, die spätere Koalitionen innerhalb des Systems ausschlossen.[44]

Als noch nachhaltiger negativ für die machtpolitische Bedeutung und die Position der Wafd innerhalb des Parteiensystems als die organisatorische Spaltung erwies sich das programmatisch-agitatorische Defizit nach dem Wegfall des Kolonialkonflikts. "The 1936 treaty had rendered pointless the Wafd's most potent political weapons: agitation and effective opposition. Now that the party was in power and the British were no longer a factor in domestic politics, there was no political capital to be gained from agitation or opposition."[45] An-Nahas suchte zum Ausgleich für die organisatorische und ideologische Schwächung durch einen kompromißlosen Kampf[46] gegen die Krone und andere Parteien, auch unter Einsatz repressiver Instrumente (Pressezensur, Verfassungsmißbrauch), von der 'unterstellten Kooperation' abzulenken.

Der Vertrag von 1936 stellte zunächst den verfassungsmäßigen Zustand wieder her, verhalf der Wafd zur Machtübernahme, änderte andererseits aber nichts daran, daß die Wafd in der Perzeption eines Großteils ihrer Anhänger und potentieller Wählerschaft als die 'ägyptische, patriotische Stimme' ausfiel. Höhepunkt des seit 1936 einsetzenden schrittweisen Vertrauensentzugs war der Februar 1942, als die Briten unter dem Eindruck einer deutsch-italienischen Bedrohung in der Kyrenaika von Faruq,[47] dem Sohn Fuads und dessen Nachfolger, unter Gewaltandrohung und ultimativ die Ablösung der pro-Achse-Regierung und die Einsetzung einer pro-britischen Wafd-Regierung unter an-Nahas erzwangen.

Diese von London eingesetzte Wafd-Regierung schien für die politische Öffentlichkeit - außerhalb der Wafd - den endgültigen Beweis für den Verrat der Wafd zu liefern, denn "the British and the Wafd were no longer antagonists."[48] Diese Ereignisse und die Unfähigkeit, den sozialen und wirtschaftlichen Mißständen zu begegnen,[49] entzogen nicht nur der Wafd und den Parteien insgesamt ihre Legitimation, sondern disqualifizierten[50] von da an Parteiensystem und parlamentarische Regierungsweise als zwangsweise auferlegte koloniale Herrschaftsform.
Die Transformation des eindimensionalen Kolonialkonfliktes in einen alles beherrschenden Kooperationskonflikt war zugleich der Beginn einer ideologischen Orientierungskrise die "shook the foundations of the entire political-social system and gave birth

to powerful forces bent on its destruction."[51] Sie bot denjenigen Kräften eine Chance, die revolutionär eine radikale Erneuerung propagierten, wobei die Muslimbruderschaft eine fundamentalistische Rückbesinnung auf die klassische Ideenwelt des Islam diskutierte. Innerhalb der Armee breitete sich insbesondere unter den jüngeren Offizieren, die eine Alternative zur Wafd suchten, eine diffuse Nationalstaatsidee aus. "It was the first time that the Wafd had been challenged, not from the top by splinter groups being formed from seceding members from its high command, but by organizations which appealed to its rank and file, that is, which challenged the very basis of the Wafd in the country."[52]

5.3. Die Paralyse des asymmetrischen Parteiensystems

5.3.1. Die Muslimbruderschaft

Gegründet wurde diese politisch-religiöse Organisation im Jahre 1928 von dem Lehrer Hassan al-Banna, also kurz nachdem König Fuad (1927) in London Revisionsvorschläge zum 1922er Abkommen ausgehandelt hatte. Al-Banna lebte in Ismailia (Kanal-Zone) "und hatte daher ausreichend Gelegenheit, um den Unterschied im Lebensstandard zwischen den britischen Militärtruppen und dem ägyptischen Volk sowie die Privilegien der Ausländer in der Suez-Kanal-Gesellschaft zu studieren."[53] Als Mann tiefer religiöser Überzeugung wurde al-Banna dabei weniger vom Neid auf die materiellen Güter der Ausländer bewegt, als vielmehr durch seine religiös-fundamentalistische Gesinnung zum politischen Handeln veranlaßt.

Erst nach seiner Übersiedlung in den frühen 30er Jahren nach Kairo und im Verlauf der Weltwirtschaftskrise (während der Sidqi-Diktatur!) gewannen seine dogmatisch-religiösen Anschauungen an Zustimmung und seine Organisation[54] - damals nur eine von vielen religiösen Agitationsgruppen - eine feste Anhängerschaft.

Die fundamentalistisch[55] antiokzidental ausgerichtete Erneuerungsbewegung begeisterte mit ihren kompromißlosen, emotionalen

Appellen zunächst in Konkurrenz mit anderen - auch säkularen - radikalen Gruppen die Unzufriedenen in den größeren Städten, sowie nach dem Zweiten Weltkrieg auch die am Rande des Existenzminimums lebenden Bevölkerungskreise auf dem Lande.

Das Bekenntnis zum religiösen und geistig-kulturellen Erbe der frühen Kalifenzeit,[56] vorgetragen in einer einfachen 'Sprache' und leicht verständlichen Ideenwelt,[57] erschien als einzig sinnvolle Antwort auf die allgemeine Orientierungskrise, die durch die scheinbare Kooperation aller Parteien mit London die verstärkte Ablehnung aller 'nicht-islamischen Prinzipien' beschleunigte.
Das Arrangement der Wafd mit Großbritannien, die Handlungsunfähigkeit der schnell wechselnden Regierungen und die Korruption der Parteien gehörten zu den Hauptkritikpunkten, die in die politischen Forderungen[58] mündeten "a pure life, the dissolution of all political parties and the establishment of an Islamic constitution."[59] Ähnlich wie zahlreiche andere radikale Gruppen befürwortete auch die Muslimbruderschaft den Einsatz von Gewalt zur Veränderung des politischen Systems und schuf 1938 eine militärische (Geheim)-Abteilung.

Mit Beginn des Zweiten Weltkriegs lag gemäß dem Vertrag von 1936 der Bündnisfall vor und de facto wurde Ägypten wieder zum Protektorat. Dies und die Regierungsbildung von 1942 sicherte der Bruderschaft einen breiten Zulauf, wobei aber ein kriegsbedingter Wirtschaftsboom[60] das politische System noch einmal kurzfristig stabilisierte.

Doch "events and circumstances connected with World War II and its aftermath gave the Brotherhood unique opportunities to grow and develop which it knew how to use. In the economic and social sphere, the war and its consequences confronted the successive Egyptian governments with problems that would have baffled far more honest, able, and unselfish rulers. Handled recklessly, heartlessly, and shortsightedly, these problems drove millions to despair, and hundreds of thousands to the ranks of the one organization that promised to eliminate the whole system."[61]

Das Ende der Kriegswirtschaft[62] und der verlorene Palästinakrieg potenzierten diese innenpolitischen Spannungen. Gewaltsame Auseinandersetzungen folgten, in deren Verlauf die Muslimbruderschaft (1948) verboten, mehrere Repräsentanten der konstitutionellen Monarchie und al-Banna selbst (1949) ermordet wurden; die Eskalation der Gewalt belegte das Fehlen jeglicher Regierungsautorität. Fraglich war nur noch, wann und nicht ob die Muslimbruderschaft[63] die Macht übernehmen werde; daher ergriffen die jüngeren Offiziere, die sich in der Bewegung der Freien Offiziere organisiert hatten, die Initiative und handelten.

5.3.2. Die Bewegung der Freien Offiziere

Die Ursprünge der Bewegung lassen sich bis in das Jahr 1938 zurückverfolgen, als die Leutnante Nasser, Sadat und Zakaria Muhyi ad-Din in die Wüstengarnison Mankabad nach Oberägypten versetzt wurden. Diese jungen Offiziere profitierten von der Ägyptisierungspolitik[64] der Wafd und dem Privilegienabbau innerhalb der Armee, der aufgrund des Vertrages 1936 möglich geworden war.
Ihre soziale Herkunft und ihr bisheriger Lebenslauf[65] entsprachen mehr oder weniger dem gleichen Muster. "Die jungen Führungskräfte, die ihre Leutnantsinsignien zwischen 1938 und 1940 erworben hatten, waren sämtlich stark von nationalistischen Ideen beeinflußt. Zum größten Teil Wafdisten oder Mitglieder der Moslembruderschaft, und somit ein getreues Spiegelbild der Tendenzen, die die ägyptische Mittelklasse spalteten, schlossen sie auch eine Minderheit ein, die marxistisch ausgerichtet war; einige waren Anhänger von Ahmed Hussein und versuchten, General Aziz el Masri zu unterstützen, den Stabschef, der wegen seines Zusammenspiels mit der Achse im Jahre 1942 von den Briten aus seiner Position entfernt worden war."[66]
Im Gegensatz zu den anderen politischen Gruppen traten sie vor 1948 nicht öffentlich in Erscheinung. Sie trafen sich meist innerhalb der Kasernen im Kameradenkreis und diskutierten leidenschaftlich die allgemein ausweglose Lage des gedemütigten Ägyptens." Aber ermutigt durch die andauernden Siege Hitlers über

die Engländer in den Jahren von 1939 bis 1941 erweiterte ich nach und nach den Kreis. Viele jüngere, aber auch höhere Offiziere wurden angesprochen und schlossen sich schließlich unserer Sache an, vor allem, weil wir dazu aufriefen, die Gelegenheit zu nutzen, um durch eine bewaffnete Revolution die Engländer aus Ägypten zu vertreiben."[67]

Es war Nasser, der 1942 nach der Verhaftung Sadats die Offiziere in geheimen Zellen organisierte und die Führung übernahm. In dieser Zeit nahmen sie auch zu den Muslimbrüdern und zu linken Gruppen Verbindung auf.

Die Überzeugung, aktiv in das politische Geschehen einzugreifen,[68] entstand erst im Verlauf des Palästinafeldzuges,[69] in den die ägyptische Armee unvorbereitet und primär aus innenpolitischen Gründen geschickt wurde. Die unzureichend ausgerüstete und unerfahrene Armee erlitt eine vernichtende Niederlage, die zu einer tiefgehenden Verbitterung im Offizierskorps führte.[70] Die im Zusammenhang mit der Palästinakatastrophe gemachten Erfahrungen und die konkrete Konfrontation mit der Korruption und Unfähigkeit der verantwortlichen Funktionsträger in Armee und Verwaltung führte bei den Offizieren endgültig zum geistigen Bruch mit dem bestehenden System.[71] Nach Kairo zurückgekehrt gründete Nasser 1949 das Komitee der Freien Offiziere, in dem sich das politische Protestpotential innerhalb der Armee zusammenfand.
Als Großbritannien sich weigerte, die vom Parlament[72] beschlossene Kündigung des Vertrages von 1936 zu akzeptieren, kam es zu einer Intensivierung des nationalen Kampfes und neben den üblichen Ausschreitungen in der Kanalzone zu einem regelrechten Guerrilla-Krieg. Der Träger dieser Guerrilla-Aktionen waren hauptsächlich die Muslimbruderschaft, während die Armeeangehörigen nur mittelbar daran beteiligt waren.[73] Die Offiziere dagegen eröffneten eine zweite politische Front, direkt im Nervenzentrum des Herrschaftssystems.

Im Dezember 1951 waren für den ägyptischen Offiziersclub Vorstandswahlen vorgesehen. "Als Präsident des Vorstandes, der als Kontaktgremium zwischen Regierung und Armee diente, wurde

bislang immer ein Vertreter des Palastes gewählt."[74] Doch die Komitee-Offiziere hatten eine eigene Kandidatenliste vorbereitet, an deren Spitze Naguib, ein populärer Kriegsheld und für seine liberale Gesinnung bekannter General, stand. Faruq wollte diese klare Kampfansage routinemäßig und mit dem im Umgang mit den Parteien gewohnten Instrumentarium aus der Welt schaffen. Er ließ also die Wahlen verschieben und schließlich verbieten.
Aber die Armeeangehörigen waren längst nicht mehr ein Klientel des Hofes und den Freien Offizieren gelang es, ihre Kollegen zu einem demonstrativen Votum für Naguib und gegen die Krone zu bewegen. Die Verzögerungstaktik des Königs kehrte sich nun gegen ihn; denn die sich hinziehenden prozeduralen Auseinandersetzungen fielen in eine Periode schwerster innenpolitischer Auseinandersetzungen, die deutlich belegten, daß die Krone und ihre Regierungen nicht mehr handlungsfähig waren.[75]

Bis zum Offiziersputsch im Jahre 1952 versuchte die Krone mehrmals im Mai und Juni des Jahres, durch materielle Verbesserungen die Loyalität der Offiziere zurückzugewinnen.[76] Doch die Offiziere hatten begriffen, daß sie im allgemeinen Chaos der einzige Ordnungsfaktor waren. Der Vorteil einer intakten, organisierten bewaffneten Macht übertrug ihnen das Monopol zum Handeln. Doch Faruq, lernunfähig und offenbar falsch beraten, wollte mit aller Macht die Kontrolle über die Armee wieder herstellen. Aber "Ausnahmezustand, Suspendierung der Verfassung und vier einander ablösende Regierungen vermochten in den folgenden Monaten nicht mehr, die Krise zu lösen."[77]

Als kurz vor der Vereidigung eines neuen Krisenkabinetts der König dem Ministerpräsidenten einen nahen Verwandten als Verteidigungsminister aufnötigte und damit seine Reformunfähigkeit dokumentierte, handelten die Offiziere. Der Putsch vom 23. Juli 1952 war gut organisiert und brachte die Offiziere ohne Blutvergießen an die Macht. Diese Machtergreifung war aber mehr als nur ein Armeeputsch. Zum erstenmal seit 2.500 Jahren übernahmen Ägypter, 'Söhne des Niltales', die Regierungsgewalt. Diese 'Söhne des Niltales' erfüllten damit das zentrale Bestreben der Ende des 19. Jahrhunderts einsetzenden Nationalismusdebatte, die, wie A. Schölch anhand zahlreicher Pressedarstellungen belegt,[78] mit dem Ruf 'Herr im eigenen Haus' werden zu wollen, hervortrat. Sie beendeten nicht nur die verhaßte Fremdherrschaft, sondern hatten jetzt die Chance, eine bessere Zukunft für das Land zu gestalten.

Anmerkungen

Kapitel 5 "Das Eineinhalbparteiensystem (1923-1952)"

1) "'If you want this Bolshevik constitution, then I claim all the powers and privileges of a Lenin', the king remarked to a leading member of the commission. To the reply that it was not a Bolshevik, but a democratic constitution he retorted: 'Then I claim all the powers and privileges of the president of the United States'". Vgl. P. Mansfield, The British in Egypt, a.a.O., S. 246.

2) Dazu H. Kohn, Die neuen Verfassungen im Vorderen Orient, in: Jahrbuch des öffentlichen Rechtes der Gegenwart, Bd. 20, Tübingen 1932, S. 431 ff.
Zur belgischen Verfassung von 1831 s. G. Franz, Staatsverfassungen, München 1950, S. 63 ff.

3) Die Mitglieder des Parlamentes wurden gewählt, wobei in einem Governorat oder Direktorat auf alle 60.000 bzw. einen 30.000 Einwohner übersteigenden Rest ein Deputierter kam. Lag die Einwohnerzahl unter 60.000, wurde nur ein Abgeordneter gewählt oder das Gebiet bei weniger als 30.000 Einwohnern nach den Bestimmungen des Wahlgesetzes einem anderen Bezirk zugeteilt. Das Wahlgesetz von 1923 legte für die Wahl der Abgeordneten und der zu wählenden Senatoren ein zweistufiges Wahlverfahren fest. Zwar stand der Bevölkerung ein allgemeines Stimmrecht zu, doch waren die Bestimmungen für das passive Wahlrecht an den Zensus- und Bildungsqualifikationen des Wahlgesetzes von 1913 orientiert, im Gegensatz zum belgischen Modell, das für die Wählbarkeit keine derartigen Bedingungen setzte. Vgl. G. Franz, Staatsverfassungen, a.a.O., S. 63 (Art. 50). Die Wafdregierung führte 1924 ein direktes Wahlsystem ein, behielt aber die Qualifikationsgebote bei: "Einmal mußten die Kandidaten lesen und schreiben können; durch diese Bestimmung wurde bereits der größte Teil der Bevölkerung von einer Kandidatur ausgeschlossen, waren doch von 11 Mio. Einwohnern etwa 10 Mio. Analphabeten. Zum anderen mußte ... jeder Kandidat die stattliche Summe von LE 150 hinterlegen, die verfiel, falls der Kandidat nicht wenigstens ein Zehntel der ordnungsgemäß abgegebenen Stimmen erhielt. Für unbemittelte Kandidaten, z.B. Bauern, war es schon schwierig genug, wenn nicht ausgeschlossen, diesen Betrag aufzubringen." Vgl. R. Büren, Die Arabische ..., a.a.O., S. 23.

4) In Abweichung von der belgischen Verfassung (Art. 53-59, die keine Ernennungen vorsahen) wurden zwei Fünftel des Senats vom König ernannt; Voraussetzung für die Kandidatur war die Zugehörigkeit zu einer der folgenden Kategorien: "Entweder: Minister, Diplomaten, Präsidenten der Abgeordnetenkammer, Staatssekretäre, Präsidenten und Richter an den höchsten Gerichten, Generalstaatsanwälte und höhere Staatsbeamte, oder: hohe Vertreter der islamischen Geistlichkeit oder des Klerus, pensionierte Offiziere vom Brigadegeneral an aufwärts, Abgeordnete nach zwei Legislaturperioden, Haus- und Grundeigentümer, die im Jahr mehr als 150 ägyptische Pfund Steuern zahlten, und Personen mit einem

1500 ägyptische Pfund übersteigenden Jahreseinkommen, die in der Wirtschaft oder freiberuflich tätig waren. Unter den vom König ernannten Senatsmitgliedern durften sich Prinzen und Mitglieder des Königshauses befinden, ansonsten war ihnen eine parlamentarische Präsenz jedoch versagt."
Vgl. D. Sternberger, u.a., Die Wahl der Parlamente, Berlin, New York 1978, Bd. II, 1. Hb., S. 248 f. Den Präsidenten des Senats ernannte der König. Nach den Vorstellungen der Verfassungsväter sollte der Senat für den Fall eines Gesetzgebungskonfliktes zwischen Krone und Parlament eine Schlichterrolle wahrnehmen.

5) F.I. Ziadeh, Lawyers, the Rule of Law and Liberalism in Modern Egypt, Stanford Cal. 1968, S. 79 ff.

6) Vgl. W. Kaltefleiter, Die Funktionen des Staatsoberhauptes in der parlamentarischen Demokratie, Köln 1970, S. 68.

7) K. v. Beyme, Die Parlamentarischen Regierungssysteme in Europa, München 1970, S. 43 ff.

8) Eine positiv-rechtliche Darlegung der 1923er Verfassung findet sich bei: R. Büren, Die Arabische Sozialistische Union, Opladen 1970, S. 22 ff. Aus der Tatsache, daß der König, ohne einer rechtlichen Beschränkung zu unterliegen, die Kabinettsmitglieder ernennen und entlassen konnte, sowie der Rechtskonstruktion 'parlamentarisches Mißtrauensvotum' folgerte Büren: "Nur ein Kabinett, das das Vertrauen sowohl der Abgeordnetenkammer wie auch des Monarchen besaß, war daher wirklich stabil." (S. 24.)

9) Der Monarch war zugleich Oberbefehlshaber von Armee und Marine, erklärte Krieg und konnte ohne Beteiligung der Kammern völkerrechtliche Verträge abschließen.

10) Vgl. R. Büren, Die Arabische ..., a.a.O., S. 25.

11) <u>Tabelle 8:</u> Zeiten der Suspendierung der Abgeordnetenkammer zwischen 1923 und 1952

Parlament suspendiert von	bis	Dauer der Suspendierung Jahre	Monate
Dez. 1924	März 1925	–	3
Juni 1925	Mai 1926	–	11
Juli 1928	Dez. 1929	1	5
Juli 1930	Mai 1936	5	10
Februar 1942	März 1942	–	1
Oktober 1942	Januar 1945	2	3
Insgesamt:		10	9

nach: D. Sternberger et al., Die Wahl der Parlamente, a.a.O., S. 256.

12) Auch die in der Verfassung angelegte Prärogative der Krone spielte in der Wahlkampfzeit keine Rolle; "Moreover, by the

time the elections of 1923-1924 took place, the three political parties, the Wafd, the Liberal Constitutionalists, and even the Watani Party publicly paid allegiance and expressed loyalty to the throne." Vgl. M. Deeb, Party Politics in Egypt, a.a.O., S. 125.

13) Neben dem Vier-Punkte-Vorbehalt schränkte die Präsenz der britischen Armee und die britischen Berater in Justiz- und Finanzverwaltung die Souveränität des Landes ein.

14) Der Organisationsbonus und die sozialstrukturellen Kriterien, wie die demographische Stadt-Land Verteilung und die finanz-ökonomische Abhängigkeit der Fellachen und Kleinbauern von den ländlichen Mittelschichten zeigten, sicherten der Wafd diese Mehrheit; noch 1952 lebten rund zwei Drittel der Wähler in ländlichen Gebieten, die von der Wafd politisch organisiert und kontrolliert wurden. Vgl. Area Handbook for Egypt, 3. Aufl. 1975, S. 73.

15) So jedenfalls Betrachter vor Ort, vgl. M. Deeb, Party Politics in Egypt ..., a.a.O., S. 133.

16) Vgl. P.J. Vatikiotis, The Modern History of Egypt, a.a.O., S. 273.

17) Zum Ausmaß dieser Strategie der 'total control', die auch Dorfbürgermeister umfaßte, s. G.A. Lloyd, Egypt Since Cromer, a.a.O., Bd. 2, S. 110; diese Auswechslungen wertete der Hof als totale Kampfansage und stärkte deshalb seine Kontakte zum britischen Hochkommissar und zur religiösen Hochburg al-Azhar, die den Kalifats-Gedanken, vermutlich auf Initiative des Königs, wieder aufgriff.

18) "War der Ruf nach Unabhängigkeit Ägyptens zuerst nur außenpolitisch verstanden worden, so wurde der Begriff bald viel weiter gefaßt: Unabhängigkeit im Handel und Verkehr (Suez-Kanal), in der Finanz- (Schuldenregelung), in der Justiz- (Abschaffung der Kapitulation), in der Innenpolitik (Kampf um die Verfassung gegen die Willkürherrschaft englandhöriger Politiker), in kulturellen Fragen (Hebung des gesamten geistigen Niveaus, Erziehung der Fellachen zum Staatsbürger). Alles aber wurde auf das eine große Schlagwort "völlige Unabhängigkeit" ausgerichtet. Vgl. E. Klingmüller, Ägypten, Berlin 1944, S. 37.

19) Von September-Oktober 1924 verhandelte Zaghlul ergebnislos mit der britischen Labour-Regierung, die als Opposition die ägyptischen Interessen rhetorisch anerkannte, aber nach der Regierungsübernahme die Regelung von 1922 als nicht diskussionsfähig definierte. Nach seiner Rückkehr ersetzte Zaghlul mehrere gemäßigte Minister durch 'extreme Nationalisten', denen öffentlich Strafrechtsbestände wie Verschwörung und Mord angelastet wurden. Vgl. T. Little, Egypt, a.a.O., S. 138.

20) Der britische Hochkommissar forderte vor dem ägyptischen Parlament - ohne Weisungen aus London abzuwarten - das Zurückziehen aller ägyptischen Offiziere und Mannschaften

aus dem Sudan und eine Geldbuße von 500.000 Pfund Sterling. Er ließ die Zolleinrichtungen in Alexandria von britischen Militäreinheiten besetzen und kündigte die unbegrenzte (!) Wasserzuteilung für sudanesische Baumwollpflanzer an, was von London nach Kenntnis sofort aufgehoben wurde. Gleichzeitig hob er den Beschluß auf, die britischen Berater nach Ablauf ihrer Verträge aus den ägyptischen Behörden abzuziehen. Vgl. J. Marlowe, Anglo-Egyptian Relations, a.a.O., S. 268 ff.

21) Fuad finanzierte den Wahlkampf und die Zeitungen der Ittihad (Unions-) Partei, die sich aus der Umgebung des Hofes und einigen ehemaligen Wafdisten zusammensetzte, und als Anti-Wafd Bewegung agierte; dazu J.M. Landau, Parliaments and Parties in Egypt, a.a.O., S. 179 ff.

22) Siehe Fußnote 21.

23) Aufgrund der Mehrheitsverhältnisse wäre der Vorsitz aller Ausschüsse an die Wafd gefallen, die damit zunächst die parlamentsinterne Arbeit hätte blockieren können. Vgl. A. el-Ghannam, Das Regierungssystem des unabhängigen Ägypten (1922-1967), München 1968, S. 39.

24) D. Sternberger, Die Wahl der Parlamente, a.a.O., S. 251.

25) Die Gründe waren zum einen koalitionsintern, und zum anderen lag die Weigerung des Wafd dominierten Parlaments vor, Vertragsrevisionen, die mit London ausgehandelt waren, im Parlament zu debattieren. Vgl. A. el-Ghannam, Das Regierungssytsem des unabhängigen Ägypten, a.a.O., S. 41.

26) Diese machtpolitische Auseinandersetzung zwischen Krone und Wafd war Ende der 20er Jahre von einer heftigen Orientierungskrise bezüglich der politisch-kulturellen Zukunft des Landes begleitet worden. Die traditional-religiösen Kräfte forderten zusammen mit der Krone zur Abwehr der ins Land dringenden europäischen Zivilisation die Wiedereinführung des Kalifats. Konträr zu dieser unkritischen Verherrlichung der islamischen Frühzeit standen die Reformvorschläge der Wafd, die eine weitgehende Säkularisierung anstrebte. So trat die Wafd, gestützt auf das Vorbild der türkischen Reformen, in den Parlamentsdebatten der Jahre 1926-28 für die völlige Neugestaltung des Rechtswesens ein. Sie zielte damit gegen eine der zentralen Säulen der königlichen Machtbasis, da die Krone die vornehmlich von der al-Azhar Universität ausgebildeten religiösen Richter einsetzte (bestätigte) und damit auf deren Loyalität und Ansehen in der Bevölkerung rechnen konnte. Die Wiederherstellung des Kalifats hätte andererseits diesen Repräsentanten der Tradition ihre Pfründe (z.B. religiöse Stiftungen) und damit ihre Stellung im Kampf gegen die säkularen Reformen gesichert; daher die 'natürliche' Allianz der Krone mit der von der al-Azhar repräsentierten Orthodoxie (einschließlich vieler 'Modernisten').

27) Hinzu kam die Veröffentlichung den Premier belastender Dokumente, in denen an-Nahas die Absicht unterstellt wurde,

"das von König Fuad verwaltete Gut des geistesgestörten Prinzen Saif auf die Mutter des Prinzen gegen eine Provision von L.E. 150.000 zu übertragen." Vgl. A. el-Ghannam, Das Regierungssystem ..., a.a.O., S. 41, Fußnote 1.

28) Vgl. P.J. Vatikiotis, The Modern History of Egypt, a.a.O., S. 280.

29) "In London wurden britisch-ägyptische Verhandlungen am 3. August 1929 mit dem Entwurf zu einem neuen Vertrag beendet. Im Text wurde erstmals von der staatlichen Gleichberechtigung Ägyptens ausgegangen, indem beide Staaten fortan durch Botschafter vertreten werden sollten. Die britische Einmischung in ägyptische Angelegenheiten sollte beendet werden, und die britischen Truppen sollten aus Kairo und Alexandria zurückgezogen und nur noch in der Suezkanalzone stationiert werden. Wichtig war, daß die Ratifizierung des Vertrages durch das Parlament zu erfolgen hatte." Vgl. H. Schamp, Ägypten, a.a.O., S. 215.

30) Bereits vor den eigentlichen Gesprächen waren 13 der 16 Vertragspunkte - mit Bezugnahme auf die Henderson-Mahmud Verhandlungen - seitens der Wafd inoffiziell akzeptiert worden. Doch an-Nahas, der im Gegensatz zu Zaghlul weder über Charisma in der Bevölkerung noch über parteiinternes Durchsetzungsvermögen verfügte, wollte sich durch eine demonstrative Intransigenz als würdiger Nachfolger Zaghluls profilieren und änderte seine Verhandlungsführung dahingehend, "that he would not agree to a single British soldier remaining in Egypt." Vgl. T. Little, Egypt, a.a.O., S. 145, so daß die Basis der Gespräche zusammenbrach.

31) Dazu A. el-Ghannam, Das Regierungssystem ..., a.a.O., S. 42; auch das Recht des Königs, zwei Fünftel der Senatoren zu ernennen, sollte durch die Einführung von Senatswahlen abgeschafft werden.

32) Nahas "appealed directly to the streets; first by attempting to hold meetings of the Parliament, which the King had suspended, and then by riots and sabotage." Vgl. T. Little, Egypt, a.a.O., S. 147. Dazu auch: "Ich kann nicht sagen, daß damals mein politisches Bewußtsein schon gereift gewesen wäre oder auch nur Umrisse angenommen gehabt hätte. Ich teilte natürlich die patriotischen Gefühle aller Ägypter, nahm an Demonstrationen teil, am Einschlagen von Fensterscheiben, am Anzünden von Straßenbahnen und an Spruchchören, die die Entfernung von Sidki Pascha und die Wiederinkraftsetzung der Verfassung von 1923 verlangten. Aber ich wußte noch nicht einmal, was diese Verfassung wirklich war." Vgl. A. el-Sadat, Unterwegs zur Gerechtigkeit, a.a.O., S. 22.

33) "This act in itself was a serious violation of the Constitution which provided that only a two-thirds majority of both Houses might modify it; a precedent for the abolition and proclamation of constitutions by the King had been set." Vgl. J.M. Landau, Parliaments and Parties in Egypt, a.a.O., S. 185.

34) Ferner wurde
- der Zeitraum zur Ratifizierung der Gesetze seitens des Königs von einem auf zwei Monate erhöht,
- das Recht des Königs festgesetzt, auch mehrmals aus gleichem Anlaß das Parlament aufzulösen,
- dem König das Recht, nunmehr drei Fünftel des Senats zu ernennen, eingeräumt.

Hierzu H. Kohn, Die neuen Verfassungen im Vorderen Orient ..., a.a.O., S. 430 ff.

35) Vgl. P.J. Vatikiotis, The Modern History of Egypt, a.a.O., S. 283.

36) P. Mansfield, The British in Egypt, a.a.O., S. 262, der Einzelheiten zu den Ausschreitungen wiedergibt; unter den protestierenden Jugendlichen befand sich auch Nasser.

37) "Von 1930 bis 1935 herrschte in Ägypten ein diktatorisches Regime. Zur gleichen Zeit wurde das Land von einer Welle revolutionärer, anti-imperialistischer Aktionen erfaßt. Daran beteiligten sich breite Schichten der Bevölkerung, deren ohnehin katastrophale Lebensbedingungen sich durch die Weltwirtschaftskrise weiter verschlechtert hatten." Vgl. M. Robbe, u.a., Aufbruch am Nil, Ost-Berlin 1976, S. 21; dort weitere Daten zu den sozialen Verhältnissen auf dem Land und in den Slums der Städte.

38) "Im Jahre 1937 zählten zu den Arbeitslosen 7.500 Abiturienten, 3.500 Hochschulabsolventen; 1942 war nach Angabe des Ministeriums für Soziale Angelegenheiten die Zahl der letzteren auf 10.000 gestiegen." Ebenda, S. 32.

39) E. Klingmüller, Ägypten, a.a.O., S. 41 f., zählt die (zum Teil) paramilitärischen, radikalen Gruppen auf, die Mitte der 30er Jahre in den urbanen Zentren entstanden sind und unter wechselnden Namen und politischen Ideologien säkularer, religiöser oder sozialistischer Provenienz auftraten.

40) Text des Vertrages in: J.C. Hurewitz, Diplomacy in the Near and Middle East. A Documentary Record: 1914-1956, 2 Bde., London 1958, Bd. 2, S. 203 ff. London verpflichtete sich, die Aufnahme Ägyptens in den Völkerbund zu betreiben und die Abschaffung der Kapitulationen herbeizuführen. Letztere wurden durch das am 8. Mai 1937 abgeschlossene Abkommen von Montreux aufgehoben. Ferner erfolgte der Austausch von Botschaftern.

41) Einzelheiten bei: P.J. Vatikiotis, The Egyptian Army in Politics, Pattern for the New Nations?, Bloomington 1961, S. 2 ff.

42) "So wurde es für mich möglich, in die Militärakademie einzutreten ... aber zwei Punkte der Bewerbungsformulare bildeten ein eher restriktives Hindernis. Der erste forderte von den Bewerbern Einzelheiten über den Besitz und das Einkommen des Vaters. Der andere verlangte die Nennung einer hochstehenden Persönlichkeit als Bürgen." Vgl. A. el-Sadat, Unterwegs zur Gerechtigkeit, a.a.O., S. 23.

43) Nach P.J. Vatikiotis, The Modern History of Egypt, a.a.O., S. 322, zur explosionsartigen Zunahme der Studierwilligen; allein in den Industrie- und Handelsschulen studierten 1939 240.000 Studenten, im Jahre 1924 waren es noch knapp 6.000 gewesen.

44) Zur Gründung und zur anti-Wafd-Kampagne, s. M. Deeb, Party Politics ..., a.a.O., S. 334 f.

45) Vgl. W.F. Abboushi, Political Systems of the Middle East in the 20th Century, New York 1971, S. 139.

46) "The struggle inside the Wafd, the struggle between the Wafd and the Palace, the struggle between the Wafd and the other parties, paralysed the Egyptian Government." Vgl. T. Little, Egypt, a.a.O., S. 157.

47) "King Farouk, who succeeded to the throne in 1937, followed in his father's footsteps. He dissolved the Wafd-dominated parliament (elected in 1936) and ordered new elections, which were manipulated to prevent the Wafd's return to power (1938). Until his abdication fifteen years later, Farouk maintained the struggle with the Wafd, except for a brief spell in 1950-51 when, shortly before the crisis of 1952 that toppled the entire monarchial regime, an understanding took place between the Palace and the Wafd." Vgl. H.B. Sharabi, Government and Politics of the Middle East in the Twentieth Century, New York 1962, S. 200. Faruq handelte bei der Entlassung an-Nahas (1944) mit Zustimmung der Briten, die an-Nahas im Oktober 1942 nach Ende der militärischen Bedrohung fallen ließen, da sie eine Wafd-Diktatur befürchteten; außerdem waren führende Repräsentanten der Partei und die Familie der Ehefrau an-Nahas in Korruptionsskandale von unvorstellbarem Ausmaß verwickelt. Einige der bekanntesten Fälle beschreibt: E. Klingmüller, Geschichte der Wafd-Partei ..., a.a.O., S. 34 ff.; dazu auch J. u. S. Lacouture, Egypt in Transition, a.a.O., S. 91 f.

48) Vgl. N. Safran, Egypt in Search of Political Community, a.a.O., S. 193.

49) "Food grains were scarce, and bakers were prosecuted for mixing sawdust with such wheat or barley as they could obtain. Prices rose, sugar and cloth were hoarded ... . The poor blamed the British army for eating up the food, and the landowners blamed them for the restrictions on cotton and rice acreage." Vgl. J.C.B. Richmond, Egypt 1798-1952, a.a.O., S. 204.

50) Vgl. J.M. Ahmed, The Intellectual Origins of Egyptian Nationalism, a.a.O., der S. 122 ff. eine Inhaltsanalyse der Literatur, Zeitschriften und Zeitungen jener Jahre vorlegt, die eine vernichtende Kritik am System und Militanz der Sprache nachweist.

51) Vgl. N. Safran, Egypt in Search of ..., a.a.O., S. 181.

52) Vgl. M. Deeb, Party Politics in Egypt ..., a.a.O., S. 422.

53) Vgl. A. el-Ghannam, Das Regierungssystem ..., a.a.O., S. 69.

54) Ausführlich zum Aufbau der Bruderschaft das noch immer gültige und ausgezeichnete Standardwerk von R.P. Mitchell, The Society of the Muslim Brothers, London 1969, Kap. 4, S. 163 ff. Noch 1929 betrug die Zahl der Mitglieder nicht mehr als 3.000. Die Organisation war streng nach dem Führerprinzip hierarchisch aufgebaut und in ein Zellensystem eingeteilt, wobei die Einheiten voneinander abgeschottet waren. Die Vorsitzenden der lokalen Zellen wurden vom Führungskomitee bzw. von al-Banna ernannt. Die übrigen Mitglieder waren ohne Stimme und Einfluß und verpflichteten sich zum absoluten Gehorsam gegenüber ihrer Leitung mit der Losung: "Der Koran ist unsere Verfassung und Mohammed ist unser Führer. Der heilige Krieg (jihad) ist unser Mittel und das Sterben für Gott unser Wunsch."

55) Unter Fundamentalismus soll verstanden werden, "abzulehnen, was ist, weil es nicht vollkommen dem entspricht, was man von den Verhältnissen der Frühzeit zu wissen glaubte." Vgl. T. Nagel, Staat und Glaubensgemeinschaft im Islam, Zürich 1981, Bd. 2, S. 9.

56) "Their political programme, like that of so many totalitarian parties, is both consistent and emotionally satisfying since it first reduces all social ills to one cause and then proposes all of which can be traced to the early days of Islam: first, that there is a supranational Moslem community; secondly, that Islam covers not only religious matters but all human affairs, including the most intricate problems raised by modern civilization; and thirdly, that Islam means brotherhood among all classes and nations." Vgl. C. Issawi, Egypt at Mid-Century, a.a.O., S. 267.

57) "It was fervently nationalist, conservative, fundamentalist, xenophobic and antimodernist. The Brotherhood combined concepts of egalitarianism and reform with the tenets of Islam." A. Perlmutter, Egypt the Praetorian State, S. 41; eine philologische Auseinandersetzung mit dieser Ideenwelt findet sich bei C.P. Harris, Nationalism and Revolution in Egypt, The Role of the Muslim Brotherhood, London 1964, die das 'nebulöse Ideal' als eine Sprache der Hoffnungslosigkeit identifiziert, wobei die Inhalte durchaus mit den Programmen der anderen Gruppen austauschbar sind.

58) Programmpunkte (50) aus einer Petition der Bruderschaft an Faruq finden sich bei R.G. Landen, The Emergence of the Modern Middle East, a.a.O., S. 260 ff., hier eine Auswahl:
- To prohibit political parties and to direct the forces of the nation toward the formation of a united front;
- To reform the law in such a way that it will be entirely in accordance with Islamic legal practice;
- To build up the army, to increase the number of youth groups;
- To propagate an Islamic spirit within the civil

administration so that all officials will understand the need for applying the teachings of Islam;
- To prohibit all games of chance;
- To close dance halls; to forbid dancing;
- To censor theater productions and films; to be severe in approving films;
- Religious teaching should constitute the essential subject matter to be taught in all educational establishments and faculties;
- Aid for low-ranking employees and enlargement of their pay, lowering the income of high-ranking employees.

59) Vlg. T. Little, Egypt, a.a.O., S. 154. Das von der Bruderschaft angestrebte islamische Regierungssystem sollte ein Kalifat mit Shura (Beratung) Beteiligung werden. Obwohl die Bruderschaft die Parteien als westliches Instrumentarium ('political tyranny') verdammte, plante al-Banna die Ersetzung des pluralistischen Parteiensystems durch die Bruderschaft als einzige Partei (Kohäsionsgedanke). Wahlen (Kalif oder auch Funktionsträger) bedeuteten im Verständnis dieser Fundamentalisten stets nur Huldigung. Vgl. R.P. Mitchell, The Society of ..., a.a.O., S. 260 ff.

60) Großbritannien kaufte mehrmals die gesamte Baumwollernte eines Jahres, schuf etliche tausend Arbeitsplätze (Versorgungsbereich) und förderte Industriebetriebe (Logistik, Rüstung, Nahrung, Textilien). Vgl. B. Hansen, G. Marzouk, Development and Economic Policy in the UAR (Egypt), Amsterdam 1965.

61) Vgl. N. Safran, Egypt in Search of Political Community, a.a.O., S. 200.

62) Die Lebenshaltungskosten (Index 1939: 100, 1950: 329), die Schrumpfung der Erntefläche pro Kopf (1897: 0,7 fed., 1937: 0,52 fed., 1952: 0,42 fed.) sowie das rasche Bevölkerungswachstum (1897: 9,7 Mio., 1937: 16 Mio., 1952: 21,47 Mio.) und weitere Daten bei: D. Sternberger, Die Wahl der Parlamente, a.a.O., S. 257.

63) Bereits im Januar 1952, während dieses zeitweiligen Zusammenbruchs der inneren Sicherheit, sollen die Offiziere einen Putsch erwogen haben; da aber die Bruderschaft das Geschehen auf den Straßen bestimmte und im Kabinett der Vorschlag diskutiert wurde, Naguib zum neuen Verteidigungsminister zu ernennen, stellten sie das Vorhaben zurück.

64) Mit diesen populären Maßnahmen verfolgte die Wafd auch eine Schwächung des königlichen Einflusses auf die Armee; die Krone ernannte bis dahin alle höheren Offiziere, die durchweg der (teilweise tscherkessischen) Aristokratie angehörten.

65) "Die Wirtschaftskrise in den 30er Jahren, die die Einstellungschancen von Universitätsabsolventen im zivilen Staatsdienst verringerte - und davon waren hauptsächlich die Angehörigen der Kleinbourgeoisie betroffen - führte hier zu einer Tendenzänderung. Die Oberschul-Absolventen und

Studenten -' insbesondere der juristischen Fakultät - und Angehörige verschiedener Berufsgruppen (z.B. arbeitslose Rechtsanwälte) fühlten sich zum Eintritt in die Armee veranlaßt. Dort sah man bessere Aufstiegsmöglichkeiten, ein relativ gutes und vor allem sicheres Einkommen und eine Prestigeaufwertung, die aus dem Offiziersstatus als einem früheren Privileg der Oberklasse resultierte." Vgl. S. Gomaa, Das Militär in Ägypten, a.a.O., S. 82.

66) Vgl. A. Abdel-Malek, Ägypten: Militärgesellschaft: ..., a.a.O., S. 90.

67) Vgl. A. el-Sadat, Unterwegs zur Gerechtigkeit, a.a.O., S. 31.

68) Politisches Interesse und erste Erfahrungen waren bei den meisten Offizieren seit der Schulzeit vorhanden; "Hier darf ich übrigens berichten, daß ich jeder einzelnen politischen Partei in Ägypten beigetreten bin: entweder aus Neugierde oder in der Hoffnung, daß sie einen Weg zeigen könne, der aus unserer mißlichen Lage herausführte." Vgl. A. el-Sadat, Unterwegs zur Gerechtigkeit, a.a.O., S. 72.

69) D. Kurzman, Genesis 1948, New York 1972, dort S. 644 ff., zu Nassers vorbildlichem Verhalten (auch aus israelischer Sicht) bei der Verteidigung des von israelischen Einheiten eingeschlossenen Faluja.

70) Die Bitterkeit wurde durch Berichte der 'Rose al-Youssef' verstärkt, in denen Beweismaterial über Geschäfte mit fehlerhaften Waffen veröffentlicht wurde, in die König Faruq, seine Ratgeber, das militärische Oberkommando sowie zahlreiche führende Köpfe der saadistischen Partei verwickelt waren." Vgl. S. Gomaa, Das Militär in Ägypten, a.a.O., S. 85.

71) ... "the new generation of officers had just lost the only war (in Palestine) the Egyptian Army had fought in sixty-five years. Rightly or wrongly, many of them believed that the politicians, the King, the ancien régime in its entirety were to blame for this humiliating defeat." Vgl. P.J. Vatikiotis, The Modern History of Egypt, a.a.O., S. 375, auch A. el-Sadat, Geheimtagebuch der ägyptischen Revolution, Düsseldorf 1957, S. 120, "Waren sie erst wieder daheim, so gelobten sie sich, dann würden die Dinge anders werden. Der Palästinafeldzug ist ein auslösendes Moment für die Julirevolution gewesen."

72) Die Wafd hatte sich im Sommer 1949 mit dem König arrangiert und beteiligte sich an einer Koalitionsregierung unter dem 'unabhängigen' Premier Sirri, die aber unter anderem wegen Wahlkreisneueinteilungen zerbrach. Neuwahlen im Januar 1950 gewann die Wafd haushoch, allerdings: "There were at the time allegations of Wafdist intimidations of and pressure on voters in polling stations in Cairo and Alexandria." Vgl. P.J. Vatikiotis, The Modern History of Egypt, a.a.O., S. 368.

73) "The officers regarded it as their duty to train such volunteers and lead them in battle." Vgl. I.M. Husaini, The Moslem Brethren, Beirut 1956, S. 126; dort weitere Angaben zu den Beziehungen zwischen Bruderschaft und Armeeangehörigen, deren Kontaktmann zeitweise Sadat war.

74) Vgl. S. Gomaa, Das Militär in Ägypten, a.a.O., S. 88.

75) Zu den Terroranschlägen und zum Brand von Kairo am 26. Januar 1952, das nach ägyptisch-britischen Schießereien in Ismailia (aus Prestigegründen seitens des damaligen Innenministers Faud Seraq Eddin angeordnet) in Flammen stand, s. A. Abdel Malek, Ägypten Militärgesellschaft: ..., a.a.O., S. 79 ff., zu den Tätern "... doch vor allem aktive Mitglieder der Geheimorganisation der Moslembruderschaft. Diese hatten sich während des Kampfes um den Kanal größtenteils im Hintergrund gehalten. Mittels einer Angstpsychose versuchten sie, gleichsam aus dem Nichts heraus eine antijüdische Stimmung zu erzeugen, die bis dahin in Ägypten unbekannt war. Während Wafdisten und Kommunisten in das Kanalgebiet einrückten, richtete die Moslembruderschaft ihre Zerstörungskampagne gegen die Bars und Unterhaltungszentren von Kairo und Alexandria, sie schossen auf Liebespaare in dunklen Vorstadtstraßen, predigten religiösen Fanatismus, Aggression und Haß ... . Um die Mittagszeit stand der Geschäftsbezirk, die moderne City im Herzen Kairos, in Flammen, die in den frühen Nachmittagsstunden weiter um sich griffen." (S. 81.)

76) "Der Hagel von Beförderungen, der ohne jeden Anlaß auf uns herniederging, überraschte uns zunächst, ..." Schon 1947 betrieb der Monarch eine derartige Gegenstrategie. Vgl. A. el-Sadat, Geheimtagebuch ..., a.a.O., S. 115.

77) Vgl. F. Büttner, Nassers Ägypten zwischen islamischer Tradition und sozialistischer Zukunft, in: P.J. Opitz, Profile und Programme der Dritten Welt, München 1970, S. 77 ff. (hier S. 81).

78) A. Schölch, a.a.O., S. 198.

6. Die Ära Nasser: Auf der Suche nach einer neuen Identität

6.1. Reform oder Revolution

Die Armee-Offiziere hatten keine präzisen Vorstellungen von der politischen Zukunft Ägyptens nach dem Putsch.[1] So lagen keine ausgearbeiteten Überlegungen hinsichtlich der Ausgestaltung des Wirtschaftssystems, der Maßnahmen zur sozialen Entwicklung oder gar der politischen Strukturen vor. Um die Rechtmäßigkeit ihres Vorgehens herauszustellen[2] und die de facto erworbene politische Macht in politische Autorität umzuwandeln, bekannten sie sich neben kämpferischen außenpolitischen Formeln zu wenigen Grundsätzen,[3] wie Kampf gegen Korruption[4] usw., die zwar populär, aber inhaltlich genauso unbestimmt waren wie die im März 1952 veröffentlichten Flugblätter,[5] die 'Rundschreiben' genannt wurden.
Nasser beschrieb im Nachhinein die geistige und politische Situation, in der sich die Putschisten unmittelbar nach der günstig verlaufenen militärischen Operation[6] befanden. Seine Gedanken vermitteln charakteristisch die Stimmung eines "zweifelnden Selbstverständnisses" und der "Perspektivelosigkeit" unter den Akteuren.

"Ich kann bezeugen, daß es seit dem 23. Juli gewisse kritische Augenblicke gab, in denen ich mich selbst, meine Kameraden und die übrige Armee anklagte, wir hätten mit dem, was wir an diesem Tage taten, übereilt und wahnsinnig gehandelt. Vor dem 23. Juli hatte ich mir nämlich eingebildet, die ganze Nation stehe gewissermaßen auf den Zehenspitzen bereit zur Aktion, und sie wartete nur auf eine Vorhut, die den Sturm auf die Außenmauern unternehmen würde, um dann in geschlossenen Reihen vorzubrechen und gläubig dem großen Ziele entgegenzumarschieren. Ich dachte, wir brauchten nur diese Avantgarde und eine Art Kommandotruppe der Revolution zu sein, und es würde genügen, wenn wir die Front ein paar Stunden lang hielten; dann würden gleich hinter uns die Massen in geschlossenen Reihen und donnerndem Marschschritt kommen, und der Vormarsch würde geordnet dem großen Ziel entgegengehen. ... Nach dem 23. Juli war ich entsetzt über die Wirklichkeit. Die Vorhut hatte ihre Aufgabe gelöst, ... - und nun

stand sie da und wartete auf das Eintreffen der Massenformationen. ... Die Massen kamen schließlich in endlosen Haufen - aber wie verschieden war die Wirklichkeit von der Vision! ... Wir brauchten Einheit und fanden nichts als Zersplitterung. Wir brauchten Arbeit und fanden nichts als Wustigkeit und Schlamperei. Aufgrund dieser Tatsachen allein prägte die Revolution ihre Parole: Einheit, Disziplin, Arbeit.
Auf diesen Schlag waren wir nicht vorbereitet. Jeder führende Kopf, an den wir uns wandten, verlangte vor allem einmal, daß sein Rivale umgebracht werde."[7]

Diese Vielzahl konkurrierender Ideen, Zielvorstellungen und Hoffnungen fand sich auch im leitenden Gremium der Revolution - dem Exekutivkomitee. Das Fehlen eines konkreten Programms hing in erster Linie mit der politischen Orientierung der neuen Machtträger zusammen,[8] die so divergierenden normativen Werten verpflichtet waren wie einerseits der Welt der Muslimbrüder und andererseits der Weltanschauung sozialistischer Gruppierungen.

Schaubild 4: Politische Orientierung der Freien Offiziere (ohne Naguib)[9]

	Muslimbruderschaft	Kommunisten	Grünhemden (Vorbild italien. Faschisten)
Nasser			x (?)
Sadat	x		x
Muhieddin, Z.	x		
Muhieddin, Kh.		x	
Amer, Abdel Hakim	x		
Salem, Gamal			x
Salem, Salah	(rechter Flügel der Freien Offiziere)		
Mun'im ar-Rauf	x		
Siddig, Yusuf		x	
Rif'at, Kamal		x[10]	

Ein gemeinsamer Nenner ließ sich daher nur für die notwendigen Maßnahmen zur Absicherung der erlangten Machtposition[11] gegenüber den rivalisierenden sozialen-politischen Kräften herstellen. Diese "Negativkoalition" unter den Offizieren fand

ihren verbalen Ausdruck in populären Standardformeln,[12] die ihre politisierenden Wirkungen bereits bewiesen hatten.
Unmittelbar nach dem Putsch waren also Veränderungen von hohem Sympathiewert für die Junta zu erwarten. Welche Schritte im einzelnen erfolgten und welche Motive diesen jeweils zugrundelagen, sowie der Bruch der Negativkoalition binnen zweier Jahre soll an zwei signifikanten Beispielen dargestellt werden. Sowohl das Agrarreform- als auch das Parteiengesetz belegen nämlich diese ordnungspolitische Kontroverse, die das Vorspiel zum erbitterten Machtkampf innerhalb der Junta einleitete.

6.2. Der Ordnungskonflikt

Die ersten politischen Eingriffe zielten nicht auf eine Veränderung der institutionellen Rahmenbedingungen.[13] Man kann sogar davon sprechen, daß ein fundamentaler Wandel der politischen Strukturen noch nicht in Erwägung gezogen war. Nachdem Faruq sich weigerte, auf das Recht, Regierungen zu entlassen und das Parlament aufzulösen, zu verzichten, wurde er auf dem Verhandlungsweg[14] zur Abdankung zugunsten seines einjährigen Sohnes Fuad II gezwungen. Ali Maher, ein erfahrener Repräsentant der "alten Ordnung", wurde zum Ministerpräsidenten eines Zivilkabinetts[15] ernannt und übernahm in Personalunion das Außen-, Innen-, Kriegs- und Marineministerium.
Für das Kind wurde ein dreiköpfiger Regentschaftsrat eingesetzt, dem Rashad Mehanna, Offizier und der Muslimbruderschaft nahestehend, ein Mitglied des königlichen Hauses sowie der Präsident des ehemaligen ägyptischen Parlaments angehörten. Trotz der Säuberungen in Armee und Verwaltung sowie der Plazierung loyaler Offiziere als "Kontrolleure" in diesen beiden Organisationen schienen die ausgeführten Aktionen eher auf einen reformerischen Neubeginn zu deuten, der die Kontinuität der verfassungsrechtlichen Bestimmungen wahrte, als einen revolutionären Umsturz der Monarchie anzustreben. Nur am Rande sei hier vermerkt, daß das Militärregime den Begriff Revolution in seinen Anordnungen und Verlautbarungen erst ab 1954 systematisch gebrauchte.[16]

Das eigentliche politische Machtzentrum, die königliche Familie, verbunden mit der Landaristokratie, wurde nur personell ausgeschaltet. Zwar wurde den politischen Parteien eine Säuberung der eigenen Reihen und ein demokratischer interner Aufbau nahegelegt; doch sowohl Wafd-Partei als auch Muslimbruderschaft waren fest davon überzeugt, ihre politische Arbeit fortsetzen zu können;[17] sie forderten lediglich eine adäquate Beteiligung an der Machtausübung - freilich in der Perzeption eigener Mehrheitsfähigkeit nach Rückkehr der Armee in die Kasernen.[18]

Die Freien Offiziere hatten sich kein neues politisches Forum geschaffen, sondern tagten teilweise in joint sessions mit dem Zivilkabinett. Die im Exekutivkomitee erzielten Vereinbarungen wurden als allgemeine Empfehlungen an die Maher-Regierung übermittelt.
Diese auf Zeitgewinn angelegte Politik der Militärs veränderte sich durch den Widerstand der Opposition - ablesbar am Beharren auf Regierungsbeteiligung - und durch einen Lohnstreik, der eine Konfrontation zwischen Regierenden und Regierten signalisierte. Diese Ereignisse verlangten Antworten, also Entscheidungen über den weiteren Kurs. Die Diskussionen darüber verursachten eine Polarisierung innerhalb der Offiziersjunta und zugleich einen nicht mehr lösbaren Konflikt zwischen Exekutivkomitee und Kabinett.

6.2.1. Das Agrarreformgesetz

Bereits in den ersten Tagen nach dem Staatsstreich gab es in der Bevölkerung zahlreiche Kundgebungen für die neuen Machthaber. Auf dem Lande wurde sogar offen von Landreform gesprochen. In den Industriezentren aktivierten die Gewerkschaften ihre Mitglieder und veranstalteten Solidaritätskampagnen, die Erwartungshaltungen offenlegten für weitgehende Veränderungen in allen Lebensbereichen.[19]
In der Baumwollspinnerei von Kafr ad-Dawar bei Alexandria wurde am 13. August ein Lohnstreik[20] ausgerufen. Streikende hatten das Betriebsgelände einer anglo-ägyptischen Firmengruppe besetzt,

mehr oder minder arbeitsrechtliche Verbesserungen gefordert, aber auch an einige Gebäude Feuer gelegt. Zwar erschienen in ihren politischen Resolutionen ohne Ausnahmen Sympathieerklärungen für Naguib und die Revolution; doch die Offiziere ließen den Streik mit Gewalt beenden, da sie hinter diesen Vorgängen ein von der Linken, der Wafd und Teilen der Muslimbruderschaft organisiertes Komplott vermuteten.

Wegen der Gegenmaßnahmen, im Ergebnis ein blutiger Zusammenstoß, kam es unter den Mitgliedern des Exekutivkomitees zu einer ersten Belastungsprobe.[21] Der offene Austrag der konträren Positionen blieb aber aus, da man sich zur Demonstration der Einheit und Handlungsfähigkeit - vor allem gegenüber dem Ausland - gezwungen sah. Um weiteren möglichen Konfrontationen und Agitationspunkten vorzubeugen, verkündete Naguib über die Rundfunkanstalten eine Reihe substantieller Reformen. Parallel dazu rief der Innenminister eine "Staatssicherheitsorganisation gegen Kommunismus und Zionismus" ins Leben. Am 17. August wurde das Exekutivkomitee in den Revolutionsrat umgeformt. Während unter Nassers Leitung diese neue Institution einen Plan zum Abzug der britischen Truppen aus Ägypten aufstellte, erarbeitete das Kabinett unter maßgeblicher Beteiligung der Offiziere ein Agrargesetz, das mit seiner Bekanntgabe am 09. September 1952 eine Agrarreform einleitete.

Auffälligste Kennzeichen der ägyptischen Agrarstruktur im Juli 1952 waren die extrem ungleichen Bodenbesitzverhältnisse sowie der hohe Grad der Konzentration des Grundeigentums in der Hand einer dünnen Schicht von Großgrundbesitzern (s. Tabelle 9, S. 144).[22]

Die großen Ländereien wurden an den Meistbietenden oft in Form von Parzellen und häufig nur saisonal verpachtet (s. Tabelle 10, S. 144).

Tabelle 9: Landverteilung im Jahre 1952 vor dem Putsch

Größe des Eigentums (in Feddan)	Zahl der Grundeigentümer	Prozentsatz	Gesamt Eigentumsfläche (in Feddan)	Prozentsatz
weniger als 5	2.641.878	94,2%	2.121.864	35,5%
5-10	79.259	2,7%	525.904	8,8%
10-50	69.115	2,4%	1.281.433	21,5%
50-100	6.378	0,3%	429.494	7,2%
100-200	3.184	0,12%	436.775	7,3%
über 200	1.786	0,06%	1.176.801	19,7%
Insgesamt	2.801.600	100%	5.972.271	100%

Nach: S. Khalil, Grundeigentum und Landreform in Ägypten, Bonn 1959, S. 29.

Tabelle 10:[23] Anteil des verpachteten Landes bei ausgewählten Großländereien in Feddan

Besitztum	Fläche insgesamt	Vom Eigentümer bewirtschaftet	verpachtete Fläche	Prozentsatz
1. Königl.Gut in Kafr-El-Sheik	16,035	6,863	9,172	57,2
2. Sheik-Fadl Landgesellschaft in Menia	6,600	600	6,000	90,9
3. Gut in Nag Hamadi, Qena	14,075	2,680	11,395	80,8
4. Unter öffentlicher Verwaltung stehende Güter	150,832	12,000	138,832	92,0

Für die Pacht pro Feddan mußten durchschnittlich 75% des Netto-Einkommens pro Feddan entrichtet werden.[24]

Ertragshemmend wirkte gleichermaßen das kaum vorstellbare Ausmaß der Zersplitterung des Kleineigentums: Von insgesamt 2,8 Mio. Grundeigentümern besaßen 2,3 Mio. jeweils weniger als zwei Feddan.[25] Daneben führte auch die mangelnde Kapitalausstattung und Kreditversorgung[26] zu einer unwirtschaftlichen Produktion, die ohnehin nur einen kargen subsistenzwirtschaftlichen "Lebensstandard"[27] zuließ und mit dem Bevölkerungszuwachs der 40er und 50er Jahre nicht Schritt halten konnte. Diese Erwerbsbedingungen hatten zusammen mit der chronisch mangelnden und qualitativ unzureichenden Ernährung und der fehlenden gesundheitlichen Versorgung ihr Spiegelbild in der geringen Lebenserwartung von durchschnittlich 15-30 Jahren in den ländlichen Regionen (gesamt 38,6 Jahre).[28]

Gemessen an den sozialen Lebensverhältnissen war jede Reformankündigung mit dem erklärten Ziel einer Verbesserung der gegenwärtigen Situation ein publikumswirksamer Schritt, der dem neuen Regime automatisch einen Popularitätsbonus bei der überwiegenden Mehrheit der Bevölkerung garantierte.

Das in sechs Abschnitte gegliederte Gesetzeswerk bestimmte in seinem Kern die Begrenzung des Landeigentums auf maximal 300 Feddan.[29] Bauern, die Reformland erhielten, mußten einer notfalls zu gründenden (Dorf-)Genossenschaft[30] beitreten. Die Initiative basierte also bewußt auf der Beibehaltung privatwirtschaftlicher Betriebe sowie des privaten Grundeigentums. Die enteigneten Flächen wurden zunächst von einer Agrarreformbehörde verwaltet und dann kleineren Pächtern und Landarbeitern zum Kauf angeboten.[31]

Aus diesen Bausteinen entstand sukzessive ein Landverteilungsprogramm, wobei die gesetzlichen Modalitäten für das Enteignungsverfahren, den Erwerb und die Bewirtschaftung (Fruchtfolge usw.) mehrmals neu festgelegt wurden.[32] Das in der Literatur[33] vorhandene negative Urteil über die Wirksamkeit dieser Maßnahmen im Hinblick auf die Ertragslage der Landwirtschaft und die Erwerbssituation der Bevölkerung wird mit nachfolgenden Daten belegt:

Die Gesamtfläche des bis 1956 eingezogenen Landes betrug 566.000 Feddan, d.h. 9% der gesamten ägyptischen Anbaufläche.[34] Aus Tabelle 11 ist die Verteilung dieser enteigneten Ländereien zu ersehen.

Tabelle 11:[35] Die Verteilung des Grundeigentums nach Anwendung des Landreformgesetzes

Größe des Eigentums (in Feddan)	Zahl der Grundeigentümer	Prozentsatz	Gesamte Eigentumsfläche (in Feddan)	Prozentsatz
weniger als 5	2.869.878	94,73%	2.945.065	49,3%
5-10	79.259	2,61%	525.904	8,8%
10-50	69.115	2,24%	1.281.433	21,5%
50-100	6.378	0,21%	429.494	7,2%
100-200	3.184	0,1%	436.775	7,3%
200	1.768	0,058%	353.600	5,9%
Insgesamt:	3.029.582	100,00%	5.972.271	100,00%

(Die Prozentsätze wurden abgerundet)

Etwa 228.000 Personen, d.h. nicht einmal 10% der Kleinbauern, erhielten die Chance, ihre Arbeits- und Existenzgrundlage zu verbessern. Die Zahlen weisen zudem aus, daß die aufgrund des islamischen Erbrechts und der "Pachtpraxis" bestehende Parzellierung mit der Aufteilung der größeren Flächen noch weiter verstärkt wurde. Gomaa zitiert das Ergebnis einer Untersuchung von 1958 über die wirtschaftliche Rentabilität dieser Parzellenwirtschaft, das mit der Feststellung schließt, "daß ein Bauer, der nach der Landverteilung drei Feddan bewirtschaftete, mit einem jährlichen Schuldendienst von 125 ägyptischen Pfund belastet war, während sich jedoch sein Einkommen lediglich auf 115 ägyptische Pfund belief."[36]

Von einer spürbaren Entlastung und individuellen Besserstellung der kleinen Bauernfamilien kann also keine Rede sein, allenfalls gelang ansatzweise die Relativierung der hervorstechendsten Überspitzungen in der traditionellen dörflichen Existenz; bezogen auf den selbst formulierten Anspruch der Offiziere, soziale Gerechtigkeit herzustellen, bleibt zu konstatieren: "Die Agrarreform war eine politische Geste der Sympathie; sie fand den größten Beifall, doch muß man zugeben, daß ihr praktischer Effekt bedeutungslos war."[37] Dieses Urteil übersieht freilich den globalen Wirkungszusammenhang des Komplexes Agrarreform: Die Veränderungen im Agrarsektor leiteten nämlich ein Vorspiel zum - in den 60er Jahren in mehreren Phasen etablierten - Staatsdirigismus ein, da die Bodenreform mit ihren zahlreichen Regelungsvarianten die stetige Zunahme der Einwirkungsmöglichkeiten der Exekutive erlaubte. Kontrollierten vor der Agrarreform die lokalen Großgrundbesitzer das dörfliche Leben, so übernahmen die neuen Bürokraten (Agrarreformbehörde, Genossenschaften unter staatlicher Aufsicht) diese Rolle, wie das Beispiel der Genossenschaftskredite zeigt.

Ein weiterer praktischer Effekt und die spezifische politische Funktion dieser Maßnahmen werden mit dem Rücktritt Ali Mahers deutlich.

Schaubild 5: Entwicklung der Genossenschaftskredite Ägypten 1931-1963

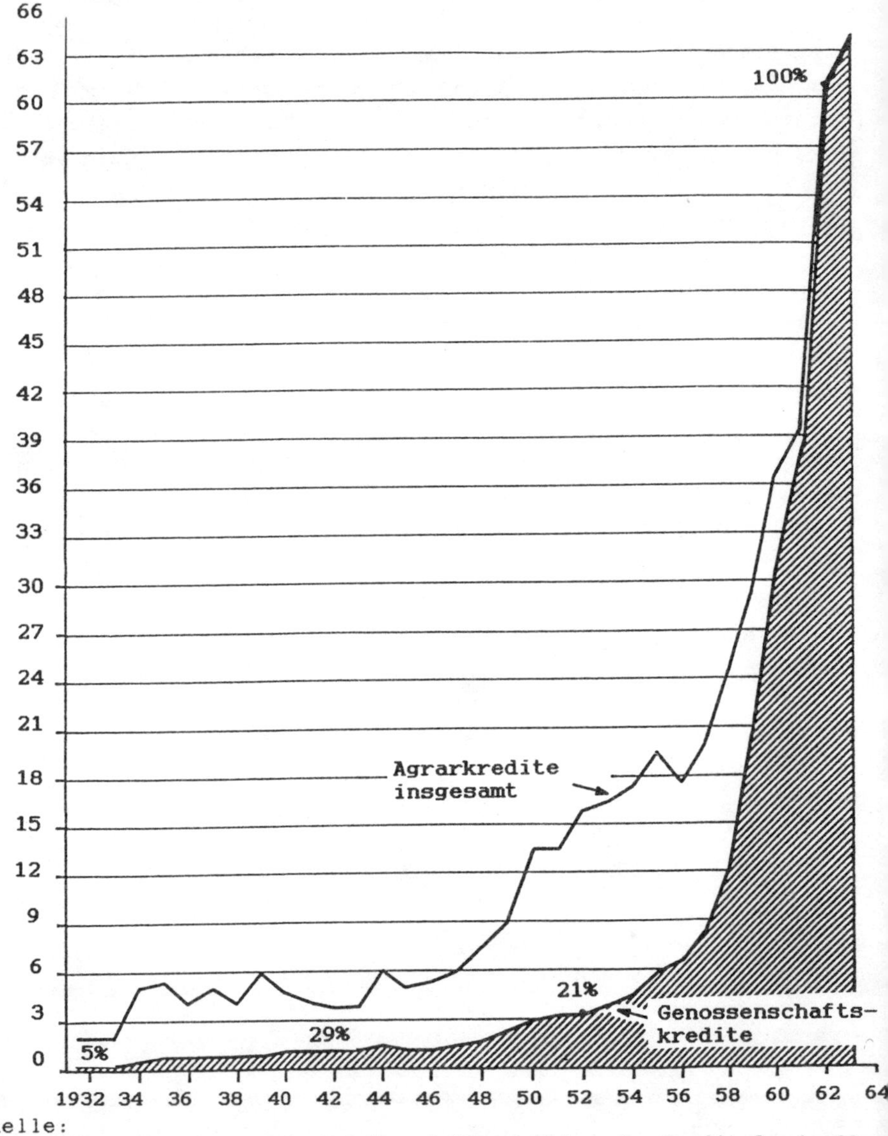

Quelle:
Ahmed Ragai Hassan & Mohamed Kamel Ahmed Mohamed, Credit Agricultur and Cooperative Bank, its Role in the Agricultural Credit, Kairo 1960, S. 4; sowie Hassan Abdallah, U.A.R., Agriculture, Kairo 1965, S. 62.

6.2.2. Der Rücktritt des Ministerpräsidenten Ali Maher

Mit der Ernennung Mahers[38] zum Regierungschef – an der Spitze eines Zivilkabinetts, bestehend aus Fachleuten und Politikern des konstitutionellen Ägypten – sollten die ungewissen Risiken eines machtpolitischen Vakuums vermieden werden. Dieser Amtsantritt läßt sich durchaus als ein sachlich orientierter Neubeginn mit einer Wirkungsabsicht nach außen darstellen; denn die neuen Machtträger fürchteten eine für sie nicht kalkulierbare Reaktion der Großmächte[39] zugunsten Faruqs. Ausschlaggebend für die Einsetzung Mahers durch die Offiziere waren seine nationale Gesinnung, seine Erfahrung mit der Tagespolitik[40] und seine notorische Gegnerschaft zur Wafd.

Ali Maher führte sein Amt zunächst ganz nach den Vorstellungen der Offiziere, indem er die Wafd-Partei durch ein geschicktes Manöver am Zugang zu institutionellen Machtpositionen hinderte: Da die Abdankung des Königs und die Konstituierung eines Regentschaftsrates verfassungsrechtlich nicht vorgesehen waren, wandte er für den Thronwechsel die Vorschriften an, die beim Tode des Monarchen in Kraft treten.[41] Durch diesen Analogieschluß war zunächst für eine Übergangsphase die verfassungsrechtliche Legalität hergestellt. Die Wahl des Regentschaftsrates übertrug er per Geschäftsordnungsbeschluß in die Kompetenz des Ministerrates; aufgrund dieser Verfahrensweise erschien jeder parlamentarische Schritt zur Einberufung des Rates als "überflüssig".

An-Nahas, der Führer der Wafd-Partei, hatte die Wiedereinberufung des vom Monarchen aufgelösten Parlaments als Voraussetzung für eine rechtmäßige Konstituierung des Regentschaftsrates verlangt. Die Wahl der Mitglieder sollte nur durch Zustimmung des Parlaments, in dem die Wafd-Partei die Mehrheit besaß, erfolgen.

Ali Maher, der sozialen Reformen durchaus aufgeschlossen war, formulierte zusammen mit Naguib öffentlich Ansätze eines Reformprogramms,[42] das ausdrücklich eine Lösung der Agrarfrage in Aussicht stellte. Doch Maher war kein willfähriges Instrument der Offiziere. Unterschiedliche Auffassungen hinsichtlich Termin und Ausmaß einer Landreform[43] und die unter seiner Verantwortung

angeblich zu "zögerliche" Durchführung der "Säuberungsaufgaben" gegenüber den politischen Parteien führten bereits vor dem Streik in den Baumwollspinnereien von Kafr ad-Dawar[44] zu Spannungen zwischen dem Ministerpräsidenten und Teilen der Militärjunta.
Als sich nach den Vorfällen in Kafr ad-Dawar, die von den Militärs als eine bedrohliche Kampfansage an ihre Revolution bewertet wurden, eine Mehrheit für radikale Maßnahmen gegen die politischen Kräfte der alten Ordnung, insbesondere gegen die Wafd, im Revolutionsrat abzeichnete, geriet die Regierungsarbeit des Premiers mehr und mehr in Kritik;[45] Ali Maher mußte am 7. September 1952 den Kabinettsvorsitz an Naguib abtreten. Zwei Tage später (09.09.52) verabschiedete das neue Kabinett das Agrarreformgesetz und ein Gesetz zur Reorganisation der politischen Parteien.

Die Durchführungsbestimmungen zur Agrarreform und die Chronologie der Ereignisse, die zu dem Gesetz führten, zeigen sehr wohl, daß die Reform mehr als nur eine "Geste der Sympathie" war. Sie war eine machtpolitische Intention, die einen politischen Effekt erzielen wollte, der in drei Aspekten darstellbar ist:

1. Die Beschränkung des Großgrundbesitzes sollte eine Demonstration der Geschlossenheit und des Willens zur politischen Veränderung durch die neue Elite sein.
   Der tragenden sozialen Säule der Monarchie, der Landaristokratie, sollten präventiv die möglichen Konsequenzen einer fortgesetzten Unterstützung und Zusammenarbeit mit der Wafd angedroht werden.[46] Die Maßnahmen waren also ein "Warnschuß an die Zitadelle und die mit ihr verbündeten Gruppen."[47]

2. Obwohl anfangs keine substantiellen Besitzverschiebungen zugunsten der Landbevölkerung geplant waren, sollte qua Umverteilung eine neue Schicht von Kleinbauern geschaffen werden; diese - dem neuen Regime materiell und ideologisch verpflichtet - und eine Vielzahl von auf Veränderungen Hoffenden sollten eine eigene politische Basis in der Bevölkerung begründen.

3. Die durch Enteignung und Verkauf des Bodens freiwerdenden Finanzen sollten ausreichendes, auch privates Investitionskapital zum Aufbau einer modernen Industrie bereitstellen. Der Ausbau des modernen Sektors hätte die Stellung des städtischen Mittelstandes gegen die traditionellen sozialen Schichten gefestigt und gleichzeitig die Armee mit technisch modernem Gerät und Dienstleistungen versorgt.

Die Agrarreform war also Teil einer politischen Strategie, die durchgängig zwei Elemente enthielt:

- Einschüchterung der alten Eliten und

- Neuaufbau eigenen politischen "supports".

Eine ähnliche Mischung dieser beiden Komponenten beinhaltete auch das Parteienorganisationsgesetz und seine verfassungspolitische Konsequenz, das zusammen mit der Agrarreform am 09.09.1952 proklamiert wurde.

6.2.3. Die zukünftige Rolle der politischen Parteien

Parallel zu den Diskussionen über die Modalitäten der Agrarreform sondierten Mitglieder des Revolutionsrates Mitte August bei der Wafd-Führung die Chancen für eine mögliche Kooperation.[48] Doch die Verantwortlichen der Wafd waren nicht konsensbereit, setzten ihre Opposition gegen die Militärs fort und mißachteten die "Säuberungsauflagen".[49]
Mit dem Parteienreorganisationsgesetz vom September verfolgten die Offiziere noch nicht die Zerschlagung der politischen Parteien. Sie wollten aber die monopolartige Stellung der Wafd im politischen Willensbildungsprozeß durch beliebig interpretierbare formale Kriterien[50] aushöhlen; denn das Akzeptieren dieser gesetzlichen Grundlage für die Neuordnung der Parteienlandschaft bedeutete das Ausscheiden der erfahrensten Parteiführer und die Auflösung einer funktionsfähigen Parteistruktur. Zum anderen bestand begründete Hoffnung, daß die internen Streitigkeiten der

Wafd zur Parteispaltung genutzt werden konnten, wobei die rivalisierenden Fraktionen die Parteiarbeit zunächst gelähmt bzw. die potentiellen Neugründungen das 'ganze Land' mit Konkurrenzkämpfen beschäftigt hätten.[51]
Doch an-Nahas konnte sich parteiintern mit seinem Verweigerungskurs durchsetzen und wurde - um den Forderungen formal zu entsprechen - zum Ehrenpräsidenten der Wafd gewählt. Das Innenministerium erklärte diese Lösung für unzureichend; konfrontationsbereit wies die Wafd diese Einlassungen zurück und beantragte ein ordentliches Normenkontrollverfahren, das die Übereinstimmung des Gesetzes mit der seit dem Putsch suspendierten Verfassung (1923) klären sollte. Daraufhin beschloß das Kabinett für Naguib besondere Machtbefugnisse (de facto Aufhebung der Gewaltenteilung), die keiner gerichtlichen Kontrolle unterlagen, für sechs Monate, und zwar rückwirkend ab dem 23. Juli 1952.[52]

Um die sich abzeichnende Eskalation der politischen Proteste seitens der Parteien[53] zu begrenzen, unternahmen Repräsentanten der Militärjunta eine "good will" Tour durch die Hochburgen der Wafd[54] (Deltagebiet) und riefen eine Kommission ins Leben, die das Kriegsrecht durch die Ausarbeitung einer neuen Verfassung beenden sollte.[55] Die Befugnisse des Staatsoberhauptes und der Regierung sollten dabei konkret fixiert werden.
Doch diese politische Offensive trug nicht zu einer Beruhigung der inneren Lage bei. Kontraproduktiv unter der alten Elite wirkten vor allem die seit Oktober verstärkt eingesetzten Tribunale und die willkürlichen Verhaftungen, die Gerüchten über eine geplante Errichtung einer Militärdiktatur stets neue Anhaltspunkte[56] boten und Anlaß zu Protest gaben. Studentenunruhen Anfang Januar 1953 und die Aufdeckung einer Verschwörung, angeblich aus Armee- und Parteikreisen, lieferten schließlich den Vorwand, die Partei auszuschalten und weitere Maßnahmen[57] zu dekretieren, die klar das Ende des begrenzten Dialogs mit den politischen Parteien anzeigten.
Nach der Auflösung der politischen Parteien (17. Januar 1953) verkündete Naguib am 23.01.53 die Gründung einer "Befreiungsversammlung". Die von Naguib als Präsident und Nasser als Generalsekretär geleitete Organisation verstanden die Militärs nicht als

politische Partei, sondern als eine öffentliche Versammlung bzw. Bewegung, "in der die Bestrebungen des Regimes der Bevölkerung bekannt gemacht werden sollten und in der alle politischen Kräfte der verschiedenen Bevölkerungsschichten repräsentiert sein sollten."[58]

Betrachtet man die hierarchische Struktur, die personelle Besetzung und die Satzung der Befreiungsversammlung, so entstand in ihr ein Instrument, das zum einen 'support' qua plebiszitärer Mobilisierung und zum anderen ein Drohpotential gegen widerstrebende Gruppen bzw. öffentliche Kritik bereitstellte. Mit anderen Worten: Die Freien Offiziere strebten nicht nur nach Monopolisierung der politischen Willensbildung, sondern schufen sich ihre spezifische Machtbasis.
Die Befreiungsversammlung wurde zum Muster aller späteren vom Militärregime installierten Parteiorganisationen, die anstelle von aktiver Partizipation nur die akklamative Teilnahme am politischen Prozeß - für die überwiegende Mehrheit der Mitglieder - zuließen. Gleichzeitig stellten diese Organisationen ein Reservoir an zuverlässigen Kadern, aus denen Funktionäre für die Spitzenpositionen in Partei, Verwaltung und Regierung rekrutiert werden konnten.

An organisierter politischer Opposition blieb nur noch die Muslimbruderschaft übrig. Aber die Auswirkungen des Ordnungskonfliktes betrafen auch die politische Konstellation innerhalb der Freien Offiziere. Vereinfacht lassen sich zwei Flügel ausmachen, deren konträre politische Positionen von Naguib und Nasser personalisiert waren:

1. Die Gruppe um Naguib stand für graduelle Reformen und sah im Rahmen einer pluralistisch organisierten Öffentlichkeit eine Gestaltungs- und Beteiligungschance für andere politische Gruppen; das daraus resultierende Mehrparteiensystem und die verfassungstheoretische Begrenzung politischer Macht kraft legaler Satzung (Verfassung, unabhängige Justiz, Gewaltenteilung) bot zumindest den Ansatz für ein repräsentatives Regierungssystem, das ein System der 'checks and balances' erlaubt hätte.

2. Die Fraktion um Nasser dagegen suchte über die Mobilisierung bisher bei der Allokation politischer Macht kaum beteiligter sozialer Kräfte, konkurrierende politische Organisationen auszuschalten. Diese Monopolisierung der politischen Macht und der einseitige akklamative Kommunikationsfluß von Regierenden zu Regierten schaltet nicht nur (konstruktive) Opposition aus, sondern verhindert jegliche Kontrolle der Herrschenden.
Der Zwang zur Lösung sozialer und anderer Konflikte entfällt, und die potentiellen Probleme werden durch Aktionismus und affektive Ablenkungsmanöver zu übertünchen gesucht; hiermit programmiert ist die Transformation in eine plebiszitäre Ordnung, mit ihren immanenten Tendenzen zur Personalisierung und Innovationsunfähigkeit. Aus der Verbindung dieser destruktiven Komponenten läßt sich - anhand der vorliegenden historischen Erfahrungen - relativ leicht die Vorstufe zur cäsaristischen Diktatur[59] ersehen.

Mit der schrittweisen Ausschaltung der politischen Parteien, den verschiedenen Reformen, dem Aufbau der Befreiungsversammlung und der Verabschiedung einer provisorischen Verfassung für eine dreijährige Übergangszeit (Februar 1953-1956) schien die Konsolidierung des Machterwerbs eingeleitet zu sein. Dadurch entfiel der Zwang zur 'Negativkoalition' zwischen den zwei gegensätzlichen Offiziersfraktionen.

6.3. Der Machtkampf Nasser-Naguib

Die Konsolidierung ihrer Positionen erlaubte es, die Frage nach der Regierungsform aufzugreifen. Da der Regentschaftsrat handlungsunfähig war und zudem eine Empfehlung der noch im Dezember 1952 eingesetzten Verfassungskommission für die baldige Abschaffung der Monarchie vorlag, ergriffen die Offiziere im Juni 1953 die Gelegenheit,[60] durch Ausrufung der Republik mit der alten Ordnung endgültig auch verfassungsrechtlich zu brechen.
Naguib übernahm zusätzlich das Amt des Präsidenten und behielt den Posten des Ministerpräsidenten. Nasser wurde stellvertreten-

der Premier und Innenminister. Mit dem Übergang von der Monarchie zur Republik erfolgte zugleich in der Herrschaftsausübung der Militärs eine qualitative Veränderung: Ab sofort tagten der Führungsrat der Revolution und das bis dahin zivile Kabinett gemeinsam; in das auch neu gebildete Kabinett wurden schließlich Mitglieder des Führungsrates der Revolution aufgenommen und die Schlüsselpositionen mit Offizieren besetzt.[61]
Diese politische Rollenverteilung zwischen Nasser und Naguib schien den Außenstehenden dem Einfluß und Prestige der beiden Persönlichkeiten innerhalb der Führung zu entsprechen. Doch wer mit den beiden Repräsentanten zu verhandeln hatte, konnte diese Konstruktion nur als Übergang verstehen, zumal aus dem engeren Führungszirkel schon sehr bald Stimmen zu vernehmen waren, wonach Präsident Naguib unter den Offizieren nicht unumstritten war.[62]

6.3.1. Der Konflikt um die Richtlinienkompetenz

Naguib hatte nicht nur das Amt des Präsidenten und des Premierministers für sich beansprucht, sondern auch die Einführung der wöchentlichen gemeinsamen Sitzung des Kabinetts mit dem Führungsrat der Revolution für unpraktikabel befunden. Ebenso lehnte er das Abstimmungsverfahren im Führungsrat der Revolution ab; seine Kritik richtete sich insbesondere gegen den Modus eines 'one man - one vote' Prinzips, das für alle teilnehmenden Mitglieder galt, wobei wechselnde ad hoc Personenpräsenz (Stellvertreter, Neuzugang) an der Tagesordnung war.
Die Gegensätze hierüber blieben im ersten Jahr der Machtergreifung mehr oder weniger latent, zumal die Offiziere letztlich kompromißbereit (Sach-)Entscheidungen trafen, aber kaum interne Machtverteilungsfragen zur Entscheidung standen - daher derartige 'formale Fragen' nicht aktuell waren - und Naguibs 'Führung' kaum ernsthaft in Frage gestellt wurde. Doch Naguib, der jetzt die ihm von den Offizieren zugedachte Rolle eines vertrauenerweckenden Repräsentanten des neuen Regimes nicht länger zu spielen bereit war, lehnte Mitte 1953 seine primus inter pares Stellung ab.[63]
Vordergründig entstand der Konflikt wegen der fehlenden institu-

tionellen Zuweisung von Entscheidungsbefugnissen und politischer Verantwortung im Kabinett.[64]
Es waren also nicht der vielzitierte Altersunterschied oder die programmatischen Differenzen innerhalb der Offiziere, sondern die 'Machtfrage', die den Zerfall der ideologisch heterogenen Gruppe beschleunigten. Die Entfremdung und zunehmende Distanz zwischen Naguib und Nasser wurde auch in den Gesprächen, die Naguib mit ausländischen Diplomaten führte, immer deutlicher. Der Präsident sprach von Wirrköpfen und nicht durchdachten Handlungen, wenn er privat zu den Vorgängen innerhalb der Regierung und des Führungsrates Stellung nahm.[65] Nicht mehr übersehbar waren Nassers - als stellvertretender Ministerpräsident - Initiativen, seine vornehmlich auf persönliche Loyalitätsbindungen basierende Macht im Führungsrat der Revolution durch ein Netzwerk enger Vertrauter institutionell auszubauen.[66]

In seiner Eigenschaft als Innenminister und Chef der Sicherheitsorgane duldete Nasser illegale Übergriffe auf Personen und Einrichtungen der Muslimbrüder sowie Maßnahmen gegen ehemalige Mitglieder der verbotenen Parteien. Dieses Vorgehen und groß angelegte Schauprozesse gegen Muslimbrüder und Repräsentanten der Monarchie hatten heftige Kontroversen, teils aus taktischen, teils aus grundsätzlichen Erwägungen, in den verschiedenen Führungsgremien zur Folge.[67] In dieser Phase einer bevorstehenden Spaltung des Führungsrates der Revolution setzte Naguib öffentlich geäußerte Rücktrittsgedanken mehrmals als Droh- und Druckmittel ein; aber am 23. Februar 1954 wurde eines seiner 'Gesuche' - für ihn überraschend - vom Führungsrat der Revolution angenommen.[68] Naguib ging von der Fehleinschätzung aus, daß er aufgrund seiner Popularität[69] weiterhin als Integrationskraft unentbehrlich wäre, zumal sich gewaltsame Zusammenstöße abzeichneten. Insbesondere die Muslimbruderschaft hatte zur Jahreswende 53/54 in Zusammenarbeit mit anderen Gruppen entschieden den Kampf gegen die 'Armeeregierung' aufgenommen und zugleich ihre Guerrilla-Aktionen gegen die britischen Truppen in der Kanal-Zone verstärkt.

6.3.2. Die Muslimbruderschaft und die Formierung einer Opposition

Da die Bruderschaft nicht als politische Partei verstanden, sondern als Bewegung 'anerkannt'[70] wurde, fiel sie nicht unter das Parteiengesetz vom Januar 1953. Zudem sahen die in den Führungszirkeln des neuen Regimes vertretenen Sympathisanten-/Anhänger der Organisation durchaus Möglichkeiten für eine begrenzte Kooperation.[71] Erst als zahlreiche Hinweise vorlagen, daß die Bruderschaft aktiv "had infiltrated deep into all sectors and strata of Egyptian society, particularly the student population, the poorer urban masses generally and even the Army",[72] zeichnete sich eine Haltungsänderung gegenüber der Organisation ab.

Die Offiziere antizipierten diese gefährliche Herausforderung, wobei zwei Aspekte im Vordergrund standen:

- Als einzige noch intakte Organisation (Zellenbildung und regionale Gliederung) mit über 1 Mio. registrierter Mitglieder konnte sie jederzeit die Massen mobilisieren.

- Die Muslimbrüder hatten Zugang zu einer Vielzahl von religiösen und sozialen Einrichtungen des orthodoxen Klerus, so daß sie durch ihr Wirken dort breite Bevölkerungskreise bereits im vorpolitischen Raum für sich gewinnen konnten.

Als die Bruderschaft von dem Beginn bilateraler Verhandlungen über die Suez Basis erfuhr, initiierte sie mit Hilfe dieses außenpolitischen Themas Kampagnen, die schließlich in eine Polarisierung, Militärregime einerseits und Sammlung aller Unzufriedenen unter Führung der Muslimbruderschaft andererseits, mündeten. Diese Mobilisierung richtete sich daher nicht nur gegen die unterstellte anglo-ägyptische Kooperation, sondern auch gegen die autokratischen Tendenzen der Militärs.[73]

Nach der Bekanntgabe des Rücktritts Naguibs, der zuvor öffentlich für eine Rückkehr zur parlamentarischen Regierungsweise und für die Wiederzulassung politischer Parteien eingetreten war, kam es erneut zu Massenprotesten in den großen Städten.[74] Unter diesem Druck veranlaßte Nasser im Wege eines Kompromisses mit seinen Kontrahenten im Führungsrat der Revolution die Wiedereinsetzung Naguibs als Präsidenten.[75] Die beispiellosen Sympathiekundgebungen hatten den Präsidenten zwar wieder ins Amt gebracht, aber ihn andererseits auch in eine - für die Öffentlichkeit erkennbare - konträre Position zum Führungsrat gesetzt.

Die aus dieser ambivalenten Konstellation resultierende Dynamik[76] war aber von Naguib (der diese Zusammenhänge zunächst nicht erkannte) mit 'herkömmlichen' Mitteln der Konsensbildung (Diskussion, Kompromiß) nicht mehr zu steuern. Analog zur Schärfe der Auseinandersetzungen in der Armeeführung steigerte sich daher der Druck der Massenopposition gegen den Nasser-Flügel. Doch Nasser hatte durch eine meisterhafte Kombination von Machteinsatz und taktischer Raffinesse bereits Schritte unternommen, diesen destabilisierenden Pol - bestehend aus den Komponenten Naguibs Popularität und organisiertem Protest der Bruderschaft -, der den internen Ordnungskonflikt zur systemgefährdenden Krise zu transformieren schien, zu neutralisieren und auszuschalten.

6.3.3. Die Entmachtung Naguibs

Das für die Machtneuverteilung erzielte Arrangement schien auch für einen inhaltlichen Ausgleich zu stehen. Denn Ende Februar 1954 verkündete Naguib auf dem Platz der Republik während einer Demonstration anläßlich seiner Wiedereinsetzung, "that the trouble had passed like a summer cloud and that there would shortly be parliamentary elections."[77] Der nun auch in der Öffentlichkeit[78] sichtbare Erfolg Naguibs war begleitet von mehreren Kundgebungen und Demonstrationen, wie z.B. die zitierte Veranstaltung auf dem Platz der Republik. Die dort spontan gehaltene Rede, in der Naguib u.a. baldige Parlamentswahlen ankündigte, machte ihn endgültig zum "symbol for all the forces which opposed the regime."[79] Sowohl Muslimbruderschaft als auch Wafd-Anhänger unterstützten nun Naguib offen.[80]

Doch zur Überraschung[81] der meisten Beobachter übernahm Nasser erneut die Initiative.[82] In dieser Phase, die darauf angelegt war, Naguib zumindest mittelbar als Verbündeten der Reaktion zu desavouieren, verkündete der Führungsrat der Revolution auf Betreiben Nassers - scheinbar in Übereinstimmung mit Naguib und auf dessen Vorstellungen eingehend - einen Katalog der populärsten Forderungen, unter anderem die Einberufung einer verfassunggebenden Versammlung noch vor den avisierten Parlamentswahlen.

Unmittelbar darauf erfolgte eine die Städte erfassende Demonstrationswelle für die Wiedereinsetzung des Parlaments, die Rückkehr der Armee in die Kasernen und "Cairo newspapers, with support from the politicians, began to demand the restoration of complete political freedom."[83] Während Naguib in eine ausweglose politische Lage geriet, eröffnete Nasser am 25. März 1954 durch die Veröffentlichung eines von der Mehrheit im Führungsrat der Revolution gebilligten Kommuniques die Schlußphase im Machtkampf. Dieses Kommunique enthielt folgende Forderungen:

1. Die politischen Parteien können sich ab sofort wieder organisieren.

2. Der Führungsrat der Revolution wird keine politische Partei gründen und im Wege der Selbstauflösung seine Befugnisse einer konstitutionellen Versammlung übertragen und das Ende der Revolution erklären (24. Juli 54).

3. Die konstitutionelle Versammlung wird frei und direkt gewählt.

4. Die Versammlung wird einen Staatspräsidenten wählen.[84]

6.3.4. Die Aktivierung der plebiszitären Komponente

Gemäß Nassers Erwartungen "schlug diese Verkündung der Selbstauflösung bei der ganzen Armee und in der Bevölkerung wie eine Bombe ein."[85] Zum ersten mal gelang Nasser, was später für seine Amtsführung kennzeichnend wurde: Eine Plebiszitarisierung, die sowohl durch Organisation als auch durch die Resonanz auf erfolgreiche Appelle den Eindruck breiter Unterstützung für Nasser erweckte. Darüber hinaus verfügte er über die Machtinstrumente Polizei und Sicherheitsdienste. Mit der Kombination der daraus sich ergebenden Möglichkeiten konnte Nasser den Armeeführern die "zwangsweise Konsequenz und die ganze Bedeutung"[86] dieser Schritte vermitteln, während die zweite Schlüsselgruppe, die in der Befreiungsversammlung organisierten Kräfte bzw. mit ihr assoziierte Gruppen (Gewerkschaften, Berufsverbände) am Tage nach der Veröffentlichung des Kommuniques mobilisiert wurden.

Die Befreiungsversammlung[87] wurde zur Organisation von punktuellen Streiks und pro-Nasser Demonstrationen eingesetzt. Sie sollte der Öffentlichkeit, aber auch den noch zögernden bzw. unentschiedenen Offiziersgruppen eine breite Bewegung für die Fortsetzung der Revolution und ein hohes Maß an Vertrauens- und Sympathievorschuß für Nasser suggerieren.

Während Naguib[88] diese angeblich letzte Führungsrat-Entscheidung zur Kenntnis nehmen mußte, organisierten die Armee und die Befreiungsversammlung[89] Proteste und 'Willenskundgebungen',[90] die binnen zweier Tage das ganze Niltal erreichten. Schon am 29. März erklärte Salah Salem im Auftrag des Führungsrates der Revolution, "daß die Freien Offiziere gemäß dem Wunsch des Volkes ihre Entscheidung vom 25. März zurückzögen. Die Rückkehr zum parlamentarischen System werde aufgehoben und die Staatsfunktionen würden wieder vom Führungsrat der Revolution übernommen."[91]

Naguib, der, gesundheitlich schwer angeschlagen, in diese Entwicklung nicht mehr eingreifen konnte, mußte sich auf repräsentative Funktionen zurückziehen. Die noch im April 1954 eingeleiteten repressiven Maßnahmen[92] ließen weder eine öffentliche, pluralistische Meinungsbildung zu, noch hatte Naguib bzw. die 'politische Opposition' eine reale Chance auf aktive Beteiligung am politischen Prozeß. Diese erfolgreiche machtpolitische Demonstration bewirkte eine Kräfteverschiebung in der Armee und im Führungsrat der Revolution zugunsten Nassers, der gestützt auf diese neuen Mehrheiten gremienintern unangreifbar wurde. Nur die Muslimbruderschaft verblieb als ernstzunehmendes Destabilisierungspotential.

6.3.5. Die Zerschlagung der Muslimbruderschaft

Während einer Großveranstaltung in Alexandria am 26. Oktober 1954 gab ein angeblich der Bruderschaft angehörender Attentäter mehrere Schüsse auf Nasser ab, der unverletzt blieb. Noch in dieser Nacht begannen Verhaftungen von 'Oppositionellen' (Offiziere, Parteien) und Muslimbrüdern. Die Polizei ließ Ausschreitungen gegen Einrichtungen der Organisation zu. Ein Volksgerichtshof, zu dessen dreiköpfigem Präsidium Sadat gehörte, wurde speziell für die Aburteilung der Festgenommenen eingerichtet; bereits im Dezember 1954 wurden die ersten Todesurteile vollstreckt und Tausende in Internierungslager eingeliefert.[93]

Zu fragen ist, warum es erst dieses Anlasses bedurfte und warum der Führungsrat der Revolution nicht bereits im Frühjahr entscheidend gegen die Muslimbruderschaft vorging.
Diese Verfahrensweise wird häufig als Endpunkt des internen Machtsicherungskurses interpretiert, wobei Nasser durch planvolles Handeln, Landaristokratie, politische Parteien, Naguib und schließlich die Bruderschaft - quasi in Zeitreihe - systematisch bekämpft und vernichtet haben soll. Soviel diese rigide Argumentation auch zunächst für sich hat, bedarf es doch wie so oft der Unterscheidung zwischen Ursache und Anlaß, um die Motivlage, den Ablauf und die Konsequenzen dieser politischen Handlung erklären, verstehen und strukturell einordnen zu können.
Beleuchtet man noch einmal die zwei essentiellen ideologischen Programmsäulen der Muslimbruderschaft,[94] so wird deutlich: Ordnungs-/innenpolitische Gegensätze zur Politik der Offiziere waren wenig geeignet, breite Bevölkerungskreise gegen die

herrschenden Militärs zu mobilisieren, zumal die traditionelle, religiöse Lebensweise auf dem Land auch nach dem Putsch wesentliche Änderungen nicht erfuhr.[95]

Tabelle 12: Die wichtigsten Probleme Ägyptens

	Anzahl
Britische Besetzung	25
Hohe Lebenskosten	9
Soziale Übel (Armut, Unwissenheit, Krankheit)	6
Korruption in der Regierung	2
Andere	7
Gesamtzahl der Antworten	49

(Die Gesamtzahl der Antworten beträgt mehr als 44, weil manche Akademiker mehr als ein Problem erwähnten.)

Ganz anders dagegen war die Differenzierung in der außenpolitischen Zielsetzung. Bei Befragungen[96] nach den wichtigsten Problemen Ägyptens von 110 Personen, die der für die Offiziere so wichtigen Zielgruppe 'Mittelstand'[97] angehörten, wurde die Besetzung Ägyptens (Tabelle 12) fast dreimal so oft erwähnt wie die Lebenshaltungskosten. Da dieser hochgradig emotionalisierte Issue 'nationale Selbstbestimmung', also unabhängig von der sozialen Umwelt (Stadt-Land, statische-dynamische, religiöse-säkulare Gruppen), für ein homogenes Meinungsbild sorgte und in der Vergangenheit - insbesondere unter der Bedingung wirtschaftlicher Krisenerscheinungen - die Mobilisierung über alle sozialen Segmente hinweg ermöglichte, war die mittelfristige Stabilisierung der Militärherrschaft nur über eine allgemein akzeptierte Lösung der außenpolitischen Problemstellung[98] 'Kanalzone' zu erreichen.
Die Freien Offiziere mußten daher in diesem Politikbereich und durch diesen die Initiative ergreifen, um die 'außenpolitische Anziehungskraft' der Bruderschaft zu unterlaufen. In der Tat haben die Führer der Bruderschaft, nachdem ägyptisch-britische

Sondierungen bekanntgegeben wurden, eine rege Propaganda- und Demonstrationskampagne[99] gestartet. Die Bruderschaft setzte ihre destruktive Konfrontationsstrategie nach der Paraphierung des Suezabkommens (27. Juli 54) auch vom arabischen Ausland aus fort,[100] die dadurch eine zusätzliche und qualitativ neue destabilisierende Tendenz erhielt.

Da Nasser den Vertragsabschluß[101] nicht durch innenpolitische Spannungen gefährden wollte, erschien ein Einschreiten erst nach der Unterzeichnung des Vertrages am 19. Oktober 1954 opportun. Das Attentat Ende Oktober - Ausdruck einer krisenhaften Stimmung innerhalb der geteilten Bruderschaft - erwies sich sodann als günstiger Anlaß, die Organisation zu zerschlagen. Außerdem wurden während der Gerichtsverhandlungen zugleich Querverbindungen der Organisation zu Naguib 'aufgedeckt', was zu dessen Absetzung, zu Hausarrest und seinem politischen Ende November 1954 führte.

Das Präsidentenamt blieb vorerst vakant; Nasser übernahm den Vorsitz im Führungsrat der Revolution und wurde Kabinettschef, "so daß alle Macht in den Händen der 'Revolutionäre' konzentriert war."[102]

Diese Machtkonzentration in der Person Nassers, der bis zum Suez-Abkommen in der Bevölkerung wenig bekannt war, inaugurierte eine Personalisierung des politischen Prozesses mit wechselseitigen Implikationen:

- Der Inhaber der verfassungsrechtlich höchsten Organe[103] konnte sich nun 'nach außen sichtbar' als der starke Mann[104] des Regimes präsentieren.

- Die dem an der Spitze des Regimes stehenden 'hero of evacuation' zufließende Sympathie seitens der Bevölkerung verschaffte ihm eine so starke Autorität in den politischen Gremien, daß er in die buchstäblich alles entscheidende Primärposition[105] aufsteigen konnte.

Diese Verknüpfung von institutioneller und personeller Autorität verhalf Nasser zur Ausschaltung aller ernstzunehmenden Opposition bis Ende November 1954. Parallel zu dem sich herausbildenden Charisma - und zur Beschleunigung dieses Prozesses - versuchte er, mit der Artikulation von vagen innenpolitischen Ideen[106] (soziale Gerechtigkeit, Gleichheit) und insbesondere einer Hinwendung zu außenpolitischen Neuansätzen, die Fortdauer des Offiziersregimes zu rechtfertigen und eine Identifizierung der Beherrschten mit den Herrschenden herzustellen.

Damit wird die Frage nach den Techniken, Inhalten und Instrumenten der Legitimationsbeschaffung aufgeworfen.

6.4. Strategien der Legitimationsbeschaffung

Zahlreiche Berichte, die einen Einblick in die internen Zustände zum Jahreswechsel 1954/55 erlaubten, bilanzieren die ökonomischen und sozialen Entwicklungen in den zurückliegenden zweieinhalb Jahren äußerst zurückhaltend.[107] Und trotz eines beträchtlichen Austausches des Personals in der Verwaltung waren auch die bekannten Erscheinungen der vorrevolutionären Verhaltensweise, d.h. Korruption, Amtsanmaßung und arrogante Willkür weitverbreitet. Ebenso schien das Verhältnis[108] zwischen Obrigkeit und Öffentlichkeit weiterhin den überlieferten Traditionen und Gebräuchen zu entsprechen.[109]

Zusammengefaßt ergibt sich das Bild eines vorwiegend kraft Tradition angelegten Legitimierungsversuches,[110] ergänzt durch populäre Reformen und den Einsatz bewährter Repressionsmaßnahmen. Diese Kombination - typisch für das ancien regime - hätte vermutlich 'die Bereitschaft zum Gehorsam' eine Zeitlang gesichert. Aber zur langfristigen Sicherung ihrer Herrschaft waren mannigfache 'Motive zur Fügsamkeit' anzusprechen und durch Diversifikationen der Legitimationsgrundlage die Identifikation des einzelnen mit dem Regime zu erleichtern.

Die Aufgabe bestand nun darin, tradierte Werte[111] - sofern sie sich als systemdestabilisierend erwiesen - behutsam umzuorientie-

ren und im gleichen Zug neue spezifische mit dem Regime verbundene Glaubensgrundsätze anzubieten bzw. anzuerziehen.
Die Legitimationsstrategien lassen sich in eine außenpolitische, institutionelle und ideologische Mobilisierung strukturieren, wobei sich die einzelnen Komponenten teilweise überschneiden. Ihr Zusammenwirken war das Ergebnis einer charismatischen Führerschaft, die - trotz einer totalen militärischen Niederlage 1967 - innen- und außenpolitisch unangreifbar wurde.

Das verhältnismäßig enge politische Orientierungsangebot[112] zwang zunächst, thematisch dort anzusetzen, wo bereits erste Erfolge vorlagen und die Chance zukünftiger Aufmerksamkeitszuwendung gegeben war. Eine erste Popularitätswelle mit einer über die eigenen 'Anhänger' hinausgehenden Resonanz hatte das außenpolitische Auftreten Nassers und die Ergebnisse des Suez-Vertrages gebracht.

6.4.1. Die außenpolitische Mobilisierung

Der Hinweis auf die Bedeutung der innenpolitischen Willensbildung[113] und deren Rückwirkungen auf die öffentliche Meinung scheint zunächst trivial und auch für die Formulierung der Außenpolitik gültig zu sein. Zwar findet im Hinblick auf die Artikulation und Vermittlung von außenpolitischen Themen technisch gesehen ein ähnlicher Prozeß statt; dennoch sind bei außenpolitischen Aspekten wichtige einschränkende Differenzierungen[114] zu beachten:

- Die interessierte Öffentlichkeit ist in diesem Politikbereich eher bereit, den Vorgaben der Eliten zu folgen;

- bei anerkannten politischen Führern werden neue Ansätze und Themen eher akzeptiert;

- Mandatsträger im Amt setzen sich eher durch als Repräsentanten der Opposition.

Verstärkt treten diese Verhaltensmuster in Krisenzeiten auf. Außenpolitische Schlagzeilen sind deshalb geeignet, von Schwierigkeiten abzulenken, zu mobilisieren und zu beeindrucken. Sind Schwierigkeiten gar außenpolitisch begründet, so steigt in aller Regel die Zustimmung für die Regierung, weil sie Tendenzen zur Solidarisierung bewirken.[115]

Nasser hatte aufgrund der institutionellen und personellen Voraussetzungen die Chance, durch Besetzung der außenpolitischen Kompetenz seinen Bekanntheitsgrad in der Bevölkerung auszubauen und gestützt darauf innerhalb des Regierungssystems unangreifbar zu werden.

6.4.1.1. Formal-technische Aspekte: Das medienpolitische Instrumentarium

Obwohl eine allgemeingültige Theorie der Wirkungsweise der Massenmedien noch nicht greifbar ist,[116] unterstreicht das Verhalten der Träger von Herrschafts- und Führungspositionen – nämlich Zugang zu den Medien bzw. diese unter ihre Kontrolle[117] zu bekommen –, daß sie den Massenkommunikationsmitteln erheblichen Einfluß auf die Meinungsbildung unterstellen.

Wie eng die Funktionen[118] der Massenmedien mit jeweiligen Regierungssystem zusammenhängen, wird deutlich, wenn man ihre jeweils spezifischen Aufgaben in den pluralistischen Demokratien und den totalitären Diktaturen hinterfragt.[119] Auch in den sich entwickelnden Staaten[120] der Gegenwart ist die Kommunikationspolitik[121] ein zentraler Bestimmungsfaktor für die Definition und Beurteilung des Regierungssystems. Das gilt insbesondere für Ägypten, das im Gegensatz etwa zu den afro-asiatischen Staaten auf eine einzigartige Pressetradition – einschließlich Pressezensur – zurückblicken kann.[122]
Kennzeichnend für die Nasser-Ära ist die Tendenz der Verlagerung des Medienangebots, ermöglicht durch die technische Entwicklung (von der Presse weg) zum Radio und unter Sadat zum Fernsehen. Erreichten die gedruckten Medien wegen des niedrigen Alphabeti-

sierungsniveaus[123] nur ein begrenztes Publikum, so war es jetzt einer ägyptischen souveränen Regierung zum erstenmal möglich, "to communicate with the masses more directly and more frequently - creating opinions in them, arousing their passions, and motivating to strive for the country's goals."[124]

Die medienpolitischen Anstrengungen der Offiziere zielten daher auf die Kontrolle[125] der alten Medien und den Ausbau des Radios,[126] mit dem gezielt und spezifisch bisher nur partiell erreichbare Bevölkerungssegmente angesprochen und gerade die Landbevölkerung einem regierungsamtlich verordneten und homogenen Nachrichten- und Meinungsfluß ausgesetzt werden sollte.[127]

Alle verfügbaren empirischen Studien unterstreichen nicht nur die Zielstrebigkeit Nassers in der Nutzung des neuen Mediums und die Effektivität seines Einsatzes, sondern auch die erstaunliche Präferenz der politischen Sendungen innerhalb der verschiedenen sozialen Schichten auf dem Lande.

Zur Erklärung der Effektivität und der strategischen Position des Radios bei der Mobilisierung der Bevölkerung muß einmal auf die rhetorisch philologische Einheit der präsidialen Botschaften[128] und zum anderen auf die mehrheitlich außenpolitische Nachrichtenthematik verwiesen werden, die durch ihre aggressiven Inhalte gegen die okzidentalen nichtislamischen 'Kolonialstaaten'[129] und deren angeblich pro-westlichen arabischen Stellvertreter ein Selbstwertgefühl[130] und direkte Teilnahme am politischen Weltgeschehen vermittelten.

6.4.1.2. Die inhaltlichen Aspekte: Die take-off Phase: Bagdad Pakt, Bandung, Suez

In dieser Phase, die mit ersten westlichen Sondierungen für eine Teilnahme Ägyptens an einem gegen die potentiell expandierende Sowjetunion gerichteten Verteidigungspakt begann, zeichnete sich allmählich - in Abhängigkeit von außenpolitischen Erfolgen - eine strategisch durchdachte außenpolitische Linie heraus, die das Fundament für Nassers interne und regionale Führungsrolle bildete.

Die Verweigerung des Beitritts zum Bagdad Pakt (Februar 1955)[131] basierte auf der prinzipiellen Ablehnung einer militärpolitischen Kooperation mit Großbritannien sowie weiterer pragmatischer Erwägungen.[132] Diese als antikolonialer Affekt[133] einzuschätzende Haltung änderte sich während und nach der Blockfreienkonferenz in Bandung April 1955, bei der Nasser die Paktungebundenen für die arabische Position in der Palästina-Frage gewann und umgekehrt Nasser von den Konferenzteilnehmern als Sprecher der arabischen Welt anerkannt wurde.

Nassers Mitarbeit an der Formulierung des ausgesprochenen antikolonialen Schlußkommuniques[134] mit eklatanten Angriffen gegen die westlichen Demokratien, brachte ihn mit den führenden Repräsentanten der Bewegung, Nehru und Tito zusammen und "enabled him to take an independent stand from the West and to oppose the western powers and prevent them from including Egypt or other Arab countries in the Baghdad Pact."[135]
Das aus diesen Erfahrungen und Aktivitäten resultierende Konzept des 'Positiven Neutralismus' lieferte aber nicht nur eine innenpolitisch unumstrittene theoretische Fundierung für eine publikumswirksame außenpolitische Offensive, sondern erlaubte auch die begriffliche Gleichsetzung des ägyptischen Nationalismus mit einem Kairo-zentrierten arabischen Nationalismus, den das seit Bandung international akzeptierte Ägypten, stellvertretend für die arabische Staatengemeinschaft, verkörperte. Diese Neubestimmung des 'flexiblen' Nationalismusverständnisses stellte in der Praxis den Anspruch und die Begründung bereit zur aktiven

Einmischung in die internen Angelegenheiten der anderen arabischen Staaten.[136]

Die unübersehbare Zunahme seiner Popularität wurde durch die überraschende und teils demütigende Annulierung der amerikanisch-/britischen Anleihenangebote für den Bau des Assuanstaudamms beschleunigt.[137] Die daraufhin als Kompensation durchgeführte Nationalisierung des Suez-Kanals akzentuierte damit Nassers innenpolitische Position und sein Ansehen in der arabischen und afro-asiatischen Welt.[138] Letzteres umso mehr, als Großbritannien und Frankreich, die zur Sicherung ihrer Rechte am Suez-Kanal zusammen mit Israel militärisch intervenierten, auf amerikanischen[139] Druck hin ein Waffenstillstandsabkommen unterzeichnen mußten; dieses amerikanische Eingreifen zugunsten Nassers ließ es zu, die sich anbahnende ägyptische militärische Niederlage - mit Hilfe eines ungeheuren Propagandaeinsatzes[140] - in einen diplomatisch-politischen Sieg umzudeuten. Im arabischen Ausland wurde der Begriff 'Suez' synonym für Erfolg und heldenhaften Widerstand gegen die 'westlichen Herausforderungen'. In Ägypten wurden nach 1961 neue innenpolitische Reformvorhaben der Bevölkerung als wirtschaftliches oder soziales Suez angekündigt.[141]

Diese Wechselwirkung von außenpolitischen Erfolgen und innenpolitischer Zustimmung brachte neben einem Stabilitätsbonus für das Armeeregime drei weitere Ergebnisse:

- Nasser wurde innenpolitisch unangreifbar,

- Nasser war jetzt in der arabischen Welt mit dem Nimbus des Helden umgeben,[142] dessen 'Handeln' nicht länger kritisierbar war und

- die 'Positive Neutralität' sicherte ihm die Unterstützung der Sowjetunion, was seinen Handlungsspielraum in seiner Rolle als pan-arabischer Held erheblich erweiterte.

6.4.1.3. Die Hegemonialphase: Panarabismus und Führungsrolle

Gestützt auf diesen breiten Konsens fand Ende 1957 in Kairo die 'Solidaritätskonferenz der afro-asiatischen Völker' statt, mit der Nasser durch die Teilnahme der Sowjetunion und der Volksrepublik China die Unabhängigkeit Ägyptens demonstrieren und sich zugleich bei den noch kolonialisierten Staaten (Afrika) Einfluß sichern wollte.[143]

In diesem Jahr fanden auch Gespräche über eine syrisch-ägyptische Vereinigung statt, in die Nasser erst nach Durchsetzung seiner Bedingungen[144] einwilligte. Nichtsdestoweniger war die Proklamation der Vereinigten Arabischen Republik (VAR) im Februar 1958 ein unbeschreiblicher persönlicher Triumph und "in der arabischen Welt löste dieser Zusammenschluß eine Welle nationalistischer Gefühlsregungen aus. Durch die Verbreitung des Transistorradios war die panarabische Rundfunkpropaganda von Kairo und Damaskus zu einem echten Massenmedium geworden. Nun wähnten Millionen in Ostarabien den Zeitpunkt der Erneuerung eines blühenden arabischen Großreiches für gekommen."[145]

Diese Umwandlung der abstrakten Hoffnung 'Arabische Einheit' in eine faßbare politische Realität kam einer kollektiven Identitätsfindung gleich, die ihrem 'Vollstrecker' - nur aus der islamisch-großarabischen historischen Erwartungshaltung heraus erklärbar - automatisch den Status des charismatischen Führers[146] zuschrieb; selbst das Scheitern der VAR im September 1961[147] tangierte Nassers neuen Status nicht wesentlich, allerdings um den Preis struktureller Veränderungen, denn: Waren 'Positive Neutralität' und Panarabismus bisher spezifische Waffen[148] zur Ausspielung der Großmächte und zur Durchsetzung des Hegemonialanspruchs, die instrumental vom Amtsträger Nasser zur Ansprache der internen und externen Öffentlichkeit eingesetzt wurden, so kehrte mit dem Ende der Union die Dynamik der kollektiven Einbildungskraft der Massen[149] diese hierarchische Zuordnung in ihr Gegenteil um und erzwang einen Aktionismus, der innenpolitisch eine dogmatische Ideologisierung, eine Reorganisation der politischen Institutionen und außenpolitisch einen Kurs der Konfrontation induzierte.

6.4.1.4. Die Konfrontationsphase: Interarabische Polarisierung und militärisch Eskalation

Das Auseinanderbrechen der VAR (September 1961) und die folgenden interarabischen Konflikte über die politischen Strukturen weiterer Unionsprojekte wurden der interessierten Öffentlichkeit als das Werk bürgerlicher Reaktionäre erklärt, die gestützt auf 'Imperialismus' und 'Zionismus' die panarabischen Errungenschaften der ägyptischen Revolution zu beseitigen trachteten. Diese simple, verbale Propaganda[150] zielte in erster Linie auf die USA und Israel und beschuldigte indirekt all die Staaten des Verrats an der arabischen Sache, die mit den USA völkerrechtlich korrekte diplomatische Beziehungen unterhielten, insbesondere Saudi-Arabien[151] und Jordanien.

Die von Kairo aus betriebene politische Polarisierung der arabischen Welt kulminierte mit der Entsendung eines ägyptischen Expeditionsheeres[152] im Oktober 1962 nach Jemen, in eine indirekte militärische Auseinandersetzung mit Saudi-Arabien, wobei die im Bürgerkrieg kämpfenden republikanischen und royalistischen Gruppen jeweils nur Stellvertreter ihrer Abstützungsmächte waren.

Erst die israelischen Entwicklungsvorhaben, die zur Bewässerung der Negev-Wüste eine Ableitung des Jordanwassers vorsahen, erlaubten der in sich gespaltenen Region und dem wegen des Jemen Krieges in die Isolation geratenen Ägypten, wieder diplomatisch politische Kontakte aufzunehmen.
Die gegen Israel gerichtete Koalition der arabischen Staaten, die sich in einer Serie von Gipfelkonferenzen formierte, brachte als wichtigste Ergebnisse[153] die zeitweilige Einstellung der ägyptischen Propagandaoffensive gegen die arabischen Monarchien sowie die Bildung eines vereinigten arabischen Militärkommandos

unter einem ägyptischen General und eine Reihe von Zusagen zur Unterstützung der neugegründeten PLO.

Die interarabische Koexistenzpolitik und die faktisch passive Israelpolitik Ägyptens - von Nasser durch eine aggressive antiwestliche Politik kompensiert[154] - endeten abrupt durch die Veränderung des regionalen Kräftefeldes. Saudi-Arabien hatte die Einstellung der ägyptischen Propaganda genutzt, um eine Zusammenarbeit islamischer Kräfte vorzubereiten, die in Form einer panislamischen Allianz ein Gegengewicht zum panarabischen Nationalismus bilden sollte.[155] In Syrien kam 1966 nach einem Putsch des linkssozialistischen Flügels der Baath ein Regime an die Macht, das Nasser wegen seiner Israelpolitik scharf kritisierte und selbst einen aggressiven Kurs gegenüber Israel einschlug, "nicht nur aus ideologischen Motiven, sondern auch deshalb, weil es angesichts seiner unsicheren Position nur bei einer nationalen Mobilisierung der gesamten Bevölkerung Chancen sah, die geplanten durchgreifenden sozialen und wirtschaftlichen Veränderungen durchsetzen zu können."[156]

Nasser war daher gezwungen, die im Entstehen begriffene syrische Konkurrenz durch ein Militärbündnis (November 1966) einzubinden. Als im April 1967 syrisch-israelische Grenzgefechte in einem Luftkampf ihre Fortsetzung fanden und dabei sechs syrische MIG-Düsenjäger abgeschossen wurden, konnten dem ägyptischen Präsidenten "die Angriffe aus den rivalisierenden arabischen Lagern nicht gleichgültig sein, wollte er seine ohnehin schwächer gewordene Führungsposition in der arabischen Welt nicht an die militanten Syrer abgeben."[157]

Vom 14. Mai bis 5. Juni erfolgten seitens der ägyptischen Führung politische und militärische Angriffsvorbereitungen,[158] die Israel zu einer Präventiv-Reaktion provozierten, die mit der Zerstörung der ägyptischen Luftwaffe am Boden bereits in den ersten Kriegsstunden die Vernichtung der ägyptischen Streitkräfte einleitete. Während die ägyptische Bevölkerung - vom Radio manipuliert - die Siegesmeldungen feierte und Nassers Rücktrittsangebot qua Massenkundgebungen plebiszitär verwarf,[159] führte die Niederlage zu einer Destabilisierung des 'Selbstwertgefühls' der gesamten arabischen Welt: die anschließende Konferenz von Khartum[160] manifestierte das Ende der ägyptischen Hegemonialrolle und überdeckte nur rhetorisch die sich abzeichnende Abhängigkeit von den erdölfördernden, konservativen Staaten.

Der allmählich einsetzenden innenpolitischen Ernüchterung begegnete Nasser mit einer Mobilisierungsstrategie des weder Krieg noch Friedens,[161] der propagandistischen Verdrängung der Schuldzuweisung an die Militärs (insbesondere die Luftwaffe) und der Ankündigung wirtschaftlicher und politischer Reformen. Trotz vereinzelter Proteste, die diese Reformankündigungen erzwangen, blieb Nassers Position stabil: abgestützt auf Charisma und Ideologie erwiesen sich der mulitpolare bürokratische Apparat und die hierarchisch kontrollierten Institutionen als besonders tragfähig.

6.4.2. Die institutionelle Mobilisierung

Fünf Tage nach Abzug der letzten britischen Militärkontingente aus der Kanalzone (23. Juni 1956), gemäß dem ägyptisch-britischen Suezabkommen von 1954, wurde die vom Führungsrat der Revolution proklamierte Verfassung[162] durch Volksentscheid mit 99,8% aller abgegebenen Stimmen angenommen und Nasser am gleichen Tag mit 99,9% zum Präsidenten gewählt.[163]

Die Verfassung von 1956 ist doppelt relevant, weil sie einmal das Grundmuster für alle weiteren Verfassungsentwürfe (1958, 1964) abgibt und zum anderen die konstitutionellen Prinzipien der Freien Offiziere, also ihre originären politischen Vorstellungen zur Ausgestaltung der Machtallokation beinhaltete. Der Zeitpunkt des Plebiszits und die funktionale Zuordnung der einzelnen Verfassungsartikel erschließen mehrere legitimationsfördernde Intentionen der Verfassungsgeber:

- Beendigung der dreijährigen Übergangsphase,

- Dokumentation der Souveränität und Legalität der Militärregierung nach innen und außen,

- verfassungsrechtliche Fixierung der 'starken' Stellung Nassers, die er verfassungspolitisch bereits durch Ausschaltung Naguibs und aufgrund erster außenpolitischer Erfolge innehatte.

Konsequenterweise löste sich der Führungsrat der Revolution Ende Juni 1956 auf und Nasser bildete eine Zivilregierung, in der die Schlüsselministerien von ehemaligen Mitgliedern des Führungsrates der Revolution übernommen wurden. Die angekündigten Parlamentswahlen wurden wegen der Suez-Krise um ein Jahr verschoben.

6.4.2.1. Die Verfassungen von 1956[164] und 1964

Die zentralen Verfassungsorgane waren das Präsidentenamt und ein Einkammerparlament in Form der Nationalversammlung. Nach der Verfassung konnte der Präsident als Staatsoberhaupt zugleich Ministerpräsident sein. Der Posten eines Ministerpräsidenten war zwar vorgesehen, aber Träger der Exekutive war der Präsident. Ernennung und Entlassung der Kabinettsmitglieder oblag ausschließlich dem Präsidenten, der gegenüber dem Kabinett die Richtlinienkompetenz ausübte. Er unterlag keinerlei parlamentarischer oder verfassungspolitischer Kontrolle, denn die Nationalversammlung konnte nur gegen einzelne Minister einen Mißtrauensantrag stellen. Auch war ein Mißtrauensantrag gegen den Präsidenten in seiner Eigenschaft als Ministerpräsident nicht möglich.

Die Nationalversammlung andererseits sollte der Regierung 'Vorschläge über die öffentlichen Angelegenheiten und ihren Ratschlag über die Regierungspolitik' geben. Die Kammer sollte zusammen mit dem Präsidenten die gesetzgebende Gewalt ausüben und die Tätigkeit der vollziehenden Gewalt überwachen.

Über die Art und Weise der Überwachung finden sich in der Verfassung keine Hinweise. Die Teilnahme am Gesetzgebungsprozeß war insofern erschwert, als der Präsident nicht nur alle Gesetzesvorlagen ausfertigen und verkünden mußte, sondern auch ein suspensives Veto besaß, das nur mit einer zwei-Drittel Mehrheit von der Nationalversammlung zurückgewiesen werden konnte. Das jederzeit anwendbare Auflösungsrecht[165] gab aber dem Staatsoberhaupt ein Machtmittel, eben dieses zu verhindern, verstärkt durch das Recht, im Falle der Auflösung per Notverordnung seine Gesetzgebungsziele durchzusetzen.

Die bereits in dieser Verfassung angelegten Tendenzen zur Prärogation des Präsidenten wurden - nach dem ersten außenpolitischen Scheitern (Föderation mit Syrien) - in der 1964 dekredierten Verfassung noch weiter ausgebaut. Die Verfassung von 1964 sah zwar Verfassungsorgane wie Präsident, Ministerpräsident, Parlament und Ordnungsprinzipien wie Gewaltenteilung, Volkssouveränität usw. vor, doch schon die verfassungsrechtliche Ausgestaltung schuf einen starken Präsidenten, der ähnlich wie der Monarch vor 1952 die Verfassungsorgane legal dominieren konnte. Im wesentlichen: Der Präsident verfügte über ein unbeschränktes Auflösungsrecht gegenüber dem Parlament, ernannte alle Gouverneure und konnte jederzeit eo ipso Volksabstimmungen "zu wichtigen Fragen, die die höchsten Interessen des Landes berühren," ansetzen. Das Parlament durfte nur mit Zustimmung der Regierung (vom Präsidenten ernannt) das Budget ändern; ein absolutes Veto-Recht des Präsidenten und ein kompliziertes, zeitraubendes prozessurales Verfahren für die Einbringung von Gesetzesvorlagen seitens der Abgeordneten sowie ein umfangreiches präsidiales Notverordnungsrecht runden das Bild der verfassungsrechtlichen Asymmetrie zu Lasten der gewählten Volksvertretung ab. Eine Verfassungsgerichtsbarkeit oder eine andere Institution für den Schutz der ausführlich aufgelisteten Bürgerrechte existierte nicht.[166]

Die einzige Beteiligungschance des Parlaments lag in seinem Recht, die oder den unbeschränkt wiederwählbaren Kandidaten für die Präsidentschaft mit absoluter Mehrheit zu nominieren, der anschließend durch ein Referendum mit absoluter Mehrheit gewählt werden mußte. Daß diese parlamentarische Mitsprache zur Geltung kam, verhinderte die Einheitspartei Nationale Union und ihre Nachfolgevariante Arabische Sozialistische Union (ASU).

6.4.2.2. Die Nationale Union

Die in der Verfassung angeführte Nationale Union wurde nach dem Suez Erfolg durch ein Präsidialdekret im Mai 1957 gegründet. Sie ersetzte die Befreiungsallianz und sollte allgemein für die Verwirklichung der Ziele der Revolution wirken.[167] Als einzige zugelassene politische Organisation wurde ihr - verfassungsrechtlich abgesichert - die Selektion und Zulassung der Kandidaten für Parlamentswahlen übertragen.

Hatte die Befreiungsversammlung noch spezifische Gruppen zur plebiszitären Unterstützung Nassers 'spontan' aktiviert, so bildete die Nationale Union lehrbuchhaft den Prototyp einer für die totalitäre Diktatur typischen Massenpartei,[168] die in verschiedenen Varianten ab 1962 die totale Gleichschaltung des Landes betrieb.

Schaubild 6: Struktur der Nationalen Union

	Vorsitzender
Nationale Ebene	Oberstes Exekutivkomitee (OEK) Generalkomitee Generalkongreß
Provinziale Ebene	Exekutivkomitee Generalkomitee Provinzialkongreß
Lokale Ebene	Exekutivkomitee Komitee

Schaubild 7:

Die Selektions- und Rekrutierungsfunktion der Nationalen Union

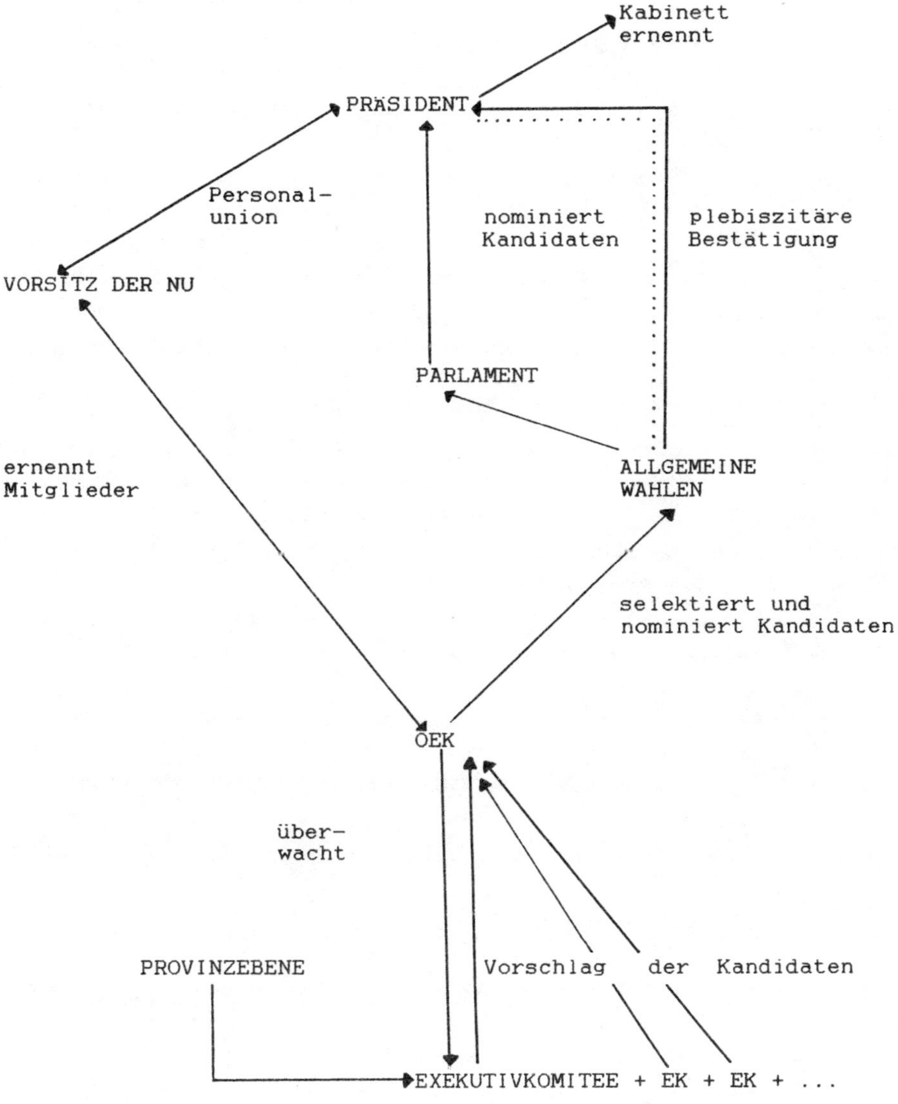

Die territorial-horizontale Gliederung (Schaubild 6) deckte sich mit dem regionalen Verwaltungsaufbau des Landes; der hierarchisch-vertikale Aufbau erlaubte der Leitung - Oberstes Exekutivkomitee und insbesondere dem Vorsitzenden der Nationalen Union - Korrektureingriffe via Richtlinienvorbehalte in die Wahl- bzw. Ernennungsbefugnisse jeweiliger Komitees für die Zusammensetzung der nächst höheren Gremien; ein Rekrutierungsmechanismus also, der auf das Modell des demokratischen Zentralismus[169] zurückgreift, wie auch noch andere Organisationselemente und Partizipationskanäle unterstreichen. So war das Generalkomitee der nationalen Ebene gegenüber allen nachgeordneten Komitees weisungsbefugt, und überwachte als Kontrollausschuß die Ausführung der vom Obersten Exekutivkomitee verfügten Anordnungen. Das Oberste Exekutivkomitee setzte sich aus dem Vorsitzenden der Nationalen Union und zwanzig von ihm ernannten Mitgliedern des nationalen Generalkomitees zusammen und besaß die letztinstanzliche Satzungs-, Finanz- und Disziplinarhoheit.
Nasser als Staatsoberhaupt, Ministerpräsident und Vorsitzender der Nationalen Union - mit Sadat als erstem Generalsekretär - hatte somit alle machtrelevanten institutionellen Positionen inne. Die innenpolitische Aufgabenstellung[170] Propagierung der Ziele der Revolution, Beeinflussung der Meinungsbildung und selektive Personalgewinnung, wird treffend mit der schlagwortartigen Bezeichnung 'Transmissionsmaschine zur Mobilisierung der Bevölkerung' veranschaulicht. Das Beispiel der Mitwirkung der Nationalen Union an den Parlaments- und Präsidentenwahlen[171] erhellt zugleich den akklamativ-passiven Charakter dieser Mitarbeit und verdeutlicht im Gesamtrahmen die Einflußlosigkeit des Scheinparlaments.[172] Beide Institutionen waren dazu da, das Charisma Nassers zu veralltäglichen und institutionell abzusichern.

Im Zuge der Ausdehnung der politischen und wirtschaftlichen Strukturen auf die gesamte VAR wurden die regionalen Parlamente aufgelöst, die passiv akklamativen Beteiligungselemente erweitert[173] und die Nationale Union auch im nördlichen Landesteil als einzige Partei inauguriert.

Das angebliche Unvermögen der Nationalen Union, das politische Personal der aufgelösten Parteien zu integrieren und die politischen Interessen zu harmonisieren diente als Vorwand, nach dem Zusammenbruch der Union im Herbst 1961 die Nationale Union aufzulösen.[174] Statt dessen ließ Nasser 1750 von der Führung der Nationalen Union ausgewählte, berufsspezifische Delegierte einen Nationalkongreß der Volkskräfte konstituieren, der eine von Nasser vorgelegte Nationalcharta diskutierte und die Gründung einer neuen Massenorganisation vorbereitete. Dieser einschneidende organisatorische Neubeginn war begleitet von der Formulierung einer alle Existenzbereiche umfassenden Ideologie.

6.4.3. Die ideologische Mobilisierung

Die maßgeblichen ideologischen Komponenten im politischen Denken der führenden Offiziere waren bis zum Ausscheiden Syriens aus der VAR positive Neutralität und Panarabismus. Da sie in ihren inhaltlichen Substanzen den Kolonialkonflikt in einer veränderten Form, nämlich als außenpolitisches Bedrohungsszenario mit austauschbaren Variablen Großbritannien, USA , Israel präsentierten und gemeinsame panarabische Aspirationen ansprachen, waren sie Teil des akzeptierten nationalen Konsenses.
Doch die so mobilisierte Zustimmung war abhängig von der Fortschreibung einer imaginären Bedrohungslage, anhaltenden außenpolitischen Erfolgen, und damit von den nicht immer kontrollierbaren Entwicklungen im internationalen System, wie das Scheitern der Union nur allzu deutlich vermittelte.[175] Dieser schwere außenpolitische Rückschlag konnte nicht einfach mit den üblichen schuldzuweisenden Schlagworten übergangen werden; da er zugleich die bedingte Funktionsfähigkeit der institutionellen Mobilisierung aufzeigte,[176] bedurfte es eines zusätzlichen Legitimationsfaktors zur Erklärung, Rechtfertigung und Ausschaltung der festgestellten Störvariablen, also einer politischen Ideologie.[177] Zur Formulierung einer politischen Ideologie, die diese 'articulated sets' mit Normen zur Beurteilung des Systems und seiner Führer, mit Ansichten, die die Kluft zwischen der Wirklichkeit und dem durch die Ideologie beschriebenen Ziel

verringern und mit Werten einer erstrebenswerten Zukunft auflädt,[178] eignen sich am besten Grundsätze, die aus der vorherrschenden politischen Kultur ableitbar sind.[179]
Bis zur Herausbildung der allgemein verbindlichen und dem Anspruch nach authentischen Ideologie des 'Arabischen Sozialismus', wie er in der 'Nationalcharta' umrissen wird, deutete das Regime seine Regierungspolitik als die unvermeidliche, logische Folge der modernistischen Strömungen in der ägyptischen Geschichte.

6.4.3.1. Die Reinterpretation tradierter Werte

Das aufklärerische Gedankengut des gescheiterten islamischen Reformismus (al-Afghani, Muhammad Raschid Rida) und der Kampf der ägyptischen Nationalisten ('Urābī, Zaghlul) wurden selektiv als anti-okzidentale und zugleich die arabische Einheit fördernde Zielsetzungen interpretiert. Die synkretische Restauration dieser teils religiösen, teils säkularen Antworten auf die koloniale Herausforderung wurde ergänzt durch eine Renaissance der islamisch-politischen Aktivitäten der al-Azhar Universität, die im Zuge der Neubestimmung der sich erweiternden außenpolitischen Koordinaten als Propagandazentrale genutzt und aufgewertet wurde.[180]

Die Monarchie, das Mehrparteiensystem und die Wafdführung wurden dagegen negativ belastet "with being inept, lacking revolutionary zeal, compromising with imperialism, and permitting its party ranks to be infiltrated by the palace, big landlords, parasites and opportunists."[181] Daher, so wurde 1954 argumentiert, habe das ägyptische Volk die Armee beauftragt, den Imperialismus und die ihn tragenden Feudalisten zu beseitigen.[182]

Die Implikationen dieses - im Nachhinein deklarierten - Auftrages konnten nur die Einleitung einer politischen und sozialen Revolution bedeuten, wobei der Machterwerb als politische und eine anzustrebende Verbesserung der wirtschaftlichen Lebensverhältnisse als soziale Revolution verstanden wurden. Die Agrarre-

formgesetze und die Verstaatlichung des Suez-Kanals wurden daher mit den vagen Begriffen soziale Gerechtigkeit, bzw. Ägyptisierung ettikettiert; sie belegen weniger die Umsetzung eines durchdachten ideologischen Theoriegerüstes als vielmehr pragmatische Schritte zur Sicherung der Machtposition und der populären Abstützung. In diesen Rahmen gehören auch noch die Sozialgesetzgebung und verstärkte wirtschaftliche Interventionen der Regierung, die Ende der fünfziger Jahre mit der nebulösen Formel vom demokratischen und kooperativen Sozialismus begründet wurden,[183] die schließlich die Verstaatlichung der großen Banken, Versicherungen (1960) und den Ausbau des ländlichen Genossenschaftswesens einleitete.
Dieser programmatische Kernbegriff muß einmal im Zusammenhang mit der radikaleren Konkurrenz in der syrischen Baath und der irakischen KP während der Frühphase der VAR und dem Wunsch nach wirtschaftlicher und industrieller Entwicklung[184] der panarabischen Großmachtbasis VAR gesehen werden.
Zum anderen war diese Formel auch eine - bisher in der Literatur nur wenig beachtete - Reaktion auf die kontroverse Diskussion innerhalb der programmatisch-politisch nicht festgelegten Nationalen Union; die tagespolitisch opportune Interpretation der Ideen und Deklarationen Nassers diente den Führungskräften als taktisches Mittel zu vehementen, machtpolitischen Positionskämpfen.[185] Diese partielle Lähmung innerhalb der Nationalen Union und das sich abzeichnende Ende der VAR lösten ab Mitte 1961 eine vorwiegend machtpolitisch begründete Verstaatlichungswelle aus, die nur Kleinbetriebe, -handel, -bauern verschonte.

Diese doppelte Krise signalisierte zugleich die Notwendigkeit der ideologischen Geschlossenheit, der politischen Handlungsfähigkeit, einer sprachregelnden Kommunikation zwischen Regierung und Bevölkerung und der Kontrolle über die Wirtschaftssektoren. Die mobilisierende Neuformierung des politischen und wirtschaftlichen Lebens sollte über die pragmatische Formel hinaus mit verbindlichen und verständlichen Grundsätzen einer spezifischen Sozialismusvariante erlangt werden.

6.4.3.2. Die Nationalcharta

Die nach mehrwöchiger Beratung ohne Abänderung (!) im Juli 1962 einstimmig angenommene umfangreiche Programmschrift enthält in ihren 10 Kapiteln[186] idealiter alle Kriterien, die eine mobilisierende Ideologie kennzeichnen.

Während im Vorfeld des Kongresses eine Propagandakampagne[187] in den Medien seitens der al-Azhar[188] die Übereinstimmung zwischen der Entstehung des Islam - erläutert als sozialistische Revolution - und der Revolution der Freien Offiziere - deren Arabischer Sozialismus auf diesem Erbe beruhe - konstituiert wurde, findet sich in der Charta keine konkrete oder theoretische Anknüpfung an die islamische Geschichte.[189] Gleichfalls auffällig ist, daß nur ein knappes Kapitel, zudem das letzte, außenpolitische Aspekte anreißt, die ein Bekenntnis zum Kampf gegen den Imperialismus und zur Solidarität mit der arabischen und afro-asiatischen Welt ablegen.

Die inhaltlichen Leitgedanken suchen mit einer durchgängigen Zurückweisung[190] kapitalistischer wie kommunistischer Ordnungselemente die Eigenständigkeit und die politische Ausstrahlungskraft des Arabischen Sozialismus über die arabische Welt hinaus nachzuweisen.[191] Sie kreisen um die Grundlinien:

- Islamisches Kohäsionsgebot,
- Wirtschaftsdirigismus analog der hydraulischen Zentralverwaltung,
- Führungsanspruch einer zu schaffenden Kaderpartei.

Wichtiger als die textbezogene Exegese der ideologischen Aussagen, die eine weltanschauliche Zuordnung anstreben, ist die Frage nach den organisatorischen Konsequenzen der ideologischen Mobilisierung.

6.4.4. Die bürokratische Mobilisierung

Zur Umsetzung der in der Charta entworfenen sozialistischen Perspektiven, die eine Zukunft der Industrialisierung und wohlfahrtsstaatliche Leistungen versprachen, war allgemein die Ausdehnung der Regierungsfunktionen, insbesondere ein neu zu schaffender öffentlicher Wirtschaftssektor und ein adäquates Bildungssystem erforderlich, also Reformen, die den quantitativen Ausbau der öffentlichen Verwaltung[192] nach sich zogen.

Auch in Europa war die öffentliche Administration am Sozialen Wandel mit wertprägenden Regelungen und an der Industrialisierung sowie am Aufbau eines freien Bildungswesens mit Innovationsinitiativen maßgeblich beteiligt,[193] aber durchlief dabei selbst einen Wandlungsprozeß; die Legalitätsbindung der Administration an die Person des Herrschers verlagerte sich nämlich seit den konstitutionellen Machtbeschränkungen auf Institutionen und juristische Abstraktionen, die auf der Idee des Rechtsstaates begründet waren.[194]

Das Ergebnis der stetigen Administrationsexpansion (Tabelle 13) in Ägypten nach 1962 brachte dagegen verwaltungstechnisch die Verstärkung der bekannten disfunktionalen Strukturen der hydraulischen und islamisch bürokratischen Verfahrensweise[195] und machtpolitisch einen bürokratischen Apparat hervor, der in unmittelbarer Abhängigkeit von Nasser - als Neopatrimonialismus[196] bezeichnet - alle Sektoren des Gemeinwesens erfassen und kontrollieren sollte.

Tabelle 13: Ausbau der Administration (ohne Staatsbetriebe und Streitkräfte)

	1951/52	1956/57	1962/63	1965/66	1969/70
Administrative Einheiten *Ministerien *öffentliche Verwaltung	15	18	24	29	28
Beschäftigung (in tausend)	350	454	770	1,035	1,200
Lohnzahlungen (in tausend ägypt. Pfund)	96,159	127,434	199,564	311,406	404,235
öffentliche Ausgaben (in ägypt. Pfund, tausend)	149,422	238,029	516,857	524,197	1,658,378

Nach N. Ayubi, Bureaucracy and Politics in Contemporary Egypt, London 1980, S. 218 ff.

Die Personalrekrutierung für die Spitzenpositionen innerhalb des Apparates, der im wesentlichen die Einheitspartei, die Armee, die Sicherheitsdienste und den öffentlichen Wirtschaftssektor umfaßte, konzentrierte sich auf ein Reservoir von 186 Personen, die von Nasser oder wenigen Vertrauten kooptiert wurden, und zwar nach dem Grad der Zugehörigkeit zum 'inner circle' der Freien Offiziere und ihrem Loyalitätsbezug zu Nasser.[197]

Diese mit zahlreichen Privilegien[198] ausgestatteten Einflußträger unterstanden Nasser direkt, waren nur ihm verantwortlich, führten nur die von ihm getroffenen Entscheidungen aus, überwachten die nachgeordneten Ausführungsinstanzen und besaßen das Monopol für die Gewährung von Karrierechancen. Da sie selbst Ausgangspunkt ähnlicher Klientelbeziehungen[199] innerhalb ihrer Ressorts, Behörden oder Dienststellen waren, bestand die Gefahr autonomer Machtzentren; um dies zu verhindern, unterlagen die Amtsinhaber der Rotation,[200] oder Nasser schuf konkurrierende Organisationen mit nicht eindeutig definierten Zuständigkeiten, setzte geheime Kaderzellen ein, präferierte wechselweise Teilbereiche oder ließ Entscheidungen einfach offen.

Dieses komplexe System interner rivalisierender Einheiten verhinderte zwar die Bildung von Gruppenallianzen, erzwang aber anstelle der angestrebten sozialistischen Entwicklung einen bürokratischen Immobilismus, der jegliche Initiative, institutionelle Verfestigung und fachorientiertes Rollenverhalten blockierte und die wirtschaftlichen bzw. finanziellen Ressourcen weitgehend selbst absorbierte.

Gegenüber dem Präsidenten existierten keine relevanten 'checks and balances', so daß von einem Präsidialsystem, wie in der deutschsprachigen Literatur[201] die Ära Nasser thematisiert wurde, nicht gesprochen werden kann; vielmehr handelte es sich um eine Präsidialdiktatur, die sich auf einen vertikalen Kanal der direkten, emotional und charismatisch geführten Kommunikation mit der Bevölkerung und auf einen horizontalen Kanal variierender Koalitionspartner innerhalb des bürokratischen Apparates stützte.

6.4.4.1. Die Einheitspartei Arabisch Sozialistische Union (ASU) als multifunktionales Kontrollinstrument

Die Einheitspartei war wie die beiden politischen Vorläuferorganisationen, Befreiungsversammlung und Nationale Union, wiederum eine administrative Schöpfung von oben. Gegliedert nach dem Prinzip des demokratischen Zentralismus, wurde sie von oben nach unten anhand von Kongreß- und Komiteeeinheiten analog zur Verwaltungshierarchie aufgebaut, "mit der Folge, daß zuerst die Mitglieder der Parteispitze vom Präsidenten der Republik ernannt wurden. So kam es, daß bereits vor Verkündung der ersten Satzung im Dezember 1962 und bevor es überhaupt Mitglieder der ASU gab, bereits eine Führung der Partei amtierte. Diese bildete dann unter teilweise unmittelbarer Kontrolle Präsident Nassers die übrigen ASU-Formationen."[202]

Die ASU übernahm die innenpolitische Aufgabenstellung der Nationalen Union, wobei die akklamatorisch-passive Rolle an Bedeutung gewann, weil von 1961-64 ein Parlament nicht existierte, sondern ein Präsidial- und ein Exekutivrat die Legislativ-

und Exekutivfunktionen wahrnahmen und - statusgemäß gesehen - parteiinterne Kontrollorgane (etwa der nationale Generalkongreß) bis 1968 überhaupt nicht einberufen wurden.[203]
Aufgrund der Erfahrungen[204] aus den personellen und organisatorischen Mängeln der Nationalen Union und dem Scheitern der Föderation wurden die Rolle und Bedeutung der ASU erweitert durch eine neuartige Gewichtung der sozialen Zusammensetzung innerhalb der aktiven Mitgliedschaft.

Abgeleitet aus der Charta und gemäß der Gründungssatzung sollte die Partei[205] die Präsenz von Arbeitern und Bauern mit Hilfe einer 50% Quote[206] in allen Parteigremien und zu wählenden öffentlichen, politischen und wirtschaftlichen Körperschaften sicherstellen.

Die Partei als treibende Kraft der sozialistischen Transformation und Verkörperung der Einheit der arbeitenden Volkskräfte[207] konnte somit innerhalb des bürokratischen Apparates und gegenüber der Bevölkerung die politische Repräsentation des Volkes beanspruchen.
Abgesehen davon, daß die Festlegung des wahlbegünstigenden Prädikats Arbeiter oder Bauer zur Disposition der Parteiführung stand und damit ein flexibles Steuerungselement für die Zusammensetzung der Parteiorgane und der politischen Institutionen gegeben war,[208] bot dieser Quotenbonus materielle Partizipationsmöglichkeiten gerade den zwei sozialen Segmenten, die maßgeblich von den sozio-ökonomischen Verschiebungen betroffen waren und als die potentiellen Zielgruppen in das bestehende Regierungssystem zu integrieren waren. Daher lag beim Parteiaufbau der organisatorische Schwerpunkt in den Städten bei produktionsspezifischen und auf dem Lande bei territorial dörflichen Grundeinheiten.[209]

Empirische Feldstudien zeigen, daß die von der Agrarreform profitierenden ländlichen Mittelschichten häufig dieses Angebot der lokalen Beteiligung an Ämtern und Pfründen aufgriffen und ihre traditionelle Rolle des opinion leaders jetzt im Sinne der ASU-Vorgaben ausübten; sie praktizierten, wie viele Beispiele belegen, zwischen den ideologischen Zielen der Partei und der eigenen Interessenverfolgung einen pragmatischen modus vivendi.[210]

Diese ASU Repräsentanten agierten zugleich - gestützt auf ihre Kientel - als entscheidendes Korrektiv gegenüber den staatlichen Kooperativen, so daß aus deren ökonomischen Organisationsvorteilen, nämlich Kreditvergabe, Bereitstellung der Produktionsmittel, Verkauf und Abrechnung der Ernte, kein autonomer politischer Machtfaktor entstehen konnte.[211]

Was die potentiell säkulare, partizipationsorientierte Arbeiterschaft anging, die seit 1947 von 650.000 auf rund 1,1 Millionen Beschäftigte im Jahre 1966 anstieg, so konnten über die ASU für die zahlreichen Kommissionen und Aufsichtsbehörden - 1964 waren 90% der gewerblichen Wirtschaft unter Aufsicht des öffentlichen Sektors - zuverlässige Kader gewonnen werden, die im Wege einer mehrmals neu interpretierten arbeitsrechtlichen Mitbestimmung[212] auch politisch absorbiert werden sollten.

Ferner ließen sich somit Fehlschläge bei der Planerfüllung, Versorgungsengpässe und Mißwirtschaft der sich 'selbst verwaltenden' Arbeitnehmerschaft oder ihren Kadern zuweisen, die Nasser dadurch von der tagespolitischen Verantwortung entlasteten.[213]

Durch die bürokratische Integration der aktiven Teile der beiden strategischen sozialen Schichten überlagerte die Einheitspartei präventiv - zumindest mittelfristig - die aus der Problematik der gouvernementalen Distributions-/Strukturpolitik resultierenden destabilisierenden Tendenzen, die andernorts in einen Industrie- vs. Agrar-Konflikt oder Stadt- vs. Land-Konflikt umschlugen.

Wenngleich die Anstrengungen der Partei, über Propaganda-, Medien- und Privilegieneinsatz die Masse der Bevölkerung für die wirtschaftlichen, politischen und normativen Leitideen zu mobilisieren, in Ansätzen steckenblieben, so erwies sich die Partei - mit 5,2 Mio. Mitgliedern bei 7,4 Mio. Wahlberechtigten und der Erfassung fast jeder Siedlung - als relevante gesellschaftliche Kontrollinstanz und war darüber hinaus eine beachtenswerte Determinante bei der Ausbalancierung der innerhalb des bürokratischen Apparates nach Dominanz strebenden Einflußblöcke.

Nachdem es Anfang der 60er Jahre mit dem Oberbefehlshaber der Streitkräfte, Amer, zu einer Reihe von Meinungsverschiedenheiten[214] und wohl auch zu persönlichen Spannungen kam, förderte Nasser bis 1967 die ASU, um ein Gegengewicht zu den Militärs, aber auch zu den religiösen Gruppen zu schaffen. Erst als der ASU Generalsekretär Ali Sabri, ein Exponent der radikalen Fraktion und Verfechter eines prosowjetischen Kurses, die ASU in eine leninistische Kaderpartei umzustrukturieren begann[215] und im Verlauf der Kamschisch[216] Affäre in der Bevölkerung bekannt wurde und erheblich an Popularität gewann, schwenkte Nasser auf die Seite der Armeeführung.

Die Streitkräfte kritisierten vor allem das Sozialistische Institut, die auf Weisung Nassers gebildeten geheimen Kaderzellen und die Jugendformationen der ASU, aus denen nach dem Sabri Konzept zukünftig alle politischen Kader rekrutiert werden sollten. Auch die Partei-Forderungen nach paramilitärischen Parteimilizen und die politische Aufsicht über die bewaffneten Verbände wurden von den führenden Militärs als Kampfansage perzipiert.[217]

Nach der verheerenden 67er Niederlage im Krieg gegen Israel, die für die Streitkräfte Prestigeverluste, Säuberungen[218] und eine Demilitarisierung in den leitenden Regierungsinstitutionen zur Folge hatten, neutralisierte Nasser die 'alte' ASU. Innerhalb der Parteigremien wurde zur Selbstkritik angeregt und neue Führungsgruppen eingesetzt. Unter Vorsitz des Parlamentspräsidenten Sadat fanden in der Volksvertretung erstmalig kritische Diskussionen über die mangelhafte Effizienz der Partei statt. Diese Aktivierung der 'Reservefunktion' des Parlaments mündete in der Ankündigung der Erneuerung der Parteikader durch echte Wahlen, Erweiterung der Mitbestimmung in den höchsten Gremien, freie Meinungsäußerung und brachte in den Medien zum Teil konfuse Beiträge über eine offene, rechtsstaatliche Gesellschaft hervor.[219] Die Inhalte der selektiv geführten Reformdiskussion wurden schließlich im Programm des 30. März thematisiert und nach einer Serie von Massenkundgebungen im Mai 1968 per Volksabstimmung mit 99,98% Zustimmung angenommen.

Läßt man einmal die stärkere Betonung islamischer und demokratischer Werte sowie die mobilisierende Befreiungsrhetorik außer Acht, resultierten aus diesem Reformansatz parteiinterne Wahlen, die Einberufung bisher nie tagender Parteiorgane und die Nominierung von 23 ASU-Mitgliedern als unabhängige Kandidaten für die Parlamentswahlen im Januar 1969.[220]

Die verfassungspolitische Praxis des proklammierten Neubeginns war dagegen gekennzeichnet von einer Ämter- und Machtkonzentration[221] in der Person Nassers. Die gelenkte Diskussion, die Schwächung der ASU, die Lähmung der Streitkräfte sowie die plebiszitäre Wiedereinsetzung haben Nassers Position gestärkt und ihm erneut die Funktion des anerkannten, handlungsfähigen Schiedsrichters übertragen. Impulse für pluralistische Strukturen, demokratische Partizipation oder die freie Artikulation abweichender Meinungen blieben aus; erst im Zusammenhang mit den Nachfolgekämpfen gewann die Thematik des 30. März-Programms an aktueller Bedeutung.

6.4.4.2. Die Armee als stratiokratisches Personalreservoir

Der Armeeputsch von 1952 und die Einrichtung des Führungsrates der Revolution als alleinige machtpolitische Entscheidungsinstanz, der ausschließlich Offiziere angehörten, haben das ägyptische Regierungssystem als idealtypische Militäroligarchie erscheinen lassen. Das Militär gilt aufgrund der sozialen Schichtzugehörigkeit, standardisierten Ausbildung und internationalen Orientierung als das homogene Mittelschichtsegment, das gegenüber den anderen, heterogen geformten sozialen Kräften ein besonderes Maß an politischer Handlungsfähigkeit entfalten kann. In bezug auf Entwicklungsländer suggeriert der Terminus Militär zudem ein (normatives) Aktionssyndrom sukzessiver Modernisierung.

In Ägypten besteht jedoch weder eine Militärherrschaft noch eine militarisierte Gesellschaft. Vielmehr handelt es sich um eine Stratiokratie,[222] in der es im Gegensatz zur oligarchischen Militärherrschaft keine herrschende Offiziersklasse mit uniformen

Interessen und spezifischen Zielen gibt, sondern in der das Militärpersonal die variable Basis zur Rekrutierung von Eliten mit politischer Kontrollfunktion stellt.

Dieser begrifflichen Unterscheidung kommt auch erhebliche methodologische Bedeutung zu, da sie sich nicht auf die hypothetischen Kategorien der Militärsoziologie beschränkt, sondern unter Einbeziehung der (außen-)politischen, institutionellen, wirtschaftlichen und sozialen Rahmenbedingungen nach Struktur, Ausmaß und Zweck der Rekrutierung fragt, daher Phasen der Militarisierung und Demilitarisierung erfaßt, die wiederum Aufschluß geben über die realen Einfluß- und Machtkonstellationen zwischen den politischen Akteuren innerhalb des Regierungssystems.

Der Führungsrat der Revolution übernahm für die administrative Routine einige bekannte, nationalistisch eingestellte, im Umgang mit der Bürokratie erfahrene Politiker und kooptierte 1556 leitende Fachbeamte, die überwiegend in Ägypten ausgebildet ihre Laufbahn in den 40er Jahren begonnen hatten und deren Sozialisation mehrdimensional[223] nach den überlieferten Kriterien obrigkeitsstaatlicher Orientierung verlief.

Nach seinem machtpolitischen Erfolg gegenüber Naguib besetzte Nasser Ende 1954 alle sicherheitsrelevanten Positionen und Schlüsselministerien mit ihm ergebenen Freien Offizieren.[224] Für die weitere Kontrolle von Fachministerien wählte er eine Doppelstrategie, einmal "by placing officers in the number two positions. Depending on the organizational make-up of the particular ministry, the military appointment could come at the deputy minister (a cabinet post) or undersecretary (below cabinet) level."[225]

Zum andern unterstanden die Fachministerien verschiedenen Komitees, die im Präsidialamt angesiedelt waren. Nasser sicherte sich also direkten Kontakt zu und unmittelbare Weisungsbefugnis über die aufsichtführenden Offiziere und die Ressortchefs. Mit Beginn der massiven Verstaatlichungswelle wurde dieser duale Führungsstil modifiziert[226] und bis auf die mittleren Verwaltungsbezirke ausgedehnt. Trotz der personellen Aufstockung der Streitkräfte (Tabelle 14) und dem Angebot polytechnischer

Tabelle 14:[227] Streitkräfteausbau 1955-73

1955	1960	1965	1969	1973
80.000	100.000	180.000	213.000	298.000

Studiengänge für Offiziere reichten weder die Anzahl noch die fachliche Kompetenz der nachrückenden (ex-)Offiziere aus, den technisch-industriellen Anforderungen in Armee und Wirtschaft gerecht zu werden; die Einstellung der Universitätsabsolventen sollte diese Knappheit an qualifiziertem Personal beheben, wobei die Übernahme "into direct commissions became an additional source of his control over the army."[228]
Ähnlich wie die Organisationsstruktur der Exekutive auf Kontrolle und weniger auf Effizienz abzielte, waren bei der Zivilbesetzung höherer Dienstposten Aspekte der Loyalität wichtiger als Qualität. Obwohl diese 'professionals' auch in Spitzenpositionen aufsteigen konnten und "at least some of them tended to side with different factions headed by former officers ..." bleibt festzustellen: "yet as far as one can discern, no civilian has actually led a factional power struggle."[229]

Patrimoniale Gewährung statusorientierter Privilegien einerseits und sorgfältige Überprüfung andererseits waren also essentielle Bestandteile dieser zivilen Kaderrekrutierung, so daß die den Militärs zugeschriebene Maxime[230] der Umformulierung bedarf: je näher eine Position zu entscheidungsrelevanten Institutionen, desto höher die Wahrscheinlichkeit, daß Nasser ein Mitglied der Freien Offiziere (oder aus deren Klientel) einsetzte und dieser Institution insgesamt eine klare 'militärische Mehrheit' sicherte.
Auf die unterschiedliche Zusammensetzung in Präsidial- und Exekutivrat wurde schon hingewiesen; ähnlich bei den Gouverneuren: stets waren über die Hälfte der 26 Amtsinhaber Offiziere aus dem engeren Kreis um Nasser, phasenweise sogar zwischen 70 und 80%.[231] Auch der höhere Anteil dieser Militärs in den

obersten Parteigremien Oberstes Exekutivkomitee und Zentralkomitee - für diese Parteiorgane fand die 50%-Quote keine Anwendung - differiert deutlich zu den 44,2% Militärpräsenz in den Kabinetten 1967.

Tabelle 15: Anteil der Offiziere im Obersten Exekutivkomitee

1962	1966	1968
64,7%	100%	50%

Tabelle 16: Anteil der Offiziere im Zentralkomitee

1962	1964	1965	1966	1967	1970	1971
75%	61,9%	56,3%	60%	56,3%	42,9%	0%

Tabellen nach: S. Akhari, Egypt: Neo Patrimonial Elite, in: F. Tachau, Political Elites and Political Development in the Middle East, New York 1975, S. 87 ff.

Zur Kaderpolitik in den Streitkräften gehörte der Dienstpostenwechsel, die horizontale Durchlässigkeit, auch in andere Zweige des bürokratischen Apparates, sowie sich kreuzende dienstliche Unterstellungsstränge; besonders diese letzten Elemente erschwerten den jüngeren Offizieren "the chance of developing a corporate military professional ethos."[232]

Perlmutter, der die 67er Niederlage auf die negativen Begleiterscheinungen dieser Gruppenfragmentierung zurückführt,[233] übersieht die machtsichernde Zielsetzung dieses Vorgehens. Nur dieses stratiokratische Rekrutierungsmuster und Orientierungskonzept eröffnete Nasser den notwendigen Handlungsspielraum und verhinderte ein machtpolitisches Eingreifen der Inhaber des Waffenmonopols während der 67er Krise; die publikumswirksame Schuldzuweisung und die drastische Reduzierung der Militärs in Kabinett (Tabelle 17) und Partei nach der Niederlage erfolgte nämlich ohne wesentliche Destabilisierungstendenzen.

Sadat, der die Rationalität dieser organisatorisch begründeten institutionellen Handlungsfähigkeit verstanden hatte, setzte dieses Konzept während der Nachfolgekämpfe derart effektiv ein, daß ihm die Transformation der politischen Macht auf seine Person trotz zunächst fehlendem Charisma gelang.

Tabelle 17: Berufsspezifische Rekrutierung der Kabinettsmitglieder

Kabinett	Militär		Bürokratie		Wirtschaft		Juristen		Andere Akademiker		Diplomaten		Techno-kraten		Polizei		Insgesamt	
	N	%	N	%	N	%	N	%	N	%	N	%	N	%	N	%	N	%
7. Sept. 1952	1	6.3	3	18.8	1	5.9	4	25.0	3	18.8	2	12.5	–	–	–	–	16	
8. Dez. 1952	1	5.9	3	17.7	1	5.9	5	29.4	4	23.5	2	11.8	1	5.9	–	–	17	
18. Juni 1953	5	26.3	2	10.5	1	5.3	5	26.3	3	15.8	1	5.3	2	10.5	–	–	19	
4. Okt. 1953	9	40.9	1	4.6	2	9.1	4	18.2	3	13.6	1	4.6	2	9.1	–	–	22	
17. Apr. 1954	11	45.8	1	4.2	2	8.3	4	16.7	3	12.5	1	4.2	2	8.3	–	–	24	
1. Sept. 1954	12	52.2	1	4.4	1	4.4	4	17.4	2	8.7	1	4.4	2	8.7	–	–	23	
30. Juni 1956	8	36.4	1	4.6	2	9.1	4	18.2	3	13.6	1	4.6	3	13.6	–	–	22	
5. März 1958	8	38.1	–	–	2	9.5	3	14.3	4	19.1	1	4.8	3	14.3	–	–	21	
7. Okt. 1958	16	48.5	1	3.0	2	6.1	2	6.1	7	21.2	1	3.0	4	12.1	–	–	33	
17. Aug. 1961	16	51.6	1	3.2	2	6.5	1	3.2	5	16.1	1	3.2	5	16.1	–	–	31	
19. Okt. 1961	15	51.6	1	3.5	1	3.5	1	3.5	6	20.7	1	3.5	4	13.8	–	–	29	
29. Sept.1962	17	47.2	3	8.3	2	5.6	1	2.8	7	19.4	1	2.8	4	11.1	1	2.8	36	
24. März 1964	16	36.4	2	4.6	2	4.6	3	6.8	10	22.7	1	2.3	9	20.5	1	2.3	44	
2. Okt. 1965	19	46.3	2	4.9	1	2.4	2	4.9	7	17.1	1	2.4	8	19.5	1	2.4	41	
10. Sept.1966	21	55.3	2	5.3	1	2.6	2	5.3	3	7.9	1	2.6	7	18.4	1	2.6	38	
19. Juni 1967	19	65.5	–	–	2	6.9	1	3.5	4	13.8	1	3.5	2	6.9	–	–	29	
20. März 1968	13	39.4	2	6.1	2	6.1	2	6.1	9	27.3	1	3.0	4	12.1	–	–	33	
28. Okt. 1968	13	41.9	2	6.5	1	3.2	2	6.5	9	29.0	–	–	4	12.9	–	–	31	

Nach S. Akhari, Egypt ..., in: F. Tachau, Political Elites ..., a.a.O., S. 93.

6.4.4.3. Der öffentliche Sektor zur Kontrolle des Sozialen Wandels

Versteht man Regieren als die Formulierung von politischen Zielkategorien und deren Durchführung, so bestehen bis zur Entscheidung für eine konkrete sozio-ökonomische Entwicklungsoption in der Regel Zielkonflikte; diese können begründet sein im Abwägen bestimmter anzuwendender Techniken, in der Problematik sozialpolitischer Zielalternativen (Umverteilung) oder in der Grundsatzfrage nach den Auswirkungen marktwirtschaftlicher bzw. planwirtschaftlicher Steuerungselemente. Unabhängig von der Wahl eines Zieles, das etwa Konsum oder Investitionen präferiert, ist die Allokation knapper Ressourcen und die Verteilung der erwirtschafteten Ergebnisse stets auch eine machtpolitische Frage; denn die Perzeption der wirtschaftlichen Lage durch die Mitglieder eines organisierten Gemeinwesens ist eine zentrale Determinante für deren potentielle politische Mobilisierung und deshalb für die politische Stabilität insgesamt, so wie umgekehrt politische Stabilität als eine wesentliche Variable für wirtschaftliche Entwicklung angesehen wird.

Dieses 'Grundgesetz' gilt auch für das ökonomisch auf der Baumwollproduktion und -rohverarbeitung beruhende hydraulische Ägypten, das in Zeiten wirtschaftlicher Rezession Phasen politischer Destabilisierung erlebte. Aufgrund der geographisch-klimatischen und soziodemographischen Rahmenbedingungen sind sozio-ökonomische Entwicklungsperspektiven mit politischen Stabilisierungseffekten neben der Intensivierung der Agrarwirtschaft und der Neulandgewinnung nur durch die Diversifizierung der bislang einseitigen Produktion zu realisieren; Bevölkerungsdruck (Tabelle 18) und das begrenzte Kulturland hatten trotz erheblicher Ertragsverbesserungen der überwiegend noch auf dem Lande lebenden Bevölkerung bestenfalls eine stagnierende Entwicklung in den wirtschaftlichen Verhältnissen gebracht, die zudem gekennzeichnet waren von einer Disparität in der Einkommensverteilung, mit entsprechender fehlender Massenkaufkraft.[234]

Tabelle 18: Bevölkerungsentwicklung und Anbaufläche

Jahr	Bevölkerung	kultivierte Fläche in '000 Feddan
1821	4,230,000	3,053
1846	5,290,000	3,764
1882	7,930,000	4,758
1897	9,717,000	4,943
1907	11,190,000	5,374
1917	12,718,000	5,309
1927	14,178,000	5,544
1937	15,921,000	5,312
1947	18,967,000	5,761
1960	26,085,000	5,900
1966	30,075,000	6,000
1970	33,200,000	5,900
1975	37,000,000	5,700

Nach J. Waterbury, Egypt, Burdens of the Past, Options for the Future, Bloomington/London 1978, S. 87.

Tabelle 19: **Entwicklung der landwirtschaftlichen Produktion pro Kopf 1855/99-1960/62**

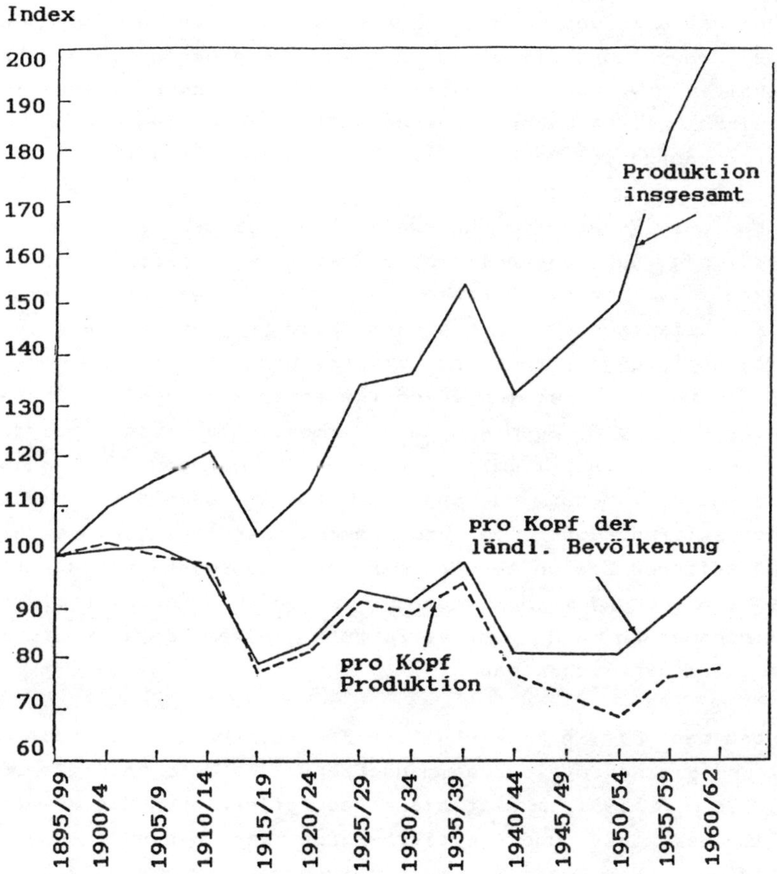

Nach P. O'Brien, The Long-Term Growth of Agricultural Production in Egypt: 1821-1962, in: P. Holt, Political and Social Change ..., a.a.O., S. 189.

Zur Schaffung neuer Arbeitsplätze und für die benötigte Kapitalakkumulation war zwar die sektorale Entwicklungspriorität 'Industrialisierung' weitgehend vorwegbestimmt, nicht aber die Entscheidung für eine plan- oder marktwirtschaftliche Wirtschaftsordnung.[235]

Für den schrittweisen Aufbau eines öffentlichen Sektors, dessen Kern zunächst aus Suez-Kanal und Assuan Damm bestand, dem dann die neue Schwerindustrie zugeordnet wurde und der ab 1964 nahezu den gesamten Wirtschaftskreislauf zentral kontrollierte,[236] lassen sich ähnliche machtsichernde politische Motive wie bei der Agrarreform aufzeigen.[237]

Die Phasen der Verstaatlichungswellen[238] lassen sich durchweg als Reaktionen auf außenpolitische Ereignisse begreifen und ihre Höhepunkte fallen in die Periode der ideologischen Mobilisierung, deren sozialistischer Impetus den Zugriff auf die materielle Basis des Regierungssystems und die Abstützung auf neue gesellschaftliche Kräfte, nämlich (Fach-)Arbeiter, Genossenschaftsbauern, Studenten und Beamtenschaft ermöglichte. Die Versorgung dieser neuen Klientel mit sozialen Leistungen und andere Privilegien, die Machtminderung der teils ausländischen alten Wirtschaftseliten, Kontrolle und Lenkung der Investitionen nach opportunistischen Zielen des Regimes waren geeignete wirtschaftspolitische Steuerungsmechanismen zur Verhinderung subsystemischer Autonomietendenzen und zur Verfolgung eines regimekonformen gesamtgesellschaftlichen Wandels.

Betrachtet man die Entwicklung der Erwerbsstruktur (Tabelle 20, S. 199) und die sektorale Zusammensetzung des Nationaleinkommens (Tabelle 21, S. 199) im Zeitablauf, so reflektieren die Zuwachsraten im Sekundär- und Tertiärbereich die Neugewichtung der Produktion und die soziale Umschichtung der Bevölkerung; beides vollzog sich im gesamtwirtschaftlichen Rahmen einer zentral gelenkten Planwirtschaft,[239] die in der Dekade 1960-70 die makroökonomische Projektion der Verdoppelung des Bruttosozialproduktes erreichen sollte.[240]

Tabelle 20: Verteilung der Erwerbstätigen nach Sektoren (in Tausend ohne Streitkräfte)

	1947	1960	1976
Landwirtschaft	4,085	4,406	4,878
Bergbau	13	21	33
Industrie	560,6	713,1	1,367
Baugewerbe	113,3	158,8	424
Handel	590,4	641,4	944
Transport u. Verkehr	203,3	260,2	479
Gas, Wasser, Elektrizität	22,6	36,8	62
sonstige Dienstleistungen	1,051,8	1,369,4	1,860
übriges	353,9	119,3	182
Insgesamt	6,994,6	7,726,6	10,229

Nach Waterbury, The Egypt of Nasser and Sadat, a.a.O., S. 43.

Tabelle 21: Sektorale Zusammensetzung des Nationaleinkommens

Jahr	1955/6	1960/1	1964/5	1967/8	1973
Landwirtschaft	34.4	31.5	29.7	29.0	26.3
Industrie	13.4	20.1	21.5	20.3	21.3
Elektrizität	0.4	0.8	1.2	1.7	1.8
Baugewerbe	2.3	2.8	4.7	3.8	4.2
Transport	6.0	7.3	8.9	5.5	5.7
Handel	11.0	10.4	8.6	9.3	9.2
Wohnungsbau	7.3	6.4	3.8	5.5	4.6
Gebrauchsgüter	n.a.	0.5	0.4	0.5	0.6
Dienstleistungen	21.1	19.9	21.1	24.2	26.2

Nach R. Mabro, S. Radwan, The Industrialization of Egypt 1939-1973, a.a.O., S. 47.

Die inhaltliche Strategie konzentrierte sich auf die Forcierung der agrarindustriellen Exporte[241] mit dem Schwerpunkt in der Textil- und Nahrungsmittelverarbeitung und der Schaffung eines Binnenmarktes, der durch Zollschranken und Handelsprotektion insbesondere die Importsubstitution bei Ausrüstungsgütern begünstigen sollte. Diese Grundmuster basierten auf unrealistischen Planungsprämissen.[242] Sie wurden ergänzt durch eine Mengenplanung ohne Marktkriterien in der Schwerindustrie und die jeder Planwirtschaft inhärenten disfunktionalen Strukturen und Abläufe. Sie erzwangen, auf den zweiten Fünf-Jahresplan zu verzichten und sich damit zu begnügen, "sogenannte Vollendungspläne mit jeweils einjähriger Laufzeit auszuarbeiten - Planungen, die weniger der Ausweitung der Industrialisierung als der Konsolidierung und Rationalisierung des bis dahin Erreichten dienten."[243]
In Folge der allseitigen Planerfüllungsmängel mußte zur Stabilisierung[244] des Erreichten der zusätzliche Import von Rohmaterialien, Ausrüstungsgütern und technischem Know How getätigt werden, was zu einem gewaltigen Handelsdefizit, der handelspolitischen Bindung an die Sowjetunion und zu schweren Zahlungskrisen in 1965 und 1967 - noch vor dem Krieg - führte.[245] Die daraufhin verstärkt einsetztende Förderung der investiven Ausgaben und staatlichen Kredite[246] zugunsten einer letztlich auf dem Weltmarkt nicht konkurrenzfähigen Industrie, die erneuten reglementierenden Eingriffe in die Landwirtschaft und eine expandierende interventionistische Bürokratie führten im Ergebnis lediglich zu sinkender Produktivität[247] und einem fallenden pro-Kopf-Einkommen.[248]

Die aus politischen Gründen betriebene Übersetzung - einhergehend mit Unterbeschäftigung - im industriellen Sektor und im Dienstleistungsbereich[249] bedingte einerseits ein kaum noch übersehbares Organisationschaos[250] und kanalisierte andererseits das in den amtlichen Statistiken ausgewiesene Wirtschaftswachstum in den tertiären Sektor, von dem weniger Entwicklungsimpulse für die warenproduzierenden Sektoren als vielmehr ein autonomes Wachstum des Dienstleistungssektors ausging.[251]
Die in der Charta und im sozio-ökonomischen Programm des Arabischen Sozialismus formulierten ökonomischen Ziele wurden

demgemäß generell nur insoweit erreicht, als "daß Armut, Unterbeschäftigung und niedrige Arbeitsproduktivität zu einem großen Teil nur vom primären in den tertiären Sektor verlagert wurden."[252]

Der von der Regierung gesteuerte und kontrollierte Soziale Wandel begünstigte innerhalb dieses tertiären Sektors im Grunde genommen nur die von ASU und offiziellen Gewerkschaften organisierte "small group of skilled and semi-skilled labour in large-scale industry and commerce, the urban salaried clan ... as well as the growing numbers of 'communicators' in the media, press, information and propaganda services. ... Consequently, social welfare measures remained confined to civil servants, employees of public cooperations and the larger private enterprises. Thus, of a seven million total labour force in 1966, only 1.4 million were covered by some kind of social security."[253]

Ebenfalls nicht zu übersehen ist die Diskrepanz zwischen partizipatorischen Forderungen für die arbeitenden Volkskräfte und deren Realisierung in den Betrieben und auf dem Land. Eine Politisierung der Mehrheit dieser Schichten im Sinne der Einübung von Selbstverwaltung und aktiver Teilnahme an arbeitsrechtlichen[254] (50% Quotenregelung) oder gar politischen Regelungen wurden durch ASU und regierungsamtliches Management verhindert; die in den Gewerkschaften praktizierten Verfahrensweisen induzierten gleichfalls keine Impulse für eine aktive politische Mobilisierung.[255]

Ein Blick auf den Zustand des Bildungssystems[256] Ende der 60iger Jahre, dessen Inhalte den politischen Sozialisationsprozeß mitbeeinflussen können, zeigt weder Säkularisierungstendenzen noch Ansätze zu einem Einstellungswandel gegenüber der herrschenden Obrigkeit; im Gegenteil: Politische Indoktrination, emotionale Verpflichtung auf den charismatischen Führer und die bloße Wiedergabe eingeübter politischer Formeln scheinen die vorherrschenden Lerntaxonomien gewesen zu sein.[257]

Diese politisch bedingten Strukturprobleme und die Propagierung eines materiellen Fortschritts durch Partei, Schule und Betriebe haben eine spezifische output-Orientierung angelegt, die sich in einer Erwartungshaltung nach steigenden Mindestlöhnen, Arbeitsplatzgarantie und hohen Subventionen für Grundbedürfnisse äußerte, die für das Regierungssystem lebensnotwendig, aber nicht mehr finanzierbar waren.

Der bürokratische Immobilismus und die Folgen des Krieges[258] von 1967 erzwangen die Ankündigung[259] einer völligen Neuordnung der ägyptischen Wirtschaft. Sie war nicht nur das Eingeständnis des sozio-ökonomischen Scheiterns des Arabischen Sozialismus nasseristischer Prägung, sondern zugleich auch struktureller Ausgangspunkt für Sadat; Abbau des staatlichen Dirigismus, Dezentralisierung und die Einführung von Marktmechanismen waren die einzigen sinnvollen Reformen mit Aussicht auf ökonomische Erfolge. Damit war aber zugleich das stratiokratische Herrschaftskonzept in Frage gestellt.

Anmerkungen

Kapitel 6 "Die Ära Nasser: Auf der Suche nach einer neuen Identität"

1) Vgl. A. Abdel Malek, Ägypten: Militärgesellschaft: ..., a.a.O., S. 135 ff., der die Phase 1952 bis 1956 (Suez-Krise) "eine Zeit des Suchens und Tastens" nennt.

2) Gewöhnlich verkünden die Führer eines politischen Systems "einen Komplex mehr oder weniger strenger, aufeinander bezogener Lehren, die ihre Führung in dem System erklären und rechtfertigen. Ein Komplex derartiger Doktrinen heißt häufig eine politische Ideologie." Vgl. R.A. Dahl, Die politische Analyse, a.a.O., S. 81; ausgehend von dieser Definition der Ideologie lassen sich die Verlautbarungen vor und nach dem Putsch allenfalls als Parolen bezeichnen; s. hierzu auch: F. Büttner, Nassers Ägypten zwischen islamischer Tradition und sozialistischer Zukunft, in: P.J. Opitz (Hrsg.), Profile und Programme der Dritten Welt, a.a.O., hier S. 82.

3) "The primary aim of our movement is to purge the army itself of its corrupt elements and then to see that the government purges itself. We want to put an end to tyranny and corruption and to strengthen the basis of the Constitution with a view to get the country's intents." Diese Aussage Naguibs findet sich bei: J. Vigneau, The Ideology of the Egyptian Revolution, in: W. Laqueur (Hrsg.), Middle East in Transition, New York 1958, hier S. 129.

4) M. Janowitz, The Military in the Political Development of New Nations, Chicago 1964, S. 63 ff., stellt ein für die Armeen in Entwicklungsländern typisches Ideologiemuster auf, dem die ägyptischen Formeln entsprechen (Nationalismus, Antiimperialismus, Antidekadenz). Zusätzlich beriefen sich die Freien Offiziere auf die 'Urābī-Revolution.

5) Allgemein angetreten waren die Offiziere mit den Schlagworten "Einheit, Disziplin, Arbeit", die mehrmals ergänzt wurden, wie im März 52 durch "Abschaffung der Todesstrafe, Aufhebung der Zensur, Auflösung der politischen Polizei, Wiederherstellung der Verfassung". Zu den Untergrundveröffentlichungen s. J. Vigneau, The Ideology of the Egyptian Revolution, a.a.O.

6) Zur Technik der Machtübernahme vgl. A. el-Sadat, Geheimtagebuch ..., a.a.O., S. 95 ff.

7) Vgl. F.R. Allemann, Die arabische Revolution, Nasser über seine Politik, Frankfurt/M., 1958, S. 18 f.

8) Eine taktisch-pragmatische Erklärung für diesen Tatbestand liefert Nasser in einem Interview: "... he (Nasser) and a majority of Free Officers had deliberately decided against drawing up a precise programme before the coup. They wanted to avoid a split in the army movement, for the political

ideas of the Free Officers differed, according to their temperaments and the family or social milieu from which they came. ... What we all wanted was to purge the army, rid the country of foreign occupation and establish a clean, fair government which would work sincerely for the good of the people. Once in power, we found ourselves faced with the difficult problem of establishing a political, social and economic programme. It was necessary to improvise. We did our best. The divergence of political ideas then obliged us to separate from those who did not agree to apply the majority decisions of the Council of the Revolution and then those of the Government we set up." Vgl. R. Stephens, Nasser, A Political Biography, New York 1971, S. 112/3.

9) Naguib gehörte nicht zur Bewegung bzw. zum Komitee der Freien Offiziere. In der Literatur wird seine Einstellung mit religiös gemäßigt (sunnitisch) und konservativ bezeichnet.

10) Soll unmittelbar nach dem Putsch wegen seiner marxistischen überzeugung aus der Armee entlassen worden sein.

11) Die ägyptische Revolution wurde zwar von der großen Mehrheit passiv unterstützt, aktiv jedoch nur von einer kleinen Minderheit des Volkes. So M. Naguib, Egypt's Destiny, New York 1955, S. 167.

12) In den Stellungnahmen der Repräsentanten des neuen Regimes in den Wochen der Machtergreifung fanden sich mehrheitlich zwei Forderungen: Beendigung der Fremdherrschaft (Abzug aller ausländischen Truppen) und Verwirklichung sozialer Gerechtigkeit (Abschaffung des Großgrundbesitzes), detailliert hierzu: M. Robbe, Aufbruch am Nil, a.a.O., S. 119.

13) A. al-Ghannam, Das Regierungssystem des unabhängigen Ägypten ..., a.a.O., S. 91, zählt die eindrucksvollsten Leistungen während der ersten Wochen nach dem Putsch auf: "Einige Berater Faruqs wurden verhaftet, zahlreiche politische Gefangene wurden entlassen. ... Die sommerliche Verlegung der Regierung nach Alexandria wurde als unnötig deklariert und aufgehoben. Eine Verordnung wurde erlassen, nach der die Titel "Pascha" und "Bey" der Landbesitzer und Politiker abgeschafft wurden."

14) S. Europa-Archiv, 7. Jg., 1952, S. 5101; Ali Maher stimmte dem Regierungsauftrag nur unter der Bedingung einer offiziellen Ernennung durch den König zu.

15) Ali Maher erfuhr während der Verhandlungen mit dem Monarchen über "allgemeine" Reformen in Alexandria, daß die Offiziere sich auf den sofortigen Rücktritt des Königs geeinigt hatten. Als Maher merkte, daß Faruq in allen Punkten nachgab, trug er auch die Rücktrittsforderung vor. Die Offiziere fürchteten nämlich, "that unless they acted quickly Farouk might, with British help, manage to turn the table on them. They believed that the British were considering an appeal from Farouk to intervene and that finally it was pressure from the United States which held the British

back." Vgl. R. Stephens, Nasser. A Political Biography ...., a.a.O., S. 107.

16) Vgl. P.J. Vatikiotis, Nasser and his Generation, London 1978, S. 137, Fußnote 1.

17) Naguib versprach am 24. Juli für kommenden Februar Wahlen, vgl. R. al-Barawi, The Military Coup in Egypt, Kairo 1952, S. 205 f.; auch Naguib in: The Egyptian Gazette, Kairo, 3. August 1952.

18) R. Stephens, Nasser, A Political Biography, a.a.O., S. 113 führt Zitate mehrerer Freier Offiziere (auch Nasser) an, die eine entsprechende Entwicklung (so auch Naguib s. Fußnote 17) in Aussicht stellten.

19) Zur Stimmungslage und der Erwartungshaltung s. P.J. Vatikiotis, The Egyptian Army in Politics, a.a.O., S. 74.

20) Einzelheiten bei: P.J. Vatikiotis, The Modern History of Egypt, a.a.O., S. 379. Aus der Sicht Naguibs waren die Kommunisten die Drahtzieher der Aktionen mit dem Ziel eines allgemeinen Volksaufstandes. M. Naguib, Egypt's Destiny, a.a.O., S. 154.

21) Nasser sowie dem linken Flügel zugehörige Offiziere unterlagen in der internen Abstimmung über die Gegenmaßnahmen (sie waren gegen die Exekution der Rädelsführer). In: A. Nutting, Nasser, London 1972, S. 43 f.

22) Zu den aus dieser asymmetrischen (lopsided) Agrarstruktur resultierenden Nachteilen bei der Bewirtschaftung mittlerer und kleinerer Höfe, wie Wassermonopol der Großen usw. s. M. Abdel Fadil, Development, Income Distribution and Social Change in Rural Egypt 1952-1970, Cambridge 1975, S. 5 ff.

23) Tabelle 10 nach M. el-Ghonemy, Economic and Institutional Organizations of Egyptian Agriculture since 1952, in: P.J. Vatikiotis (Hrsg.), Egypt since the Revolution, New York 1968, S. 69, dort auch Beschreibung der typisch ägyptischen "absentee landowner". Im Jahre 1949 betrug der Umfang des Pachtlandes an der gesamten Anbaufläche 60,7%.

24) Vgl. G.S. Saab, Egyptian Agrarian Reform 1952-62, London 1967, S. 11 und weiter (S. 12): "A typical example of this situation was to be found in Daqahliya province, where the clover and meize crops were rented annually at LE 40, whereas gross returns very rarely exceeded LE 50 (including the value of livestock protection), the margin being hardly sufficient to cover operating costs."

25) Vgl. F. und V. Büttner, Ägypten, in: Nohlen/Nuscheler (Hrsg.), Handbuch der Dritten Welt, Bd. 2, 1. Halbband, Hamburg 1976, S. 26 f. Als Existenzminimum werden allgemein 3-5 Feddan ausgegeben. Diese Betriebsgrößen erforderten daher die Pacht jener Parzellen. Die offenkundigen Nachteile der damit verbundenen Flurzersplitterung (besonders bei Bewässerungsvorhaben, Schädlingsbekämpfung) waren die

Hauptfaktoren für eine abnehmende Tendenz der Produktionsleistung - trotz Einsatzes von Maschinen und hochwertigen Kunstdüngersorten. Ausführliche Diskussion der Flurzersplitterung unter betriebswirtschaftlichen Aspekten einer Bewässerungskultur bei: H. Samie, Agrarreform und Maßnahmen zur Förderung der landwirtschaftlichen Entwicklung der Vereinigten Arabischen Republik und des Irak, Kiel 1960.

26) Da es aufgrund eines Gesetzes von 1913 verboten war, Flächen bis zu 5 Feddan für Zwangsvollstreckungen heranzuziehen, bzw. zu verpfänden - ursprünglich zum Schutz der Kleinbauern gedacht -, konnten die Kleineigentümer ihr Land nicht mit Hypotheken belasten und waren somit bei den Banken nicht kreditwürdig. Sie waren deshalb auf Großgrundbesitzer und Geldverleiher angewiesen und zahlten dort für ihre Kredite zur Bezahlung des Saatgutes, Steuern usw. Wucherzinsen von 30-40%, oftmals auch von 100%. Vgl. El-Shagi el Shagi, Neuordnung der Bodennutzung in Ägypten, Drei Fallstudien, München 1969, S. 31.

27) Der Anbau von Baumwolle war fast die einzige Möglichkeit, am Geldkreislauf teilzunehmen, bzw. einen absatzfähigen Überschuß zu erwirtschaften. Hierfür waren aber die zersplitterten Betriebsflächen der Kleinbauern nicht geeignet.

28) Dazu aus einer Felduntersuchung, repräsentativ für die Lebensbedingungen in ägyptischen Dörfern im Jahre 1952: "56% of the village population lived on a diet of unleavened bread, skim milk and cheese with fresh vegetables once a week, while another 12% ate no vegetables at all ..." "... all of the villagers had amoebic dystentry, 90% had bilharzia, 64% intestional worms, 5% pellagra, 6% acute infections of the eyes of the type leading to blindness plus 89% with trachoma and 6.4% who were already blind in one eye." Ärzte gab es diesen Ausführungen zufolge nur in den Städten. Vgl. K. Grunwald, J.O. Ronall, Industrial Revolution in the Middle East, New York 1960 (Council for Middle Eastern Affairs), S. 54.

29) Pro Person 200 Feddan und für jedes Kind zusätzlich 50 Feddan, insgesamt aber nicht mehr als 300 Feddan. Die Bestimmungen regelten ferner die Pachtverhältnisse (Pachtverhältnisse auf mindestens drei Jahre, Höhe des Pachtzinses), das Verbot einer Betriebsgröße unter 5 Feddan und Mindesttageslöhne für die in der Landwirtschaft beschäftigten Tagelöhner. Die Entschädigungsregeln sahen für das enteignete Land Staatsobligationen mit jährlich 3% verzinst auf 30 Jahre gezeichnet vor. Diese Papiere waren handelbar und konnten zur Deckung der Steuerschuld verrechnet werden. Die Eigentümer hatten zudem das Recht, das einzuziehende Land selbst vorzuschlagen (Qualität) und durften bis zu 5 Feddan direkt an Interessenten verkaufen. S. E.S. el-Shagi, Neuordnung der Bodennutzung in Ägypten, a.a.O., S. 33 ff.

30) Zur Geschichte der 1923 gegründeten Genossenschaften s. I. v. Muralt, Entwicklung und Struktur des Genossenschaftswesens in Ägypten unter besonderer Berücksichtigung der

landwirtschaftlichen Genossenschaften, Marburg 1964, und S. Khalil, Grundeigentum und Landreform in Ägypten, a.a.O., S. 21 ff. Die ersten genossenschaftlichen Einrichtungen waren Kreditgenossenschaften, um die Auswirkungen des 5-Feddan Gesetzes zu kompensieren. Doch die Pächter waren häufig so verschuldet, daß sie nicht einmal ihre Mitgliedsbeiträge entrichten konnten. Die Finanzhilfen der Regierung zu Neulandgewinnung und Zukauf kamen in der Regel nur großen und mittleren Grundeigentümern zugute. Im Zeitraum zwischen 1935 und 1950 bot die Regierung ca. 180.000 Feddan "Neuland" zum Verkauf an, das vorwiegend die genossenschaftlich organisierten Kleinbauern erwerben sollten. Der Verkauf des Landes vollzog sich jedoch folgendermaßen:
1,7% an kleine Grundeigentümer,
7,6% an Graduierte der Landwirtschaftlichen Fakultät,
90,7% an Großgrundeigentümer.

31) Die Käufer mußten für das verteilte Land den von der Regierung an die Eigentümer gezahlten Preis aufbringen, wobei zusätzlich jährlich 3% des Landpreises als Zinsen und 15% der Kaufsumme als Verwaltungskosten anfielen; die Zahlungen sollten innerhalb von 30 Jahren erfolgen. Solange die Gesamtsumme nicht entrichtet war, hatten die Bauern/Erben nur eingeschränkte Verfügungsgewalt (kein Verkauf oder keine Verpfändung). Vgl. S. Khalil, Grundeigentum und Landreform in Ägypten, a.a.O., S. 68.

32) 1961 erfolgte die Begrenzung des Landes auf 100 Feddan, 1969 auf maximal 50 Feddan; weitere Maßnahmen (auch 1958), wie Zinssatzänderungen für Entschädigungen, Laufzeit der Staatsobligationen usw., bei: B. Tibi, Militär und Sozialismus in der Dritten Welt, a.a.O., S. 239 f.

33) "Sieht man von den Werken meist ägyptischer Autoren ab, die kritiklos die staatlichen ägyptischen Versionen über die erste ägyptische Agrarreform von 1952 übernehmen, so besteht in der Literatur - trotz der verschiedenen politischen Wertorientierungen der Autoren - Übereinstimmung darüber, daß diese Agrarreform, bedingt durch ihren Charakter, mit Versagen gekrönt war." Vgl. B. Tibi, Militär und Sozialismus in der Dritten Welt, a.a.O., S. 237.

34) Nachfolgende Zahlen bei S. Khalil, Grundeigentum und Landreform in Äygpten, a.a.O., S. 70 ff.

35) Nach: S. Khalil, Grundeigentum und Landreform in Ägypten, a.a.O., S. 71.

36) Veröffentlicht in der Zeitung al Gumhurīya vom 17. September 1958. Vgl. S. Gomaa, Das Militär in Ägypten, a.a.O., S. 149. Ergänzend zu diesem Beispiel bleibt zu bemerken, daß bei der Landzuteilung die über eine Million Personen zählende Gruppe der landlosen Arbeiter nicht berücksichtigt wurde.

37) Zitiert nach A. Abdel-Malek, Ägypten: ..., a.a.O., S. 118.

38) Leider gibt es zu Ali Maher, dem klassischen "Übergangspolitiker", keine zusammenhängende Darstellung. Aus der Vielzahl der literarischen Mosaiksteine lassen sich nur Konturen seiner Motive und Interessen nachzeichnen.
Unter parlamentarischer Regierungsweise verstand er eine starke Regierung (Auflösungsrecht), die einer Legislative (soziales Spiegelbild des Landes) mit reiner Konsultativfunktion gegenübersteht. Politischen Parteien stand er ablehnend gegenüber. Vermutlich glaubte er, ein zersplittertes Vielparteiensystem eröffne dem Regierungschef einen erweiterten Handlungsspielraum durch partielle Zusammenarbeit und das Ausspielen und gegenseitige Lähmen der Parteien. Das Kabinett sollte aus Fachleuten und Honoratioren bestehen. Im Ergebnis eine republikanische Kopie der 1923er Verfassung, wobei der Ministerpräsident an die Stelle des Monarchen tritt.

39) Nach Sadats "Erinnerungen" hatten die Furcht vor einer britischen Intervention und die eigene Unsicherheit in der Einschätzung der amerikanischen Haltung zum Putsch einen entscheidenden Einfluß auf die Politik in den Tagen nach dem Putsch. Auch: D. Stewart, Young Egypt, a.a.O., Kap. "The Revolution and the outside World".

40) Maher war daher zunächst in einer sehr starken Position, denn "The administrative knowledge of most of the officers, including the members of the RCC (Revolutionskommandorat), was almost unexistent." P.J. Vatikiotis, Nasser and his Generation, a.a.O., S. 131.

41) Einzelheiten bei: A. el-Ghannam, Das Regierungssystem des unabhängigen Ägypten (1922-1967), a.a.O., S. 90 ff.

42) In mehreren gemeinsamen Rundfunkerklärungen stellten Ali Maher und Naguib ein Reformprogramm in Aussicht, "das außer einer Säuberung des staatlichen und politischen Lebens und starken Einschränkungen der Verwaltungsausgaben eine durchgreifende Umgestaltung der Besitzverhältnisse durch steuerliche Maßnahmen und Landreform vorsieht." Vgl. Europa Archiv, 7. Jg. (1952), a.a.O., S. 5132.

43) Maher wollte die Obergrenze für Landeigentum bei 500 Feddan festlegen und eine Entschädigung, die dem tatsächlichen Marktwert (750 LE/fed.) entsprach. Eine stark progressive Besteuerung ab 200 Feddan sollte die Finanzierung zur Gewinnung von Neuland und zur Verbesserung des Lebensstandards auf dem Lande sicherstellen. Obwohl Naguib, Meanna und andere diese Variante präferierten, scheiterte Maher. Die Einigung auf 200 Feddan und die übrigen Bestimmungen waren ein Kompromiß, weil letztlich alle Mitglieder des Exekutivkomitees eine - wie auch immer geartete - Agrarreform wünschten, "which, to the army officers, was tantamount to an ideology." Die Radikalen forderten die Begrenzung bei 50 Feddan und eine Entschädigung, die der siebenfachen Besteuerung, ungefähr 250 LE/fed. entsprach. Vgl. D. Warringer, Land Reform in Egypt and its Repercussions, in: International Affairs, Vol. XXIX, No. 1, London, Januar 1953

(Zitat S. 10); ferner A. Nutting, Nasser, a.a.O., S. 53; K. Wheelock, Nasser's New Egypt, New York 1960, S. 74 ff.

44) Vgl. Kap. 6.2.1. zu Beginn.

45) K. Wheelock, Nasser's New Egypt, a.a.O., S. 16.

46) Über die enge (auch Heirat) Verbindung der Wafd mit den Großgrundbesitzern und zur Geschichte der gescheiterten Agrarreformvorhaben siehe: G. Baer, A History of Landownership in Modern Egypt 1800–1950, a.a.O., S. 138.

47) Zitat nach: D. Warringer, Land Reform in Egypt ..., a.a.O., S. 4.

48) Nasser soll der Wafd für ein Entgegenkommen in der Frage der Bodenreform eine Regierungsbeteiligung und die Rückkehr zur parlamentarischen Demokratie angeboten haben. So jedenfalls die abweichende Meinung von E. Childers, The Road to Suez, London 1962, S. 375. Doch die Wafd lehnte jede Agrarreform kategorisch ab. M. Robbe, Aufbruch am Nil, a.a.O., S. 31, begründet die Absage folgendermaßen: "Im Jahre 1950 besaßen 115 von 320 Abgeordneten eine Fläche von mehr als 100 Feddan, 45 besaßen über 500 Feddan." Wieviel Abgeordnete davon Wafd-Mitglieder waren, gibt er allerdings nicht an. Generell sollte das bestehende Parteiensystem vorerst weiterarbeiten, denn die Offiziere "had thought at first that the new regime could function with the old politicians; Nasser and Major Khaled Muhiaddin even favored the immediate recall of the suspended Parliament." I. und S. Lacouture, Egypt in Transition, a.a.O., S. 163.

49) Der Ankündigung Naguibs (Ende August), die für Oktober vorgesehenen Parlamentswahlen auf Februar 1953 zu verschieben, stellte sich die Wafd mit dem Ruf nach Wiederherstellung der Verfassung von 1923 und der sofortigen Rückkehr zum Parlamentarismus vehement entgegen. Zwangsweise übernahm sie die Rolle des nationalen Oppositionsführers, da sie sich – im Gegensatz zur Muslimbruderschaft – als Partei direkt herausgefordert wähnte.

50) Zur allgemeinen Generalklausel wurde der Artikel 8, der bestimmte, daß niemand einer Partei angehören dürfe, der seinen amtlichen Einfluß mißbraucht oder der sich unerlaubt bereichert habe. Dem Innenminister mußte detailliert dargelegt werden, mit welchen Mitteln die Partei ihre Ziele zu erreichen gedachte; die Befugnisse der Vollversammlung, des Vorsitzenden und des Vorstandes sowie Regelungen des Beitritts, Ausschlusses oder Rücktritts von Mitgliedern waren ebenfalls anzugeben. Ferner wurden genaue Angaben über die Finanzierung verlangt und die Amtsdauer für Parteifunktionsträger vorgeschrieben. Vgl. R. Büren, Die Arabische Sozialistische Union, a.a.O., S. 39 f.

51) Eine Spaltung oder Auflösung der Wafd bis hinunter zu den "Ortsvereinen" hätte monatelang personell und materiell juristische Auseinandersetzungen bedeutet und den Offizieren das gegenseitige Ausspielen der Nachfolgeparteien oder gar

neuen Allianzen ermöglicht. Zur Dynamik und Interessenorientierung autonomer Verbände - hier in der Konstituierungsphase - liegen einschlägige Erfahrungen vor. Vgl. G. Briefs, Laisser-faire-Pluralismus. Demokratie und Wirtschaft des gegenwärtigen Zeitalters, Berlin 1966, S. 132. Die kooperationsbereite Fraktion wurde von einem Senator aus Tanta angeführt, der in den Delta-Hochburgen seine einflußreiche Hausmacht hatte.

52) R. Glagow, Ägypten seit der Juli-Revolution 1952, in: H. Schamp, Ägypten, a.a.O., S. 227.

53) Insgesamt beantragten mehr Parteien (die Zahlen schwanken zwischen 15 und 19) als erwartet ihre legale Zulassung. Das 'Vielparteiensystem' der konstitutionellen Periode war wieder hergestellt. Zur Legalisierung und Auflistung der Parteien: P.J. Vatikiotis, The Egyptian Army in Politics, a.a.O., S. 283.

54) "Faced with the continued demand for a re-instatement of the Constitution from old party politicians led by the Wafd, the junta plunged in November-December 1952 into a country-wide campaign to drum up popular support." P.J. Vatikiotis, The Modern History of Egypt, a.a.O., S. 381. Obwohl an-Nahas in der Öffentlichkeit weiterhin hohes Ansehen genoß, gelang den Offizieren ihre Tour zu einem triumphalen Erfolg. "As one veteran newsman commented: 'The Wafd is dead.'" Vgl. K. Wheelock, Nasser's New Egypt, a.a.O., S. 18.

55) Die Einberufung und Zusammensetzung der Kommission sind ein weiteres Argument dafür, daß im Revolutionsrat noch eine Mehrheit für einen Dialog mit der Partei vorhanden war; Ali Maher - Ex-Premier -, der noch einen guten Draht zu Naguib hatte, präsidierte das Gremium und plädierte für ein repräsentatives Vielparteiensystem: "The present constitution does not meet the need of a free and developed democracy, because it was based on nineteenth century principles of democracy. Parliament must actually represent all sections of the nation, political and economic, workers and technicians. It must be a living mirror of the nation. The major outlines for this project must be submitted to a Constituent Assembly or to a National Congress, so that the people makes its choice." So in einem Interview während der kritischen Phase im letzten Vierteljahr. Vgl. New York Times, 17. November 1952. Aufschlußreich die Teilnehmer der Kommission, die vom Revolutionsrat ernannt wurden: "Mit Aly Allouba und Aly el-Menzalaoni repräsentierte er (A. Maher) die Generation der alten Verfassung von 1923, zu deren Mitschöpfern diese drei gehörten. In der Verfassungskommission waren alle politischen Parteien vertreten: Ein Liberaler, ein Saadist, je einer von den Sozialisten und der Muslimbruderschaft, drei Nationalisten und vier Wafdisten, unter ihnen Omer Omar, der Präsident der ägyptischen Anwaltskammer. Neben den Delegierten der Universität al-Azhar und der muslimischen Gerichtshöfe, der Sharia, wurden vier Vertreter der Kopten und ein Vertreter der israelischen Gemeinde, der Anwalt Zaki al-Oreibi, in den Ausschuß

aufgenommen." Vgl. A. Aziz Ghannam. Das ägyptische Regierungssystem ..., a.a.O., S. 98, Fußnote 3.

56) Ende September kam es zu Massenverhaftungen, wobei 450 Offiziere, die zur Wafd "gezählt" wurden, teils aus der Armee entlassen, teils in die Zivilverwaltung versetzt wurden. Die Wiedereinführung der Pressezensur erfolgte Anfang Oktober, da die Medien überwiegend die Belange der Wafd verteidigten. Der Regentschaftsrat brach ebenfalls im Oktober auseinander, nachdem Oberst Mehanna wegen Konspiration unter Hausarrest gestellt wurde (im Januar dann verhaftet) und der ehemalige Parlamentspräsident Barekat von seinem Amt zurücktrat. Zu den (Korruptions-)Tribunalen, P.J. Vatikiotis, The Modern History of Egypt, a.a.O., S. 381; allgemein zur Destabilisierung bis Januar: T. Little, Egypt, a.a.O., S. 203 ff., dort auch die "Geschichte der Verhaftungen".

57) Während einer dreijährigen Übergangsphase sollten die Rückkehr zum Parlamentarismus, die Neugründung politischer Parteien und eine neue Verfassung vorbereitet werden; für diesen Zeitraum wurden einige provisorische Verfassungsgrundsätze beschlossen, die den vier Regierungsorganen (dem Führer der Revolution, dem Führungsrat der Revolution, dem Ministerrat, dem Kongreß) die Entscheidungskompetenz übertrugen. Der Revolutionskommandorat (jetzt Führungsrat der Revolution) wurde mit höchsten (nicht kontrollierbaren) Entscheidungsbefugnissen beauftragt. "Sowohl die gesetzgebende wie die ausführende Gewalt liegen in der Hand des Ministerrates (Art. 9, 10), der sich zusammen mit dem Führungsrat der Revolution im Kongress trifft, um die Richtlinien der Politik festzusetzen (Art. 11). Waren nach dem Verfassungstext Minister und Führungsrat zwei voneinander unabhängige Organe, so hatten jedoch in der Praxis fast alle Mitglieder des Führungsrates Ministerposten übernommen und damit den Kongreß seiner eigentlichen Vermittlungsaufgabe enthoben." Vgl. R. Büren, Die Arabische Sozialistische Union, a.a.O., S. 43.

58) Vgl. A. el-Ghannam, Das Regierungssystem ..., a.a.O., S. 100. Entgegen diesem immer wieder formulierten Anspruch waren in der politischen Praxis die Industriearbeiter und die (akademische) Jugend die primären Zielgruppen, die ausdrücklich auf Nassers Weisung in die Bewegung "integriert" wurden. Ähnlich wie nach der Agrarreform waren dadurch bisher im institutionalisierten politischen Willensbildungsprozeß nicht repräsentierte soziale Schichten nun für die politische Auseinandersetzung aktivierbar, freilich in der Funktion eines in die Gesellschaft hineinwirkenden "verlängerten" Armes der Offiziere!

59) E. Fraenkel, Die repräsentative und die plebiszitäre Komponente im demokratischen Verfassungsstaat, Tübingen 1958 (Recht und Staat, Bd. 219/20), S. 10 ff. (dort auch zur Erziehungsdiktatur).

60) Gleichzeitig erfolgte die Konfiszierung der königlichen

Güter, die formal auf die Vielzahl der Mitglieder der Familiendynastie verteilt waren.
Die Abschaffung der Monarchie sollte auch ein außenpolitisches 'Zeichen' setzen, das für die innenpolitische Stabilisierung von Bedeutung war: "... the suspicion of neo-colonialism and the desire to break as completely as possible with the United Kingdom has been one of the chief causes why excolonies have chosen to throw over monarchy and embrace republicanism." Vgl. H. Davies, The Legal and Constitutional Problems of Independence, in: P. Judd (Hrsg.), African Independence, New York 1963, S. 343.

61) R. Stephens, Nasser, A Political Biography, a.a.O., S. 123.

62) Vgl. die zahlreichen biographischen Berichte der vorwiegend anglo-amerikanischen Diplomaten und Journalisten, die während dieser Zeit vor Ort die Entwicklung im Führungsrat der Revolution aufgrund ihrer direkten Kontakte zu den Mitgliedern dieser Institution miterlebten.

63) Dazu M. Naguib, Egypt's Destiny, a.a.O., und A. Sadat, Unterwegs zur Gerechtigkeit, a.a.O., S. 153 ff.

64) Naguib forderte allgemeine und verbindliche Regeln für die Kompetenzzuweisung aller an den Kabinettsrunden Beteiligten und ein 'präsidiales' Vetorecht, bezogen auf die Entscheidungen, für die er die Verantwortung zu tragen hatte. "Specially Naguib wanted more personal authority to dismiss and appoint ministers and army officers. He demanded a form of veto over decisions of the cabinet, of the Council of the Revolution and of the commander in chief." Vgl. R. Stephens, Nasser, A Political Biography, a.a.O., S. 124.

65) Einige Interviews bei J. u. S. Lacouture, Egypt in Transition, a.a.O., S. 179 ff.

66) So nahm er vier ihm gegenüber loyale Mitglieder innerhalb des Führungsrates der Revolution in das Kabinett auf, die eigenmächtig in Armee und Verwaltung - mit seiner Kenntnis - personelle Veränderungen vornahmen; Nasser gab auch immer wieder ohne Konsultation mit Naguib Erklärungen ab oder betrieb Personalversetzungen ohne Beteiligung Naguibs. Vgl. P. Mansfield, Nasser, London 1969, S. 85, das eklatanteste Beispiel: Im September 53 mußte Naguib hinnehmen, daß sein enger Freund - Oberst Schauki - wegen angeblich zu kritischen Äußerungen über den Führungsrat der Revolution von Nasser aus der Armee entlassen wurde.

67) Zu Beginn des Jahres 1954 "hatten sich die Machtkämpfe in noch nie dagewesener Weise verschärft: besonders jene, die die Revolutionäre gegen Mohammed Naguib, gegen die Moslem-Bruderschaft und schließlich gegen eine Handvoll Leute aus den alten politischen Parteien führten, die geglaubt hatten, durch Unterstützung Naguibs und durch das Anzetteln von Intrigen irgend etwas erreichen zu können." Vgl. A. Sadat, Unterwegs zur Gerechtigkeit, a.a.O., S. 160.

68) Naguib wollte mit dieser Rücktrittsdrohung wenigstens ein persönliches Veto-Recht erzwingen; Anlaß für sein Verhalten war das von Nasser im Alleingang durchgesetzte Verbot der Muslimbruderschaft. Vorausgegangen waren regierungsfeindliche Demonstrationen, wobei die Muslimbrüder Waffen eingesetzt und schwere Ausschreitungen auf dem Gelände der Kairoer Universität ausgelöst haben sollen.

69) Während Naguib naiverweise an seine Ausstrahlungskraft glaubte, setzte Nasser auf personelle, organisatorische und institutionelle Veränderungen, hierzu: "Change of Leadership", in: The World Today, Februar 1955, Vol. XI, S. 52 ff.; ferner nahm Naguib an, daß London ihn als Garanten eines reformerischen Kurses stützen werde, vgl. P. Mansfield, Nasser, a.a.O., S. 85, zumal er erfolgreich ägyptisch-britische Verhandlungen (Sudan 1953) leitete.

70) Dieser taktische Ausweg gestattete den Offizieren, einen Zusammenschluß der Bruderschaft (Einheitsfront) mit den politischen Parteien kurzfristig zu verhindern; um einer direkten Konfrontation auszuweichen, wurde sie stillschweigend geduldet. Vgl. C.P. Harris, Nationalism and Revolution in Egypt, a.a.O., S. 198 ff.

71) Die radikalen Forderungen der Organisation nach bedingungslosem Abzug aller fremden Truppen wurden so oder ähnlich auch im Führungsrat der Revolution artikuliert; die politische Kooperation scheiterte aber an der Forderung, alle Gesetze auf Einhaltung der sarīá durch den Klerus zu überprüfen. Vgl. C.P. Harris, Nationalism and Revolution in Egypt, a.a.O., S. 198 ff.

72) Vgl. P.J. Vatikiotis, The Modern History of Egypt, a.a.O., S. 383.

73) A. Abdel Male, Ägypten: ..., a.a.O., S. 142 ff.

74) "They were organized by the remaining cadres of Wafdists and the left-wing groups who, with the Muslim Brothers, could still bring masses of students and workers on to the streets. This united front of the Brotherhood, the left and the Wafd, aimed to use Naguib's popularity in the hope of forcing the junta to restore the political parties, parliament and a freer press. But more worrying to Nasser than this massive support for Naguib in the streets was the split created in the army and inside the Council of Revolution itself. Vgl. R. Stephens, Nasser, A Political Biography, a.a.O., S. 125.

75) Nasser übernahm entgegen der Absprache mit Kh. Muhieddin (der für den Naguib Flügel verhandelte) das Amt des Premierministers und den Vorsitz im Führungsrat der Revolution, also die 'effektive parts' im Regierungssystem; s. A. Nutting, Nasser, London 1972, S. 61.

76) A. Sadat. Unterwegs zur Gerechtigkeit, a.a.O., S. 160.

77) Vgl. P. Mansfield, Nasser, a.a.O., S. 86.

78) In der Bevölkerung war zu diesem Zeitpunkt die Meinung anzutreffen, "that the comforting father-figure of Naguib had been restored." Vgl. ebenda.

79) Vgl. K. Wheelock, Nasser's New Egypt, a.a.O., S. 30.

80) Selbst skeptische Beobachter leiteten aus Naguibs wieder erstarkter Position Spekulationen über den Zeitpunkt für Parlamentswahlen (!) und die Auflösung des Führungsrates der Revolution ab. A. el-Ghannam, Das Regierungssystem ..., a.a.O., zitiert S. 103 entsprechende Kommentare aus der NYT.

81) "... they all miscalculated because they were still unaware of Nasser's character and capacity." Vgl. P. Mansfield, Nasser, a.a.O., S. 87.

82) Während Naguib Anfang März 1954 an den Feierlichkeiten zur Eröffnung des sudanesischen Parlaments in Khartum teilnahm, nutzte Nasser seine Abwesenheit, um zahlreiche Versetzungen, Entlassungen, Beförderungen und Verhaftungen in der Armee und Zivilverwaltung durchführen zu lassen. Nach offiziellen regierungsamtlichen Angaben wurden 118 Personen verhaftet, die ausnahmslos als Anhänger Naguibs bzw. der Muslimbruderschaft galten. Ihnen wurde vorgeworfen, "to provoke disorders in connection with the return of Naguib to Cairo." Durch Ernennung von Obristen zu Brigadegenerälen und die Entlassung von pro-Naguib Offizieren verschob Nasser die politische Balance in den Streitkräften weiter zu seinen Gunsten. Ein enger Vertrauter Nassers übernahm das "Ministerium für soziale Angelegenheiten" und bereitete 'über den Amtsweg' pro-Nasser und -Führungsrat Demonstrationen vor. Für die Wiedereinsetzung Naguibs als Präsidenten wurden von den zensierten Medien linke Offiziere, die alten Parteien und die Muslimbruderschaft verantwortlich gemacht. Eine von Nasser initiierte Pressekampagne stellte zunächst die Alternative "Revolution" oder "Reaktion" in den Vordergrund und vermied die Diskussion um die Person Naguibs. Vgl. A. el-Ghannam, Das Regierungssystem ..., a.a.O., S. 103.

83) Vgl. P. Mansfield, Nasser, a.a.O., S. 87.

84) Weitere Einzelheiten bei A. el-Ghannam, Das Regierungssystem ..., a.a.O., S. 104 ff.

85) Vgl. H. Hamdan, Nassers Rolle in der Außenpolitik der arabischen Staaten von 1954 bis 1964, Bonn 1977, S. 68.

86) In der oben angeführten Initiativphase konsolidierte General Amer "his friend's (Nasser) control over the officers by intriguing against Nasser's opponents and transferring or dismissing them, and rewarding his supporters with promotions." Bis zum 25. April trat Nasser nicht öffentlich auf, suchte hinter den Kulissen das Gespräch mit Armeeangehörigen, die dem Naguib Flügel zugerechnet wurden und "again appealed to the officers' self interest and reminded them how they would again be badly paid, badly armed and despised if the army lost power." Vgl. G.M. Haddad, Revolutions and

Military Rule in the Middle East: The Arab States, hier Bd. II (Egypt), New York 1973, S. 39 f. Ähnliche Warnungen, Perspektiven gebrauchte er auch im Umgang mit den Kadern der Befreiungsallianz.

87) Innerhalb eines Jahres (Stand März 54) "1200 Liberation Rally centers had been founded in Egypt, and several branch centers existed outside the country. The Rally movement was undertaking health, social welfare, and poor relief work, and its youth section was actively involved in education." die zugleich flächendeckend organisierte und für den gesamten unmittelbaren Alltagsbereich zuständige Aufgabenzuweisung muß der Allianz innerhalb dieses Jahres seit Gründung erhebliche (Personal)Erfolge gebracht haben, denn die Muslimbruderschaft "charged that the Rally center constituted superfluous and undesirable duplications of their own Branches. Presumably the Brethren felt that the government was challenging them on their own ground by offering a rival social, welfare, and educational program to the masses." Vgl. C.P. Harris, Nationalism and Revolution in Egypt, The Role of the Muslim Brotherhood, a.a.O., S. 214. Anzumerken ist noch einmal, daß Naguib der Präsident der Befreiungsversammlung, Nasser der Generalsekretär und de facto Chef war.

88) "... helplessly surveyed the general disorder, a well-coordinated protest was initiated against the return of civilian rule. About one hundred and fifty members of the Liberation Rally staged a demonstration against the return of political parties; then a clandestine pamphlet, signed by "free revolutionary officers" and supporting the continuation of RCC rule, was circulated; Major Amin Shakae, aide-de-camp to Nasser, accused Naguib of becoming a tool of 'dishonest politicians of the old regime'". Vgl. K. Wheelock, Nasser's New Egypt, a.a.O., S. 33.

89) Die Armee unter Amer "staged a sit-down strike against Naguib" und "well organized mass demonstrations by students and workers belonging to the Liberation Rally were held in second strategic areas of Cairo, in support of continued RCC rule." Vgl. R.H. Dekmejian, Egypt under Nasir, New York 1971, S. 31.

90) Diese organisierten Proteste waren zunächst auf den Großraum Kairo beschränkt; "Lorries carrying workers from the industrial suburbs of Cairo, peasants from upper Egypt and masses of Liberation Rally youth converged on the Capital, screaming 'no parties and no parliaments; do not abdicate, Gamal; no partisanship and no elections'. With the connivance of the chief of the Military Police ... the mob attacked the members of the Council of State - the highest judicated body in the land - who were in session to consider the repressive measures of the RCC." Vgl. P.J. Vatikiotis, Nasser and his Generation, a.a.O., S. 143.

91) Vgl. H. Hamdan, Nassers Rolle ..., a.a.O., S. 69.

92) Zu Verhaftungen und Pressezensur S. A. el-Ghannam, Das Regierungssystem ..., a.a.O., S. 105 ff.

93) Zu den Verhaftungen und Prozessen s. G.M. Haddad, Revolution and Socialism in Egypt, a.a.O., S. 42 ff.

94) Ein aus der Ideenwelt des Islam abgeleitetes Gesellschafts- und Regierungssystem; - unversöhnlicher Kampf zur Beseitigung der Fremdherrschaft und strikte Ablehnung okzidentaler Kultur.

95) Außerdem arrangierten sich Teile des konservativen Klerus - vom Führungsrat der Revolution zunächst nicht angegriffen - mit den neuen Machthabern, was von den Gläubigen als inhaltliche Zustimmung verstanden wurde.

96) Als Teil einer Untersuchung über Kommunikationsverhalten im Mittleren Osten führte das 'Bureau of Applied Social Research' der Columbia-Universität Ende 1951 eine Befragung von 110 ägyptischen Ärzten, Lehrern, Anwälten, Ingenieuren und Journalisten durch; eine Kerngruppe von 44 Akademikern (Zufallsbasis) wurde intensiver nach nationalen und internationalen Themen befragt. Vgl. P.L. Kendall, Der ambivalente Charakter des Nationalismus bei ägyptischen Akademikern, in: P. Heintz, Soziologie der Entwicklungsländer, Köln 1962, S. 490 ff. (Tabelle S. 491.).

97) In der Perzeption gerade auch der Landbevölkerung war die britische Militärpräsenz das äußere Zeichen für Unterdrückung, Verletzung der nationalen Identität und Ursache für die wirtschaftlichen und sozialen Mißstände. A. Sadat, Die ägyptische Revolution, Düsseldorf 1970, S. 110.

98) Die verbalradikalen Attacken einerseits und die kompromißorientierte Sachlichkeit andererseits während der Verhandlungen mit Großbritannien belegen, daß die Militärführung die Wechselwirkung von Außenpolitik und innenpolitischer Stabilität erkannt hatte. Die erfolgreiche, kompromißorientierte Sudan-Regelung 1953 (Selbstbestimmungsrecht) diente zum 'Einstieg' in die Suezverhandlungen; ein häufig übersehenes weiteres Motiv für die kompromißorientierte Verhandlungsstrategie Nassers war der Wunsch nach Aufhebung des britischen Waffenembargos (1952), die London bei Erfolg der Gespräche in Aussicht gestellt hatte; auch die U.S.A. deuteten Waffenlieferungen (Auflage: amerikanische Militärberater) an - sobald die Briten aufgrund einer vereinbarten Räumung Ägypten verlassen haben werden. I. Marlowe, Anglo-Egyptian Relations, a.a.O., S. 393 ff., sowie S. 408-410; und K. Wheelock, Nasser's new Egypt, a.a.O., S. 228 ff.

99) Bei Treffen mit studentischen-/Jugendgruppen forderte die Organisation den Volkskrieg gegen die Briten; im einzelnen, J. u. S. Lacouture, Egypt in Transition, a.a.O., S. 255 ff. Naguibs Erklärung - in Form eines Briefes an Nasser -, das Suezkanalabkommen sei 'gegen die Interessen des Volkes', wurde von der Bruderschaft veröffentlicht. Aufruhr und Tumult bei Predigten waren keine Einzelfälle, so daß im

September die Behörden die Vorlage der Predigten anordneten. Vgl. H. Kaster, Aussichten der ägyptischen Revolution, in: Außenpolitik, Stuttgart 1954, S. 568.

100) In ihrer Agitation - von Syrien und Saudi-Arabien aus - stellten sie die Gespräche mit London als die erste Phase eines prowestlichen Kurses dar, der zur Anerkennung Israels führen würde; diese gefährliche Argumentation wurde auch von säkular-arabischen Nationalisten eingesetzt, R. Stephens, Nasser, A Political Biography, a.a.O., S. 137/8.

101) Mit dem neuen Vertrag wurde das Abkommen von 1936 aufgehoben. Gerechnet vom Datum der Unterzeichnung an sollten innerhalb von 20 Monaten alle britischen Truppen aus Ägypten abgezogen werden. Die militärischen Einrichtungen fielen unter ägyptisches Kommando; für sieben Jahre sollten bis zu maximal 1200 Briten (Zivilisten) die Anlagen in Stand halten. R. Stephens, ebd., S. 134.

102) Vgl. A. Sadat, Unterwegs zur Gerechtigkeit, a.a.O., S. 162.

103) Gültig war noch immer die provisorische Verfassung vom Februar 53, die inzwischen faktisch drei zentrale hoheitliche Organe vorsah: Führer der Revolution, Führungsrat der Revolution und Ministerrat - vom Führer eingesetzt - mit exekutiver und legislativer Gewalt ausgestattet.

104) Dieser starke Mann "implizierte eine Autorität, die unangefochten von allen Konfliktpartnern anerkannt wird und die die Konflikte väterlich löst; sie ist aus einer Mischung von orientalischem Patriarchalismus und kleinbürgerlichen Harmonievorstellungen hervorgegangen." Vgl. B. Tibi, Militär und Sozialismus ..., a.a.O., S. 205.

105) Die Mitglieder der obersten Gremien "überließen Nasser in zunehmendem Maße die Ausübung der Machtbefugnisse des Führungsrates und beschränkten sich darauf, ihm als oberstes Beratungs- und Vertretungsgremium zur Seite zu stehen." Vgl. R. Büren, Nassers Ägypten ..., a.a.O., S. 33.

106) Diese waren noch primär an traditional-islamischen Grundsätzen und Normen orientiert; dazu gehörte auch die Pilgerreise Nassers nach Mekka "where he met the leaders of Saudi-Arabia and Pakistan and issued the call of Islamic unity against the West. In September, RCC member Anwar al-Sadat called an Islamic Congress in Cairo to stress the regime's orthodoxy, and two months later (17. November) the Council of the Ulama' at Al-Azhar went on record denouncing Ikhwan terrorism and supporting the regime." Vgl. R.H. Dekmejian, Egypt under Nasir, a.a.O., S. 39.

107) Vgl. W.Z. Laqueur, Nasser's Egypt, London 1956, S. 17. "... a modest beginning has been made in improving rural conditions, providing clean drinking water, setting up model villages, etc. These are, positive achievements of a regime which in most other respects has very little to its credit. They have not changed the lot of the overwhelming majority."

108) Dazu J. Waterbury, Endemic and Planned Corruption in a Monarchial Regime, in: World Politics, Juli 1973, S. 533 ff., der diese Verhaltensweisen als integralen Bestandteil traditionaler Systeme anführt.

109) Die Beibehaltung der Wahl der Bürgermeister, die erst 1957 modifiziert wurde, weist auf die Fortführung der traditionellen politischen Muster in den nachgeordneten Hierarchien hin; zum Rekrutierungsmechanismus der Umdah, der zur Einflußwahrung der Großgrundbesitzer (gegen die Wafd) 1947 festgelegt wurde, s. J.B. Mayfield, Rural Politics in Nasser's Egypt, Austin, London 1971, S. 82 ff. In diesen traditionellen Rahmen gehört auch die erwähnte Pilgerreise Nassers und andere islamische Aktivitäten, mit denen der orthodoxe Klerus ausdrücklich anerkannt wurde.

110) Zu den drei reinen Typen legitimer Herrschaft, M. Weber, Wirtschaft und Gesellschaft, a.a.O., S. 122 ff.

111) "Theoretiker der Politik seit Aristoteles und Machiavelli haben immer wieder darauf hingewiesen, wie gefährlich es sei, an solche tief verwurzelten Werte und Überzeugungen zu rühren." Vgl. C.J. Friedrich, Politik als Prozeß der Gemeinschaftsbildung, Köln 1970, S. 459.

112) Eine innenpolitische Reformkampagne im Sinne einer sozialen Mobilisierung (Säkularisierung der Erziehung, neue Produktionsverfahren, staatliche Sozialgesetzgebung) hätte eine Reihe nicht kalkulierbarer Risiken bedeutet. Zur Diskussion der Vor- und Nachteile 'Sozialen Wandels' unter Legitimationsaspekten, s. K.W. Deutsch, Social Mobilization and Political Development, APSR, September 1961, S. 493-514; neben diesen graduellen Zwängen diskutiert den Zeitfaktor P.J. Vatikiotis, Dilemmas of Political Leadership in the Middle East: The Case of the UAE, APSR, März 1961 (1), S. 103-111.

113) Abhängig von den politischen Systemeigenschaften geschlossen/offen erfolgt die innenpolitische Willensbildung in einer komplexen Wechselwirkung des Zusammenspiels von Eliten, organisierten Interessen, Bevölkerung und den Medien. Insbesondere in pluralistischen Regierungssystemen ermöglicht die daraus resultierende öffentliche Diskussion vielfältige Einflußmöglichkeiten, die von der Kontrolle bis zur Korrektur von Entscheidungen reichen. Die Mandatsträger sind daher gezwungen, ihre eigene Position immer wieder zu überprüfen und oftmals dem öffentlichen Druck entsprechend zu reagieren. Dazu und zum Gesetz der 'antizipierten Reaktion' C.J. Friedrich, Man and His Government, New York 1963, S. 203 ff.

114) Diese sind begründet im Defizit an Information und dem Mangel, die Vorgaben der Eliten überprüfen zu können.

115) Diese Regel kann in einer 'Fernsehdemokratie' - unter angebbaren Bedingungen - durchbrochen werden, wie das Medienbeispiel Vietnam belegt. Vgl. D.S. Ippolito, u.a., Public Opinion and Responsible Democracy, New Jersey 1976.

116) Die Mehrzahl der Forschungen beruht auf Laborexperimenten mit hohem Spezialisierungsgrad. Auch ist die Frage nach den Variablen, die auf den Rezipienten während, vor oder nach dem Kommunikationsprozeß einwirken, allgemein noch nicht beantwortbar. Ferner reicht das sozialwissenschaftliche Forschungsinstrumentarium noch nicht aus, um Einflüsse der Medien (Propaganda, Ideologie) auf lange Sicht im Rahmen von Sozialisationsprozessen (Kulturwandler?) exakt zu erfassen. Zum gegenwärtigen kontroversen Stand der Forschung, A. Silbermann, Massenkommunikation, in: R. König (Hrsg.), Handbuch der empirischen Sozialforschung Bd. 10, 2. völlig neubearb. Aufl., Bd. II, S. 146-278, Stuttgart 1977. Allgemein kann angenommen werden, daß die Massenmedien eher bestätigend als verändernd auf Meinungen, Einstellungen und Verhaltensmuster wirken; Konversionseffekte treten selten auf, meist im Zusammenhang mit noch neuen unstrukturierten Fragen, so I.T. Klapper, The Effects of Mass Communications, New York 1960.

117) "Die Kontrolle über die sozialen Institutionen der Massenkommunikation und allgemein über die Speicherung und Weiterleitung von Informationen ist offenkundig ein Hauptbestandteil der Macht." Vgl. K.W. Deutsch, Politische Kybernetik, a.a.O., S. 280.

118) Vgl. R. Wildenmann, W. Kaltefleiter, Funktionen der Massenmedien, Frankfurt 1965.

119) Die Funktionen der Massenmedien in totalitären Staaten sind "denen eines demokratischen Systems entgegengesetzt: statt Informationen Sprachregelung, statt Kommentierung ideologische Steuerung, statt Kritik Agitation." Vgl. E. Otto, Nachrichten in der DDR, Köln 1979, Vorwort.

120) Dazu die Aufsatzsammlung (case-studies) bei L.W. Pye, Communications and Political Development, Princeton 1963, wonach den Medien in der Entwicklungstheorie primär eine Integrations- und Erziehungsfunktion zugeordnet wird; wie W. A. Rugh, The Arab Press, London 1979, aber anhand der arabischen Massenmedien zeigt, werden diese in der Praxis (Ausnahme Libanon) regelmäßig zum Manipulationsinstrument umfunktioniert, also hauptsächlich zur Selbstdarstellung und zur Durchsetzung neuer Normen eingesetzt, S. 31 ff.

121) "Kommunikationspolitik läßt sich definieren als ein Handeln, das auf die Durchsetzung von Werten und Zielen im Bereich der öffentlichen Kommunikation gerichtet ist, also als eine Form der Politik, die Wirkungen ausüben, Machtverhältnisse und Ordnungen etablieren, festigen, weiterentwickeln, ändern oder aufheben will." Vgl. E. Noelle-Neumann, W. Schulz, Publizistik, Frankfurt 1971, S. 76.

122) Die Geschichte der ägyptischen Presse beginnt mit der Invasion Napoleons und mit der ersten Zensur unter M. 'Alī, der "took a personal interest in the paper and exercised direct control of its content; nothing could be published without his approval." Vgl. A. Almaney, Government Control

of the Press in the United Arab Republic, in: A. Wells, Mass Communications, Palo Alto 1974, S. 135 ff. (S. 136).

123) 1927 waren landesweit 83,4% aller Männer Analphabeten, Frauen 98,9%; die entsprechenden Daten zu 1960: 71,2% aller Männer und 92,3% aller Frauen. Vgl. W. Ule, Der arabische Sozialismus und der zeitgenössische Islam, Opladen 1969, S. 162 f.

124) Vgl. A. Almaney, Government Control ..., a.a.O., S. 136.

125) Höhepunkt der Kontrolle der gedruckten Medien war der Erlaß (Mai 1960) über die 'Organisation der Presse', der alle größeren Verlage der Einheitspartei Nationale Union (später ASU) übertrug. Nur Parteimitglieder konnten von da an journalistisch tätig werden. Vgl. ebd., S. 140 ff.

126) Zum Ausbau des staatlichen Rundfunks, s. USIA Country Data Sheets, US Department of State, 1975. Ägypten hat danach 1974 absolut und pro-Kopf die höchste Anzahl an Radios - mit Ausnahme Kuwaits - in der arabischen Welt.

127) Die selektive Interpretation des Nachrichtenflusses durch systemkonforme Meinungsführer (lokale Funktionäre der Einheitspartei) verstärkte noch die Wirkung, so daß Informationsaufnahme und kommunikative Weiterverarbeitung im Rahmen einer vorgegebenen Welterklärung erfolgten. Dazu Fallstudien bei I.F. Harik, The Political Mobilization of Peasants, Bloomington 1974, S. 147 ff.

128) "Nasser's speeches contained no fiery rhetoric; they were monotonous, flowing slowly and incessantly like the great Nile. His words were pronounced with deliberation; his pauses and repetitions were frequent. His style was not ornate; rather, he spoke in a colloquial, conversational manner. The villagers sat listening as if at a seance. Nasser took them into his confidence, or seemed to do so, by explaining affairs of state in uncomplicated language." Vgl. I.F. Harik, ebenda, S. 141.

129) "Christianity is a poison to which the Arabs must find an antidote, one Mahmoud al-Aqad told his Cairo radio listeners ..." und weitere Beispiele vgl. W.Z. Laqueur, Nasser's Egypt, a.a.O., S. 21.

130) "The press and radio of Egypt, as indeed of all Arab lands, celebrate a more basic meaning - exalting the Self by humuliating the West." Vgl. D. Lerner, The Passing of ..., a.a.O., S. 250.

131) Mit diesem Pakt (Dulles Konzept der 'Northern Tier') sollte die Verbindung zwischen SEATO und NATO hergestellt werden; zur Vorgeschichte, W. Wynn, Nasser of Egypt: The Search of Dignity, Cambridge Mass. 1959, S. 112.

132) Nasser war mit den westlichen Waffenlieferungen unzufrieden und wollte daher mit den USA um den Beitritt pokern. Als die Westmächte auf Irak setzten, sah Nasser die Hegemonialrolle

Ägyptens gefährdet und initiierte Verteidigungsabkommen mit Syrien, Saudi-Arabien (Oktober 1955) und Jordanien, Jemen (Frühjahr 1956). Die persönliche Rivalität mit dem irakischen Premier Nur Said und der unversöhnliche Bruch mit dem haschemitischen Königreich Irak waren die Folge, begleitet von einem Medienkrieg, der die Emotionen der Ägypter und anderer Araber gegen den Irak mobilisierte. T. Little, Nasser and the Cold War Strategy, in: Middle East Forum, No. 4, April 1959, S. 23 f.

133) Eine ausschlaggebende Determinante für die Perzeption des außenpolitischen Umfeldes sind die Erfahrungen und erlernten Werte, die in der politischen Kultur eines Landes begründet sind. S. I. de Rivera, The Psychological Dimensions of Foreign Policy, Columbus 1968, S. 21 ff. Für Nasser galt die Fixierung auf eine "nicht länger relevante Vergangenheit", die in den Ideen der ägyptischen Offiziere weiterlebte; daher suchten sie, die Welt nach den Bildern ihrer Jugend (Kolonialkonflikt) zu formen. D. Lerner, Eine Bemerkung zum ambivalenten Nationalismus und zur politischen Identität, in: P. Heintz, Soziologie der Entwicklungsländer, Köln 1962, S. 507.

134) Vgl. Archiv der Gegenwart, 1955, S. 5134.

135) Vgl. I.A. Abbas, Points of Departure in Egypt's Foreign Policy, Ann Arbor 1972, S. 209.

136) In Jordanien nahmen 1955 und 1956 pro-nasseristische Massenkundgebungen zu (gegen geplanten Bagdad-Pakt, gegen britisch-jordanische Allianz), die in schweren Unruhen mündeten und die Entlassung General Glubbs erzwangen, unterstützt von pausenlosen Radiokampagnen Kairos. Ausführlich: M. Haas, Husseins Königreich, München 1975, S. 334.

137) Vorgesehen war, daß - bei geschätzten Gesamtkosten von 1,3 Milliarden $ - die Internationale Bank für Wiederaufbau und Entwicklung eine Anleihe von 200 Millionen $ und die amerikanische und britische Regierung zusammen Anleihen von weiteren 200 Millionen $ bereitstellten. Diese 400 Millionen $ sollten die Devisenkosten des Projekts decken. Voraussetzung für die Mitwirkung der Internationalen Bank war das Einsichtsrecht in das ägyptische Staatsbudget und keine Vorpfändung der zukünftigen Baumwollernten zwecks Waffenkauf an die Ostblockstaaten. Ferner sollte vor Projektbeginn zwischen Ägypten und Sudan eine Vereinbarung für die Teilung der Nilgewässer erzielt werden. Die ägyptische Seite wies diese 'Bedingungen' kategorisch zurück. Die amerikanische Regierung äußerte am 19. Juli, die britische Seite am 20. Juli offiziell Zweifel an der Finanzkraft des Landes, und beide Regierungen zogen ihr Hilfsangebot zurück. Damit entfiel automatisch die Offerte der Internationalen Bank. Vgl. Archiv der Gegenwart 1956, S. 5901 f.
In der westlichen Presse wurde die amerikanisch/britische Rücknahme des Anleihenangebotes als eine Reaktion auf Nassers Ankündigung, Ostblockwaffen zu kaufen kommentiert. Vgl. D. Stewart, Young Egypt, a.a.O., S. 141 ff., der auch auf den Einfluß einiger Südstaatenrepräsentanten im Kongress

hinweist, die eine bedrohliche Konkurrenz für ihre kurzfaserige Baumwolle antizipierten und daher das amerikanische Angebot ablehnten.

138) Von den zahlreichen Schriften zu Nassers Prestigegewinn ein israelisches Zitat, das zugleich die potentiellen Konsequenzen miteinbezieht, "No Arab leader had ever done anything so spectacular before, and the Arab world was profoundly impressed. There was indeed only one more thing Nasser needed to do in order for the Egypt he ruled to be acclaimed as the supreme Moslem power, and that was to annihilate us. Elsewhere in the world, nationalization of the Canal was anxiously discussed in terms of big power politics." Vgl. G. Meir, My Life, 8. Aufl., London 1982, S. 245.

139) Vgl. P.J. Vatikiotis, The Modern History of Egypt, a.a.O., S. 393 und R.R. Bowie, Suez 1956, International Crisis and the Rule of Law, New York, London 1974, S. 35 ff.; auch: L.D. Epstein, British Politics in the Suez Crisis, Univ. of Illinois 1964, S. 30 ff. die einzelnen Verhandlungsvorschläge während der Suez-Konferenzen.

140) Vgl. H. Hamdan, Nassers Rolle in der Außenpolitik der arabischen Staaten von 1954 bis 1964, a.a.O., S. 212 ff.

141) Vgl. M. Robbe u.a., Aufbruch am Nil, a.a.O., S. 220.

142) Vgl. H. Henle, Der neue Nahe Osten, Frankfurt 1972, S. 70.

143) Nasser soll zunächst gezögert haben, die Sowjetunion einzuladen, sah dann aber in deren Teilnahme eine adäquate Antwort auf die Eisenhower-Doktrin ("to contain Soviet influence in the area by winning the support of those Arab states whose leaders were opposed to communism and its chief ally, Nasser's nationalism"), die er als direkte Kampfansage und Neoimperialismus interpretierte. Vgl. W.F. Abboushi, Political Systems of the Middle East ..., a.a.O., S. 180 f., zur Afrika-Politik T.Y. Ismael, The U.A.R. in Africa, Evanston 1971, S. 21 ff., zunächst konzentrierten sich die Einflußbemühungen auf Sudan (Niltal-Einheit), aber nach Bandung ist ein gesamtafrikanisches Interesse festzustellen, wobei die islamischen Staaten zunächst Priorität hatten; im Sommer 1957 wurde analog zur 'Stimme der Araber' das Rundfunkprogramm 'Stimme des freien Afrika' aufgebaut und Kairo wurde die logistische, politische Basis zahlreicher anti-westlicher Befreiungsbewegungen, vgl. K. Wheelock, Nasser's New Egypt, a.a.O., S. 254 ff.

144) Die Initiative ging von Repräsentanten der syrischen Baath Partei aus, die Nasser eine Föderation anboten zur Neutralisierung kommunistischer und pro-irakischer Tendenzen in Armee und der Baath. Nasser bestand aber auf der Fusion der beiden Staaten, mit einem südlichen (Ägypten) und einem nördlichen (Syrien) Landesteil, einer Zentralregierung in Kairo und der Auflösung aller Parteien. Per Plebiszit wurde der Zusammenschluß mit 99,9% der abgegebenen Stimmen angenommen. Als Reaktion darauf schlossen sich Jordanien und

Irak zu einer Union zusammen. Vgl. R. Stephens, Nasser, A Political Biography, a.a.O., S. 273 ff.

145) Vgl. P. Wald, Die Vereinigte Arabische Republik, Hannover 1969, S. 77, dort auch zu den Auswirkungen auf Libanon, Irak, Jordanien, in denen 'Nasseristen' den Anschluß an die VAR forderten.

146) M.H. Kerr, The Arab Cold War, 3. Aufl., New York 1981, S. 16 ff.

147) Die VAR wurde durch einen syrischen Militärputsch in Damaskus einseitig beendet. Hauptmotive waren die politische Gleichschaltung Syriens und die Übertragung der zentralistisch bürokratischen Wirtschaftsform Ägyptens auf die nördliche Provinz, sowie die Einführung einer gemeinsamen Währung. Die syrische Lira als Zahlungsmittel eines Freihandelslandes besaß Konvertierbarkeit, während das ägyptische Pfund schon seit Ende 1959 eine im Abstieg begriffene Binnenwährung war.
Nach einem erneuten Putsch im März 1963 in Syrien und einen Monat zuvor im Irak herrschte in beiden Ländern die Baath, die wiederum Unionspläne verfolgte, aber an der ägyptischen Dominanzforderung schließlich scheiterte. Vgl. M.H.Kerr, The Arab Cold War, a.a.O., S. 26 ff.

148) Vgl. F. Büttner, Nassers Ägypten zwischen islamischer Tradition und sozialistischer Zukunft, ..., a.a.O., S. 93.

149) Vgl. G. LeBon, Psychologie der Massen, a.a.O., S. 43 ff.

150) Die von der 'Stimme der Araber' ausgehende Propaganda hatte erheblichen Einfluß auf die Bildung der 'Freien Prinzen' in Saudi-Arabien, auf die Republikaner im Jemen, nach Bekunden Ghaddafis auf die libysche Offiziersbewegung und steuerte besonders im ostarabischen Raum Anfang der 60er Jahre pro-Nasser Bewegungen. "These people looked to Nasser for guidance and were prepared to take action to bring about the spread of the Arab nationalist revolution. They practically lined up in front of every Egyptian embassy and consulate, asking for more specific orders than they got over Cairo radio - though those were sometimes specific enough to bring action. ... When the Voice reported that the Arab patriots in Amman were attacking the British Bank of the Middle East, for example, the faithful listeners would rush to do just that, picking up stones from piles foresightedly placed in advance in strategic spots." Vgl. C.D. Cremeans, The Arabs and the World, New York 1963, S. 43.

151) Eine Übersicht zu den von Kairo aus unterstützten Gruppen (Movement of Arab Nationalists, MAN) und deren Subversion auf der arabischen Halbinsel, findet sich bei F. Halliday, Arabia without Sultans, New York 1979, S. 28 ff.

152) Oberst Sallal putschte im September und vertrieb den Imam Badr aus der Hauptstadt. Mit saudischer Hilfe mobilisierte der Imam die traditional-religiös orientierten Stämme und kämpfte gegen die von Ägypten unterstützten Republikaner.

Zeitweise soll Ägypten bis zu 60.000 Soldaten im unzugänglichen Jemen stationiert haben, deren Materialversorgung von der Sowjetunion via Kairo übernommen wurde. Vgl. H. Hamdan, Nassers Rolle in der Außenpolitik ..., a.a.O., S. 278 ff.

153) Im einzelnen vgl. H. Henle, Der neue Nahe Osten, a.a.O., S. 234 ff.

154) Vgl. R. Glagow, Ägypten seit der Juli-Revolution von 1952, in: H. Schamp, Ägypten, a.a.O., S. 244.

155) Zur saudischen Strategie vgl. H. Lackner, A House built on Sand, London 1978, S. 115 f., die saudischen Pläne fanden Zustimmung bei Iran, Pakistan, Marokko und bezogen auch das NATO-Land Türkei mit ein.

156) H. Meier-Cronemeyer, U. Kusche, R. Rendtorff, Israel in Nahost, Hannover 1975, S. 95.

157) H. Meier-Cronemeyer, U. Kusche, R. Rendtorff, Israel in Nahost, a.a.O., S. 96.

158) Am 30. Mai unterzeichnete der jordanische König in Kairo ein bilaterales Verteidigungsabkommen. Nassers "brinkmanship in May 1967 over the Tiran Straits, Sharum el-Sheikh and the expulsion of UNEF were manifestations of his heightened militancy in the face of mounting arab accusations of his inaction and in response to his declining Arab leadership." Vgl. P.J. Vatikiotis, Nasser and his Generation, a.a.O., S. 255.
P. Mansfield, Nasser, a.a.O., S. 164 ff. berichtet (so auch Sadat) über Nassers anfängliche Skepsis, in die militärische Offensive zu gehen. "But in the last few days of May, perhaps under the influence of Abdul Hakim Amer and his other generals, he seems to have been seized by a kind of euphoria which spread throughout the Egyptian people. Even the most sceptical were saying: 'Now is the time to finish with Israel once and for all.'" S. 169; nach A. Sadat, Unterwegs zur Gerechtigkeit, a.a.O., S. 205 hat Nasser am 2. Juni den ägyptischen Angriffsplan genehmigt. Vorausgegangen war im Mai die sowjetische Bestätigung syrischer Berichte über eine israelische Truppenkonzentration an der Grenze zu Syrien, die vom UN Generalsekretär als falsch zurückgewiesen wurden. Gleichzeitig provozierten die Sowjets Nasser, "indem sie behaupteten, die syrische Führung sei progressiver." So A. Sadat, ebenda, S. 203 und andere Quellen.

159) P. Wald, Die Vereinigte Arabische Republik, a.a.O., S. 94 gibt die Berichte einiger europäischer Journalisten wieder, die die Spontanität der Kundgebungen beobachteten, "kaum war die Rücktrittserklärung gesendet, da fuhren auch schon Lautsprecherwagen der (Partei) durch einige Viertel von Kairo, um die Leute aufzufordern, am nächsten Morgen ein Bekenntnis zu Gamal Abdel Nasser abzulegen. Am folgenden 10. Juni standen dann zahllose Lastwagen bereit, die Menschen aus der Umgebung und den Vororten Kairos in das Stadtinnere zu den Kundgebungen zu bringen, ... Wie schon so oft, brauchte man auch diesmal nur die Demonstration in Gang zu

bringen. Nachdem einige tausend Menschen in der gewünschten Richtung mit den gewünschten Parolen auf den Lippen zu marschieren begannen, kamen Hunderttausende andere auf eigene Initiative hinzu."

160) Dazu H. M. Sachar, Egypt and Israel, New York 1981, S .94 ff.

161) Zur militärischen Abhängigkeit von der Sowjetunion und der daraus resultierenden politischen Anbindung, vgl. A.Z. Rubinstein, Red Star on the Nile, Princeton 1977, S. 66 ff.

162) Der Führungsrat der Revolution hatte den Entwurf der 1953 eingesetzten Verfassungskommission zurückgewiesen (1955), weil er im Rahmen eines Zweikammer-Parlaments ein Mehrparteiensystem und ein Oberstes Verfassungsgericht vorsah. Die proklamierte Verfassung wurde in der Kanzlei Nassers erstellt. Vgl. A. el-Ghannam, Das Regierungssystem ..., a.a.O., S. 111.

163) Das Präsidentenamt blieb seit der Entmachtung Naguibs unbesetzt. Nasser hatte den Vorsitz im Führungsrat der Revolution übernommen und war Kabinettschef.

164) Zu den nachfolgenden Ausführungen s. Text in: Middle East Affairs, III, Februar 1956, S. 68; auch C. Jones, The New Egyptian Constitution, in: The Middle East Journal, No. 4, Summer 1956, S. 300 ff.

165) Bei der Auflösung müssen Neuwahlen innerhalb von 60 Tagen erfolgen.

166) Vgl. N. und M. Sradji, Die Verfassung der VAR vom 25. März 1964. Zur Herrschaftsstruktur des Nasser-Regimes, in: Verfassung und Recht in Übersee, 4, 1970, S. 469 ff., sowie A. el-Ghannam, Das Regierungssystem Ägyptens, a.a.O., S. 159 ff.

167) Vgl. K. Wheelock, Nasser's New Egypt, a.a.O., S. 54 f., u. L. Binder, Political Recruitment and Participation in Egypt, in: J. LaPalombara, M. Weiner, Political Parties and .... a.a.O., S. 217, beide Autoren zitieren führende Repräsentanten (Nasser, Heikal), die für die Bezeichnung der NU 'Front' gebrauchen, "of which every citizen was considered a member." (Binder, S. 231).

168) Vgl. C.J. Friedrich, Totalitäre Diktatur. Stuttgart 1957, S. 19, "..., die im allgemeinen Besitz der formellen Herrschaft ist, wird in der Regel von einem Mann, dem Diktator, geführt. ... Zum mindesten eine aktive Minderheit dieser Parteimitglieder ist leidenschaftlich und kompromißlos der Ideologie ergeben und deshalb bereit, in jeder Weise ihre Ausbreitung zu fördern. Eine solche totalitäre Partei ist hierarchisch und oligarchisch aufgebaut. Sie ist typischerweise entweder der staatlichen Bürokratie übergeordnet oder vollkommen mit ihr verflochten."

169) Vgl. F. Fainsod, Wie Rußland regiert wird, Köln 1965, S. 240.

170) Die NU sollte auch nach außen wirken und eine Alternative zu den existierenden Parteien in der arabischen Welt sein. Die Mitgliedschaft in der NU war daher nicht auf ägyptische Staatsangehörige beschränkt. Vgl. A. Perlmutter, Egypt the Praetorian State, a.a.O., S. 147.

171) S. Schaubild 7.
"In July 1957 a 350-member National Assembly was elected. According to the constitution, the 2,500 candidates should have been screened by the National Union, but in fact it was done by President Nasser and one or two close associates." Vgl. P. Mansfield, Nasser, a.a.O., S. 117; davon blieben 1300 übrig, die überwiegend der Mittelschicht (Anwälte, Journalisten, Beamte, Offiziere) zuzurechnen waren. Einzelne Kandidaten wurden später als Sympathisanten der Muslimbruderschaft und Wafd 'entlarvt'; dazu R. Stephens, Nasser, a.a.O., S. 322.

172) Beispiele aus der Parlamentsarbeit bei A. el-Ghannam, Das Regierungssystem ..., a.a.O., S. 118; bei den Debatten zur Agrarpolitik kritisierten Abgeordnete die Ausgaben des Leiters des Projekts 'Befreiungsprovinz' sowie andere Korruptionserscheinungen, worauf der Parlamentspräsident die Sitzungsperiode aufhob.

173) Auf der Grundlage einer provisorischen Verfassung (März 1958) wurden alle Mitglieder der neuen Nationalversammlung (600; davon 400 Ägypter, 200 Syrier) vom Präsidenten ernannt. Vgl. L. Binder, Political Recruitment and Partizipation in Egypt, in: J. LaPalombara, M. Weiner, Political Parties ..., a.a.O., S. 230.

174) Das Versagen der Nationalen Union lag nach Nasser darin, daß sie, die NU, für reaktionäre Kräfte geöffnet war, die jede revolutionäre Wirksamkeit gelähmt und nur aus Eigennutz gehandelt hätten; "but once elected, the members tended to their own business ... . Favouritism, ward-heeling and, above all, a complete dissociation from the people were the result ... !" Vgl. I. Heaphey, The Organization of Egypt, Inadequacies of a Nonpolitical Model for Nation-Building, in: World Politics, No. 2, Jan. 1966, S. 190.

175) Als die Unionskrise manifest wurde, kam es nicht nur zu emotionalen Reaktionen, "a mood of bitterness and frustration hung over the Arab world", die Nassers Charisma hätten gefährden können, sondern auch zu konkreten regionalen machtpolitischen Verschiebungen: "The Ba'th party, Nasser's original supporter ... abandoned him and joined the forces of Egyptian opposition." Vgl. H. Sharabi, Governments and Politics of the Middle East ..., a.a.O., S. 219.

176) M.C. Hudson, Arab Politics, The Search for Legitimacy, 2. Aufl., New Haven 1979, S. 21, geht in seiner komparativen Analyse über die Funktion der Ideologie in der arabischen Welt sogar so weit: "Ideology becomes a substitute for

institutionalization. Perhaps, however, it serves to buy the necessary time for structural legitimacy to develop."

177) Hierunter soll verstanden werden: "articulated sets of ideals, ends, and purposes, which help the members of the system to interpret the past, explain the present and offer a vision for the future." Vgl. D. Eston, A. System Analysis of Political Life, New York 1965, S. 290.

178) Nach R.A. Dahl, Die politische Analyse, a.a.O., S. 81.

179) Vgl. D.E. Apter, The Politics of Modernization, Chicago 1965, Kap. 8.

180) Die Regierung förderte islamische Kongresse, den Ausbau der Moscheen, das Wiedererstarken der Religion in der Grundschule und duldete die Diskriminierung der Kopten bei der Besetzung öffentlicher Ämter. Die Lehrkräfte der al-Azhar Universität - sofern sie sich zum modernistischen Islam bekannten - konnten mit Unterstützung des Kultusministeriums eine Flut von Büchern und Broschüren produzieren (etwa ein Drittel der Gesamtveröffentlichungen hatte religiös-politische Inhalte). Hauptmotiv für die Zusammenarbeit von Regierung und 'Klerus' war der Kampf gegen die verbotene Muslimbruderschaft. Vgl. M. Berger, Islam in Egypt Today, Cambridge 1970, S. 44 ff., und A. Abdel Malek, Ägypten, ..., a.a.O., S. 321 ff.

181) Vgl. R.H. Dekmejian, Egypt under Nasir, a.a.O., S. 72.

182) Vgl. F.R. Allemann, Die arabische Revolution, Nasser über seine Politik, a.a.O., S. 21.

183) "The new slogan became 'the establishment of a democratic, cooperative, socialist society.' But the 'socialist' element remained limited in practice to a selective system of state capitalism, and was far from doctrinaire in its theoretical exposition." Vgl. M.H. Kerr, The Emergence of a Socialist Ideology in Egypt, in: The Middle East Journal, Vol. 16, No. 2, 1962, S. 131.

184) Diese Maßnahmen sollten die Industrialisierung vorantreiben, die für Nasser - da private Investitionen im erwarteten Umfang ausblieben - nur durch staatlich kontrollierte, kapitalintensive Großbetriebe zu realisieren war. Mit den Finanzierungshilfen der Sowjetunion und anderer RGW-Staaten wurden auch deren planwirtschaftliche Betriebsverfahren übernommen. Dazu Daten bei B. Hansen, G. Marzouk, Development and Economic Policy in the UAR (Egypt), a.a.O., S. 166 f., und E. Tüttenberg, Der Beitrag der Staaten des Ostblocks zur Wirtschaft der Entwicklungsländer Afrikas, Sankt Augustin 1977, S. 172 ff.

185) Vgl. K. Wheelock, Nasser's New Egypt, a.a.O, S. 70 ff.

186) Kapitel 1 'Allgemeine Übersicht' stellt die jüngste ägyptische Geschichte als Ergebnis der Zusammenarbeit von

Imperialismus und Feudalismus dar und entwickelt sechs Prinzipien der Revolution: Beseitigung des Imperialismus und seiner Helfer unter den ägyptischen Verrätern; Beseitigung des Feudalismus; Beseitigung des Monopols und der Herrschaft des Kapitals über die Regierung; Errichtung der sozialen Gerechtigkeit; Aufbau einer starken nationalen Armee; Schaffung eines gesunden demokratischen Lebens; Kapitel 2 und 3 behandeln die Notwendigkeit und die Wurzeln des ägyptischen Befreiungskampfes; Kapitel 4 verweist auf das Versagen der politischen Parteien (trügerische, demokratische Fassade); Kapitel 5 entwirft das Bild von der echten Demokratie auf der Grundlage einer sozialistischen Gesellschaftsordnung; Kapitel 6 behauptet die Unvermeidbarkeit der sozialistischen Lösung; Kapitel 7 behandelt die Produktion und die Gesellschaft; Kapitel 8 diskutiert die Probleme der sozialistischen Einheit; Kapitel 10 formuliert außenpolitische Ziele. Vgl. UAR, Charter, Information Department, Cairo, o.J. (englische Übersetzung).

187) In den inzwischen von der Nationalen Union kontrollierten Medien wurde systematisch Islam mit sozialistischer Revolution identifiziert. Das Gebot der 'Armensteuer', die Landverteilungspolitik der früheren Kalifen, Aussprüche des Propheten, Wasser, Feuer und Weideland müßten allen zugänglich sein und vieles mehr (Rationalität des Islam/-Sozialismus; Zinsverbot = Ausbeutungsverbot) wurden als originäre Bestandteile eines islamischen Ursozialismus gedeutet. Bis in die Mitte der sechziger Jahre wurden in immer neuen Aufsätzen die islamischen Reformer wiederentdeckt, die bewiesen hätten, daß der okzidentale Wohlfahrtsstaat und Sozialismus seine Grundlage im Urislam habe. Vgl. K.H. Karpat (Hrsg.), Political and Social Thought in the Contemporary Middle East, New York 1968, S. 178, dort Besprechung mehrerer Artikel und Kommentare; N. Rejwan, Nasserist Ideology, Its Exponents and Critics, Tel Aviv 1974; zur Unzulässigkeit dieser Argumentation s. M. Rodinson, Islam und Kapitalismus, Frankfurt 1971, insbesondere Kapitel 2 (Die Vorschriften des Islam) und Kapitel 3 (Die Wirtschaftspraxis der mittelalterlichen mohammedanischen Welt), auch W. Ule, Der arabische Sozialismus und der zeitgenössische Islam, a.a.O.

188) 1961 wurde die al-Azhar den anderen Universitäten gleichgestellt. Diese Reform brachte die staatliche Anerkennung der Diplome, Um- und Neubesetzungen mit 'progressiven Theologen' und den Ausbau der Fakultäten von drei auf 11 mit zahlreichen natur- und ingenieurwissenschaftlichen Instituten. Diese partielle Säkularisierung wurde als Erfordernis des Fortschritts akzeptiert, zumal damit die beträchtliche Arbeitslosigkeit unter den Absolventen abbaubar schien. Im einzelnen D. Crecelius, Al-Azhar in the Revolution, in: The Middle East Journal, Bd. 20, 1966, S. 38 ff.

189) Die Führungskräfte bekannten sich grundsätzlich zum unerschütterlichen Glauben an Gott, seine Propheten und seine heiligen Botschaften, aber 'ohne Fanatismus und dogmatische Bindung'. Vgl. UAR Charter, Kapitel 1.

190) "Wir kopieren unsere neue Gesellschaft nicht aus Büchern. Wir überlegen selbst." Vgl. F. Büttner, Nassers Ägypten ..., in: P.I. Opitz, Profile und Programme der Dritten Welt, a.a.O., S. 110 ff., dort Auszüge aus Nassers Reden, in denen er Abgrenzungen zu Marxismus und pluralistischen Demokratien vornimmt, die in späteren Jahren stets das Bekenntnis zur Religion miteinschließen. "Wir haben nie gesagt, daß unser Sozialismus materialistisch bzw. marxistisch ist. Wir haben nie gesagt, daß wir die Religion verleugnen, sondern daß unsere Religion eine sozialistische sei." (S. 112).

191) Im Gegensatz zu Tito und Gandhi, deren Führungsanspruch innerhalb der Blockfreien auch wegen ihrer 'Theorien' anerkannt wurde, hatte Nasser bis dahin keine vorzeigbare, eigenständige 'Theorie', mit der er seine Führungskompetenz belegen konnte.

192) Bei R. Wildenmann, Macht und Konsens als Problem der Innen- und Außenpolitik, 2. Aufl., Köln und Opladen 1967, S. 130 ff., wird begrifflich zwischen Verwaltung und Bürokratie unterschieden; während Verwaltung für solche Institutionen, die sich auf Beratung und die Ausführung von politischen Entscheidungen beschränken, Anwendung findet, ordnet er Bürokratie solchen Institutionen zu, die eigenständiges Machtstreben entwickeln können oder sich der Regierungskontrolle entziehen. Folgerichtig ist nach M. Weber, Wirtschaft und Gesellschaft, a.a.O., S. 826, die Bürokratie ein Machtinstrument erster Ordnung in den Händen dessen, der den bürokratischen Apparat kontrolliert.

193) Vgl. P. Flora, Modernisierungsforschung. Zur empirischen Analyse der gesellschaftlichen Entwicklung, Opladen 1974, S. 121 ff.

194) Vgl. C.J. Friedrich, Politik als Prozeß ..., a.a.O., S. 324, sowie: H. Hattenhauer, Die geistesgeschichtlichen Grundlagen des deutschen Rechts, Heidelberg 1980, S. 128 ff., zu dem sich daraus ergebenden Strukturwandel des Beamtenwesens s. B. Steinkempner, Klassische und politische Bürokratien in der Ministerialverwaltung der Bundesrepublik Deutschland, Eichholz 1974, Kap. Problemstellung.

195) Zentralisierung, Fehlplanung, Doppelbesetzung, Überschneidung von Kompetenzen, Willkür, arrogante Publikumsdistanz und weitere Beispiele im historischen Kontext, vgl. G.E. v. Grunebau, Der Islam in seiner klassischen Epoche, Zürich 1966.

196) Vgl. J.A. Bill, C. Leiden, The Middle East, Politics and Power, London 1974, wobei das hinzugefügte 'Neo' erklärungsbedürftig ist, denn M. Weber, Wirtschaft und Gesellschaft, a.a.O., S. 607, schreibt: "Die erste mit voller Konsequenz durchgeführte patrimonial-bürokratische Verwaltung, die wir kennen, war die des antiken Ägypten. Sie war offenbar ursprünglich gänzlich an der Königsklientel entwickelt, d.h. aus einem Personal heraus, welches der Pharao seiner hofhörigen Dienerschaft entnahm, ...".

197) Vgl. R.H. Dekmejian, Patterns of Political Leadership, a.a.O., S. 169 ff.

198) P. Meyer-Ranke, Der Rote Pharao, Hamburg 1964, zählt S. 64 f. eine Reihe von Sondervergünstigungen auf (höhere Gehälter als Manager der Privatwirtschaft, Zugang zu speziellen Luxusläden usw.).

199) Zum Aufbau dieser Klientel in den weiteren Instanzen, die auf gemeinsame Studienzeit, militärische Ausbildung (Dufaa), Verwandtschaftsbeziehungen oder auf funktionale Freundschaften (Shilla) zurückgehen und in Ägypten eine lange Tradition haben, s. die Fallstudien von R. Springborg, Patterns of Association in the Egyptian Political Elite, in: G. Lenczowski, Political Elites in the Middle East, Washington D.C. 1975, S. 83 ff., formale Organisationen und politische Institutionen (Parlament, Ausschüsse, Provinzialversammlungen) werden dagegen nur als 'neutrale Zonen' zum Kennenlernen und Prüfen potentieller Partner perzipiert und sind daher zweitrangig.

200) Zu den verheerenden Folgen derartiger Elitenzirkulation - vgl. die osmanische Steuerverwaltung in Ägypten - gehört systemimmanent die Intensivierung egoistischer Attitüden, weil "for those who ruled or helped rule the aim was to use the state apparatus only for their own interests ...", so daß "there was no room for the growth of civic responsibility in which the governed might see the state as their own creation and servant and the governors might see it as, in some degree, a trust to be discharged to the entire community." Vgl. M. Berger, Social Basis of Political Institutions, a.a.O., S. 382.

201) Vgl. die Veröffentlichungen des Orient Instituts (Büren, Ule, Glagow, u.a.) zu Nassers Ägypten Mitte der 70er Jahre.

202) Vgl. R. Büren, Die Arabische Sozialistische Union, a.a.O., S. 147; für die Dauer von sechs Jahren wurde vom Staatspräsidenten per Dekret ein provisorisches Oberstes Exekutivkomitee ernannt, dem Nasser vorstand und 18 seiner engen Mitarbeiter angehörten; ebenfalls ernannt wurde ein provisorisches ZK, das sich zusammensetzte aus 18 Mitgliedern des Obersten Exekutivkomitees, zwei Vertretern des Generalsekretariats (gleichfalls ernannt), 19 weiteren engen Mitarbeitern Nassers und Nasser selbst. Formell sollte das Oberste Exekutivkomitee durch Wahlen aus dem ZK hervorgehen, das wiederum vom höchsten Parteiorgan auf Republikebene, nämlich dem Nationalen Generalkongreß zu wählen war. Über die Zusammensetzung des Nationalen Generalkongresses schwieg sich die Parteisatzung aus.

203) Nasser hatte den Vorsitz im Präsidial- und im Exekutivrat; im Präsidialrat waren neben anderen die sieben von Nasser bestimmten Vizepräsidenten und der Ministerpräsident Ali Sabri, der dem Exekutivrat angehörte, der als Kabinett fungierte, vertreten; neben der offiziellen Zuordnung spiegelt auch die berufsgruppenbezogene Zusammensetzung der beiden Gremien ihre machtpolitische Gewichtung wieder: im

Präsidialrat waren 83% der Mitglieder führende Militärs, im Exekutivrat dagegen gehörten nur 29% dem Militär an; vgl. R.H. Dekmejian, Patterns of Political Leadership, a.a.O., S. 191.

204) "We must learn from the past mistakes in order to create a sound political organization. ... We have achieved many things but unfortunately we have not yet built up a political mechanism." Vgl. I. Heaphey, The Organization of Egypt, a.a.O., S. 190; den Einsatz und Zweck des von Nasser 1962 geforderten politischen Mechanismus erläuterte er selbst während einer Fabrikeröffnung 1965 im Gespräch mit Ché Guevara, der "Fabriken zu leiten langweilig und deprimierend" fand: "Das Ziel der revolutionären Tätigkeit ist es, das Volk in einem solchen Maß zu mobilisieren, daß es die Opfer auf sich nimmt. ... Aber das ist die Revolution. Diese Opfer sind die Revolution. Tag für Tag arbeiten, Fundamente legen, Tunnel bauen, Maschinen aufstellen. Nur dadurch kann man die Gesellschaft verändern." Vgl. M. Heikal, Das Kairo-Dossier, Wien 1972, S. 252 f.

205) Nach den Werten der Charta müsse die ASU garantieren, daß
"1. 50% der Sitze auf allen Ebenen Arbeitern und Bauern zufallen;
2. die Autorität der gewählten Gremien gestärkt wird gegenüber der Staatsbürokratie, um ein Erstarren der Revolution zu verhindern;
3. innerhalb der ASU ein neuer politischer Apparat entsteht, der den Massen hilft, revolutionäre Initiativen zu ergreifen und ihre Bedürfnisse zu befriedigen;
4. das Prinzip der kollektiven Führung als Ausdruck der Demokratie auf höchster Ebene durchgesetzt wird."

Vgl. H. Mattes, W. Züfle, Ägypten, in: Wahl der Parlamente, a.a.O., S. 275.

206) Zu den theoretischen Aspekten derartiger Quotenregelungen, die häufig in Entwicklungsländern existieren und echte Wahlen verhindern sollen (dafür kooperative Repräsentation) s. D.E. Ashford, The Elusiveness of Power: African Single Party State, Ithaca 1965, S. 31 ff.

207) Die arbeitenden Volkskräfte wurden in 5 Klassen eingeteilt, Arbeiter, Bauern, Intellektuelle, Soldaten und nationale Kapitalisten. Per Definition schloß Nasser in der Charta den Kampf zwischen den Klassen für Ägypten aus.

208) Vgl. L. Binder, Political Recruitment and Participation in Egypt, a.a.O., S. 237 "It is apparent that the definition of workers and peasants (especially the former) is quite broad, including civil servants, doctors, and other professionals"; zudem lag die Aufsicht über die Kandidatenaufstellung bei den von Nasser eingesetzten Gouverneuren; je 2 Abgeordnete per Wahlkreis kandidierten z.B. für das Parlament, von denen einer den Kategorien Arbeiter oder Bauer angehören mußte.

209) Eine Übersicht zu den nur teilweise erfolgreichen ASU-Versuchen, die Berufsvereinigungen der Mittelschicht (Anwälte, Ärzte, Ingenieure usw.) an die ASU anzuschließen

oder unter Aufsicht der Gewerkschaften zu stellen sowie zu verwaltungstechnischen Eingriffen, bei R. Springborg, Professional Syndicates in Egyptian Politics, 1952-1970, in: International Journal of Middle East Studies, Vol. 9, 1978, S. 275 ff.

210) L. Binder, In a Moment of Enthusiasm: Political Power and the Second Stratum in Egypt, Chicago 1978, rechnet eine Konstante von 700.000 - 1 Mio. Ägypter hoch, die etwa 20-50 fed. bebauen, deren Vorfahren (seit 1882) zu 37,5% in lokalen und regionalen Körperschaften agrarische Interessen vertreten haben. Diese Schicht gehörte der Befreiungsversammlung, der Nationalen Union und der ASU an; nach Binders Einschätzung sind sie "the instrument without which the rulers cannot rule." (S. 12) Neben anderen Einzelstudien (daher im statistischen Sinn nicht repräsentativ, aber doch Tendenzen aufzeigend) kommen nach G.G. Klöwer, M. Spatzker, Das ägyptische Dorf im sozialen Wandel, in: Internationales Afrika Forum 2, 1978, S. 173/4 zu einem ähnlichen Ergebnis: "ASU-Funktionäre, Gewerkschaftsbürokraten, supervisor und Mushrifs werden - trotz ihrer sozialen Herkunft oftmals aus den agrarfeudalistischen Schichten - unter dem Banner der neuen Ideologie mehr und mehr zumindest optisch und z.T. auch akustisch mit den traditionellen Honoratioren gleichgeschaltet."

211) Dazu die Beobachtungen von I.F. Harik, The Political Mobilization of Peasants, a.a.O., S. 68 ff.; Harik hat auch Wahlen zu den dörflichen Basiskomitees untersucht und festgestellt, daß die alteingesessene Mittelschichtfamilie (Kura) nach wie vor starken Einfluß auf das Dorfleben hatte. "There were, in all, eighty-three candidates for twenty seats. The Kuras won eight seats, agrarean reform peasants won seven, and independents won five. ... Although the Kuras had only a slim majority over the agrarian reform peasants in the Committee of Twenty, they were able to maintain control: Muhammad Kura was elected secretary, and his brother Sayid assistant secretary." (S. 70)

212) Außerdem unterstanden die Gewerkschaften dem Arbeitsministerium; zu den Mitbestimmungsregeln, Auseinandersetzungen wegen Wahl- oder Delegationsprinzip für die Betriebsräte und den mehrmals geänderten Rechtsvorschriften für die Aufgaben und Beteiligungsrechte der Produktionsausschüsse s. S. el-Sayed, Workers' Partizipation in Management, Cairo (AUC) 1978, S. 92, auch: G. Wiedensohler, Zum Entwurf eines neuen ägyptischen Arbeitsgesetzes, in: Orient No. 1, 1970, S. 12 ff.

213) "Some sections of the society could be scape-goated without seriously threatening others. This was the course Nasser followed at each crisis. There were always groups to blame that were acceptable to the majority and that exonerated the regime from its failures." Vgl. E. Feit, The Armed Bureaucrats, Boston 1973, S. 145.

214) Nasser unterhielt innerhalb der Freien Offiziere nur zu Amer freundschaftliche Kontakte. Durch die Heirat einer Tochter

Amers mit Nassers jüngerem Bruder wurde diese Beziehung zunächst gefestigt; zu den Meinungsverschiedenheiten (Föderation, Jemen-Krieg, Aufgaben des Oberbefehlshabers, Korruption in den Streitkräften) s. R. Stephens, Nasser, a.a.O., S. 358 ff.

215) Sabri 'professionalisierte' die Partei dahingehend, daß er bis hinunter zu den Basiseinheiten anstelle der vorgeschriebenen Wahlen Ernennungen vornahm und hauptamtliche Apparatschiks förderte; weitere Hinweise bei R.H. Dekmejian, Egypt under Nasir, a.a.O., S. 225 ff.

216) In diesem Dorf im Nil-Delta überprüfte ein junger Soldat und ASU-Mitglied zu Beginn 1966 den Fortschritt der Bodenreform. Dabei stellte er fest, daß Großgrundbesitzer durch Korruption und juristische Kniffe ihre Ländereien der Agrarreform entzogen hatten; auf Veranlassung einer einflußreichen Familie wurde er ermordet, wodurch die Zustände schließlich publik wurden. Die ASU startete eine landesweite Kampagne gegen Feudalismus und "for example, 230 'umdahs and shaykhs were removed from all economic, political, and administrative posts in some seventeen governments." Vgl. I.B. Mayfield, Rural Politics in Nasser's Egypt, a.a.O., S. 164, A. Abdel Malek, Ägypten ..., a.a.O., S. 37.

217) Die ägyptische KP löste sich nach dem Chrustschow-Besuch 1964 auf und trat geschlossen (1965) der ASU bei; Nasser überließ diesen neuen ASU-Funktionären die Bereiche Massenmedien, Propaganda und ideologische Kaderausbildung. Ebenfalls 1964 ordnete Nasser die Aufstellung einer Avantgarde innerhalb der Partei an. Ziel war es, aus etwa 300.000 Aktivisten 20.000 Funktionäre für parteiinterne Kontrollaufgaben zu finden; s. D. Hopwood, Egypt, Politics and Society 1945-81, London 1982, S. 90 ff.; die Militärs überwachten mit nachrichtendienstlichen Mitteln Funktionäre, die als Kommunisten galten und beschuldigten sie 1966 der subversiven Arbeit. Nasser reagierte taktisch: er verwies die Anschuldigungen an das Innenministerium (Polizei), dessen Ermittlungen keine belastenden Ergebnisse brachten. "When assured of the innocence of the principals, Nasser ordered them reinstated, to the consternation of the military intelligence apparatus." Vgl. R.W. Baker, Egypt's Uncertain Revolution under Nasser and Sadat, a.a.O., S. 110.

218) Amer, dem die Planung eines Militärputsches unterstellt wurde, beging im September 67 vermutlich Selbstmord; seine Mitarbeiter wurden für die Niederlage verantwortlich gemacht und vor Gericht gestellt; "Der Prozeß war einfach unvermeidbar, weil ja das Volk, nachdem es die emotionellen Erschütterungen des 9. und 10. Juni erlebt hatte, nun zur Wirklichkeit zu erwachen begann und über die Niederlage nachdachte: Warum war sie eingetreten?" Vgl. A. Sadat, Unterwegs zur Gerechtigkeit, a.a.O., S. 227.
Wegen zu milder Urteile kam es im Februar 68 zu Unruhen; die ASU hatte Arbeiter in Helwan (Schwerindustrie) zu einer Demonstration aufgerufen, aber die Polizei nicht verständigt; Nachrichten über polizeiliche Gewaltanwendung brachten studentischen Zulauf und die Kundgebung geriet völlig außer

Kontrolle. "There were protests against the special police operating in the universities, the government control of students' unions, and some demands for a freely elected parliament and for political parties." Vgl. R. Stephens, Nasser, a.a.O., S. 534.

219) Vgl. die Artikel und Kommentar-Serien von Heikal in: al-Ahram sowie Arab Report and Record, März 1968 (16.-31.), S. 80.

220) Zur Selbstbeschäftigung der Partei und der kontrollierten Diskussion darüber s. Heikal, in: al-Ahram, Oktober, November 1968. Kairo AUC Mikrofilmdep. 1. Stock.

221) Nasser übernahm noch im Juni 67 das Amt des Premierministers und ließ die neue Parteisatzung (bisher formal kollektive Führung!) das Amt eines Vorsitzenden aufnehmen, das er gleichfalls besetzte. Ferner sicherte sich der Präsident das Recht zur Ernennung aller höheren Offiziere (ab Oberst). Vgl. W. Fisher, Egypt, in: The Middle East and North Africa, London 1979, S. 307 ff.

222) Zum Begriff P.J. Vatikiotis, Some Political Consequences of the 1952 Revolution in Egypt, in: P. Holt, Political and Social Change ..., a.a.O., S. 370.

223) Vgl. M. Berger, Bürokratie und Gesellschaft im modernen Ägypten, in: P. Heintz, Soziologie der Entwicklungsländer, a.a.O., S. 675 ff.; von den 1556 Beamten interviewte Berger ein Sample von 249. Zweck der Studie war, ein Einstellungsprofil der Ägypter gegenüber der Beamtenschaft zu erhalten; eine Frage lautete: "Respektiert der Mann auf der Straße den Regierunsbeamten?" 82% antworteten mit Ja, von denen wiesen 24% auf den traditionell hohen Status des Beamten hin, "35% erwähnten dessen Bildung und den Umstand, daß er der Öffentlichkeit diene. Doch die meisten, nämlich 41%, begründeten ihre Ansicht damit, daß der Staatsangestellte Macht über die gewöhnlichen Bürger ausüben könne." (S. 692) 85% der Befragten waren technische, 15% Verwaltungsbeamte, verteilt auf Landwirtschafts-, Erziehungs-, Finanz-, Wirtschaftsministerien und Ministerien für Dorf- und ländliche Fragen. Auffällig war, daß bei 38,8% (Grundgesamtheit hier 242) der Befragten auch der Vater schon dem Staatsdienst angehörte. Weitere Untersuchungen ergaben, daß der Anteil der Selbstrekrutierung in den letzten Jahrzehnten zugenommen hatte, wobei derjenige der Oberklasse ungefähr konstant blieb, die Unterklasse zurückging und der Anteil der Mittelklasse sich erhöht hatte. Insgesamt gab es 1954/55 381.615 Beamte, eine Steigerung von ungefähr 61% gegenüber 1940/41, so I.F. Harik, Mobilization Policy and Political Change in Rural Egypt, in: ders. und R. Antoun, Rural Politics and Social Change in the Middle East, London 1972, S. 293.

224) Nach den Säuberungen verblieben 3.500 Offiziere; davon setzten 2.300 ihre militärische Laufbahn fort; s. R. Baker, Egypt's Uncertain Revolution under Nasser and Sadat, a.a.O., S. 55. M. Kerr, The United Arab Republic, The Rand Corpora-

tion 1969, schätzt (S. 10) für den Zeitraum 1952-64 etwa 1.500 Offiziere, die administrative Aufgaben erfüllten. Akzeptiert man diese Zahlen, so dürfte etwa eine Balance zwischen Fachbeamten und Offizieren in leitenden Funktionen vorgelegen haben.

225) Vgl. R.H. Dekmejian, Patterns of ..., a.a.O., S. 187.

226) Die Militärkader wurden zweigeteilt; Offiziere, die ihre militärische Karriere fortsetzen wollten, konnten das neue Studieninstitut für nationale Verteidigung besuchen; für sie wurde ein neuer Rang 'Armeegeneral' eingeführt, was zu einer beträchtlichen Aufblähung der Generalskaste führte; die anderen erhielten einen zivilen Status und schieden aus: "eine beträchtliche Zahl von Präsidenten und Vorstandsmitgliedern öffentlicher Unternehmen usw. kam aus ihren Reihen, viele Minister, Vizeminister, Staatssekretäre und Direktoren in verschiedenen Ministerien, und ein erheblicher Teil der wichtigsten Stellungen im Bildungs- und Informationswesen, in Presse, Rundfunk und Fernsehen war von ihnen besetzt." Vgl. A. Abdel Malek, Ägypten: ..., a.a.O., S. 30.

227) Nach S. Gomaa, Das Militär in Ägypten, a.a.O., S. 132.

228) Vgl. P.J. Vatikiotis, Nasser and his Generation, a.a.O., S. 160.

229) Vgl. R. Dekmejian, Patterns of ..., a.a.O., S. 186. "The few who have dared to stand up to the military have been purged; the vast majority, more interested in high office than principles, have complied with the military's wishes." (ebd.)

230) "Arbeitet mit ihnen zusammen, absorbiert sie, doch behaltet unter allen Umständen die Entscheidungsgewalt in einer Hand." Vgl. A. Abdel Malek, Ägypten: ..., a.a.O., S. 32.

231) R.H. Dekmejian, Egypt under Nasir, a.a.O., S. 219 ff.

232) Vgl. P.J. Vatikiotis, Nasser and ..., a.a.O., S. 160.

233) A. Perlmutter, Egypt the Praetorian State, New Brunswick 1974, S. 182.

234) Hierzu W. Fisher, Egypt, Economic Survey, in: The Middle East and North Africa, a.a.O., S. 312 ff.

235) Der Zusammenhang zwischen ökonomischem und politischem Subsystem wird in ägyptischen Arbeiten nicht problematisiert. Ausgehend von Siedlungsform, Geographie und der Wasserbewirtschaftung werden zwar Vor- und Nachteile einer Zentralisierung erörtert, stets aber der öffentlichen Hand die Dominanz in der Wirtschaftspolitik zugesprochen. Vgl. G. Hamdan, Schakhsya Misr (Die Persönlichkeit oder Eigenständigkeit Ägyptens), Cairo, Dar al-Hilal 1967, S. 48, 56-7. Die Brauchbarkeit marktwirtschaftlicher oder planwirtschaftlicher Wachstumsstrategien für Entwicklungsländer kann aus Raumgründen hier nicht behandelt werden; vgl. hierzu die

ausgezeichnete empirische comparativ angelegte Studie von R. Clapham, Marktwirtschaft in Entwicklungsländern, Freiburg 1973, der im marktwirtschaftlichen Rahmen staatliche Aktivitäten fordert, die nach einer ganz bestimmten Funktionsteilung (S. 166 ff.) zu erfolgen haben; Clapham zeigt, daß die Grundthese von der Irrelevanz der marktwirtschaftlichen Theorie für die Lösung scheinbar neuartiger entwicklungspolitischer Probleme unhaltbar ist, "da die grundlegenden Aussagen der Wirtschaftstheorie und ihre zentralen Schlußfolgerungen auch für weniger festgeschnittene Volkswirtschaften gültig sind." (S. 224) Clapham schließt seine Analyse mit der zentralen These - der auch der Verfasser dieser Studie zustimmt -: "Liegen in unterentwickelten Volkswirtschaften relativ ungünstige Bedingungen für die Anwendung der Marktwirtschaft vor, dann spricht dies - im Gegensatz zu häufigen Behauptungen - in weitaus stärkerem Maße gegen die Einführung der staatlichen Lenkungswirtschaft mit ihren höheren systemspezifischen Anforderungen an Administration, Rechtstechnik, volkswirtschaftlichen Integrationsgrad und Fähigkeiten der staatlichen Betriebsleiter." (S. 223)

236) "The place and role of the State in this economic system is overwhelming. The State accounts for some 90 per cent of total investment, some 75 per cent of manufacturing value - added and almost the whole of foreign trade. It employs in the civil service, the army, and the public sector some 60 per cent of the non-agricultural labour force, or close to 30 per cent of the total working population." Vgl. R. Mabro, S. Radwan, The Industrialization of Egypt 1939-1973, Oxford 1976, S. 40.

237) Vgl. S. 220 ff.

238) In den Standardwerken (Issawi, Hansen, Kerr) werden diese Phasen als pragmatische Reaktion auf die Investitionsverweigerung einer freien Unternehmerschaft gewertet. Sie berücksichtigen nicht, daß bis 1954 der Gewinntransfer auf 10% des registrierten Kapitals limitiert war, Devisenkontrollvorschriften bestanden und während der Suez-Krise (56) ausländische Vermögen (Rechtssicherheit) beschlagnahmt wurden; es existierte also weder ein günstiges Investitionsklima noch eine liberale Wirtschaftsordnung.

239) Die umfassendste Entwicklungsplanung begann mit Gründung des Nationalen Planungskomitees, das Ende der 50er Jahre zwei 5-Jahrespläne (1960-65, 65-70) ausarbeitete, die zunächst von den Vorgaben einer 'mixed economy' (gemischte Gesellschaften mit staatlicher Mehrheitsbeteiligung) ausgingen. Schon der erste Plan wies erhebliche Mängel auf: unkoordinierte, partielle Pläne, konkrete Projektionswahl durch Fachministerien und Nichtberücksichtigung intra- und intersektoraler Interdependenzen; zu weiteren 'handwerklichen' Defiziten, s. C. Issawi, Egypt in Revolution, a.a.O., S. 286 ff.

240) Das Zustandekommen dieser Projektion verdeutlicht nicht nur das Primat der Politik, sondern auch den Führungsstil

Nassers, der die Einwände der Planungsexperten bei den interministeriellen Verhandlungsrunden ignorierte; Nasser referierte vor dem Parlament dazu: "Those in the planning said that it could not be done. They said that it could be done in 18 years but we insisted that it should be 10 years. They said 15, but we said 10. Again they said 12 and again we said 10. Had we not worked on that basis, and had we not faced the problem in that manner, our efforts would have been to no avail." Vgl. UAR Information Department, Adress, Nasser, Nov. 12, 1964, S. 24.

241) Vgl. P. O'Brien, The Revolution in Egypt's Economic System: From Private Enterprise to Socialism 1952-1965, London 1967, S. 51, 116 ff.

242) Beispielsweise wurde das Plansoll für die inländische Sparquote nicht einmal zur Hälfte erreicht, vgl. National Bank of Egypt, Economic Bulletin 1969, No. 1, S. 25; W. Hohmeyer, Fellachen als Sparer, ... Köln 1969, hat in seiner Fallstudie nachgewiesen, daß die traditionelle Staatsfeindlichkeit, das islamische Wertesystem (Zinsverbot usw.) und die bürokratischen Zwänge das Sparkassenexperiment in Mit-Ghamr scheitern ließen.

243) Vgl. P. Wald, Die Vereinigte Arabische Republik, a.a.O., S. 123.

244) Dazu W. Fisher, Economic Survey, in: The Middle East and North Africa, a.a.O., S. 313.

245) Abzüglich der Zahlungsverpflichtungen für militärische Importe und nach offiziellen Statistiken wies die Zahlungsbilanz von 1961-67 "an annual deficit ranging from 3.2 per cent to 7.2 per cent of GDP, which had to be made up for by a mounting foreign indebtedness that is now estimated at about LE 1.500 million." Vgl. M. Kerr, The United Arab Republic, a.a.O., S. 19.

246) Tabelle 22: Kreditverteilung nach Sektoren (75,2% ((90%)) aller Kredite gingen 1963 ((1967)) in den öffentlichen Sektor)

	1963	1967
Industrie	43,3	53,1
Handel	32,7	27,8
Agrar	12,3	7,6
andere Aktivitäten	11,7	11,5
	100,0 %	100,0 %

Nach: The Middle East and North Africa, a.a.O., versch. Jhg.

247) I. Waterbury, The Egypt of Nasser and Sadat, a.a.O., 1983, führt S. 105 u.a. aus: "The original goal for this industry was to produce 20.000 automobiles, 4.000 trucks, and 4,000 buses with 90 per cent of components manufactured locally by

the late 1960s. Over a decade later, this goal had not been approached, as the following figures show:

	1963-64	1970-71	1976
PKW	5,406	4,241	9,799
Busse	1,155	407	307

Die Gründe lagen darin, "that Nasr automative employed 10,000 workers to produce 10,000 vehicles a year while a similar Fiat plant in Spain turned out 100,000 with the same number of ... ." Die Firma litt "from foreign exchange shortages and seldom operated at more than 70 per cent capacity."

248) Zahlen der Weltbank zeigen zwar "für 1950-72 eine durchschnittliche jährliche Wachstumsrate von 1,3%, jedoch einen Rückgang von fast 3% bis 1955 gegenüber dem im Korea-Boom erreichten Niveau von $ 180 (1950) und einen fast 9%igen Rückgang 1965-70." Vgl. F. u. V. Büttner, Ägypten, in: Handbuch der Dritten Welt, a.a.O., S. 20.

249) 1962 wurde per Gesetz allen Hochschulabsolventen die Einstellung in den öffentlichen Dienst garantiert, vgl. P. O'Brien, "Nasser's Economic Legacy", The New Middle East, Sept. 71, S. 22.

250) Der öffentliche Industriesektor wurde im Dezember 1961 nach Branchen in 48 sogenannte 'General Organizations' mit über 400 Betrieben zusammengefaßt; die einzelnen Organisationen waren den Ministerien und Planungskomitees unterstellt. In den Betrieben. Ministerien und Planungskomitees arbeiteten verschiedene Gruppen, die für Planfestsetzung, -steuerung,-kontrolle zuständig waren. Parallel zu dieser administrativen Gliederung operierte eine ähnliche Struktur innerhalb der Einheitspartei; alle hier erwähnten Einheiten unterstanden zusätzlich der Präsidialkanzlei. Eine ausführliche Illustration der Bürokratisierung der Bürokratie findet sich bei R. Baker, Egypt's Uncertain Revolution ..., a.a.O., S. 77 ff.; wegen der nicht geregelten Verantwortlichkeiten beim Aufbau der ländlichen Sozialzentren herrschten 'kriegsähnliche' Kämpfe zwischen Sozial-, Gesundheits-, Innen- und Agrarministerien, die jegliche sinnvolle Arbeit (Geburtenkontrolle, Hygiene) schon im Ansatz scheitern ließen.

251) Nach Schätzungen von P. Pawelka, Von Nasser zu Sadat: Ägypten heute, in: Brennpunkt Mittelost, Stuttgart 1981, S. 127, schuf der Staat zwischen 1957 und 1965 rund 1,7 Mio. Arbeitsplätze, vor allem im Dienstleistungsbereich; die jährliche Stellenzuwachsrate lag Mitte der 60iger Jahre bei 6%.

252) F. u. V. Büttner, Ägypten, a.a.O., S. 25.

253) Vgl. P.J. Vatikiotis, Nasser and his Generation, a.a.O., S. 217.

254) Zu den arbeitsrechtlichen Verbesserungen (8-Stundentag, Entlassungsverbot, Urlaub usw.), die de facto nur im öffentlichen Sektor Anwendung fanden und die patrimonial gewährt, aber nicht erkämpft wurden, s. G. Wiedensohler, Zum Entwurf eines neuen ägyptischen Arbeitsgesetzes, a.a.O., S. 12 ff.

255) S. el-Sayed, Worker's Participation in Management, a.a.O., S. 31 ff. diskutiert eine Reihe von empirischen Befunden, die Einflußlosigkeit und das Desinteresse (häufig auch 20% I don't know) der Befragten bei innerbetrieblichen und gewerkschaftlichen Entscheidungen (Kandidatenaufstellung u.a.) nahelegen.

256) Die quantitative Entwicklung des Ausbildungswesens behandelt A. Boktor, The Development and Expansion of Education, Kairo 1963 (AUC).

257) Aufschlußreicher als Boktor sind die Beobachtungen von D. Hopwood, Egypt Politics and Society, a.a.O., beim Besuch von Landschulen S. 137: "Usually when entering the classroom, the teacher would ask the students to stand. Rising to their feet they would shout 'Nasser' or 'freedom' or perhaps 'independence', and when asked to sit down they again would shout, usually a word symbolizing some aspects of the regime's ideology." oder "The children would repeat rhythmically at morning assembly, Nasser, Nasser, Nasser, or shout out G-A-M-A-L Gamal! A song popular among elementary students was 'Nasser, all of us love you, we will remain by your side, Nasser, leader of all, oh Nasser."

258) Zuverlässige Daten über den Umfang der wirtschaftlichen Belastungen sind nicht zu ermitteln. Vgl. B. Hansen, Economic Development in Egypt, The Rand Corporation 1970: F. u. V. Büttner, Ägypten, a.a.O., zitieren S. 44 eine Studie der ägyptischen Volksversammlung, "die die Kosten der 5 Kriege seit 1948/49 - Palästina-, Suez-, Jemen-, Juni- und Oktoberkrieg - mit LE 15 Mrd. veranschlagte (fast US $ 40 Mrd.), was bei Zugrundelegung eines durchschnittlichen jährlichen BSP von LE 1,8 Mrd. zwischen 1948 und 1973 dem Sozialprodukt von mehr als 8 Jahren entsprechen würde."

259) M. Crous, Neuordnung der ägyptischen Wirtschaft, Orient 69, No. 2, S. 92, Der Finanzminister "leitete diese Aktion mit der revolutionären Erklärung ein, die ägyptischen Wirtschaftler müßten sich eine kapitalistische Denkweise aneignen."

7. Sadat: Auf der Suche nach Charisma

7.1. Der Aufbau von Charisma

Die Nachfolgeregelung des im September 1970 unerwartet verstorbenen Präsidenten Nasser wurde weder von den Pressebeobachtern vor Ort noch in der Fachliteratur so reibungslos prognostiziert wie sie schließlich stattfand. Während der Nachfolgediskussion wurde der Name Sadats kaum erwähnt und die wissenschaftlichen Stimmen nach seiner Nominierung und Wahl[1] charakterisierten ihn einmütig als 'narrow minded'[2] oder farblosen Übergangskandidaten, der keinerlei Kriterien aufwies, die eine spätere Profilierung und auf Dauer angelegte Amtsführung als wahrscheinlich erscheinen ließen.[3]

Die offensichtlichen Fehlprognosen, die von Militärputsch bis sozialistischem Zweiparteiensystem[4] eine Vielzahl von sich gegenseitig ausschließenden Entwicklungsperspektiven anboten, waren argumentativ auf die charismatische Führung Nassers fixiert, dessen Ausfall eine Phase der Instabilität für das gesamte Regierungssystem nach sich ziehen würde;[5] diese Analysen übersahen die Existenz der horizontalen Kräfte, deren internes labiles Gleichgewicht, sowie die Notwendigkeit für jeden Nachfolger, diesen semi-institutionalisierten Regelungsmechanismus zur Wahrung der eigenen Position und zur politischen Stabilität zunächst zu übernehmen.

Die Einigung auf Sadat als Kompromißkandidaten[6] belegt per se, daß es diese Gruppen[7] gab und daß sie status quo orientiert ihre Ausgangslage stabilisieren wollten, zugleich aber über diesen personalbezogenen Minimalkonsens hinaus nicht koalitionsfähig waren.[8]

Schaubild 8: Elitenkonstellation bei Nassers Tod

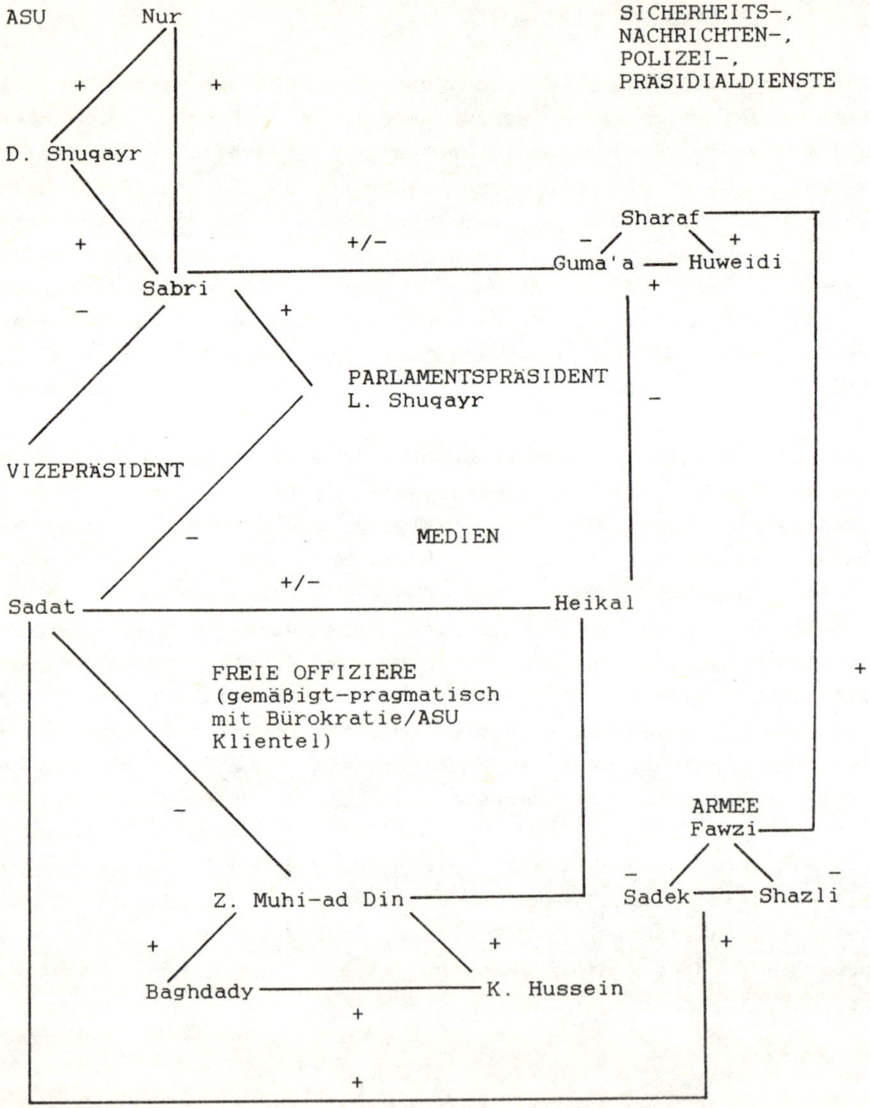

+ = Kooperation

– = Konflikt

Doch der Intention, den wenig bekannten, ohne patrimoniales Abstützungsklientel agierenden Präsidenten zum Spielball ihrer Interessen einzusetzen und durch Einführung des Prinzips der kollektiven Führung sowie einer Neuverteilung der 'dignified and effective parts of the constitution'[9] seinen machtpolitischen Handlungsspielraum begrenzen zu können, widersetzte sich Sadat; denn der Außenseiter, der die Funktionsweise und die Manipulationsfähigkeit des bürokratischen Institutionengefüges aus seinen langjährigen, wechselnden Verwendungen ausgezeichnet kannte,[10] proklamierte zwar die Kontinuität der sozialistischen Prinzipien und Institutionen, knüpfte an die panarabische Außenpolitik seines Vorgängers an und versprach die vollständige Befreiung des von Israel besetzten arabischen Territoriums. Doch bei der Umsetzung dieses innerhalb der politischen Elite auf Konsens beruhenden Erbes Nassers aktivierte Sadat die dem Präsidentenamt inhärenten Plebiszitarisierungschancen und leitete damit die Aushöhlung der bestehenden politischen Institutionen und den sukzessiven Aufbau eines eigenständigen Charismas ein.

Dieser Prozeß, der auch Elemente einer indirekten Plebiszitarisierung - d.h. präsidiale Aktivierung der Öffentlichkeit gegen die politischen Institutionen und umgekehrt - enthält, läßt sich in drei Komponenten zerlegen, die sich wechselseitig verstärkten und endet mit dem Oktoberkrieg 1973; erst nach dieser Aufbauphase formulierte Sadat auf der Grundlage des erworbenen Charisma seine eigene 'Message'[11] und modifizierte duch einen umfassenden Reformkurs das stratiokratische Herrschaftsmuster Nassers.

Der Einsatz dieses erworbenen Charismas in der Tagespolitik, bestehend aus ideologischer Neubestimmung, liberalen Wirtschaftsimpulsen und institutioneller Reorganisation des Regierungssystems, schuf zwar neue Klientel und innenpolitische Koalitionspartner, bildete aber andererseits aufgrund des von Sadat partiell induzierten Wertewandels - vor allem in der Außenpolitik - und des institutionellen Umbruchs des Einparteiensystems neue Konflikte heraus, die eine tiefgehende Systemkrise hervorriefen.

7.1.1. Die strukturelle Komponente

Trotz des defizitären Staatshaushaltes und einer angespannten wirtschaftlichen Lage,[12] die sich in Folge des weder Krieg noch Frieden Zustandes stetig weiter verschlechterte, gehörten zu den ersten Amtshandlungen des Interimspräsidenten - vor und während der Vorbereitungen für das Plebiszit - innenpolitische Entscheidungen, die eine konsumorientierte Ausgabenpolitik anzeigten.[13]

Nach der Wahl zum Präsidenten bemühte sich Sadat, die Chancen für eine Verlängerung des Waffenstillstandes mit Israel auszuloten, wozu Sondierungen mit den U.S.A. über die israelische Verhandlungsbereitschaft auf der Grundlage der Nahost-Resolution 242 intensiviert wurden. Obwohl der Rogersplan[14] Nassers Zustimmung gefunden hatte und Sadat dessen pragmatischen Standpunkt nur wieder aufgriff, lehnten die ASU Spitzengremien Sadats 'amerikanische Option' entschieden ab. Insbesondere die Absichtserklärung, den Suez-Kanal wieder zu öffnen,[15] die Sadat ohne Konsultation und Abstimmung in die interne und internationale Diskussion eingebracht hatte und dadurch weltweite Aufmerksamkeit bewirkte, wurde als Eigenmächtigkeit und nicht autorisierte Erklärung heftig kritisiert.

Die Spannungen innerhalb der ASU-Elite über die Initiativen Sadats eskalierten und schienen außer Kontrolle zu geraten, als der Präsident im April 1971 zusammen mit den syrischen und libyschen Staatschefs in Tripolis die bevorstehende Gründung einer Föderation Arabischer Republiken ankündigte.[16] Die Aussicht auf eine neue panarabische Gemeinschaft und laut Vertragsentwurf damit verbundene Einführung einheitlicher politischer Institutionen hätten Sadat nicht nur als erfolgreichen Präsidenten ausgewiesen, sondern auch institutionelle und personelle Konsequenzen nach sich gezogen und die Chance zu personellen Veränderungen in Partei- und Regierungsspitze eröffnet. Deshalb fand Sadat auf Betreiben Sabris in den Parteiorganen für die Föderation zunächst keine Mehrheit; aufgrund dieser Abstimmungsniederlage erwarteten die Gegner seinen Rücktritt oder mindestens die verbindliche Anerkennung kollektiver Führung für die Zukunft.[17]

Aber Sadat ergriff aufgrund dieser Niederlage die Initiative, setzte den Vizepräsidenten Sabri ab, unternahm mehrere Frontbesuche und suchte dort das direkte Gespräch mit den loyalen Offizieren.[18] Als in den nachfolgenden Tagen die Gegner durch einen kollektiven Rücktritt Sadat isolieren und die Handlungsunfähigkeit der Regierung beweisen wollten, ging Sadat zum aktiven Gegenangriff über,[19] der seinen für die spätere Amtsführung charakteristischen Führungsstil bereits im Ansatz erkennen ließ. Einerseits ordnete er die Auflösung des Obersten Exekutivkomitees und ZKs sowie Verhaftungen und Entlassungen in sämtlichen strategischen Bereichen an,[20] kritisierte die Bevormundung der Bevölkerung durch die 'Machtzentren', ein Begriff, der synonym für die dogmatisch-linken ASU-Kader eingesetzt wurde, zweifelte die Rechtmäßigkeit und Gültigkeit der letzten Parteiwahlen an "and promised free elections to reorganize the national assembly and the ASU. He also pledged to end police surveillance, phone tapping, and the building of a new state in which every individual would feel free and secure."[21]

Andererseits mobilisierte er die Öffentlichkeit mit außenpolitischen Programmpunkten (1971 als Jahr der Entscheidung gegen Israel) und durch Teilnahme an Wahlen und Referenda. Bezieht man kommunale Wahlen mit ein, so wählten einige Bevölkerungssegmente im zweiten Halbjahr 1971 achtmal, wobei selbst lokale - oder berufsspezifische (Gremien-)Wahlen als Plebiszit für oder gegen den vom Volk gewählten Sadat propagandistisch aufbereitet wurden.[22]

Höhepunkt dieser vom Präsidenten gegen die ASU initiierten Informations-, Artikulations- und Kritikkampagnen war das Versprechen, Bürgerrechtskommissionen[23] zur Überprüfung von Verstößen seitens der Verwaltung und der Partei einzuberufen und darüber hinaus eine permanente Verfassung zur Sicherung zentraler Grundrechte zu verabschieden.

Diese Ereignisse vom Mai 71 bezeichnete Sadat als "Korrektivrevolution vom 15. Mai", die zur Rettung der wahren sozialistischen Werte notwendig und eine direkte Folge des Nasserschen Reformprogramms vom 30. März 68 sei, dessen Grundsätze 'Herrschaft des

Rechts' und ein 'Staat der Institutionen' - anstelle anonymer Machtzentren - endlich konstitutionell verankert werden müßte.

Die im September 71 durch Plebiszit in Kraft getretene permanente Verfassung[24] führte zwar einen detaillierten Grundrechtskatalog, die Herrschaft des Rechts, einen Obersten Verfassungsgerichtshof, ein Zensurverbot für die Presse und Legislativbefugnisse der Volkskammer an, aber aufgrund des Kriegszustandes hatten diese Garantien keinen materiellen Gehalt und - Maßstab jeder liberalen Verfassung - das Recht auf Verfassungsbeschwerde und Budgetkontrolle fehlte gänzlich. Bezüglich der Regierungsorgane und ihrer Machtverteilung erfährt der Präsident im Vergleich zur Verfassung von 1964 sogar eine weitere Stärkung, die insbesondere im politischen Konfliktfall zwischen den Gewalten die Substanz der parlamentarischen Kontroll- und Legislativrechte[25] aushöhlt und zur Lösung dieser Konflikte dem Präsidenten exklusiv die direkte Kommunikation mit der Öffentlichkeit per Referenda sichert.

Schaubild 9: Regierungsstruktur und -organe nach der Verfassung von 1971

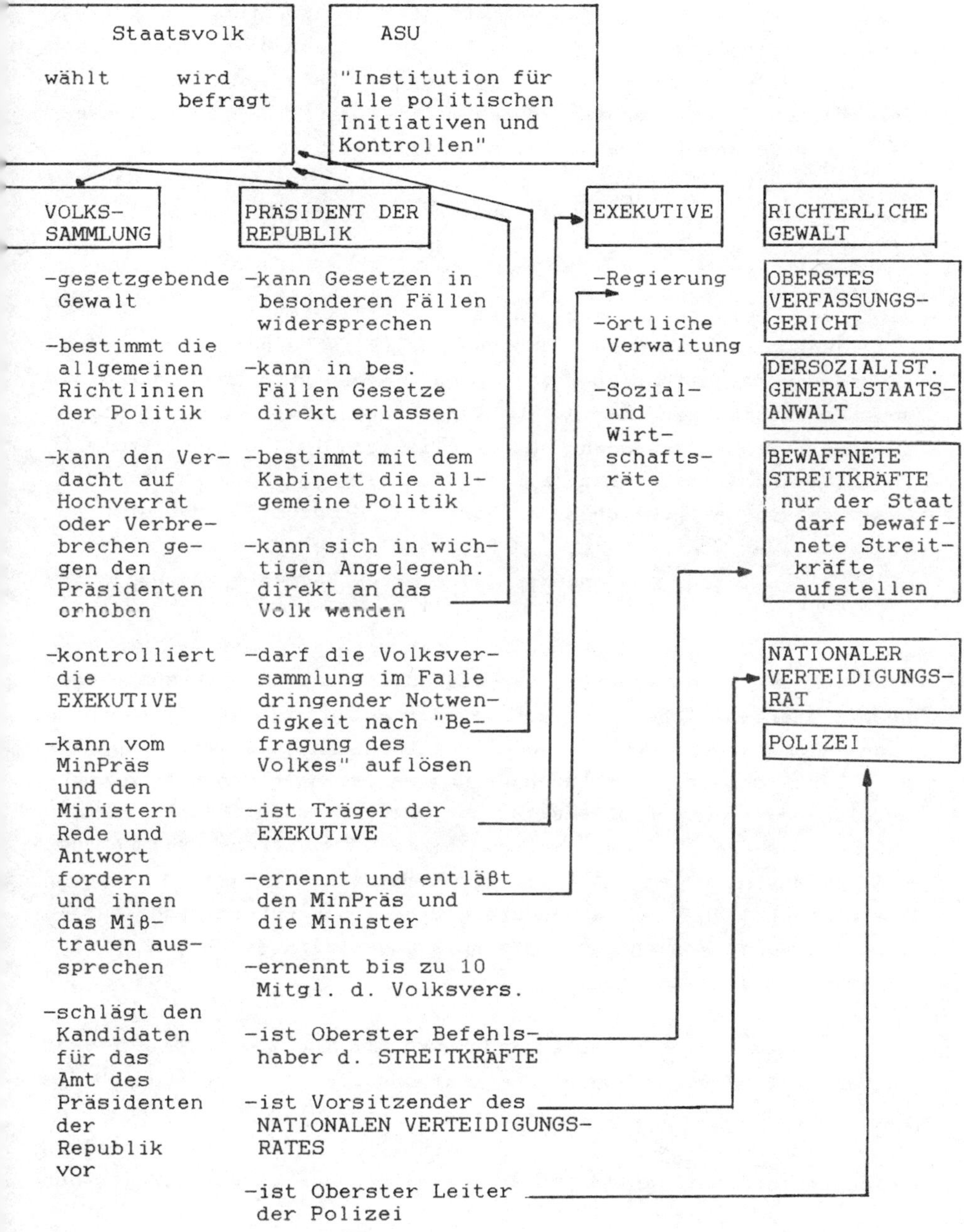

Bemerkenswerter als die Diskussion des Verfassungskatalogs mit seinem Bekenntnis zur Rechtstaatlichkeit, Liberalität und Volkssouveränität ist, daß während der Ausarbeitung der Verfassung ein landesweit öffentlich geführter Meinungsaustausch stattfand, der eine strukturelle Neugewichtung der ideologischen Integrations- und Symbolangebote manifestiert: Denn im Kontext der Erörterung staatstragender Prinzipien wie Sozialismus, arabische Nation, Allianz der arbeitenden Volkskräfte, Wahrung der nationalen Einheit, erfuhr das islamische Element eine signifikante Aufwertung.[26]

Zentraler Kern- und Streitpunkt dieser Kommunikation zwischen Präsident, Parlamentsausschüssen, religiösen Gruppen und interessierter Öffentlichkeit[27] war dementsprechend die Rolle und Bedeutung der sarīá im Verfassungsgefüge und in ihrer tagespolitischen Anwendung. Die schließlich in Artikel 2 erzielte Formulierung - die sarīa schließlich als eine Rechtsquelle der Gesetzgebung heranzuziehen - war ein Kompromiß zugunsten der konservativen Orthodoxie, der Sadat die Unterstützung des offiziellen Klerus und anderer islamischer Segmente gegen die ASU sicherte.
Da die daraufhin einsetzende Interpretation des Artikel 2 im Hinblick auf seine konkrete Anwendbarkeit für die verschiedenen Rechtsmaterien nahezu beliebige Varianten zuließ,[28] konnten sich islamische Modernisten wie Traditionalisten an weiterführenden Diskussionen, Fachtagungen und parlamentarischen Anhörungen beteiligen;[29] die Problematik der Realisierung dieses Verfassungsgrundsatzes konnte dadurch zeitlich wie prozedural vertagt bzw. umgangen werden; anstelle der Kommentierung tagespolitischer - wirtschaftlicher - Aufgabenbewältigung herrschten nicht nur in den religiösen Medien ideologische Grundsatzfragen über die wahre islamische Identität vor.

Der aus dem Dialog zwischen Sadat und den Theologen der al-Azhar Universität hervorgegangene Kooperationseffekt[30] wurde durch die Entlassung bekannter, inhaftierter gemäßigter Muslimbrüder und die Wiederzulassung eines islamischen Pressewesens erheblich gefestigt und verlieh der Sadat Formel von der Vereinbarkeit 'der

Wissenschaft und des Glaubens' als Grundlage für einen modernen Staat die Billigung der religiösen Meinungsführer.

Diese Revitalisierung der islamischen Ideenwelt immunisierte und überlagerte die Forderungen nach säkularen politischen Reformen[31] und lieferte zugleich den ländlichen Notabeln wie den städtischen Professionals, die unter Nasser ideologisch-programmatisch weitgehend ausgegrenzt waren, einen ideologischen Kristallisationspunkt und Partizipationsimpetus, allerdings ohne konkrete institutionelle Gestaltungsziele; aber sie führte auch zu einer Aufsplitterung der religiösen Aktivisten in militante Minoritätsgruppen, die statt vagen Ankündigungen Taten zur radikalen Erneuerung propagierten und dafür bereit waren, einen unüberbrückbaren Konflikt mit der koptischen Gemeinde zu provozieren.

7.1.2. Die institutionelle Komponente

Aus den strukturellen Verschiebungen resultierte zweifelsfrei die irreversible Schwächung der ASU und eine institutionelle Funktionsneubestimmung der anderen Verfassungsorgane, insbesondere der Legislative, aber auch der Exekutive und der regierungsamtlichen Medien.

Gerade die institutionellen Maßnahmen und Reformen bezüglich des Einkammersystems, das jetzt Volkskammer hieß, belegen die Kohärenz der strukturellen und institutionellen Komponente; nicht situativ zufällige Koinzidenzen, sondern das gezielte Vorgehen zum systematischen Umbau der politischen Input-Elemente bestimmten Sadats Handeln, der aufgrund der gesellschaftlichen Realität gezwungen war, sein traditionsorientiertes politisches Verhalten mit modernen Institutionen zu mischen.
Von der Zielsetzung her - gemessen an den konstitutionellen Regelungen - wollte Sadat das Parlament auf eine reine Beratungsaufgabe festlegen, allerdings vom traditionalen Vorbild dahingehend modifiziert, daß er die existente, seit 1968 manifestierte gesellschaftliche Meinungsvielfalt in der Kammer unter Beachtung

der 50% Quotenbeteiligung repräsentiert sehen wollte. Die Herausbildung eines pluralistischen autonomen Willensbildungsprozesses in der Öffentlichkeit wurde nicht anerkannt. Vielmehr sollte dieser mit der Sadat-Konzeption des 'Vorrangs der Institutionen' in das Parlament kanalisiert, mit dem ASU Grundsatz der Allianz der Volkskräfte organisatorisch kontrolliert und dem Verfassungsgebot der Wahrung der nationalen Einheit inhaltlich harmonisiert werden.

Ähnlich wie unter Nassers Herrschaft wurden während der Vorbereitung zu den Parlamentswahlen kurzfristig die Gouverneure und die mit der Wahl beauftragten ASU Funktionäre ausgetauscht,[32] so daß die personelle Zusammensetzung der Legislative eine erhebliche Abweichung erfuhr; die neugewählten Abgeordneten gehörten überwiegend dem ASU Flügel an, der die nach 1967 in Gang gesetzte Diskussion weiter betrieb. Der Versuch, die öffentliche Meinungs- und Reformerwartungsbildung in das Parlament zu kanalisieren sowie die Bestellung dieser Mandatsträger hatten für die Verfassungspraxis weitreichende Folgen.

Die Volkskammer diente einerseits zur Proklamation dramatischer Ereignisse und zur Aussprache programmatischer Grundsatzfragen, also im traditionalen Sinne zur Mediatisierung präsidialer Entscheidungen; andererseits griff sie - wie beabsichtigt - sozusagen als demokratisch bestelltes Frühwarnsystem 'salient issues' auf, diskutierte diese im vorgegebenen Rahmen[33] und übernahm damit das Informations- und Artikulationspotential, das zuvor bei der ASU lag.
Die neuen Abgeordneten und der für die letztere Aufgabe vorgesehene interne Verfahrensablauf eines nach dem Komitee- und Ausschußsystem geordneten Arbeitsparlaments sorgten dafür, daß die von Sadat gewünschte Aufklärung der ASU zur Einrichtung von parlamentarischen Ausschüssen führte, die Anhörungen und Untersuchungen über die zu ihrer Gesetzgebungskompetenz gehörende Materie veranstalteten.[34]

Die Abgeordneten und vor allem die Ausschußvorsitzenden, denen zur Anprangerung der ASU Verfehlungen faktisch zum ersten Mal Kritikmöglichkeiten eingeräumt wurden, agierten aber nicht nur rückwirkend, sondern äußerten sich auch zur Korrektur der festgestellten Mängel, kommentierten die präsidialen und exekutiven Gesetzesinitiativen und bezogen alternative Standpunkte zu Reformversprechen des Präsidenten.[35]

Aus diesem Komiteesystem entwickelte sich die Differenzierung und Spezialisierung der parlamentarischen Gremien und die für die Parlamentstätigkeit benötigten Spezialisten, wie Rechtsanwälte, ländliche Honoratioren und Wirtschaftsfachleute, die mehrheitlich alten Familien entstammten. Hieraus erwuchs automatisch ein Kompetenz- und Bekanntheitsbonus des Parlaments und seiner Mitglieder. Da sie weder zur Armeeführung noch zur Elite der ASU Kader gehörten, betonten sie zur Legitimation ihrer Arbeit den verfassungsmäßigen Auftrag und die Bindung an ihren Wahlkreis, was sich - besonders im Verlauf des Jahres 1972 - in der Bearbeitung von Eingaben und Beschwerden aus der Wählerschaft niederschlug.[36]

Als Anzeichen einer politischen Artikulation und organisierter Interessenverfolgung bzw. Impulsen für das Entstehen differenzierter Gruppenfilter mit Rückkoppelung an die Wählerschaft deutlich zunahmen und parlamentarische Autonomietendenzen zu vermuten waren, unterbrach Sadat diese Entwicklung. Er setzte nahe Verwandte in parlamentarische Schlüsselpositionen ein und kooptierte die bekanntesten und aktivsten Komiteevorsitzenden in die Exekutive und in die Fachministerien.[37] Zur Neutralisierung der Fachkompetenz des Parlaments demilitarisierte Sadat - weitergehend als Nasser - die Regierung und baute sie zum Technokratenkabinett[38] aus. Mit der Übertragung von begrenzten Planungs- und Kontrollaufgaben an regionale und lokale Körperschaften und der Einführung einer Inkompatibilität von lokal/regionalem und nationalem Mandat suchte er die institutionelle Trennung der Parlamentsmitglieder, die teilweise auch in dezentralen Körperschaften einflußreich vertreten waren, von ihrer Wählerbasis.[39]

Ferner setzte Sadat in dieser Phase die Massenmedien als regierungsamtliche Institutionen ein. Der lizensiert-pluralistischen Presselandschaft[40] konzedierte er Kritikfunktion; ähnlich wie bei der Legislative durften Detailkritik, einzelne Korruptionsfälle und Vetternwirtschaft (ASU) aufgegriffen werden.[41] Aber die Medien wurden auch als kritisches Korrektiv gegen die Parlamentsverhandlungen genutzt und schlossen die Diffamierung aktiver Abgeordneter wegen ihrer sozialen Haltung und familiären Verflechtungen mit einflußreichen Familien aus der vorrevolutionären Zeit mit ein.

Doch im wesentlichen wurden die Medien zum Aufbau von Popularität und zur Darstellung und Vermittlung der Initiativen des Präsidenten eingesetzt. Die Berichterstattung darüber und die angebliche Zustimmung in der Bevölkerung zur Politik des Präsidenten wurden zu einem permanenten Plebiszit umgedeutet, was insbesondere für die elektronischen Nachrichtenüberträger zutraf. Sadat kam dabei die technische Weiterentwicklung der Kommunikationsmöglichkeiten,[42] die zunehmende Verbreitung der audiovisuellen Informationsquellen und die damit zusammenhängende Veränderung im Freizeitverhalten zugute.
Den Rezipienten auf dem Lande[43] und den städtischen Massen präsentierten die Fernseh- und Radiosender ein selektives Bild vom Staatsmann Sadat, der als Freier Offizier, als gläubiger Muslim[44] und in der Tradition des dörflichen Ägypten lebte und an dessen außenpolitischen Aktivitäten sie mit Hilfe der Direktübertragung unmittelbar teilnahmen. Sadats bildhaft-religiöse Ideenwelt erlaubte auch dem Analphabeten, den präsidialen Botschaften zu folgen und sich damit zu identifizieren. Das WIR Gefühl wurde noch erleichtert durch die einfache, verständliche (An)Sprache, die im Rahmen der technisch simulierten Primärsituation[45] die Grenze von Monolog und Dialog verwischte.

Eine Abweichung von dieser technisch-thematischen Manipulation zur Konsensherstellung gab es nur bei den gedruckten Medien, die seit Mitte der 60er Jahre eine Hochburg der dogmatischen ASU-Kader und Nasseristen waren. Als diese Meinungsführer die gelenkten Informationsangebote erweiterten, die Aufhebung der Pressezensur forderten, die anti-Israel Kampagnen der Linken und der religiösen außerparlamentarischen Kräfte sowie die Wiederannäherung und Freundschaft mit der UdSSR propagierten, schritt Sadat[46] repressiv ein:

Um diesen Verselbständigungstendenzen entgegenzuwirken, entzog er in einer dritten Säuberungswelle zahlreichen ASU Journalisten die Parteimitgliedschaft und damit die Voraussetzung zur beruflichen Zulassung. Als Antwort auf die inhaltliche Kritik, die im Januar 73 erneut in studentischen Unruhen ihr Ventil suchte,[47] übernahm Sadat Ende März 73 zusätzlich das Amt des Regierungschefs. Begründet wurde dieser in der Verfassung nicht kodifizierte Schritt mit der notwendigen Straffung und Konzentrierung aller Kräfte auf die bevorstehende Auseinandersetzung mit Israel. Aufgrund der Personalunion von Präsidenten- und Regierungsamt wurde nicht nur die Regierungsarbeit unangreifbar, sondern jeder politische Erfolg ließ sich nunmehr dem Präsidenten selbst zuordnen. Diesen persönlichen Erfolg suchte Sadat im Oktoberkrieg gegen Israel.

7.1.3. Die personelle Komponente

Zur Ablenkung von den innenpolitischen Krisenvorzeichen und zur Korrektur seines Images[48] hatte Sadat auch mehrmals erfolgreich spektakuläre außenpolitische Aktionen unternommen, beispielsweise die Ausweisung der sowjetischen Berater im Juli 1972, ein Jahr nach Abschluß des Freundschaftsvertrages. Sadat war Ende April 1972 von seinem vierten Moskau-Besuch seit Amtsantritt zurückgekehrt, abermals enttäuscht wegen der Meinungsdifferenzen zur Lieferung offensiver Waffensysteme.[49] Hinzu kam - abgesehen von der Arroganz sowjetischer Offiziere im Umgang mit den ägyptischen Partnern -, daß die den Sowjets überlassenen Basen (Alexandria) nicht zur Erkundung israelischer Stellungen, sondern zur Aufklärung amerikanischer Bewegungen im östlichen Mittelmeer genutzt wurden,[50] ein Punkt, der bei der Armeeführung Verärgerung hervorrief. Für Sadat und die militärische Führung war daher offenkundig, daß die Sowjetunion mittels Ägypten nur ihre eigenen Interessen verfolgte und ihren Einfluß in die Mittelost-Region auszuweiten suchte, aber an einer verbesserten (militärischen) Ausgangsposition Ägyptens überhaupt nicht interessiert war.[51]

Die Ausweisung der etwa 15.000 Berater wurde deshalb von den höheren Offizieren begrüßt. Gleichermaßen populär war diese Entscheidung bei den Repräsentanten der al-Azhar Universität und auch in der Bevölkerung traf Sadats Schritt auf eine breite Zustimmung.[52] Doch zur Herstellung eines dauerhaften, vom gesamten politischen Spektrum getragenen Konsenses zur Person des Präsidenten und der von ihm beanspruchten Politikfelder bedurfte es des effektiven Abbaus der alles bestimmenden Bedrohungsperzeption durch Israel.

Die Eruptionen, die wegen des Israel-Issues immer wieder ausbrachen, waren zu Beginn des Jahres 73 nicht länger mit der Flucht in die Formel "no voice louder than the battle"[53] einzudämmen bzw. kalkulierbar und die jährlichen Versprechen, eine Entscheidung herbeizuführen, waren inzwischen Gegenstand zahlreicher kursierender Witze über Sadat. Als einziger Ausweg, da auch die Verhandlungsofferten am amerikanischen Desinteresse und der israelischen Dialogverweigerung gescheitert waren, blieb nur eine militärische Initiative Ägyptens. Sadat, ausgehend von einer realistischen Bestandsaufnahme der militärischen Optionen, strebte - anders als Nasser vor 1967 - ein politisch-diplomatisches Verhandlungverfahren an. Krieg war für ihn eine rein taktische Komponente zur Erreichung zweiter miteinander verbundener Ziele:[54]

- International galt es, die Aufmerksamkeit der Großmächte zu gewinnen.

- National sollte eine Position der psychologisch-moralischen Stärke erreicht werden, die einen begrenzten, vorzeigbaren territorialen Erfolg voraussetzte.

Am 6. Oktober 1973 überquerten ägyptische Verbände den Suez-Kanal und durchbrachen in Richtung Sinai die als uneinnehmbar gewertete Bar Lev Befestigungslinie. Das militärische Ergebnis - für sich allein genommen nicht einmal ein Teilsieg[55] - katapultierte Sadat und Ägypten in den Mittelpunkt der gesamten arabischen Welt: Er wurde zum 'hero of crossing', als der arabische Führer, der die unbesiegbare israelische Armee militärisch herausgefordert und geschlagen hatte. Der Mythos vom überlegenen Israel, das seine Theorie der Sicherheit ausschließlich auf die militärische Kampfkraft aufbaute, und die für die arabische Welt schmerzliche Geschichte der demütigenden Niederlagen - nicht nur seit 1948 - waren ein für allemal beendet.

Ähnlich wie der Suez-Krieg für Nasser, begründete der Oktoberkrieg Sadats Charisma; mit dem auch religiös verklärten Nimbus des Oktoberhelden entzog Sadat allen gesellschaftlichen Gruppen und politischen Mandatsträgern die Legitimation zur Kritik; im Parlament wurde er unangreifbar, die Exekutive wurde entpolitisiert und auf eine dem Präsidenten zuarbeitende Technokratenversammlung reduziert; die überwiegende Mehrheit der Bevölkerung identifizierte den "Sieg"[56] mit der Person des Präsidenten und akzeptierte dessen Anspruch, einziger Lobbyist aller 35 Millionen Ägypter zu sein.

Zur Bindung und Stärkung der sich abzeichnenden personalen Gefolgschaft findet in die präsidialen Botschaften und in die Medienberichterstattung über die präsidialen Vorhaben der Begriff 'Oktober' Eingang, der die bisherige Begriffswelt überlagert. Programmpunkte, Vorschläge und Reformen des Präsidenten werden als Oktoberprogramm, Oktoberkonzept usw. bezeichnet, die alle den Aufbruch in eine materiell bessere Zukunft unter Führung des Oktoberhelden Sadat verkünden.

7.2. Die Veralltäglichung des Charisma

7.2.1. Die neue Botschaft

Die konkrete programmatische Festlegung all dieser Verlautbarungen und Ankündigungen des Präsidenten erschien zusammengefaßt als Oktoberpapier[57] im April 1974. Bezugnehmend auf die militärtechnische Leistung beim Übergang über den Suez-Kanal, der den Beweis erbracht habe, daß der ägyptische Soldat fähig ist, moderne Technologie zu handhaben und daß die nationale Einheit Wirklichkeit sei, richtete dieses 'Dokument eines neuen Ägypten'[58] einen

Appell an die Bevölkerung, jetzt den zivilen Übergang in Form einer wirtschaftlichen und technologischen Aufbauschlacht anzugehen.
Anstelle der im panarabischen Kontext angelegten säkularpolitischen Mobilisierungsvarianten Nassers setzte Sadat die Vision einer ägypto-zentrischen Entwicklung des Landes, für die nach Beendigung der militärischen Konfrontation zusätzlich finanzielle und wirtschaftliche Ressourcen bereitstehen würden. Die entscheidenden zehn Punkte[59] dieses 'zivilen Übergangs' in eine neue Ära, die auch ein Mehr an politischer Freiheit versprach, wurden als Kernbestandteil einer 'umfassenden zivilisatorischen Strategie' für das Jahr 2000 proklamiert; auffallend dabei war die ausgesprochen materielle, konsumorientierte Output-Erwartung, die die Bekanntgabe und Kommentierung[60] des Oktoberpapiers begleitete.

Trotz einer Reihe von Leerformeln und ideologischen Postulaten, die eine Kontinuität des arabischen Sozialismus vorspiegeln, lassen sich aus dem Papier und der offiziellen Interpretation zwei übergeordnete gesellschaftspolitische Zielsetzungen herauslesen, die mehrfach einen Bruch mit der Wirtschaftskonzeption Nassers zeigen.

Die allgemeine Entwicklung des Landes mit dem Ziel der Wohlstandssteigerung für alle sollte mit Hilfe einer wirtschaftspolitischen Liberalisierung erreicht werden; dafür unabdingbar war die Bejahung und Zulassung eines privaten Sektors, der den öffentlichen Sektor nicht ersetzen, sondern ergänzen und mit ihm in Wettbewerb treten sollte; die Aktivierung marktwirtschaftlicher Elemente, die Förderung privater Investitionen, die Beseitigung von Handelsbeschränkungen und die Beschränkung des bürokratischen Dirigismus gelten als neues Grundgerüst eines ordnungspolitischen Reformkurses, der, auf das Schlagwort INFITAH[61] verkürzt und mit der Person Sadats verbunden, propagiert wurde.

Ferner sollten nicht länger nur die Angehörigen des öffentlichen Sektors und andere offizielle Funktionsträger die Akteure und Nutznießer des Wirtschaftslebens sein, sondern eine Vielzahl von individuellen und selbstbestimmenden Wirtschaftssubjekten; die Maxime für den unter Sadat zu entwickelnden Sozialismus lautete daher: "Wir bauen einen Wohlstandssozialismus, einen Sozialismus der Besitzenden und nicht der Enteigneten."[62]

Der Weg, den diese Perspektiven einer liberalen Wirtschaftsverfassung und einer Mittelstandsgesellschaft[63] erforderten, konnte aufgrund der entwicklungspolitischen Erfahrungen, sei es aus der engen Anlehnung an die osteuropäischen Staatshandelsländer oder wegen der hydraulischen Vorgaben, nur in einer fortschreitenden Industrialisierung[64] unter Beachtung des arbeitsteilig organisierten internationalen Wirtschaftssystems liegen: Nicht die Verwestlichung Ägyptens, sondern die Kombination von ägyptischen Arbeitskräften, arabischen Petro-Dollars und westlichem Know How sicherte nach Auffassung eines engen Vertrauten Sadats die Zukunft des Landes.[65]

Wesentliche Voraussetzung für den wirtschaftlichen Erfolg der angestrebten Reintegration in das dynamische, innovationsorientierte Weltwirtschaftssystem war einerseits eine berechenbare Außenpolitik, die glaubwürdig die Präferenz für eine politische Verhandlungslösung und die Absage an weitere militärische Aktionen vermittelte;[66] zum anderen galt es, das Interesse ausländischer Investoren für die Beteiligung an langfristigen Projekten zu wecken, wozu nicht nur ökonomische Reformen, sondern auch eine innenpolitische Kurskorrektur geboten waren, die eine Rückkehr zum ideologisch dogmatischen Nasserismus ausschlossen.

Nachdem eine Reihe hoher Offiziere, die Sadats Option für den Frieden kritisiert hatten, im Verlauf des Dezembers 1973 entlassen worden waren,[67] steuerte er im ersten Halbjahr 1974 eine Politik der kontrollierten Versöhnung. Politische Opfer der Nasser-Zeit wurden rehabilitiert, die Pressezensur aufgehoben[68] und mit Veröffentlichung des Oktoberpapiers eine kontroverse Diskussion zu Inhalt, Ideologie und Reichweite des Infitah Programms angeregt, nicht zuletzt auch in der Absicht, eine behutsame Entnasserisierung[69] zu starten.

Als die ersten gesetzlichen Korrekturen der Landenteignungen und die Verabschiedung neuer investitionsfördernder Incentives[70] teils auf heftige Kritik, teils auf Ablehnung in der Einheitspartei und Bürokratie stießen und die Gefahr bestand, daß das Oktoberpapier und die Reformvorhaben 'zerredet' würden, kündete Sadat eine politische Botschaft an: Ähnlich der wirtschaftlichen Öffnung sollte jetzt mittels einer politischen Öffnung die Angleichung des Regierungssystems an die veränderten ökonomischen und gesellschaftlichen Rahmenbedingungen vollzogen werden. Mit diesem Schritt reagierte Sadat auf die nicht mehr steuerbare Kontroverse der Vor- und Nachteile einer wirtschaftlichen Öffnung sowie der Ausrichtung der Außenpolitik nach ägyptischen Interessen und sicherte sich mit der Bekräftigung der bevorstehenden Implementierung des von ihm seit 1970 versprochenen Staates der Institutionen erneut die politische Initiative.

Anfang August 1974 stellte er daher ein 'Papier zur Entwicklung der ASU' vor,[71] in dem er die Vielzahl der aktuellen politischen Strömungen aufgriff und vorschlug, diesen im Rahmen des von der ASU verkörperten Bündnisses der Volkskräfte und der nationalen Einheit eine Entfaltungsmöglichkeit zu geben. Die allgemeingehaltenen Erläuterungen beschränkten sich auf die Anerkennung eines breiten Meinungsspektrums und die Garantie der Meinungsfreiheit; beides sollte genutzt werden, um den Monolog Nassers durch eine nicht näher präzisierte Politik des Dialogs zu ersetzen.

Die dafür unumgängliche Reform der ASU müßte deshalb

- eine innerparteiliche Demokratisierung,
- eine Stärkung der Basis,
- eine endgültige Liquidierung der anonymen Kader,
- die Freiwilligkeit der Mitgliedschaft,
- die strikte Trennung von Partei- und Staatsamt berücksichtigen.

Die gewünschte Diskussion[72] dieser Vorschläge - als politische Liberalisierung und Teil der Demokratisierung bezeichnet - wurde dem Parlament übertragen, das unter Beteiligung von ASU Repräsentanten[73] ein Anhörungskomitee einrichtete,[74] jede organisierte Berufsgruppe und alle ASU Verbände zur Stellungnahme aufrief. "Hierbei kamen die gegensätzlichen Meinungen zum Ausdruck und wurden von den Presseorganen veröffentlicht. Es erwies sich, daß trotz der langen Jahre unter der Präsidentschaft 'Abd an-Nasirs in Ägypten eine Meinungsvielfalt besteht, und daß unter der Oberfläche politische Strömungen aller Schattierungen verborgen sind."[75]

Bei der Sichtung der in den Medien veröffentlichten Anhörungsprotokolle lassen sich zwei konträre Richtungen feststellen, deren eine die Fortsetzung und Ausweitung der Liberalisierung, deren andere die Beibehaltung und Intensivierung des sozialistischen Kurses forderte. Obwohl dieser Dissens eine sich abzeichnende Rechts-Links Polemisierung andeutete, gab es andererseits bezüglich der ASU einen beachtenswerten Konsens: "Curiously, all were fairly unanimous in their disillusionment with the ASU and, significantly, in their hope that Egypt would once again enjoy a multiparty system."[76]

Da die Religiösen als eigenständige Gruppe in der ASU nicht vertreten waren, entfiel ihre aktive Beteiligung an den Anhörungen. Der Klerus war bis Ende 76 überdies mit der Herausgabe einer Flut von Hadīṯen und überarbeiteten Kommentaren beschäftigt und mehr an Grundsatzdebatten über die Wiedereinführung des islamischen Strafrechts im Rahmen der angestrebten šariʿa Gesetzgebung interessiert.[77]

Die dem Präsidenten Ende 1974 übersandten Empfehlungen wurden erst anläßlich der Nationalkonferenz der ASU im Juli 1975 wiederaufgegriffen.[78] Noch vor Beginn dieser Konferenz, die Sadat wieder zum Parteivorsitzenden wählte, war eine komplette Neuaufnahme aller vier Millionen Mitglieder aufgrund ausdrücklich freiwilliger Beitrittserklärungen vorgenommen worden.[79] Bezüglich der weiteren Entwicklung der Partei wurde ein Kompromiß dahingehend gefunden, innerhalb der ASU politische Plattformen[80] als Meinungsforum anzubieten.

Die Analyse des im ASU Papier angeregten Katalogs demokratischer Verfahren, der Verlauf der Diskussion und das Konferenzergebnis geben Aufschluß über den Zweck der politischen Öffnung und offenbaren Sadats grundlegendes normatives Demokratieverständnis: Mit seiner politischen Initiative beabsichtigte er nicht die aktive Beteiligung an der Formulierung politischer Zielsetzungen oder die Institutionalisierung einer politischen Opposition, noch gar, die Regierungsbildung an den artikulierten Willen einer Mehrheit zu binden, sondern lediglich die gesellschaftliche Debatte präventiv zu steuern und die kontroversen Meinungen in die ASU zu integrieren und innerhalb der Partei zu organisieren, um sie effizienter zu kontrollieren.
Führten die personellen, organisatorischen Eingriffe vor dem Oktoberkrieg nur zu einer Schwächung der Nasser Protagonisten, so folgten mit der Pluralisierung, verbunden mit einem neuen Presserecht,[81] konkrete Schritte zur Ausschaltung der 'alten' ASU und zum Beginn einer massiven Verurteilung[82] der Nasser Ära.

7.2.2. Die Kanalisierung der politischen Willensbildung

7.2.2.1. Die Gründung politischer Plattformen

Zur Umsetzung der verabschiedeten Parteibeschlüsse wurde Mitte August 1975 ein dem Präsidenten unterstelltes Beratungsgremium einberufen, das die noch ausstehenden Details zu den Kompetenzen und zur organisatorischen Einbeziehung der Plattformen erörtern sollte. Zur Koordinierung dieser Aufgabe ernannte Sadat zusätzlich zu dem aus ASU Sekretären bestellten Gremium ein zeitlich befristetes Generalsekretariat, das darüber hinaus eigenständig die Gründungsvorbereitungen beschleunigen sollte.

Doch trotz mehrerer Anhörungen und Debatten in Form 'offener Tage' blieben die mit Nachdruck geforderten Organisationsvorschläge aus; selbst die Veröffentlichung eines ausführlichen

Leitartikels am 21. Oktober, der noch einmal die regierungsamtliche Auffassung über die Notwendigkeit der Plattformen wiedergab,[83] aktivierte die damit befaßten Parteiinstanzen nicht. Der offensichtlich wegen der Unvereinbarkeit der Standpunkte[84] auf Zeitgewinn abzielende Parteiapparat wurde daher am 23. Oktober von Abu Wafiya,[85] einem Schwager Sadats, mit der Präsentation einer 'Demokratisch-Sozialistischen Plattform' überrascht, als deren Sprecher er auftrat. Unter ausdrücklichem Hinweis auf das Präsidentenpapier und die Konferenzresolutionen rechtfertigte er seinen Gründungsschritt mit der politischen Arbeit im Parlament, aus der sich zwangsläufig Gruppen gebildet hätten, die jetzt Foren zur Selbstdarstellung suchten.[86]
Während er zur personellen Zusammensetzung keine Angaben machte, Parteisatzungsfragen ausklammerte, referierte er ausführlich einige Programmpunkte, die inhaltlich durchweg mit der präsidialen Öffnungspolitik übereinstimmten; dagegen wich er in einem zentralen Punkt von den ASU Bestimmungen ab: Er stellte auch Nichtparteimitgliedern eine Mitarbeit in seiner Plattform in Aussicht und schloß die Herausgabe einer eigenen Zeitung nicht aus.
Ein paar Tage später erfolgte durch den Vorsitzenden des parlamentarischen Ausschusses für Wirtschaft, Mustafa Kamil Murad, die Gründung der 'Plattform der Sozialistischen Liberalen', die sich ebenfalls nur in Nuancen von der Sadat Linie unterschied und besonders die Verbesserung der Investitionsbedingungen sowie eine weitergehende ökonomische Liberalisierung befürwortete.[87]

Auffällig war, daß den ersten Plattformen bekannte Parlamentarier vorstanden, sie häufig die Bezeichnung sozialistisch trugen und die Reformpolitik Sadats bejahten. Bis Ende November 1975 waren dann 29 Plattformen ins Leben gerufen (Schaubild 10), die fast das gesamte Spektrum der politischen Issues seit Sadats Amtsantritt manifestierten. Nach den ersten öffentlichen Auftritten von Sprechern einzelner Plattformen, die auf reges Interesse stießen,[88] und der Ankündigung weiterer spezifischer Plattformen, verlangten führende ZK Funktionäre ein Mitspracherecht für das ZK bei der Zulassung weiterer Plattformen. Die wegen des Auftretens einer nasseristischen Plattform nun völlig verunsicherten "Führungsinstanzen von ASU und Staat unterwarfen deshalb mit dem Argument, es gebe noch keine verbindlichen Richtlinien für die Arbeit der Manabir innerhalb der ASU, die Plattformen einem Klärungsverfahren."[89] (Zu den Plattformen s. Schaubild 10, S. 263.)

Die ausgesprochen chaotische Entwicklung - im Dezember sollen bereits 40 Plattformen existiert haben - veranlaßte Sadat erneut, in die Diskussion einzugreifen. Doch dieses Mal übertrug er nicht der Einheitspartei, sondern einer gemischten Kommission unter Leitung des Parlamentspräsidenten die Kompetenz, die gesamte Problematik endlich verbindlich zu klären.

Begleitet von Presseattacken, die Fehler und Versäumnisse der ASU vor der Korrektivrevolution aufzeigten, tagte die Kommission von Dezember 1975 bis Anfang März 1976. Die Delegierten konzentrierten sich schon nach den ersten Sitzungen auf die zentrale Fragestellung der Einrichtung flexibler[90] oder fester Plattformen bzw. eines Mischsystems, zu der es zwar eine mehrheitsfähige Meinung für die letztere Variante gab, aber ein einmütiger Konsens - wie bisher gewohnt - nicht erzielt werden konnte. Demgemäß beinhaltete der Abschlußbericht keine Entscheidungen, sondern lediglich die Wiedergabe kontroverser Standpunkte und die Abstimmungsergebnisse zu den einzelnen Themenkomplexen.[91] Der Bericht zählte ferner eine Reihe von Grundprinzipien auf, kannte das Recht auf Meinungsfreiheit und individuelle Opposition an, verneinte aber jede oppositionelle politische Aktivität außerhalb der ASU.
Sadat ging auf diese Empfehlungen Mitte März 76 während einer Rede vor dem Parlament ein; nachdem er die Bildung von Parteien kategorisch zurückgewiesen hatte, proklamierte er den Beginn des Reformexperiments, das sich unter Beachtung der Grundregel des Bündnisses der Volkskräfte auf drei autorisierte Plattformen innerhalb der ASU beschränken müßte. Die "Arabisch-Sozialistische Organisation Ägyptens" wurde vom Ministerpräsidenten Mamduh Salim geführt und beanspruchte im politischen Koordinatensystem die 'Mitte'. Die "Organisation der Sozialistischen Liberalen" leitete Mustafa Kamil Murad; sie wurde als die 'Rechte' bezeichnet. Die "Organisation der National-Progressiv-Unionistischen Sammlung"

Schaubild 10: Auflistung der Plattformen bis 22. November 1975

Bezeichung der Plattform	Politisches Amt des Gründers (nach Presseinformationen)	In der Presse angekündigt am
Social Democratic	People's Assembly; Central Committee	22. Oktober
Liberal Socialist	People's Assembly	26. Oktober
Progressivist	People's Assembly	29. Oktober
Revolutionary	National Conference	
Free Moslem	Council of United Nations	2. November
Socialist Youth of Egypt	People's Assembly National Conference	2. November
National Progressive	Central Committee	6. November
Nasserist Socialist	Central Committee National Conference	6. November
Democratic Council	People's Assembly	6. November
Liberal Nationalist	People's Assembly; Central Committee	6. November
National Socialist	Keine	7. November
Voice of Faith	Central Committee	18. November
Ikhnatun*	Keine	
al-Khayriyun, al-Amun, al-Nahun*	Keine	
Islamic Democratic	Keine	
Socialist Republican		22. November
Socialist Thinkers	Assistant ASU Secretary	
Egyptian Justice	Keine	
Egypt of the Revolution	Assistant ASU Secretary	
Scouts	Keine	
Islamic Worker	Former National Assembly	
Allah	Keine	
Science of Faith	Assistant ASU Secretary	
Liberated Thought	Keine	
Women's Union	Assistant ASU Secretary	
Nationalist Consciousness	Keine	
Liberal Nationalist	Keine	19. November
Socialist Egyptian	Keine	
Conservative	Keine	
Science and Faith	People's Assembly; National Conference	
Progressive Nationalist	ehemaliger Minister	

* Plattform mit vermutlich religiösen Präferenzen, nach: M. Cooper, The Transformation of Egypt, a.a.O., S. 183.

unter Khalid Muhyi ad-Din repräsentierte die 'Linke' und sollte linke Nasseristen, Marxisten und linksnationale Kräfte integrieren. Wörtlich: "The committee suggested that it is reasonable and acceptable to begin the experiment with three platforms; a platform representing the right in a general way, a platform representing the center, which is always the basic tendency in our country and a platform representing the various tendencies of the left."[92]

7.2.2.2. Die Bildung lizensierter Fraktionen

Mit der Bildung dieser drei Organisationen wurde also der Versuch unternommen, die ideologische Auseinandersetzung in die ASU institutionell zu kanalisieren und de facto die verfassungsmäßige Bindung an das Bündnis der Volkskräfte teilweise außer Kraft zu setzen. Denn die parteiinterne berufsspezifische Kollektiverfassung, vor allem der urbanen Mitglieder, wurde zugunsten eines individuellen Beitritts zu den Organisationen aufgehoben. Es war unübersehbar, daß mit dieser Herauslösung des Parteimitgliedes aus den ASU Verbänden der Mittelschicht ein politischer Bewegungsraum angeboten werden sollte. Freilich darf nicht außer Acht gelassen werden, daß nicht nur die Journalisten, sondern alle typischerweise der Mittelschicht zugeordneten Berufsgruppen korporativen Verhaltenskodexen unterworfen waren, deren Richtlinien einen Konformitätsdruck zur Einhaltung der amtlichen Politik aufbauten.[93]

Obwohl zu dieser Zeit die Bezeichnung Fraktion[94] für die parlamentarischen Gruppen nicht verwendet und eine systematische Verbindung zwischen diesen Gruppen und den Organisationen nicht diskutiert wurde, stellte sich tatsächlich in relativ kurzer Zeit - aufgrund der personellen und programmatischen Bezüge belegbar - ein stringentes Beziehungsgeflecht zwischen Abgeordneten und Plattformen ein, wobei die Organisationen aus der Sicht der jeweiligen Mitglieder als verlängerter Arm der entsprechenden Fraktionen perzipiert wurden.[95]

Bezeichnenderweise waren die drei Vorsitzenden der Organisationen die Repräsentanten jeweils der Abgeordnetengruppen, die sich vor Sachfragen untereinander abgestimmt und bei Abstimmungen kooperiert hatten. Sie bekundeten auch unmittelbar nach Zulassung die Absicht, ihre Organisationen für die bevorstehenden Parlamentswahlen im Oktober 1976 einzusetzen.[96] Der Sprecher der bisher größten Gruppe drückte die Unterstützung der Mitte für Sadat aus und beanspruchte, Träger des breiten Konsenses im ägyptischen Volk zu sein, mit der Konsequenz, daß die meisten der dem Parlament angehörenden ASU Funktionäre sowie Abgeordnete, die zum bürokratischen Apparat zählten, sich der Sadat Fraktion anschlossen.[97] Dies bewirkte auch für die anderen Gruppen einen Druck zur Kohäsion und Fraktionsbildung.

Dieser Effekt entsprach der Intention Sadats.
Mit der Bewerbung und Beteiligung der drei Fraktionen an den Wahlen erfuhr die gesellschaftliche Meinungsbildung und die parlamentarische Willensbildung eine institutionelle Regelung, die sowohl das Monopol der ASU, nämlich einziger politischer Transmissionsriemen zu sein, durchbrach, als auch kompetitive Strukturen begründete, die dem Elektorat programmatische Alternativen durch demokratische Auswahl suggerierten.

Da der Wahlsieg der ihn unterstützenden Fraktion der Mitte schon allein aufgrund der personellen Stärke,[98] der Finanz- und Pressemittel und des administrativen Einflusses des Oktoberhelden vorhersehbar[99] war, erschien es risikolos, die gesellschaftlichen Strömungen lizensiert ins Parlament zu übertragen.
Dieses spezifische Konzept der politischen Öffnung, das Sadat dem westlichen Ausland als demokratisches Legitimationsverfahren[100] und Stabilitätsbeweis offerierte, war bei anzuerkennendem 'Mehr an Freiheit'[101] im Vergleich zur Verfassungswirklichkeit unter Nasser nur ein Mischsystem, das generell in transitorischen Gemeinwesen dann auftritt, wenn der Herrschende bereits gewisse charismatische Legitimationsimpulse besitzt und seine Position institutionell abzusichern sucht.

Rekapituliert man - am Beispiel der Plattformen, Fraktionen - zur Konkretisierung dieser These das Schema der Partizipationskomponenten, so wird deutlich: Zwar gab es institutionalisierte moderne Verfahrensabläufe exogenen Ursprungs (kontroverse Diskussion, Mehrheitsfindung, Wahl, Ausschußarbeit), aber ihre Inhalte waren den traditionalen Verhaltensweisen, wie sie sich aus der endogenen politischen Kultur entwickelt haben, angepaßt. Diese Anpassung erfolgte auch im vorliegenden Fall durch die Selektion von dem Präsidenten verpflichteten 'loyalen' Personen[102] und die Besetzung traditionaler Symbolbezeichnungen, die aktuell neu ideologisiert wurden,[103] und bei perzipierter Spannung oder potentieller Krise standen nicht nur der Austausch von Personen, sondern auch die Substitution von Verfahren und Organisationstechniken zur Disposition des Präsidenten.

Dieser transitorische 'gap' war auch bei den Wahlen zu beobachten; so wurde die Außenpolitik als akzeptierte Domäne des Präsidenten nicht aufgegriffen, obwohl nach dem zweiten Truppenentflechtungsabkommen mit Israel und der engeren Kooperation mit den USA linke und religiöse Meinungsführer diese Politik verurteilten.[104] Die Folge davon war eine Konzentration auf die innenpolitischen Standardthemen wie Versorgung mit Grundbedarfsartikeln und Engpässe auf dem Arbeitsmarkt, Themen, die vom Präsidenten und der Mitte ebenfalls besetzt waren.[105] Daher gewannen nationale oder speziell religiöse Orientierungen ein verstärktes Gewicht, und alle drei Fraktionen versprachen, neben anderen religiösen Programmpunkten, die Anwendung der sharia als prinzipielle Rechtsquelle nach der Wahl zu beantragen.[106]

Untersucht man anläßlich dieser ersten kompetitiven Wahl seit 1952 einige Aspekte des Wahlverhaltens, so wird auf dem Hintergrund des Stadt-Land Gegensatzes die transitorische Kluft im politischen und sozialen Verhalten einmal mehr erkennbar. Während in den urbanen Zentren teilweise ein kommunikativer Wahlkampf stattfand, der neben Emotionen auch informative Auseinandersetzungen zu sachlichen Alternativen bot, suchten die Kandidaten auf dem Land aufgrund der traditionalen 'asabiya bzw. sozialen Abhängigkeiten mit personalisierten Loyalitätskampagnen Zustimmung bei ihren Klientel; umgekehrt ließ sich auch in städtischen Wahlkreisen mit hoher Zuwanderungsrate oder dörflichethnischer Siedlungsform eine ähnliche Zielgruppenwerbung verfolgen.[107]

Eine weitere Determinante für das Nebeneinander unterschiedlicher Stile war die Häufigkeitsverteilung der sogenannten Unabhängigen (Tabelle 24, S. 268), die gerade in den städtischen Regionen auftraten. Ihre Existenz war größtenteils das Ergebnis bitterster Auseinandersetzungen um eine Wahlkreisnominierung innerhalb der aussichtsreichsten Mitte-Fraktion.[108] Die gefährlichen Spannungen konnten nur durch die spontane Genehmigung zur eigenständigen Kandidatur gelöst werden, die dann vermutlich aus Fehleinschätzung auch anderen, nicht berücksichtigten Kandidaten der rechten und linken Fraktion angeboten und schließlich auf ASU freie Bewerber ausgedehnt wurde. Erstmalig erhielten damit sowohl religiös-orthodoxe als auch links-nasseristische Exponenten - beide außerhalb des offiziellen Prinzipienrahmens stehend - "unter der Decke des Wahlkampfes Gelegenheit",[109] sich politisch zu artikulieren und um ein Mandat zu werben.

Weitere interessante Aufschlüsse ergeben sich aus dem Status der Kandidaten (Tabelle 25, S. 268). Die geringe Vertretung der Kategorie 'Bauer' zeigt nicht nur eine Vernachlässigung des Landes, sondern deutet auch darauf hin, daß Interesse und Resonanz im Hinblick auf dieses Partizipationsangebot bei den städtischen Mittelschichten ausgeprägter waren; allein in Kairo kandidierten doppelt so viele Unabhängige wie alle Bewerber der drei Fraktionen zusammen.[110]

Die Wahlbeteiligung, die knapp unter 50% lag, spiegelte auf den ersten Blick Desinteresse und schien daher im Widerspruch zu der bisherigen Entwicklung einer aktiven politischen Auseinandersetzung zu stehen; doch muß differenziert werden; in Wahlbezirken mit aktivem Wettbewerb[111] durch kompetente Unabhängige - die häufig von Bürgerkomitees finanziell unterstützt wurden - war die Wahlbeteiligung weit höher als in Wahlkreisen mit Kandidaten, die alle den Fraktionen angehörten.[112]

Tabelle 24 — Kandidaten nach Fraktionszugehörigkeit

Arabisch-Sozialistische Organisation Ägyptens (Mitte)	527
Organisation der Sozialistischen Liberalen (Rechts)	171
Organisation der National-Progressiven-Unionistischen Sammlung (Links)	65
Unabhängige	897
Gesamt	1660

Tabelle 25: — Kandidaten nach Berufszugehörigkeit

Arbeiter	667
Bauern	227
Andere	766
Gesamt	1660

Tabelle 26: — Wahlergebnis 1976

Mitte	284
Rechts	12
Links	2
Unabhängige	50
Gesamt	348

Das Ergebnis (Tabelle 26, S. 268) brachte der favorisierten Mitte-Fraktion den erwarteten klaren Sieg, der hauptsächlich aufgrund der Wahlkreiseinteilung zugunsten der ländlichen Bezirke, der Quotenregelung[113] und der durchgängigen Wahlkreispräsenz zu erklären ist. Doch zum ersten Mal fielen prominente Kandidaten durch; noch aussagekräftiger ist der Prozentsatz der Wiederwahl der zur Mitte zählenden Mandatsträger, der nur bei 44%[114] lag. Schließlich gab es noch das Phänomen der Unabhängigen, "über deren Eingliederung in die Parlamentslandschaft gesprochen werden mußte."[115]

7.2.2.3. Die Wiedereinführung des Mehrparteiensystems

Noch vor Beginn der neuen Legislaturperiode zeichnete sich ein Grundsatzstreit zwischen den Unabhängigen und der Mehrheitsfraktion ab, die sich als parlamentarische Verkörperung des nationalen Konsenses und der Präsidialpolitik verstand. Die heterogenen Unabhängigen, noch in sich zerstritten und ohne personelle Kristallisationsfigur, forderten nämlich die legale Zulassung als politische Opposition und beantragten den Fraktionsstatus, gleichgestellt mit den drei autorisierten Fraktionen.[116]

Während seitens der dominierenden Mitte-Fraktion und innerhalb der ASU Gremien Ratlosigkeit herrschte, trafen sich die Unabhängigen außerhalb des Parlaments bevorzugt in Moscheen, um ihre parlamentarischen Initiativen abzusprechen und knüpften dabei Kontakte zu politischen Gruppierungen, die außerhalb der autorisierten Institutionen aktiv waren.[117] Die aus diesen Kreisen artikulierten politischen Vorstellungen enthielten neben sozialpopulistischen Slogans auch politische Verlautbarungen, die auf die Wiedereinführung eines Mehrparteiensystems hinausliefen und bei den Unabhängigen, bei korporativen Verbänden, Teilen der ASU und den Repräsentanten der Parteienlandschaft vor 1952 ein Echo fanden.[118]
Das Dilemma, das sich aus der selbstregelnden Dynamik der Pluralisierung ergab, schien unlösbar. Einerseits hatte das Wahlergebnis einen weitgehenden Personalaustausch innerhalb der

Mitte-Fraktion bewirkt, so daß die Sadat-Linie nunmehr auch parlamentarisch abgesichert schien; andererseits hätte eine nachträgliche repressiv-administrative Korrektur der ersten weitgehend freien Wahlen seit 1952 das Ende des Reformprozesses bedeutet, mit nicht kalkulierbaren Reaktionen im In- und Ausland.[119]

Daher erklärte Sadat in seiner Rede anläßlich der Parlamentseröffnung November 76 die Wiedereinführung des Mehrparteiensystems. Die drei Fraktionen wurden in drei Parteien umgewandelt,[120] deren Finanzen und Presseorgane von der gemeinsamen Dachorganisation ASU betreut werden würden.[121] Den Unabhängigen wurde eine adäquate Repräsentation innerhalb des Zentralkomitees der ASU zugesagt, verbunden mit der Aufforderung, sich einer der drei Parteien anzuschließen, in der sie eine gesicherte Artikulationschance erhalten würden.[122]

Eine Partei der Unabhängigen oder eine andere Partei außerhalb der autorisierten zu konstituieren, wies Sadat kategorisch zurück. Er schrieb vielmehr der ASU eine politische Richtlinienkompetenz zu und sich selbst die Aufgabe, die Einhaltung des Grundkonsenses[123] zu überwachen.
Sadat suchte also nicht, den Öffnungskurs entsprechend den realen Gegebenheiten adäquat weiterzuentwickeln, sondern die institutionelle Eindämmung der auftretenden demands. "He seemed to want a party system with a tame opposition which could muffle its criticism."[124] Doch dieser lizensierte Integrationsansatz verhinderte nicht die Herausbildung einer bipolaren Konstellation im Parlament, die zu einer Konfrontation hauptsächlich zwischen der Ägypten Partei und den Unabhängigen führte.[125]

So weigerten sich die Unabhängigen in den Vorsondierungen zur Wahl des Parlamentspräsidenten, den Kandidaten der Mitte zu unterstützen. Darüber hinaus griffen die Unabhängigen zahlreiche Aspekte der Wirtschaftsmisere auf, die über die gewohnte Detailkritik hinausgingen und verlangten beispielsweise die aktuelle Unterrichtung über den Stand der bevorstehenden Verhandlungen mit dem IMF. Parallel dazu artikulierten immer mehr Gruppen außerhalb des Parlaments bei Demonstrationen und auf

Flugblättern den Wunsch nach einem echten Mehrparteiensystem und forderten, daß potentielle Parteigründungen "should not be imposed from above."[126]

Die tendenziell als neue ASU agierende Ägypten Partei reagierte auf diese Kritiken mit dem Zugeständnis zu weiteren Parteiformierungen. Unter Sadats Anleitung bereiteten die Partei- und Parlamentsausschüsse Anfang Januar 1977 ein Parteiengesetz vor, das die Bildung von Parteien erlaubte, aber dahingehend erschwerend reglementierte, daß eine Gründung aufgrund religiöser, ethnischer oder regionaler Gruppierungen unzulässig war und mindestens zwanzig Abgeordnete dem Gründungskomitee angehören mußten.[127]

Doch dieser Prozeß der kontrollierten Umstrukturierung der politischen Willensbildung wurde abrupt durch schwere Unruhen, die das gesamte Land erfaßten und mehrere Tage destabilisierten, unterbrochen.

Nach diesem Kulminationspunkt des politischen Protests fiel Sadat und die ihn abstützende politische Elite wieder in die traditionalen Reaktionsmuster: Spektakuläre Außenpolitik, die einen umfassenden Frieden für die Region anstrebte, und bürokratische Interventionen kennzeichneten von da an sein politisches Verhalten.

7.3. Die Herausbildung neuer Konfliktmuster

7.3.1. Das Scheitern der Wirtschaftsreformen

Die Entscheidung Sadats, die strukturellen Probleme der zentralistisch verwalteten Kriegswirtschaft mit Hilfe marktwirtschaftlicher Elemente zu lösen, wurde von Wirtschaftsexperten (auch der demokratischen Industriestaaten) als erfolgversprechende Option begrüßt.[128] Obwohl die Rahmenbedingungen für Investitionen erheblich verbessert und mittel- wie langfristige - insbesondere arabische - Finanzierungsmittel angeboten wurden, blieben doch die wachstums- und beschäftigungspolitischen Impulse weit hinter den geplanten Werten zurück. Die Ergebnisse der Wirtschaftspolitik bis 1977 lassen sich auf die knappe Formel reduzieren: Es gab zwar selektives Wachstum, aber keine selbsttragende Dynamik für umfassende Innovationen.

Die Ursachen für den Fehlschlag der Reformen sind vielfältig; innerhalb der Regierungsbürokratie sowie im universitären (Beratungs-)Bereich gab es erheblichen Widerstand und ideologisch motivierte Ablehnung.

Ein weiterer Faktor war das Mischsystem, das sich aus dem bereits bestehenden öffentlichen Sektor und dem neuen Privaten Sektor, dem nur ein minimaler Anteil an den Wirtschaftsaktivitäten zugestanden wurde, entwickelte. Die damit festgeschriebene Monopolstellung (Tabelle 27) des öffentlichen Sektors und die beabsichtigte partielle Interdependenz beider schuf u.a. die neue Schicht der Vermittler,[129] die sich aus beiden Bereichen rekrutierten und die jeweiligen Vorteile der Subsysteme absorbierten. Sie waren die eigentlichen Gewinner der Infitah Politik.

Tabelle 27: Investitionsverteilung zwischen Privatem und öffentlichem Sektor

Millionen ägyptische Pfund	öffentlicher Sektor	Privater Sektor	Insgesamt
Landwirtschaft Bewässerung	80,7	2,9	83,6
Industrie	111,1	3,5	114,6
Erdöl, Bergbau	22,0	-	22,0
Energie	20,6	-	20,6
Insgesamt	234,4	6,4	240,8
Transport, Verkehrswege	199,8	4,0	203,8
Handel	2,3	0,5	2,8
Insgesamt	202,1	4,5	206,6

Nach Middle East News, Economic Weekly, v. 7. Juni 1975, S. 2.

Die Erklärung, warum dieses Wirtschaftssystem innovatives Wachstum verhinderte, lag weniger in der ökonomischen und verwaltungstechnischen, als vielmehr in der politischen Bedeutung der Bürokratie; denn der Abbau des staatlichen Dirigismus zugunsten privater Entscheidungsträger hätte nicht nur einschneidende Rationalisierungsmaßnahmen in Form von Kompetenzbeschneidungen, Dezentralisierung, Abbau von personellen Überkapazitäten und Durchsetzung von Leistungskriterien nach sich gezogen, sondern sehr wahrscheinlich autonome Marktkräfte geschaffen, die die politische Macht der Regierenden hätten potentiell gefährden können.[130] Anstelle einer Strukturreform des öffentlichen Sektors und der Steigerung des privaten Anteils an den Investitionen erfolgten inkrementale Schritte, versehen mit einem Personalzuwachs von 150% allein für die Jahre 1972-1976.[131]

Das traditionelle Verhalten des islamischen homo oeconomicus, der sich vornehmlich auf den risikolosen schnellen Gewinn konzentrierte, leitete die (arabischen) Investitionen nicht in die mangelhafte Infrastruktur, sondern in den spekulativen Immobilien-[132] und Kapitalsektor sowie in den Tourismus- und Dienstleistungsbereich, mit mehrschichtigen gravierenden Folgen.

Die Verknappung des wertvollen Bodens aufgrund eines gewaltigen Baubooms, um nur ein Beispiel anzuführen, führte nicht nur zur Aufhebung der durch den Assuan Damm[133] ermöglichten Landgewinne, sondern hatte auch weitreichende Folgen für die mittleren Betriebe sowie für Mengen und Sorten bei der Erzeugung von Grundnahrungsmitteln. Der Verknappung des kultivierten Bodens folgte die Verteuerung sowohl hinsichtlich des Kaufes als auch der Pacht. Die mittleren und kleinen Betriebe, die wegen der Wirtschaftlichkeit ihrer Höfe Ackerland hinzupachten mußten, wurden daher zusätzlich zu den neu entstandenen Kosten für künstliche Düngemittel und Entwässerungsarbeiten (Gefahr der Versalzung) finanziell erheblich belastet. Um diese Verteuerungen auszugleichen, bauten sie weniger Grundnahrungsmittel für den Binnenmarkt als vielmehr 'Luxusgemüse' für den Export an. Die Regierung schrieb zwar in Abhängigkeit von der Fläche eines Betriebes die Anpflanzung bestimmter Grundnahrungsmittel zu festgesetzten staatlichen Abnahmepreisen vor.[134] Doch vor allem die mittleren Betriebe bauten für den Export in die Golfregion vorgesehenes Gemüse und Obst an oder errichteten Geflügelfarmen und nahmen dafür die Zahlung von Konventionalstrafen in Kauf. Neben der Verringerung der verfügbaren Grundnahrungsmittel[135] und dem Abbau der Arbeitsplätze auf dem Lande resultierten aus dieser Entwicklung neue Wellen der Landflucht.[136] Die Hauptstadt Kairo - für 2,5 Mio. Menschen ausgelegt - hatte Mitte der 70er Jahre rund 8 Mio. Einwohner, von denen zwei Drittel unter Bedingungen leben mußten, die sich dem Besucher als schrittweise 'Verslumung der Stadtperipherie' darstellten.[137]

Diese Zuwanderer, die Masse der Kleinhändler, die akademische Mittelschicht bis hin zu den höheren Beamtengruppen, waren jährlichen Preissteigerungsraten zwischen 25 und 40% ausgesetzt, verbunden mit einer noch nie dagewesenen Korruption. Sie alle, die Adressaten des in Aussicht gestellten Wohlstandssozialismus, erlebten die wirtschaftliche Öffnung teils als bedrohlichen Wettbewerb,[138] teils als Bevorzugung der Ausländer und sahen den demonstrativen Konsum[139] der neuen Reichen und der Ausländer. Als einzige Antwort auf ihre unmittelbaren Existenzängste hatten die politischen Führungskräfte nur die öffentliche Verurteilung der Korruptionspraxis und die Rationierung sowie die Subventionierung[140] der Grundbedarfsartikel parat. Nur war jetzt der Stützungsaufwand für Weizen und Mehl finanzielll kaum noch zu verkraften; zwischen 1973 und 1975 hatte er sich mehr als verdreifacht[141] und machte bereits die Hälfte der Importrechnung aus. Die Importe selbst wurden stetig konsumlastiger, um den Nachholbedarf der neuen Reichen zu befriedigen.

Die Kapazitätsauslastung in der verarbeitenden Industrie lag bei "nur wenig über 50%",[142] so daß Produktion und Exporte nicht im angestrebten Maße stiegen. Da die Exporte insgesamt, die wegen mangelnder Qualität allenfalls in Ostblockländern Abnehmer fanden, stagnierten, entstand ein jährlich zunehmendes Außenhandelsdefizit, das mit zu dem verheerenden kumulativen Zahlungsbilanzdefizit von 12 Milliarden US Dollar beitrug und Ägypten zwang, kurzfristige Kredite (bei 16-19% Zins liegend) zur Deckung der Lebensmitteleinfuhren aufzunehmen.[143]

Da aufgrund der Unfähigkeit der nach wie vor unkoordinierten Planungs-, Genehmigungs- und Kontrollbehörden[144] von mehreren hundert vorgeschlagenen Investitionsprojekten bis Ende des ersten Halbjahres 1976 ganze 181 genehmigt waren und sich davon bis Ende 1976 66 in der Durchführung befanden,[145] verhielten sich einerseits die arabischen Golfstaaten und Iran zurückhaltend bei der Beteiligung an weiteren Projekten und andererseits beschäftigte sich die Bürokratie mit Planüberarbeitung sowie permanenten neuen Rechtsvorlagen selbst.

Diese wirtschaftlichen Eckdaten zwangen Sadat zum innenpolitischen Dialog, aber schließlich auch zu außenpolitischen Konzessionen gegenüber Israel und der USA. Sadats neue Gleichung Infitah + Frieden = Wohlstand sollte zusätzlich Kreditgeber aus USA und Westeuropa anwerben.

Doch trotz der Suez-Kanal-Öffnung und dem Sinai II[146]-Abkommen im September 1975, das einen weiteren Rückzug der israelischen Verbände auf dem Sinai vorsah und die Vertragspartner Ägypten und Israel zur Unterlassung von Drohungen, Blockaden und Gewaltanwendung verpflichtete - also vertrauensbildende Maßnahmen und damit den Frieden näherbrachte - blieb die erwartete verstärkte amerikanische Projektbeteiligung aus. Die Gründe hierfür lagen einmal in der nach wie vor übermächtigen Bürokratie[147] (zeitraubende Zoll-, Einfuhr-, Ausfuhrbestimmungen) und zum anderen waren viele der Infitahgesetze beschränkt auf die Suez-Kanal-Freizone,[148] in der die Voraussetzungen für Produktion, Transport und Kommunikation erst noch geschaffen werden mußten. Nachdem auch die Anleiheofferte eines arabischen Konsortiums - wegen der nicht gesicherten Rentabilität der Projekte - anstatt 10 Mrd. US Dollar ganze zwei und das auf über fünf Jahre verteilt beinhaltete, mußte die politische Führung auf Kredite der Weltbank, die mit Subventionskürzungen und -streichungen bei Gütern des täglichen Bedarfs versehen waren, zurückgreifen.[149]

Dabei hatten Sadat und andere Repräsentanten der Mitte-Fraktion während des Wahlkampfes 1976 in den Budgetdebatten und in den Medien bis zur Bekanntgabe (17. Januar 1977) der drastischen Subventionsstreichungen seitens der ägyptischen Regierung bei

Brot, Zucker, Tee, Butangas und der Kürzungen bei anderen Artikeln des täglichen Bedarfs jegliche Abstriche an den Subventionen als unannehmbar bezeichnet.[150] Am Tage nach dem Inkrafttreten der neuen Bestimmungen, die ohne Unterrichtung der noch diskutierenden Parlamentsfraktionen dekretiert wurden, kam es daher zu Protesten, die innerhalb von Stunden von Alexandria aus über Kairo das gesamte Land erfaßten[151] und von vielen Pressebeobachtern mit den schweren Unruhen unmittelbar vor der Revolution 1952 gleichgesetzt wurden.[152]
Erst durch den massiven Einsatz der Streitkräfte und die Rücknahme der meisten Streichungen und Kürzungen bzw. Anpassung der Gehälter im öffentlichen Sektor an das neue Preisniveau konnte die mehrere Tage dauernde soziale Explosion beendet werden.

Zwar hatte es auch in den Jahren 1974-75 Arbeitsniederlegungen und Demonstrationen - häufig unter studentischer Beteiligung - gegeben, die arbeitsrechtliche und politische (Israel, Panarabismus) Mängel artikulierten, aber die massiven Auseinandersetzungen vom Januar 1977, getragen von breiten Bevölkerungskreisen, brachten zum erstenmal direkte Angriffe auf Sadat und Mubarak und können nur als plebiszitäres Mißtrauensvotum gewertet werden, das dem Oktoberhelden die charismatische Legitimation[153] entzog. Sadat, der über das Ausmaß der Krise zunächst nicht unterrichtet wurde, sprach von einem 'Aufstand der Diebe' und nannte die Linke sowie die Unabhängigen als verantwortliche Organisatoren.

Ein aus amerikanischem und arabischem Kapital gebildeter Hilfsfond "as well as increased earnings from the Suez Canal, oil revenues and remittances from Egyptians working abroad did help ease the strain."[154] Innovative Reformen wurden aber auch nach diesen Ereignissen nicht eingeleitet, sondern ein erneut konsumorientierter Kurs des sich 'Durchwurstelns' betrieben, "while the conditions which had provoked them remained fundamentally unchanged."[155] Innenpolitisch beendete Sadat den Dialog und erweiterte den Handlungs- und Agitationsspielraum der Orthodoxen. Ein politisches Ventil zur Artikulation des neuen sozialen Konfliktes bot er nicht an.

7.3.2. Konfessionelle Spannungen

Ein weiterer Konflikt, der das Ende des politischen Infitah mitbestimmte und die Stabilität des Regierungssystems nach 1977 erheblich gefährdete, waren die neue entfachten religiösen Spannungen zwischen Muslimen und Kopten.

Wie überall in der islamisch-arabischen Welt waren auch die ägyptischen Christen Bürger zweiter Klasse und durften in Anlehnung an die osmanische Rechtspraxis sich zwar zu ihrem Glauben bekennen, aber dafür nicht missionieren, worunter üblicherweise das öffentliche Auftreten und der Bau von Kirchen fiel.[156] Unter Nasser wurde die stets strittige Interpretation des Begriffes Missionierung durch die Genehmigung zum Bau von 25 Kirchen pro Jahr pragmatisch ausgeklammert.[157] Als aber 1971 der junge Shenuda zum Patriarchen gewählt wurde, der bei der Jugend und dem jungen Klerus aufgrund seines offensiven Eintretens für die koptischen Rechte viel Anklang fand[158] und von einem Aufbruch der Kirche sprach, brachen die latenten Fronten zwischen Kopten und Regierung wieder auf.

Während einerseits seit der außenpolitischen Niederlage von 1967 die Zugehörigkeit zur islamischen Welt propagiert wurde und eine Hinwendung zu religiösen Werten einsetzte, eine Entwicklung, die insbesondere von Sadat aufgegriffen und zur Bekämpfung der Linken genutzt wurde, erwarteten die Kopten von Sadats Reformversprechen andererseits ein Ende ihrer Benachteiligung[159] in Ausbildung und Beruf sowie ein Mehr an Religionsfreiheit. Vor diesem Hintergrund kam es im November 1972 zu schweren Zwischenfällen zwischen den Religionsgemeinschaften, die aus dem Streit um einen geplanten Kirchenneubau hervorbrachen.[160]

Noch vor diesen Ereignissen, die sich in einer Kleinstadt 22 km nördlich von Kairo abspielten, wurde zur Schlichtung 'harmloser' Übergriffe ein parlamentarischer Untersuchungsausschuß eingesetzt, der ein Gesetz zur Nationalen Sicherheit vorlegte, darüber hinaus aber keine Lösungsmöglichkeiten für die religiösen Spannungen aufzeigte. Sadat stattete schließlich den religiösen Autoritäten in der al-Azhar Universität und anschließend dem

Patriarchen einen Besuch ab. Bei dieser Visite wurde er völlig unerwartet von der Synode "als Vater des Volkes und mit anderen schmeichelhaften Begriffen willkommen geheißen",[161] was er mit der spontanen Gewährung zum Bau von fünfzig Kirchen pro Jahr beantwortete.

Die vorwiegend an den Universitäten entstandenen und offiziell geduldeten islamischen Gemeinschaften[162] waren mit diesem Ergebnis unzufrieden. Radikale Kräfte auf beiden Seiten mobilisierten ihre Anhänger. Mitte der 70ger Jahre flammten daher in den Städten[163] - insbesondere in Assiut und Miniya mit einem Koptenanteil von ca. 20% - immer wieder religiöse Auseinandersetzungen auf, die häufig aus nichtigen Anlässen entstanden waren, und dann unter Mitwirkung pro-libyscher Akteure[164] in gewaltsame Ausschreitungen umschlugen.

In diesem Kontext wurde die von Sadat geförderte sarīá Diskussion und die Wiederbelebung der islamischen Ideenwelt von den Kopten als Beginn einer verschärften staatlichen Diskriminierung perzipiert. Die Kopten warfen der Regierung die Fälschung des Zensus von 1976 vor, der nur 2,264,250 Kopten[165] auswies, und erhoben Anspruch auf eine Neufestsetzung der Quoten für die Anstellung und Laufbahnchancen in der Administration.

Während gemäßigte islamische Repräsentanten den Kopten aufgrund ihrer Auslandsverbindungen (USA) im Zuge der wirtschaftlichen Infitah Politik Bereicherungen mit Hilfe der Fremden vorhielten, plünderten radikale Kräfte christliche Läden und stellten bewaffnete Zellen auf, um eine bevorstehende Teilung des Landes, wie sie ihrer Meinung nach im Libanon von den Christen erkämpft wurde, zu verhindern. Das militante Auftreten[166] und die Neugründung derartiger extremistischer Zirkel,[167] die mit den Orthodoxen[168] wie mit der Muslimbruderschaft gebrochen hatten und ein totalitäres Koranverständnis predigten, das keinerlei Toleranz für die anderen monotheistischen Religionsangehörigen zuließ, transformierte die interkonfessionelle Kontroverse in einen Konflikt zwischen Regierung und den Glaubensgemeinschaften. Sadat konnte als gläubiger Präsident eines islamischen Landes schwerlich gegen die nicht mehr kontrollierbaren Extremisten und deren wachsende Zahl von Anhängern vorgehen, zumal er seine außenpolitische Kurskorrektur gegenüber Saudi-Arabien und Kuwait nicht gefährden wollte; beide Herrscherdynastien hatten zwar ein prinzipielles und strategisches Interesse an einem gerade auch außenpolitisch gemäßigten Sadat, bestanden aber aus innen- und hegemonialpolitischen Gründen auf einer innenpolitisch islamischen Ausrichtung Ägyptens,[169] ein Aspekt, der nach der islamischen Revolution im Iran noch an Bedeutung gewann.[170] Ferner mußte Sadat indirekt auf die islamische Herausforderung, die von Qadhdhāfī ausging, Rücksicht nehmen.[171]

Sadat verfolgte daher einen neuen Weg in Form einer Doppelstrategie. Einerseits erweiterte der Präsident bei untergeordneten Sachfragen den Einfluß des al-Azhar Klerus[172] und andererseits suchte er die Konfrontation mit den Kopten, die in der Absetzung und Verbannung des Patriarchen im Jahre 1981 gipfelte.[173] Mit anderen Worten: Um die gefährlichen islamischen Radikalen zu treffen, mußte er aus 'Proporzgründen' die Kopten schlagen, eine Strategie, die insgesamt nicht aufging, sondern die Radikalisierung der religiösen Spannungen begünstigte.[174] Was für den okzidentalen Betrachter[175] wie eine schrittweise Säkularisierung aussah, nämlich die Propagierung der Trennung von Religion und Politik,[176] erwies sich nur als ein taktisches Element, um die religiöse, radikale Fundamentalkritik zu entpolitisieren. Thematischer Ausgangspunkt für die Radikalisierung ab 1977 der bis dahin inhaltlich doktrinären und in sich gespaltenen islamischen Gruppen[177] war der außenpolitische Wertewandel.

7.3.3. Der außenpolitische Wertewandel

Die Januar-Unruhen manifestierten neben dem Fehlschlag der wirtschaftlichen Infitah Politik auch den Tatbestand, daß es offensichtlich nur begrenzt gelungen war, die Mittelschichten als sozialökonomische Basis für die politische Infitah Konzeption generell sowie für eine konkrete Partizipation innerhalb des neu geschaffenen Institutionengefüges zu gewinnen.

Zur Ablenkung von diesem Legitimationsdefizit verlagerte Sadat die Substanz seiner Politik erneut in den außenpolitischen Bereich. Abgesehen von dem zeitlich kurzen Grenzkrieg mit Libyen[178] befand sich die ägyptische Außenpolitik insgesamt in einer Phase des ausweglosen Stillstandes, da die Gespräche in Genf sine die vertagt wurden und die Verhandlungen mit Israel festgefahren waren. Nachdem auch die erneute Kontaktsuche zu Moskau bis Mitte 1977 ergebnislos blieb, war die regionale sowie internationale Handlungsfähigkeit weitgehend blockiert.

Obwohl dank der finanziellen Unterstützung der Golfstaaten eine Außenpolitik des 'Friedens um jeden Preis' zu diesem Zeitpunkt noch nicht zwingend war,[179] dürften bei der Reaktivierung der ägyptischen Friedenssuche auch mittelfristige Wirtschaftsüberlegungen eine Rolle gespielt haben; denn zusätzliche Investitionen und langfristige Projekte,[180] die effizient nur von den USA und Westeuropa getätigt werden konnten,[181] setzten nach wie vor einen Prozeß der Normalisierung voraus.

Mit der spektakulären Jerusalem-Reise im November 1977, die von da an das innerägyptische Geschehen in einschneidender Weise bestimmte, revitalisierte Sadat einerseits das Image des Oktoberhelden; denn die Rede in der Knesset und der Besuch der heiligen islamischen Stätten waren für den innenpolitischen Gebrauch als offensive islamisch-arabische Interessenvertretung angelegt[182] und propagiert worden; andererseits signalisierte er mit dieser außenpolitischen Initiative den Westeuropäern und den Vereinigten Staaten die ägyptische Bereitschaft zu einem Ausgleich mit Israel. Die Reise oder besser diese symbolische Geste war zugleich auf die Persönlichkeitsvariablen des neuen amerikanischen Präsidenten Carter[183] zugeschnitten, dessen moralisch-transzendentale Orientierung Sadat ansprach und die er zu nutzen suchte.

Sadat erreichte mit diesem 'psychologischen Durchbruch'[184] – ähnlich wie beim militärischen Durchbruch zu Beginn des Oktoberkrieges – die nationale und internationale Aufmerksamkeit,[185] speziell aber die der amerikanischen Öffentlichkeit, doch fehlte für den Tag danach ein zeitliches wie inhaltliches Gesamtkonzept zur weiteren Gestaltung der ägyptisch-israelischen Folgeverhandlungen.

Daß diese symbolische Geste über die weltweite Beachtung hinaus Sadat zu einer herausragenden politischen Rolle verhalf, lag an der Zurückweisung seiner Initiative durch die arabischen Staaten und am Unvermögen der Palästinenser, einen konstruktiven Beitrag für eine politische Lösung zu leisten. Die permanente Dialogverweigerung[186] der anderen katapultierte Sadat in die monopolartige Position des einzig ernstzunehmenden Ansprechpartners[187] im arabischen Raum.

Denn es war Sadat, der

- das Bild der Araber in den westlichen Medien positiv veränderte,

- Israel mit einer Friedensbotschaft konfrontierte,

- für das bevölkerungsreichste und strategisch wichtigste arabische Land eine potentielle Westoption nicht ausschloß und

- ein handlungsfähiges, berechenbares Regierungssystem in der Krisenregion repräsentierte.

Sadat, der in allen Verlautbarungen und Verhandlungen stets für die Selbstbestimmung und die Rechte der Palästinenser - nicht der PLO - eintrat, versprach der ägyptischen Öffentlichkeit und der arabischen Staatenwelt, nur einer umfassenden Regelung der Palästinenser-Problematik zuzustimmen. Doch er geriet aufgrund der innerisraelischen Konstellation[188] und der immanenten Zwänge des amerikanischen Wahlkampfmechanismus in eine Situation, die weitgehend von den amerikanischen Medien[189] bestimmt war und von ihm nur unter erheblichem Prestigeverlust hätte korrigiert werden können.

War im September 1978 in Camp David-im Rahmen des Zweistufenabkommens[190] noch eine Autonomie für die Westbank und Gaza regelrecht erstritten worden, die die gemäßigten arabischen Staaten zögern ließ,[191] die für Ägypten lebensnotwendigen Verbindungen abzubrechen, so mußte mit dem Friedensschluß im März 1979 ein Vertrag unterzeichnet werden, der formalrechtlich eine umfassende Friedensregelung anstrebte, im Ergebnis aber nur den Sinai 'befreite', auf den selbst der Likud Block niemals einen historischen oder religiösen Anspruch erhoben hatte.

Dieser Vertrag und die Aufnahme diplomatischer Beziehungen mit Israel wurden daher von der Sowjetunion und der arabischen Staatenwelt als bilateraler Separatfrieden interpretiert. Hauptangriffspunkte waren der Status Jerusalems, die umstrittene Autonomieregelung sowie die expansive Siedlungspolitik des israelischen Ministerpräsidenten, für die Sadat die Verantwortung zugewiesen wurde.

Die gegen Sadat gerichteten arabischen Vorwürfe, teils aus innenpolitischen, teils aus außenpolitischen Motiven in mehreren Palästinaresolutionen artikuliert, schienen die Möglichkeit einer Annäherung zwischen gemäßigten und radikalen Staaten zu erleichtern. Doch der eigentliche Anlaß für die Formierung der arabischen anti-Sadat Koalition gegen die ägyptische Friedenspolitik war das Ausscheren[192] Ägyptens als wichtigster Militärfaktor, das den Verlust jeder weiteren Kriegsoption, insbesondere für Syrien, nach sich zog. Diese Koalition erwies sich zwar, wie so oft, als eine brüchige Allianz, reichte aber aus, Ägypten politisch und ökonomisch zu isolieren.

Der arabische Boykott entzog Sadat jegliche Alternative und erst nach dem März 1979 erfolgte die eindeutige Reorientierung der Außenpolitik in Richtung USA.[193] Sadat, der Friedensheld, und Ägypten, der neue westliche Partner, dominierten die Schlagzeilen der westlichen Nahostberichterstattung,[194] die eine Erwartungshaltung dahingehend aufbaute, daß Ägypten nach dem Ausfall Irans dessen strategische Rolle am Golf übernehmen und eine engere militärische Zusammenarbeit mit den USA eingehen würde. Diese Schlagzeilen und Kommentare, die vom arabischen Umfeld als erneuter Beweis für einen Separatfrieden und die 'Amerikanisierung' Ägyptens gegen Sadat vorgebracht wurden, setzten Sadat in

einen unversöhnlichen Gegensatz auch gegenüber den gemäßigten arabischen Staaten[195] (z.B. Saudi-Arabien, Jordanien, Kuwait), die aufgrund ihrer internen Stabilitätsproblematik einer Friedensoption oder gar völkerrechtlichen Anerkennung Israels nicht zustimmen konnten.
Durch diese äußeren Rahmenbedingungen wurden die innenpolitischen Proteste und damit die Rückwirkungen des Friedensvertrages noch verstärkt.

Die Jerusalem Reise und die nachfolgenden Konferenzen der Fachminister trafen - abgesehen von den religiösen Radikalen - zunächst nur bei den Fundamentalisten und wenigen politischen Persönlichkeiten auf strikte Ablehnung, bei der 'schweigenden Mehrheit' der Bevölkerung zumindest bis Camp David aber auf Zustimmung. Heikal berichtet von einer Reaktion der amüsierten Ungläubigkeit, die mit der Realisierung der Reise in eine kollektive Spannung überging. Er sieht in der Manipulation durch die Medien,[196] die den Oktoberhelden aus einer Position der Stärke vermittelten, den wesentlichsten Grund für die Akzeptanz.

Umfrageergebnisse im Jahre 1982 (Tabelle 29, S. 284) stützen die Vermutung, daß Sadats Initiative und Friedenssuche gerade auch aus Gründen der versprochenen Prosperität zugestimmt wurde. Insgesamt wurde nämlich die Beseitigung bilateraler Problemkreise - Voraussetzung für den wirtschaftlichen Wiederaufbau - vor der Lösung arabischer Belange präferiert, wenngleich letztere als vital bezeichnet werden.
Wie auch immer die Heikal These eines medienpolitischen Bandwaggon Effektes bewertet werden mag, so ist der Hinweis berechtigt, daß ein grundlegender Wandel in der ägyptischen Perzeption Israels weder propagiert noch erreicht wurde.

Die außenpolitische Umorientierung, die die tradierten Werte einer jüdisch-islamischen und arabisch-israelischen Erbfeindschaft auf den Kopf stellte, wurde in einer gemeinsamen Proklamation der al-Azhar Gelehrten auf der Basis islamrechtlicher Normen für zulässig erklärt.[198] Die Stellungnahme der Orthodoxie zugunsten der offiziellen Außenpolitik wurde landesweit bei religiösen Veranstaltungen verkündet, die den Gläubigen religiöse

Tabelle[197] 29: Einschätzung des Friedensvertrages durch potentielle Eliten

	ja (%)	nein (%)	weiß nicht (%)
– Do you agree that the treaty has achieved peace between Egypt and Israel?	46	33	21
– Do you think that the treaty will achieve Palestinian rights?	20	60	20
– Do you think that the autonomy talks will achieve Palestinian rights?	20	61	19
– Do you think that Egypt and Israel have the authority to negotiate on behalf of the Palestinians?	8	86	6
– Do you expect any improvement in your life as a result of the treaty?	46	34	20
– Do you think that a treaty between Israel and confrontation Arab states without Palestinian participation can achieve peace in the Middle East?	13	78	9
– Do you accept the normalization process with Israel?	42	28	10

Zweifel nehmen sollten. Damit wurden jedoch die theologisch-dogmatisch begründeten religiösen Proteste den radikalen Splittergruppen und der Muslimbruderschaft überlassen.[199]

Sadat ließ die Muslimbruderschaft bis Januar 1979 agitieren, zumal sie nicht in der Lage war, die Vielzahl der ideologisch divergierenden Gruppen zu organisieren[200] oder gar mit den säkularen Oppositionellen, also Nasseristen und der neu formierten Wafd, die aus den Berufsverbänden Zulauf erhielt, ein tragfähiges Aktionsbündnis einzugehen.

Das Fehlen einer politischen Integrationsperson und die unterschiedliche soziale Verankerung der Oppositionsgruppen erwiesen sich als unüberwindbare Hemmnisse für ein gemeinsames Vorgehen. Auch die einzelnen bekannten religiösen Zellen in den Streitkräften, deren Agitation im Offizierskorps auf wenig Resonanz traf, blieben isolierte Einheiten, nicht zuletzt, weil die militärische Führung nach einem Friedensabschluß moderne westliche Waffensysteme und neue Privilegien versprach.[201] Diese innenpolitische Konstellation änderte sich mit den Anzeichen für den Abschluß eines Friedensvertrages und unter dem Eindruck der ständigen Friktionen bei den Autonomieverhandlungen, für die der israelische Ministerpräsident Begin verantwortlich gemacht wurde.[202]

Der einseitige Abbau des Feindbildes bei gleichzeitigem Ausbleiben spürbarer wirtschaftlicher Erfolge sowie die religiöse Trennung von der arabischen Welt bewirkten nicht nur eine tiefe Kluft zwischen Sadats Visionen und den täglichen Entbehrungen der städtischen Bevölkerung, sondern einen fundamentalen psychologisch-kulturellen 'gap'[203] zwischen Sadat und der ägyptischen Gesellschaft, der eine breite Mobilisierung hervorrief, die sich gegen Sadats Außenpolitik und - damit zusammenhängend - wirtschaftliche Konzeption richtete.

Sadat und sein Verlassen der islamischen Gemeinschaft war für die Fundamentalisten und die Radikalen, die jetzt offen zum Sturz aufriefen, die Hauptursache für die allgemein aussichtslose Lage in Ägypten. Sadat und die eingeleitete 'Amerikanisierung', hieß es gleichlautend bei der säkularen Opposition,[204] der sich auch bisherige Sadat-Loyale anschlossen und in der die Neo-Wafd Partei durch die Inanspruchnahme ihrer historischen Rolle und nationalistischer Begriffe einen zunehmend stärkeren Einfluß gewann.

Während die Hoffnungslosen in den urbanen Zentren zu den Religiösen tendierten,[205] sammelte die Wafd die Unzufriedenen aus dem national-säkularen Lager und mobilisierte zum zweiten antikolonialen Kampf,[206] diesmal gegen Israel und die USA, verbunden mit einem nationalen Agrarentwicklungsprogramm, das für die Meinungsführer auf dem Lande bestimmt war.
Der von Teilen der städtischen Mittelschicht perzipierte religiös-(pan)islamische Identitätsverlust wurde durch den häufigeren Besuch religiöser Einrichtungen und durch weitere symbolhafte religiöse Handlungen zum Ausdruck gebracht.[207] Diese zunehmende Rückbesinnung auf die islamischen Bindungen und Verbindungen Ägyptens ließ erkennen, daß eine weitere Normalisierung der Beziehungen zu Israel und den USA bei einflußreichen Schlüsselgruppen in der Bürokratie, in den Medien, an den Universitäten und in den Berufsorganisationen nicht konsensfähig war. Sadat begegnete dieser Zurückweisung des außenpolitischen Wertewandels mit einer erneuten Islamisierungswelle[208] und der Propagierung von nicht mehr nachvollziehbaren ökonomischen Zielen. Zur Finanzierung dieser Vorhaben erwartete Sadat analog zum Marshallplan, der den wirtschaftlichen Wiederaufbau des im Zweiten Weltkrieg zerstörten Europa ermöglichte, eine amerikanisch-europäische Finanzhilfe[209] in Höhe von 10 Milliarden US Dollar. Administrativ suchte er mit Ressortteilungen, dem häufigen Auswechseln von Fachministern und Dezentralisierungsschritten die wirtschaftliche Krise einzudämmen. Politisch ergriff er jedoch Maßnahmen, die mit dem liberalen Infitah Experiment nicht in Einklang zu bringen waren: Sadat schaltete die eigene soziale Basis - die Mittelschichten - politisch aus, indem er die 'Pluralisierung'[210] der Willensbildung beendete.

7.3.4. Die lizensierte Konsenspartei

Die markanten innenpolitischen Entscheidungen, die den Januar-Unruhen folgten und die in der Zeit danach als Antwort Sadats auf die wachsende Ablehnung seiner Außenpolitik getroffen wurden, lassen sich in zwei Phasen unterteilen.
Die erste Phase beinhaltete vor allem Maßnahmen, die aufgrund der innenpolitischen Auseinandersetzungen über die wirtschaftliche Lage und wegen der Bestrebungen der Unabhängigen zur Formierung einer Fraktion und politischen Organisation angeordnet worden. Dazu zählen insbesondere das Referendum vom Februar 1977, mit dem sich der Präsident neue Gesetze zur Einschränkung des Streik- und Demonstrationsrechts plebiszitär bestätigten ließ,[211] sowie das Parteiengesetz vom Juni 1977.[212] Dem Wortlaut nach bejahte das Gesetz das Recht zur freien Parteigründung, schrieb aber für die laufende Legislaturperiode 1976-81 vor, daß für die Gründung mindestens zwanzig Parlamentsabgeordnete notwendig seien. Zusammen mit dem Artikel vier, der die Verpflichtung zum Islam und zu den sozialistischen Errungenschaften ausdrückte und die Gründung einer Partei "on a class, sectarian, factional or geographical basis"[213] ausdrücklich untersagte, war das neue Parteiengesetz - bei formaler Bejahung der lizensierten Meinungsvielfalt - die administrative Handhabe, um die potentielle Formierung neuer Oppositionsparteien seitens der Unabhängigen oder der religiösen Kräfte sowie der Wafd zu verhindern; dies obwohl unmittelbar nach den Januar-Unruhen zwischen Regierungspartei und ehemaligen Wafdführern Kontakte stattfanden, bei denen die Wiederzulassung der Wafd zur 'Stabilisierung der politischen Landschaft' verhandelt worden war.[214] Entgegen den Intentionen des Parteiengesetzes schlossen sich aber im Februar 1978 zwanzig Abgeordnete der Unabhängigen mit ehemaligen Führern der Wafd zusammen und gründeten die Neo-Wafd Partei. Ihre nationalistische Rhetorik und die Verurteilung der Korruptionserscheinungen zogen "erstaunlich viele junge Leute, Vertreter der freien Berufe und eine stattliche Anzahl von Parlamentariern, insbesondere auch solche der sozialistischen Regierungspartei an."[215] Als dann bei den - auch von Kopten - gut besuchten Versammlungen immer häufiger die Rücknahme der Bodenreform und die Begrenzung der präsidialen Rechte gefordert wurde, reagierte Sadat. In einer aus

dem Parlament landesweit übertragenen Fernsehansprache warnte Sadat vor dem Mißbrauch demokratischer Freiheiten und kündigte für die zweite Maihälfte 78 ein Plebiszit an; dieser Volksentscheid sollte als demokratische Grundlage für ein 'Gesetz zum Schutz der nationalen Einheit und des sozialen Friedens'[216] und zur Ausarbeitung eines neuen Verhaltenskodex für Politiker und Journalisten dienen. Mit Verweis auf das abgehaltene Plebiszit, das 98% Ja-Stimmen erhielt, und auf die veränderte Rechtslage kritisierte Sadat Journalisten und Oppositionelle und "excluded from active political participation all persons that had 'corrupted' political life before and after the revolution."[217] Sadat begriff also die Tendenzen zur Formierung von Fraktionen und politischen Parteien im Rahmen des bestehenden Institutionengefüges nicht als eine Chance zum Aufbau eines institutionalisierten politischen Ventils, sondern sah in diesen Formierungsversuchen 'von unten' die Gefahr zur Herausbildung eines autonomen politischen Subsystems, das seine Position bedrohen würde. Aus Protest gegen diese Maßnahmen und vermutlich einer Zwangsauflösung zuvorkommend lösten sich die Neo-Wafd Partei und die Linkspartei K. Muhiyedins im Juni 1978 auf.[218] Die Selbstauflösung war begleitet von kritischen Diskussionen in der Öffentlichkeit sowie Protesten im Parlament, die die Praxis der präsidialen Plebiszite und die zusätzlichen vom Präsidenten eingebrachten Gesetze zum Gegenstand hatten.[219]

Als insbesondere im Parlament der Kontrast zwischen Sadats politischen Reformzusagen einerseits und der politischen Realität seit Januar 1977 andererseits debattiert wurde, griff Sadat ein. Der Präsident brachte anläßlich einer Tagung des Zentralkomitees des ASU-Dachverbandes Überlegungen[220] zur Formierung einer eigenen Partei ein; er begründete die Notwendigkeit einer eigenen Partei hauptsächlich damit, daß der Präsident infolge der schwierigen wirtschaftlichen Situation und aufgrund der außenpolitischen Vorhaben nicht länger parteipolitisch neutral bleiben könnte. Mit dieser Ankündigung begann die zweite Phase, die ein bewußtes Abgehen von der ansatzweisen pluralistischen Willensbildung einleitete. Denn der antizipierten Opposition, vor allem gegen die Friedenspolitik, sollte nicht nur mit der Rückkehr zu einer lizensierten Diskussion, sondern auch mit von der Regierung kontrollierten Parteien begegnet werden. So hatte Sadat bereits

Anfang Juni 1978 zwanzig Abgeordnete aus der die Regierung tragenden Ägypten Partei an den früheren Landwirtschaftsminister Schukri 'ausgeliehen', damit dieser in Form der Sozialistischen Arbeiterpartei eine 'loyale Opposition' bilden könne.[221] Doch mit dem Verlauf der Gründungsvorbereitungen unzufrieden gab Sadat unmittelbar vor der Abreise zu den Camp David Verhandlungen in die Vereinigten Staaten die Bildung der Nationaldemokratischen Partei (NDP) bekannt. Die von Sadat persönlich gegründete Partei sollte zukünftig die Politik des Präsidenten im Parlament unterstützen und bei Wahlen die Stimmen aller Patrioten auf sich ziehen, wobei die Partei mit dem Hauptprogrammpunkt "food for every mouth, a house for every individual and prosperity for all"[222] um Sympathien und Mitglieder warb. Sadats Partei, deren Mitglieder und Funktionäre dem neuen Verhaltenskodex verpflichtet waren, traten bis Mitte Oktober 1978 310 der 352 Parlamentsabgeordneten bei, was für Sadat die Begründung lieferte, die Ägypten Partei und die ASU formal aufzulösen.[223]
Nachdem in Camp David das ägyptisch-israelische Rahmenabkommen vereinbart worden war, auf das der ägyptische Außenminister mit seinem Rücktritt antwortete, bildete Sadat die Regierung um. In dem neuen, auf 32 Mitglieder erweiterten Kabinett, das jetzt Friedenskabinett hieß, waren nur noch 11 Minister aus der vorangegangenen Regierung wieder vertreten. Das neue Friedenskabinett[224] setzte sich mehrheitlich aus Finanz- und Wirtschaftsexperten zusammen, die nicht dem Parlament entstammten, sondern in ihrer Mehrheit im Hochschulbereich und in der Administration tätig waren. Viele der neuen Minister gehörten zum engeren Beraterkreis des Präsidenten und hatten sich für die Wirtschaftsreformen eingesetzt. "Als Aufgaben des neuen Kabinetts nannte der Staatschef die Steigerung der Produktion, die Senkung der Preise und die Erhöhung der Löhne."[225] Folglich bestimmten bis zum Abschluß des Friedensvertrages im März 1979 propagandistische Erfolgsberichte über die zu erwartende wirtschaftliche Prosperität und über internationale und amerikanische Finanzhilfezusagen die Reden und das öffentliche Auftreten Sadats.[226] Mit diesen ökonomisch orientierten Ausblicken versuchte Sadat, gerade auch den gemäßigten Gegnern im Parlament und in den Medien die Argumentation zu entziehen. Diese gemäßigte Opposition, bestehend aus Unabhängigen, ehemaligen Freien Offizieren und früheren

Regierungsmitgliedern, stellte sich zwar nicht grundsätzlich gegen einen Vertragsabschluß mit Israel, sah aber in Sadats Außenpolitik nur einseitige ägyptische Vorleistungen sowie wirtschaftliche Abhängigkeiten, insbesondere gegenüber den Vereinigten Staaten.[227] Nach der Unterzeichnung des Abkommens, das im Parlament auf 15 Gegenstimmen traf, wobei 55 Abgeordnete der Abstimmung fernblieben, darunter auch einige aus Sadats eigener Partei,[228] setzte Sadat wiederum ein Plebiszit an. Er wollte - insbesondere für das demokratische Ausland bestimmt - den 15 Nein-Stimmen die einmütige Volksmeinung zu seiner Friedenspolitik entgegensetzen. Die Volksbefragung stellte aber nicht nur den Frieden zur Abstimmung, sondern auch die Auflösung des Parlaments, ein Vorgehen, das verfassungswidrig war, weil nur im Konfliktfall zwischen Parlament und Präsidenten nach einem Referendum zugunsten des Präsidenten das Parlament aufgelöst werden durfte.[229] Mit diesem Plebiszit war endgültig die Abkehr von der politischen Reformpolitik vollzogen; denn das Plebiszit und die für Juni 1979 festgesetzten Neuwahlen hatten nur den Zweck, die im Parlament vertretenen Abgeordneten, die im Begriff waren, dem Präsidenten die außenpolitische Gefolgschaft zu verweigern, auszuschalten sowie den 'schwankenden' Abgeordneten der NDP mit dem Verlust des Mandats zu drohen und die außerparlamentarischen Kritiker mit der 'erfragten Volksmeinung' zu konfrontieren. Der Korrespondent der Neuen Zürcher Zeitung kommentierte im voraus diese Wahlen so: "Die Wahlen sind so angelegt, daß sie die Möglichkeit eines Machtwechsels zum vornherein ausschließen. Die wirkliche Macht bleibt bei Präsident Sadat. Alle jene Gruppierungen, die seine Herrschaft möglicherweise über kurz oder lang in Frage stellen könnten, sind entweder ausgeschaltet oder Bedingungen unterstellt, die verhindern, daß sie im Parlament stark werden."[230] Per Wahlgesetz war es den Kandidaten untersagt, die Friedenspolitik und die wirtschaftliche Entwicklung zu 'Wahlpropagandazwecken' aufzugreifen, während Sadat - Parteichef der NDP - in seiner Eigenschaft als Präsident durch Stadt und Land zog und für seinen Friedensschluß mit Israel warb.[231] In den Wahlkreisen, in denen die Liberalen Mustafa Kamal Murads und die Sozialistische Arbeiterpartei Schukris antraten, verzichtete die NDP nach Weisung des Präsidenten auf die Nominierung von Gegenkandidaten, um den loyalen Oppositionsparteien eine reale Chance zur Wiederwahl zu sichern. Die Unregelmäßigkeiten und Behinderungen bei den Wahlen[232] brachten schließlich das erwünschte Resultat, nämlich die Reduzierung der Unabhängigen von 50 auf 2 und das Scheitern der 'Linken' (Tabelle 30). Die parlamentarische Meinungsvielfalt[233] bestand nunmehr

Tabelle 30: Ergebnis[234] der Parlamentswahlen 1979 im Vergleich zu 1976

	1979		1976
NDP	302	Mitte	284
Rechts	3	Rechts	12
Links	-	Links	2
Unabhängige	2	Unabhängige	50
Sozialistische Arbeiterpartei	29[a]		
	392[b]		348

a) 17 Abgeordnete der Sozialistischen Arbeiterpartei traten sofort zur NDP über.

b) Die restlichen 50 Mandate verteilten sich auf 30 Frauen (NDP), die in den städtischen Wahlkreisen, in denen sie kandidierten, automatisch ein Mandat erhielten, sowie 20 andere (10 Kopten), die vom Präsidenten ernannt wurden und bei Abstimmungen mit der NDP-Fraktion stimmten.

fast nur noch aus den offiziell zugelassenen und geförderten Parteien, die mit dem Parteityp der in demokratischen Regierungssystemen existierenden Parteien nicht vergleichbar sind. Die formal-rechtlichen Bestimmungen des Parteiengesetzes, die Einhaltung der in den Verhaltenskodizes festgeschriebenen Auflagen für die Artikulation und Diskussion gesellschaftlicher 'demands' sowie die Verpflichtung zum Konsens in zentralen Fragen der ägyptischen Wirtschafts- und mehr noch in der Außenpolitik, deren Leitlinien Sadat allein definierte, lassen den Begriff lizensierte Konsenspartei für diese Parteien gerechtfertigt erscheinen. Mit dieser 'von oben' herbeigeführten institutionellen Umstrukturierung des Parteiensystems schuf sich

Sadat vor allem eine neue Regierungspartei, die, funktional gesehen, die Aufgabe der ASU übernahm. Wie bei Nasser wurde die Regierungspartei NDP[235] weitgehend zur parlamentarisch bedeutungslosen Abstimmungs- und Propagandamaschine, deren Hauptaufgabe jetzt in der Mobilisierung der Wählerschaft für die zahlreichen Referenda lag. Darüber hinaus erhielt der Generalsekretär der Partei den Rang eines stellvertretenden Ministerpräsidenten und war für die 'Koordinierung' der legislativen Vorhaben des Präsidenten zwischen Präsidialkanzlei und Parlament zuständig. Diese institutionelle Umschichtung des Willensbildungsprozesses bewirkte eine Einschränkung des politischen Beteiligungsangebotes, und zwar bei verstärkter gesellschaftlicher Politiknachfrage,[236] die sich in erster Linie aus der Kritik an der Außenpolitik ergab. Gerade die Mittelschichten, deren mit Camp David verknüpfte wirtschaftliche Erwartungen sich nicht erfüllten,[237] sahen nach dem März 1979 die Grundwerte der ägyptischen Gesellschaft auf den Kopf gestellt und äußerten ihren Unmut durch die Zurückweisung der Friedensinitiativen.[238] Daß dabei die Außenpolitik mehr und mehr in den Vordergrund rückte, hatte auch eine legal-pragmatische Ursache. Da die religiöse Presse und sonstige Medien, sowohl der Orthodoxen als auch der Fundamentalisten, im Gegensatz zu den Parteimedien privat geführt wurden, unterstanden sie nicht der staatlichen Aufsicht und boten daher auch den Mittelschichten Gelegenheit, ihre 'politische' Kritik zu veröffentlichen. Essentielle Themenbereiche in der religiösen Presse waren aber insbesondere "die Friedenspolitik Sadats gegenüber Israel, seine proamerikanische Orientierung und seine allzu liberale Wirtschaftspolitik (im Sinne von 'laissez faire' und von 'enrichissez-vous') ... ."[239] Eine Auseinandersetzung mit Sadats Politik in diesen Themenfeldern hatte daher die größte Chance, publiziert zu werden. Je erbitterter die Friedenspolitik des Präsidenten abgelehnt wurde, desto stärker engte Sadat die Partizipationsmöglichkeiten seiner eigenen sozialen Basis ein. Und je stärker die sich abzeichnende Kluft zwischen Partizipationsnachfrage und -angebot hervortrat, desto häufiger berief sich Sadat auf die Religion als Grundmuster seiner politischen Handlungsweise. Zur formalen Aufrechterhaltung seiner propagierten Herrschaft der Institutionen und seiner Politik des Dialogs griff Sadat daher die Institutionen der überlieferten Konzeption eines konsultativen Regierungssystems wieder auf oder reinterpretierte die modernen Institutionen im Sinne ihrer traditionalen Pendants. So referierte Sadat bereits bei der Jahresversammlung der NDP-Jugend im Juli 1979 in einer programmatischen Grundwerteerklärung seine Vision des wahren oder echten Mehrparteiensystems anhand der klassisch-islamischen Beratungsverfahren: "We have turned to the multi-party system ... because we want to apply the system of 'shura' of collective consultation. This is a system emphatically enjoined in the Koran, and it represents the highest degree of democracy."[240] Diese Retraditionalisierung der politischen Strukturen erfuhr ihren institutionellen Höhepunkt im Mai 1980 in Form eines weiteren Plebiszits. Der unmittelbare Anlaß für die plebiszitäre Mobilisierung der Volksmeinung waren die sich ergebnislos dahinziehenden ägyptisch-israelischen Autonomieverhandlungen, die Sadat im Mai wegen der starken innenpolitischen Proteste abbrechen mußte.[241] Mitglieder und selbst Mandatsträger der NDP, Abgeordnete der loyalen Sozialistischen Arbeiterpartei, ehemalige Freie Offiziere und namhafte Journalisten sowie bekannte Anwälte kritisierten Sadat offen und es bestand für den Präsidenten die Gefahr, in die politische Isolation - ganz abgesehen von den islamischen Kräften - zu geraten.[242] Daher entließ Sadat den Ministerpräsidenten, führte selbst die Regierung an und stellte ein neues Gesetz, diesmal "Zum Schutz der Werte vor der Schande" zur Abstimmung. Auf der Grundlage dieses Gesetzes sollte ein 'Werte-Gerichtshof' eingerichtet werden, der auf Antrag des in der Verfassung von 1971 vorgesehenen sozialistischen Generalstaatsanwalts Verfahren bei Korruptionsverdacht und wegen Verstößen gegen die Ethik-Richtlinien eröffnen sollte. Neben diesem Gesetz,[243] das auch weitgehende Einschränkungen der Pressefreiheit und allgemein der politischen Kritik ermöglichte, unterbreitete Sadat eine von ihm vorgeschlagene und vom Parlament bereits gebilligte Verfassungsrevision als Volksentscheid; die wichtigsten Änderungen[244] der Revision umfaßten:

1. Die Aufhebung der Beschränkung der Amtszeit des Präsidenten auf zwei 6-Jahresperioden, wodurch der Präsident "praktisch zum Staatschef auf Lebenszeit gewählt wurde."[245]

2. Die Neubestimmung des Artikel 2. Danach war die šarīʿa nicht länger nur eine der Rechtsquellen, sondern die Grundlage der ägyptischen Rechtsprechung.

3. Die Schaffung eines Konsultativrates mit 210 Mitgliedern, von denen 140 gewählt und 70 vom Präsidenten ernannt werden sollten.

4. Die Einführung eines Verfassungsartikels,[246] der die Presse zur vierten Gewalt proklamierte und unter die Kontrolle eines zu schaffenden staatlichen Rates stellen sollte.

Dieses Referendum löste nicht nur eine breite Diskussion im Parlament und in den Berufsverbänden aus, sondern auch einen Sturm der Entrüstung unter den Kopten. Denn de facto bedeutete die Neufassung des Artikel 2 die Einführung der islamischen Rechtsprechung auch für das Personenstandsrecht und zumindest die legale Voraussetzung für eine umfassende Islamisierung aller Daseinsbereiche.[247]

Die von den Kopten als Kapitulation vor den islamischen Fundamentalisten gewertete Änderung des Artikel 2 trug daher nicht zur innenpolitischen Beruhigung bei, sondern bewirkte eine Wiederbelebung der interkonfessionellen Spannungen.[248]
In der Tagespolitik bestimmten nach dem Mai 1980 die direkten Dialogformen das präsidiale Auftreten. Obwohl Sadat jahrelang den 'Vorrang der Institutionen' verkündet hatte, veranstaltete er nunmehr Fernsehdiskussionen, beispielsweise mit ausgewählten Studenten, orientiert am amerikanischen Vorbild der Kamingespräche wie sie Präsident Franklin D. Roosevelt für seine präsidialen (Rundfunk)Botschaften eingesetzt hatte. Ähnliches gilt auch für die unmittelbaren Kontakte mit hohen Offizieren, Repräsentanten der Berufsvereinigungen und islamischen Meinungsführern, bei denen er - häufig auch vor den Fernsehkameras - um Zustimmung für seine Politik warb. Galt nach dem klassischen Muster dieser Beratungsverfahren für die religiösen und politischen Eliten zumindest qua Gewohnheitsrecht ein Anspruch auf Gehör, so wich Sadat von dieser Überlieferung ab: Er bestimmte ad hoc seine wechselnden Dialogpartner aus Klerus, Gesellschaft,

Politik und Wirtschaft, häufig in Abhängigkeit von tagespolitischen Ereignissen. Diese Gespräche bzw. Sendungen entwickelten sich zu 'Fernsehmonologen' an die Bevölkerung, und wenn Sadat auf Kritik traf, betrieb er anschließend häufig die Absetzung seiner 'Gesprächspartner' aus den jeweiligen Funktionen oder behinderte die Arbeit - insbesondere der Berufsvereinigungen[249] - mit diversen Auflagen.
Dieser Führungsstil entwertete vollends das Parlament, die Parteien und die Presse zur politischen Residualgröße, die den eiligen politischen Besuchern aus den finanzstarken Demokratien als demokratische Errungenschaften dargeboten wurden.[250] Die daraus folgende erneute Personalisierung der ägyptischen Politik, die auch in der willkürlichen Entlassung und Ernennung von Ministern, hohen Fachbeamten und Beratern nachgewiesen werden kann,[251] hatte für die Finanz- und Wirtschaftspolitik erhebliche negative Rückwirkungen: Eine auf Kontinuität angelegte kohärente Wirtschaftspolitik, Sachkompetenz und notwendiges Reformengagement in der Administration ließen sich mit einer solchen präsidialen Arbeitsweise nicht bewerkstelligen. Darüber hinaus verstand sich Sadat in dieser Phase zunehmend als 'Vater der ägyptischen Familie', sprach Abgeordnete in der Öffentlichkeit mit 'mein Sohn' an[252] und stellte jeden, der seine 'Werte des Dorfes' und seine Außenpolitik nicht vorbehaltlos bejahte, außerhalb dieser 'Konsens Familie'. Das letzte politisch-institutionelle Instrumentarium seines innenpolitischen Krisenmanagements, das Anfang 1981 bereits Verhaftungen, Beschlagnahme von Parteizeitungen, Auflösung einzelner Berufsverbände, Ausschluß von kritischen Abgeordneten aus dem Parlament einsetzte, war der Vorschlag, innerhalb der NDP eine 'ehrliche, loyale Opposition' zu bilden. Dieser Vorschlag blieb nicht nur ohne positives Echo in Partei und Presse, sondern bewirkte einen neuen Schub von Protesten und Kritik, teilweise sogar - wenn auch vereinzelt - aus den Reihen der NDP und dem engeren Beraterkreis des Präsidenten.[253] Erneute schwere Unruhen zwischen Muslimen und Kopten im Juni 1981[254] signalisierten eine innenpolitische Destabilisierung, der Sadat nicht mehr institutionell, sondern administrativ begegnete. Unter dem Vorwand der Wahrung der Einheit und der Sicherheit des Landes erfolgten Verhaftungen, wie sie nach Vorgehen und Art nur in totalitären Herrschaftssystemen

üblich sind.[255] Bei der größten bekanntgewordenen Festnahmeaktion im September 1981 - die Zahlen schwanken zwischen 1500 und 3000 Inhaftierten - waren etwa zwei Drittel der Verhafteten Muslime, und ein Drittel setzte sich aus bekannten Vertretern der Kopten, Wafd und Mitgliedern der offiziellen Parteien zusammen. Obwohl die Aktion nach einstimmiger Bewertung der Beobachter vor Ort den islamischen Gruppen galt und das Vorgehen gegen das säkulare Drittel aus Proporzgründen erfolgte,[256] so war doch auffällig, daß die Mehrzahl der Verhafteten unabhängig von ihrer konfessionellen Zugehörigkeit sich irgendwann einmal mündlich oder schriftlich gegen Sadats Außenpolitik ausgesprochen hatte. Einen Monat später, am 6. Oktober 1981, fiel Sadat einem Mordanschlag zum Opfer, der von islamischen Extremisten vorbereitet und durchgeführt worden war. Dieser Anschlag, dessen zeitliches Timing unmittelbar durch die Verhaftungen mit beeinflußt wurde, sollte das Signal für eine landesweite islamische Revolution abgeben. Mehrtägige militante Auseinandersetzungen gab es aber nur in Assiut, ein Beleg dafür, daß die radikale religiöse "Alternative" bei der Bevölkerung nur auf geringe Resonanz stieß. Innerhalb der Streitkräfte wurden zwar revolutionäre islamische Zellen - bei Unteroffizieren und im mittleren Offizierskorps - entdeckt, aber insgesamt standen die höheren Offiziere loyal zu den Regierenden.

Der ausschließliche Bezug auf das präsidiale Handeln und die Glaubwürdigkeit Sadats reichen allein nicht aus, die Abkehr von dem Versuch der Institutionalisierung einer pluralistischen Willensbildung sowie die Hinwendung zu religiösen Normen und erneuten Personalisierung des politischen Allokationsprozesses zu verstehen. Vielmehr scheint der durch den nicht akzeptierten außenpolitischen Wertewandel eingetretene Charismaentzug einerseits und der kollektive Identitätsverlust bei Kerngruppen der ägyptischen Gesellschaft andererseits die Hinwendung zum tradierten Konfliktaustrag eingeleitet zu haben. Das Verhalten der politischen Akteure während der zweiten Phase seit den Parlamentswahlen vom Juni 1979 ist daher weniger die Konsequenz des politischen Fehlverhaltens des Präsidenten oder einzelner Oppositioneller, sondern ein strukturelles Problem, nämlich: Die Inkompatibilität von modernen politischen Strukturen und traditional-politischer Kultur, insbesondere, wenn bei wertnormativem (Identitätsverlust) und wirtschaftlichem (neue Armut) 'stress' die Nachfrage nach aktiven Partizipationschancen steigt. Das durch die politische Kultur bedingte Theorie- und Praxisdefizit bezüglich der Rollenzuweisung zwischen Regierung und Opposition hat die öffentliche und organisierte Inanspruchnahme der propagierten Institutionen und pluralistischen Freiheiten blockiert. Damit wurde aber der institutionelle Aufbau kompromißorientierter Spielregeln und ihre Internalisierung in der Ära Sadat verhindert. Die politische Kultur selbst erwies sich als antagonistische Schwelle für die Umsetzung des Reformkurses. Werden aber Kritik, Kontrolle sowie personelle und inhaltliche Alternativen restriktiv 'ausgeschaltet', bildet sich regelmäßig aus der Opposition im System eine Opposition zum System. Aufgrund der islamischen Reorientierung dieser Opposition und des regionalen Einflusses (Iran, Muslimbruderschaft) wurde in der Ära Sadat ein gesamtgesellschaftlicher Prozeß eingeleitet, der die innen- und außenpolitischen Optionen des Regierungssystems auf die Koordinaten mehr oder weniger Islam verengte. Damit werden mittelfristig tiefgreifende Reformen und politische, wirtschaftliche und soziale Innovationen erschwert.

Anmerkungen

Kapitel 7 "Sadat: Auf der Suche nach Charisma"

1) Vizepräsident Sadat, der gemäß den Verfassungsbestimmungen und unter Beteiligung der zuständigen Institutionen zunächst interimistisch das Präsidentenamt übernahm, wurde vom ZK am 5. Oktober 1970 als einziger Kandidat der Nationalversammlung vorgeschlagen, von dieser am 9. Oktober nominiert und am 15. Oktober per Referendum mit 90,4% für sechs Jahre gewält.

2) Vgl. A. Perlmutter, Egypt the Praetorian State, a.a.O., S. 177.

3) Von Journalisten nach Sadats Fähigkeiten befragt "sagte ich, er sei wahrscheinlich nur eine Zwischenlösung und würde höchstens ein paar Wochen regieren – ein ausgesprochenes Fehlurteil." Vgl. H. Kissinger, Memoiren 1968-1973, München 1979, S. 1353; diese Negativ-Perzeption der Persönlichkeitsvariablen des neuen Präsidenten war begründet in der Tatsache, daß Sadat wenig bekannt war, nie eine aktive Rolle in einer der rivalisierenden Machtgruppen wahrnahm und weder eindeutig dem linken noch dem rechten Flügel der ASU zuzurechnen war.

4) R. Dekmejian, Egypt under Nasir, a.a.O., S. 285.

5) I. Enterlis, Nasser's Egypt: The Failure of Charismatic Leadership, in: Orbis, 2, 1974, S. 451 ff.

6) Heikal (al-Ahram Chefredakteur) zufolge hatte Nasser kurz vor seinem Tode Z. Muhi ad-Din als Nachfolger vorgesehen. "As-Sadat gelang es jedoch im Bund mit Ali Sabri, diesen anti-sowjetisch eingestellten Politiker offenbar auch mit Hilfe sowjetischer Intervention auszumanövrieren." Vgl. H. Mattes, W. Züfle, Ägypten, a.a.O., S. 286. Moskau, das vom fatalen Gesundheitszustand Nassers Kenntnis hatte (sowjetische Ärzte, Behandlung in der UdSSR) intervenierte zunächst zugunsten Sabris, der aber nicht mehrheitsfähig war; dazu A. Nutting, Nasser, a.a.O., S. 447 f.

7) Siehe Schaubild 9, zusammengestellt nach Arab World Weekly, 18. Sept. 1971, Arab Report and Record, 1-15, Mai 1971, S. 245 ff., M. Cooper, The Transformation of Egypt, London 1982, S. 65 ff.

8) Die Zusammenarbeit der Sadat-Gegner wird auch auf deren verwandtschaftliche Querverbindungen untereinander zurückgeführt; Verteidigungsminister Fawzi war beispielsweise mit dem Chef des Präsidialgeheimdienstes Sharaf verschwägert.

9) Als Vizepräsident wurden H. Shafei und Ali Sabri ernannt. Sadat mußte eine erhebliche Konzession hinnehmen: nicht der Präsident, sondern der Vizepräsident Sabri sollte die Kabinettssitzungen leiten und für die Exekutive sprechen; vorgesehen war auch eine 14tägige Berichterstattung des

Präsidenten vor und Konsultation mit den höchsten Parteiinstanzen.

10) Zu Sadats Funktionen, insbesondere als Parlamentspräsident, s. R. Dekmejian, The U.A.R. National Assembly - A Pioneering Experiment, Middle East Studies, 4, 1968, S. 361 ff.

11) Im Sinne von L. Bowie, Charisma, Weber und Nasir, in: Middle East Journal (2), 1976.

12) "Als ich jedoch die Macht übernommen hatte, begriff ich die bittere Wahrheit. Ich rief Dr. Hassan Abbas Zaki, den damaligen Minister für Finanzen und Wirtschaft, zu mir und fragte ihn nach der wirtschaftlichen Lage. Er antwortete einfach: "Die Staatskassen sind leer. Wir sind fast bankrott." Es gelang mir damals 200 Millionen ägyptische Pfund zu borgen, aber Dr. Zaki sagte, daß das keineswegs genügen werde. Äußerst bestürzt aber war ich, als ich erfuhr, daß auch unser Liquiditätsproblem so groß war, daß wir sehr bald Schwierigkeiten haben würden, den Sold unserer Soldaten an der Front und unsere Beamten zu bezahlen." Vgl. A. Sadat, Unterwegs ..., a.a.O., S. 248.

13) "A furious period of popular consumption was embarked upon. Prices were reduced on a wide range of consumer goods. Promotions were announced, custom duties lowered, public utilities improved." Vgl. M Cooper, The Transformation of Egypt, a.a.O., S. 67.

14) Dazu D. Hopwood, Egypt ..., a.a.O., S. 82 f., S. 197 f.

15) Einzelheiten zu Sadats Plänen, die er nicht in ASU-Gremien sondern vor dem Parlament erläuterte, bei W. Köhler, Die Wiedereröffnung des Suez-Kanals, in: Orient, Juni 1975, S. 57 ff.

16) Zur Geschichte der `Tripoli Charta', der Nasser schon 1970 zugestimmt hatte (damals war der Beitritt des Sudan anstelle Syriens vorgesehen) als Ausgangspunkt einer progressiven panarabischen Achse S. P. Bechthold, New Attempts at Arab Cooperation: The Federation of Arab Republics, 1971-?, in: Middle East Journal, 2, 1973, S. 152 ff.

17) A. Hottinger, Der Machtkampf in Ägypten nach dem Tod Nassers, in: Europa Archiv, 16, August 1971, S. 564 ff. Im Obersten Exekutivkomitee stimmten von acht anwesenden Mitgliedern nur drei (Sadat eingeschlossen) für die Föderation. Sadat legte daraufhin dem ZK die Vorlage zur Abstimmung vor, das mit 145 zu 5 Stimmen die Föderationspläne verwarf. Mit Ergänzungen versehen überwies er den Plan an das Parlament, in dem er - nach Ausschluß des Parlamentspräsidenten und 18 Abgeordneten - eine absolute Mehrheit fand, die ihm in einer Resolution versprach "that it will always be behind him on the path of freedom, tranquillity, the rule of law, complete national unity and socialism." Vgl. M. Cooper, The Transformation ..., a.a.O., S. 72. Gestützt auf diese Mehrheit erreichte er Ende April einen Stimmungsumschwung im ZK zu seinen Gunsten.

18) Zu den Kontakten und Loyalitätsbindungen der mit der Ostfront beschäftigten Kommandeure s. M. Heikal, The Road to Ramadan, a.a.O., S. 133 f.

19) Zur Beruhigung der UdSSR unterzeichnete die neue Führungsgruppe (Sadat, Shazli und Armeeoberbefehlshaber Sadek verhandelten einen Vertrag über Freundschaft und Zusammenarbeit mit Moskau, der eine nahezu allumfassende Konsultationspflicht ("in allen Fragen von Bedeutung") für beide Staaten und eine vertraglich niedergelegte Bindung Ägyptens vorsah, der Nasser stets ausgewichen war. Vgl. J. Waterbury, The Egypt of Nasser and Sadat, a.a.O., S. 351 und A. Hottinger, Der Machtkampf in ..., a.a.O., S. 571 f.

20) Das Oberste Exekutivkomitee blieb bis nach dem Oktoberkrieg unterbesetzt; überdurchschnittlich hoch war die Säuberungsrate in den elektronischen Medien, denn Sabri hatte über ASU- und Medienorgane Protestveranstaltungen zu organisieren versucht, die wiederum als Vorwand für ein polizeiliches und militärisches Eingreifen dienen sollten. Eine breite Mobilisierung der (städtischen) Bevölkerung mißlang. Dazu und zu den Verhaftungen sowie Neubesetzungen in Armee, Polizei und ASU s. J. Waterbury, Egypt ..., a.a.O., S. 235 ff.

21) Vgl. N. Saliba, The Decline of Nasirism in Sadat's Egypt, in: World Affairs, No. 1, Summer 1975, S. 51. "Diese Ankündigung bedeutete eine Herausforderung aller Würdenträger der Staatspartei, denn die mußten verstehen, daß sie, die es gewagt hatten, dem Präsidenten Widerstand zu leisten, nicht mehr auf seine Hilfe bei Neuwahlen zählen konnten, so daß die Grundlage ihrer Machtposition, ihre Parteistellung, in Gefahr geriet." Vgl. A. Hottinger, Der Machtkampf in ..., a.a.O., S. 568.

22) S. Archiv der Gegenwart 1972, S. 16795 zu den Wahlen und Referenda.

23) Vgl. Area Handbook for Egypt, a.a.O., S. 196 ff.

24) Abgedruckt in Middle East Journal, Winter 1972, No. 1, S. 55 ff. Documents, Consitution of the Arab Republic of Egypt, sowie Schaubild 10; ausgearbeitet, erörtert und diskutiert wurden die Verfassungsartikel in der Öffentlichkeit und in den parlamentarischen Gremien, nicht aber innerhalb der ASU.

25) Den Abgeordneten wurde explizit das Recht zur Gesetzesinitiative und zur Einsetzung von Untersuchungsausschüssen eingeräumt. Bei Plenumsanhörungen und Befragungen zu Geschäftsbereichen der Exekutive hat der Premierminister, der zuständige Fachminister (oder von ihm beauftragte Vertreter) Rede und Antwort zu stehen.

26) R. Humphreys, Islam and Political Values in Saudi Arabia, Egypt and Syria, in: Middle East Journal, No. 1, Winter 1979, S. 1 ff., weist (S. 12) darauf hin, daß auch über die Nasser Ära hinweg zumindest die modernistische Islamvariante

kontinuierlich zentraler Bestandteil der politischen Kultur war und die Einstellung vorherrschte, "that the new constitution must name Islam as the state religion, and there was likewise broad consensus that the sharia' should be in some sense a basis of legislation."

27) Beispiele für die Anteilnahme bekannter Scheichs, Ministerialbeamter, Naturwissenschaftler und Abgeordneter, die sich mit Kurzaufsätzen in Tageszeitungen zu islamischen Themen äußerten, bei J. O'Kane, Islam in the New Egyptian Constitution: Some Discussions in al-Ahram, in: Middle East Journal, 2, Spring 1972, S. 137 ff.; zusätzlich fanden landesweit Umfragen und Anhörungen statt und Mitglieder des zuständigen parlamentarischen "Preparatory Committee travelled to the different administrative meetings at which representatives of the people were invited to present their suggestions." Auffallend die Beiträge der staatlichen Vertreter (auch ASU), die bemüht waren, die Identität von sozialistischen Prinzipien und islamischen Grundwerten herauszustellen.

28) Zu den Positionen und Rechtsauffasungen der einzelnen Richtungen vgl. M. Muranyi, Ägypten, in: Ende/ Steinbach, Der Islam, S. 344.

29) Die Grundsatzfrage über die Bedeutung der sariá in der zeitgenössischen Legislative wurde in folgenden Teilfragen thematisch aufgegliedert:
"- wie kann man das islamische Recht mit dem geltenden (positiven) Recht in Einklang bringen;
- wie ist die Verdrängung nicht-islamischer, ja islamfeindlicher Elemente aus der zeitgenössischen Gerichtsbarkeit möglich;
- welche Elemente sollen zuerst und vorrangig durch islamische Rechtsprinzipien ersetzt werden?"

Vgl. M Muranyi, Ägypten, a.a.O., S. 347.

30) Vgl. G. Warburg, Islam and Politics in Egypt: 1952-80, in: Middle Eastern Studies, 2, April 1982, S. 147.

31) Vgl. R. Humphreys, Islam and Political Values in ..., a.a.O., S. 7.
Die Fundamentalisten problematisierten die politischen Grundlegitimationsfragen, wie Machtmißbrauch, Kontrolle der Herrschenden, Handlungsfähigkeit einer Regierung und Instrumente politischer Partizipation nur unter dem normativ-gesinnungsethischen Aspekt der Einführung einer religiösen Gesamtverfassung und der überlieferten Beratungskompetenz der religiösen Rechtsgelehrten. "Any government, however it came to power, was legitimate so long as it rule in full accord with the sharia and framed policy through close consultation with the sharia's recognized interpreters, the ulama." Während einige Modernisten "welcome popular assemblies as an effective way of realizing the Qur'an's injunction to rulers to seek consultation," konzentrierte sich das politische Denken beider Richtungen einmütig auf die Forderung: "...the `ulama' must have a

decisive voice in articulating, or at least reviewing and ratifying, all governmental policy, for no other group has a sufficient knowledge of and commitment to the sharia to ensure that policy conforms to its demands." Die Entwicklung zur Diktatur bzw. Despotie war nur in säkularen Regierungssystemen (marxistische Ein- oder pluralistische Mehrparteienmodelle) vorstellbar.

32) The Prsident intended to block the ASU from influencing the outcome of the elections. He meant to have his way, but by strictly legal means. In the week before the elections he again acted forcefully - as head of the party, as Head of State, as head of the executive. New Governors (25), Secretaries and Under-Secretaries of the ASU in the districts (125) and members of the `Popular Local Governments' (625) were appointed. On the day before the elections, the Local Government Executive Councils were named. In the six days before the elections, eight hundred purely political appointments were made. The timing is of utmost importance. At a crucial moment, local alliances were scambled, informal influence was short circuited, Presidential patronage was asserted and loyalties were re-affirmed. If the President had acted to ensure impartiality, he had also used his great power to ensure a favourable outcome. Vgl. M. Cooper, The Transformation of Egypt ..., a.a.O., S. 77.

33) "Sadat's basic strategy has been to set the ruler of debate without predeterminating the conclusions that are to be drawn, for the course of the debate itself will inform him what concrete steps are warranted." Vgl. J. Waterbury, Egypt ..., a.a.O., S. 249.

34) Die Maßnahmen regionaler ASU Gremien, deren rechtswirksames Handeln, Fragen der Kreditgewährung für die ländliche Entwicklung, staatlicher Einfluß auf die Genossenschaften und viele andere Schwachstellen der Nasser Ära sollten im einzelnen überprüft und gemäß Sadats Vorschlägen behoben werden. "The normal pattern ... has been to tear a given policy to pieces in committee ..., to give ample newspaper ... coverage to the findings, and then to have the Assembly as a whole approve the policy with marginal modifications." Vgl. J. Waterbury, The Opening, Teil III, American Universities Field Staff Reports (4), 1975, S. 16.

35) Auch bezüglich eines erneuten Waffengangs mit Israel griffen Parlamentarier populäre Unmuts- und Protestäußerungen auf und kritisierten indirekt den Präsidenten, "people have heard so much about preparation for the battle that they are fed up with slogans uttered here and there without result." Dieser Kommentar eines Abgeordneten wurde sogar in der Presse veröffentlicht. Vgl. R. Baker, Egypt's Uncertain Revolutioin ..., a.a.O., S. 162.

36) Ende 1972/Anfang 73 stieg das Ansehen des Parlaments, das dieselben Politikbereiche beanspruchte wie Sadat; daher war die Exekutive wiederum gezwungen, auf die Eingaben der komitees zahlenmäßig verstärkt zu antworten. Vgl. M. cooper, The Transformation of Egypt, a.a.O., S. 165.

Tabelle 23: Beantwortung parlamentarischer Anfragen

Jahr	Beschwerden	Nicht weitergegeben wegen Formfehler	Weitergegeben an Ministerien	Beantwortet von Ministerien	Beantwortung in %
1971-2	15,068	1,360	13,708	7,179	52,3
1972-3	22,621	2,150	20,471	12,447	60,8
1973-4	24,647	3,984	20,663	5,623	27,2
1974-5	40,074	1,222	38,852	6,968	8,2
1975-6	29,107	6,515	22,592	7,074	31,4

37) Vgl. J. Waterbury, The Egypt of Nasser and Sadat, a.a.O., S. 349 ff.

38) Mit Ausnahme des \`Kriegskabinetts' vom Februar 1973, das zu 30,5% aus Offizieren bestand, lag der Anteil der Offiziere (nach der Korrektivrevolution bis 1977) bei 3,8% und der technokratischen Offiziere bei 9%. (Für die Nasser Zeit: 20,6% bzw. 13,9%). Nicht die Bindung \`seiner' Minister an Mehrheitsströmungen im Parlament, sondern präsidiale Loyalität und technokratische Effizienz waren ausschlag gebend für die Rekrutierung. Ansätze politischer Kontrolle und Verantwortung gegenüber dem Parlament konnten sich daher nicht entfalten. Vgl. M. Cooper, The Demilitarization of Egyptian Cabinet, in: International Journal of Middle East Studies, 14, 1982, S. 203 ff.

39) Vgl. Area Handbook, Egypt, a.a.O., S. 200.

40) "Gerade in den Jahren nach der innenpolitischen Krise vom Mai 1971 ist der Chor der ägyptischen Presse vielstimmiger und reicher geworden, trotz vorerst kriegsbedingter Beibehaltung der Zensur und weiterhin vorherrschender Staatsaufsicht des Zeitungswesens." Vgl. H. Koschwitz, Publizistik und politisches System, a.a.O., S. 216.

41) Beispielhaft hat F. Heard-Bey, Die arabischen Golfstaaten im Zeichen der islamischen Revolutioin, Bonn 1983, aufgezeigt, daß derartige Einzelkritik für eine Gesellschaft, in der Korruption allgemein akzeptiert ist und zur Tradition gehört, bislang kaum politische Brisanz besaß. Allerdings "wächst aber in allen diesen reichen Staaten eine Generation von Technokraten heran, die auch in dieser Hinsicht eine andere Weltanschauung mitbringt."

42) Vgl. UNESCO Statistical Yearbook 1974/75. Auf acht Personen kam 1972 ein Radio, das, da im Lande zusammengebaut, sehr billig zu erwerben ist. Fernsehgeräte wurden in den

öffentlichen Einrichtungen kostenlos augestellt und häufig zum Mittelpunkt der Unterhaltung und Informationsgewinnung. Vgl. T. Green, Egypt, in: S. Head (ed.), Broadcasting in Africa, Philadelphia 1974, S 17 ff.

43) "Sadat war einer der Führer der Dritten Welt, die die umwälzenden Folgen der Medienrevolution erkannt hatten. In einem Land wie Ägypten hat das Fernsehen das Leben der einfachen Menschen in einer Weise verändert, die zu überschätzen kaum möglich ist. Vor der Fernseh-Ära kannten sie das Gesicht des Herrschers vielleicht von Zeitungsbildern und hörten seine Stimme gelegentlich im Radio; das Fernsehen aber brachte ihnen eine jede seiner Gesten ins Haus. Er war zu einer konkreten Person geworden, die das Wohn- und selbst das Schlafzimmer mit ihnen teilte. Vgl. M. Heikal, Das Ende eines Pharao, Düsseldorf 1984, S. 18.
Zu den Seh- und Hörgewohnheiten in Abhängigkeit von Beruf und sozialer Stellung s. die Fallstudie (6 Dörfer) von K. Menoufi, Occupational Status and Mass Media in Rural Egypt, in: International Journal of Middle East Studies, 13, 1981, S. 257 ff.

44) Sadat war der erste Politiker, der sich beim Gebet (Bildverbot im Islam) filmen ließ. "President Sadat has been given the title the \`believing President'. He is always called by his first name, "Muhammad". He is shown in the mass media in his white Jallabiya, going to the mosque or coming out of it, with a rosary in one hand and Moses's stick in the other, with a prayer mark on his forehead, etc. All these features depict him as a patriarch. He murmurs in prayer, closes his eyes and shows signs of fear, humility, and devotion. He begins his speeches with "in the name of God", and ends them with Qur'anic verses signifying modesty and asking for forgiveness. Vgl. H. Hanafi, The Relevance of the Islamic Alternative in Egypt, in: Arab Studies Quarterly, 1, 2, Spring 1982, S. 63.

45) Hierzu H. Mendelsohn, J. Crespi, Polls, Television and the New Politics, Scranton 1972, S. 266, and K. u. G. Lang, Politics and Television, Chicago 1968.

46) "Im Dezember 1972 forderte der Verband ägyptischer Journalisten - in einem am 17. Dezember von der \`el-Ahram' veröffentlichten Tageskommuniqué - die Regierung zur unverzüglichen Beseitigung der Pressezensur auf. ... Zahlreiche Journalisten kritisierten auf dem Verbandskongreß die Mißstände, zu denen die Pressezensur geführt hatte: immer wieder wären die einschlägigen Bestimmungen als Vorwand für willkürliche Interventionen und für das Verbot jeglicher Kritik an den Radio- und Fernsehprogrammen ausgenutzt worden." Vgl. H. Koschwitz, Publizistik und politisches System, a.a.O., S. 217.

47) Zur Chronologie der Unruhen s. Orient, 1, 1972; am 15. Januar 1972 veranstaltete eine \`Freunde der palästinensischen Revolution' genannte Gruppe eine politische Veranstaltung in der Technischen Fakultät der Kairo Universität, die am 17. in die allgemeine Studentenkungebung mit \`sit ins'

mündete und bis Ende Januar fast alle universitären Einrichtungen erreichte. Nach Studentenunruhen, Kabinettsberatungen und Gesprächen zwischen Studenten und Parlamentariern kam es erneut zu Demonstrationen und Verhaftungen. Die Resolutionen beinhalteten u.a. Ablehnung jeglicher politischer Lösung, Einspannung der Wirtschaft für die Kriegsanstrengungen, Stop der Bindung der ägyptischen Wirtschaft an ausländische Interessen, Meinungsfreiheit in den Universitäten, Aufhebung der Pressezensur, Stop der frivolen Sendungen im ägyptischen Radio- und TV-Programm. (S. 33) Aufgrund der Resolutionspunkte und des Erscheinens verschleierter Studentinnen gehen ägyptische Beobachter von gemeinsamen Aktionen nasseristischer und religiöser Gruppen aus, die im Verlauf des Jahres 72 mehrmals in den außeruniversitären Bereich expandierten, wobei religiöse Auseinandersetzungen (Brandstiftung in koptischen Kirchen) die innere Sicherheit ernsthaft bedrohten. Einzelheiten zu den Unruhen (Verhaftungen und Säuberungen in der ASU) während der Jahreswende 72/73, an denen nach G. Shoukri, Egypt Portrait of A President, London 1981, wegen der Preisentwicklung bei Lebensmitteln und der hohen Arbeitslosigkeit auch die städtischen Mittelschichten beteiligt waren.
"It is thus not surprising that many families in the middle strata have ceased to take meat, to drink milk or eat eggs." (S. 221)

48) Zur Imagekorrektur mit Hilfe der Außenpolitik, vgl. S. Hoffmann, Gulliver's Troubles oder die Zukunft des internationalen Systems, Bielefeld 1970, S. 291.

49) "Sadat himself has minutely explained his decision of July 1972, attributing it generally to the Soviet rejection of a military solution of the Middle East problem and specially to the refusal to deliver arms promised Egypt, which Sadat intended for this military solution. The concrete issue was that of offensive weapons, presumably MIG-23s and SCUD surface-to-surface missiles." Vgl. G. Golan, Yom Kipur and After, Cambridge 1977, S. 21.

50) Vgl. G. Lenczowski, Egypt and the Soviet Exodus, in: Current History, Januar 1973, S. 13 ff.

51) Auch das sowjetisch-amerikanische Kommuniqué anläßlich Nixons Moskau-Besuch im Mai 1972, in dem zur Nahost-Entwicklung nur zwei nichts-sagende Sätze stehen, wertete Sadat als eine Abgrenzung der Einflußsphäre zur Festigung des amerikanisch-russischen Dialogs, der zu Lasten Ägyptens ging.

52) Zur Resonanz in der Bevölkerung, vgl. J. Waterbury, The Crossing, American Universities Field Staff Reports, Northeast Africa Series 18, Dezember 1973, S. 10.

53) Vgl. D. Hirst, I. Beeson, Sadat, London 1982, S. 142 ff.

54) Zu den Zielen vgl. A. Sadat, Unterwegs zur Gerechtigkeit, a.a.O., S. 281 ff.

55) Mit der Bildung eines israelischen Brückenkopfes (16.-19. Oktober) schnitten die Israelis am 21. Oktober die III. ägyptische Armee, die mit 20.000 Soldaten und ca. 200 Panzern auf dem Sinai kämpfte, vom ägyptischen Hinterland ab. Nur der unter Vermittlung des amerikanischen Außenministers Kissinger erzielte Waffenstillstand, der die Versorgung der III. Armee garantierte, verhinderte die militärische Katastrophe für Sadat. Vgl. Archiv der Gegenwart, 1973, S. 18299 ff. sowie Area Handbook for Egypt, a.a.O., S. 218 ff. Zu den Verhandlungen Kissingers mit Israel, Ägypten und den diplomatischen Sondierungen in Moskau, vgl. M. Golan, The Secret Conversations of Henry Kissinger: Step-by-Step Diplomacy in the Middle East, New York 1976, S. 3 ff.

56) Die ägyptische Bevölkerung war über die problematische militärische Entwicklung der Lage und das amerikanische Eingreifen zugunsten der III. Armee nicht vollständig informiert worden.

57) Vgl. The October Working Paper, presented by Mohamed Anwar el Sadat, UAR Ministry of Information, Kairo 1974.

58) Zur Bewertung unter dem Aspekt des ideologischen Anspruchs, s. R. Glagow, Das Oktoberpapier - Dokument eines neuen Ägypten, Orient, 2, 1974, S. 58 ff. "Die Kritiker, die as-Sadats Politik unterstellten, die Prinzipien der Charta und des Sozialismus aufgegeben zu haben, wurden als Lügner und Verleumder bezeichnet. Es wird gesagt, die Dokumente der Revolution, zu denen auch das Oktoberpapier gehört, ergänzten sich untereinander, höben sich aber nicht gegenseitig auf."

59) Wirtschaftliche Entwicklung, Vorbereitung Ägyptens auf das Jahr 2000, wirtschaftliche Liberalisierung nach innen und außen, um für in Entwicklungsprojekten investiertes Kapital alle Sicherheiten zu schaffen, umfassende und effektive Planung, die mit wirtschaftlichen Methoden die Verwirklichung der großen gesellschaftlichen Ziele garantiert, Konsolidierung und Reorganisation des öffentlichen Sektors, um ihn zu befähigen, die Führung der Entwicklung und Formung des Menschen, Eintritt in das Zeitalter der Wissenschaft und Technologie, kultureller Fortschritt, basierend auf Wissenschaft und Glauben, eine offene und freie Gesellschaft, eine sichere Gesellschaft, in der der Bürger in der Gegenwart und in der Zukunft sozialen Schutz genießt. Vgl. R. Glagow, a.a.O., S. 62.

60) Beispiele hierzu bei J. Waterbury, The Opening, Part 1: Egypt's Economic New Look, Field Staff Reports, No. 2, 1975.

61) Wörtlich: öffnung. Allgemein verwendet wird der westliche Begriff: Liberalisierung.

62) Zu dem Sadat-Zitat vgl. G. Klöwer, Ägypten Zwischenbilanz und Perspektiven Sadatscher Entwicklungspolitik, Köln 1976, S. 35.

63) Zuverlässige offizielle Daten zur Quanität des Mittelschichtensegments sind nicht verfügbar. Aber der empirische Befund aus einem Fragebogen (1972) zur Erhebung unter der Elternschaft der Deutschen Evangelischen Oberschule in Kairo zeigt, daß sich von 244 Befragten 96% zur Mittelschicht (Selbsteinstufung) und 4% zur Oberschicht rechneten. Bei aller festgestellten Wirksamkeit tradierter Wertvorstellungen waren eine ausgeprägte Leistungsorientierung, Motivation zum Aufstieg und industriegesellschaftliches Denken deutlich auszumachen. "Dieser Bevölkerungsteil erinnert in seiner leistungsorientierten, sozial offenen Bewußtseinslage schon stark an europäische Industriegesellschaften. Seine Einordnung in den Bevölkerungsaufbau zeigt tendenziell die dort bekannte Verschiebung zum Mittelschichtenbereich hin." Vgl. R. Schulz, Wie modern ist die Kairoer Gesellschaft, in: Orient, März 1972, S. 4 f.

64) "Sadat expects no miracle from the agricultural cooperatives; accordingly, he gives them no great attention." Vgl. J. Waterbury, `Aisch: Egypt's Growing Food Crises, American Universities Field Staff Reports, Dez. 1974, S. 10 ff.

65) So S. Marei vor dem Parlament, vgl. J. Waterbury, Egypt ...., a.a.O., S. 217.

66) Dazu und zur Abkehr von der aggressiven Außenpolitik s. A. Hajjaj, Der Bruch mit dem Nasserismus in Ägypten, in: Europa Archiv 29, 1974, S. 707 ff., die eine Kooperation mit den Golf-Staaten erst ermöglichte.

67) Vgl. Area Handbook, a.a.O., S. 201.

68) Am 8. Februar 1974 wurde die Aufhebung der Pressezensur- mit Ausnahme der militärischen Berichterstattung - verkündet, s. NZZ, 11.2.74.

69) Vgl. N Salibi, The Decline of Nasserism in Sadat's Egypt, a.a.O., S. 53. Die Kampagne gegen die Fehler der Revolution - ohne Nasser namentlich zu nennen - begann im Februar; zuvor entließ Sadat M. Heikal, der die wichtigsten Zeitungen kontrollierte. Seine Entlassung im Januar 74 wurde mit Differenzen bezüglich der Einbeziehung der USA in die Friedenspolitik begründet. Tatsächlich aber entzog er dem Nasser-Vertrauten seine Einflußposition, um direkte Kontakte zu den Chefredakteuren, die jetzt persönlich für den Inhalt der Zeitungen verantwortlich zeichneten, herzustellen; s. H. Koschwitz, Publizistik und politisches System, a.a.O., S. 219.

70) Im Juni 74 wurde ein Investitionsschutzgesetz (Law 43) verabschiedet, das die Verstaatlichung von Unternehmen mit ausländischem Kapital erschweren soll. Die Einrichtung einer Freihandelszone (Zoll- und Steuervorteile) und ein paralleler Devisenmarkt sowie die partielle Aufhebung der ägyptischen Arbeitsgesetzgebungg in ausländischen Firmen (Quotenregelung, Mindestlohn) sollten die Anwerbung arabischen Kapitals, besonders in der Suez-Kanal-Zone

beschleunigen. Vgl. G. Abdel Khalek, The Open Door Economic Policy in Egypt: A Search for Meaning, Interpretation and Implications, in: H. Thompson, Studies in Egyptian Political Economy, Cairo (AUC) 1979, S. 74 ff.

71) Ausführlich bei J. Waterbury, Egypt ..., a.a.O., S. 252 ff.

72) Die Diskussion selbst war Gegenstand der Karikatur. In den Indoktrinationszeitschriften der Linken wurde die Formierung einer nationalen Front angeboten, die reaktionären Rechten angegriffen (beispielsweise in at-Tali'a November 1974 (11), S. 5 ff., oder der Verlauf der Junirevolution 1952 aus der Sicht eines linken Offiziers geschildert (Verrat der wahren sozialistischen Intentionen), in at- Tali'a Januar 1974 (1), S. 26 ff.

73) Unter Vorsitz von Mahmud Abu Wafiya, einem Schwager Sadats. Abu Wafiya war Mitglied des ZK der ASU, Abgeordneter und leitete den parlamentarischen Petitions- und Eingabenausschuß.

74) "The committee, mostly in the person of Abu Wafiya, had defined its task as simply recording the diverse views of the members of various functional groups that were invited to appear before it." Als die "educated, urban middle classes of Cairo and Alexandria dominated the debate"- deren linke Meinungsträger sich für ein Vielparteiensystem mit Verhältniswahl aussprachen, während die rechten zuallererst die Abschaffung der 50% Quote und der Ämterhäufung vorschlugen, besuchte das Anhörungeskomitee auf Weisung des Parlamentspräsidenten die Suhag Provinz. "There the rural masses affirmed their support of the ASU, although with some modifications, their convictions that the head of the ASU and the president of the Republic must be in the same person and their feeling that any more talk of abolishing the guaranteed 50 percent or more representations of peasants and workers in all elected positions in the country would be deeply resented." Vgl. J. Waterbury, The Egypt of Nasser and Sadat, a.a.O., S. 357 f.

75) Vgl. R. Glagow, Einige Aspekte der gegenwärtigen politisch-ideologischen Diskussion in Ägypten in: Orient, März 1975, S. 44.

76) Vgl. J. Waterbury, Egypt ..., a.a.O., S. 255.

77) Vgl. R. Israeli, The New Wave of Islam, International Journal, No. 3, Jerusalem 1979, S. 384 ff. Die Fundamentalisten behandelten theologische Prinzipien, stritten um die Zulässigkeit der Geburtenkontrolle, verurteilten den Alkoholgenuß und stellten Argumente für die allseitige Islamisierung des Staates zusammen. Das Oktober- bzw. ASU-Papier besaß keine wesentliche Relevanz und bis zur Jerusalem-Reise 77 wurde der Präsident nicht namentlich kritisiert. Dagegen agierten religiöse Extremisten militant gegen Institutionen und Symbolfiguren und riefen zum Sturz des weltlichen Regimes auf. Doch ihre Aktionen (Putschversuche (75), Erstürmung der Militärakademie (74) wurden wenig

beachtet und verurteilte Gewalttäter häufig per Präsidentendekret rehabilitiert.

78) Vgl. R. Glagow, Die Resolutionen und Empfehlungen der III. Nationalkonferenz der ASU vom 25. Juli 1975, in: Orient, Dezember 1975, S. 149 ff.

79) Beschlossen wurde ferner die Nominierung des Oktoberhelden für die nächste sechsjährige Präsidentschaftsperiode. Im April 75 ernannte Sadat den Generalleutnant der Luftwaffe Husni Mubarak zum einzigen Vizepräsidenten. Der plötzliche Aufstieg des populären Kriegshelden Mubarak diente der Einbindung der Streitkräfte, aus deren Reihen erneut Kritik an der Außenpolitik und Unmutsäußerungen wegen der mangelnden Ausrüstung (Heer) bekannt wurden; so R. Glagow, Neue Perspektiven in der ägyptischen Innen- und Wirtschaftspolitik, in: Orient, Juni 1975, S. 81 ff.

80) Arabisch Minbar, Plural Manebir; wörtlich bedeutet Minbar die Kanzel, auf der die Freitagspredigt gehalten wird. Die namentliche Nennung des Herrschers während der Freitangspredigt ist bis in die Neuzeit Ausdruck für dessen Souveränität bzw. für die Loyalität der Gläubigen zu ihm. Vgl. Lexikon der islamischen Welt, a.a.O., Bd. 1, S. 183, Bd. 2, S. 169.

81) Die Konferenz begrüßte die Einrichtung eines regierungsamtlichen Obersten Presserates. Dessen Mitglieder, der erste ASU Sekretär, der Informationsminister, Parlamentsabgeordnete und andere Offizielle wurden von Sadat ernannt, "in order that the press, which is owned by the people, expresses its wishes and becomes one of the country's institutions." Für alle Journalisten galt ein neuer `journalistischer Ehrenkodex'. Vgl. Area Handbook for Egypt, a.a.O., S. 234 ff.

82) Sadat persönlich initiierte die Abrechung mit den Nasseristen; "we see other people trying to build a temple called Nasirism, a temple which is shrouded with sanctity and obscurity, so as to establish themselves as priests-priests who are the only ones to know the secrets, who monopolize the interpretations, and who are the judges of right and wrong." Vgl. Rede Sadats vor dem ASU ZK und den Parlamentsabgeordneten am 28. September 1975, in: Orient, Dokumente, Dezember 1975, S. 142 ff.

83) Vgl. Al-Ahram, 21. Oktober 1975.

84) Bis zu diesem Zeitpunkt war in den oberen Parteiinstanzen das Verhältnis der Plattformen zur ASU (autonomer Status?, Repräsentation im ZK?, Fraktionen?) noch ungeklärt und "es konnte sich noch niemand vorstellen, ..., wie groß die Zahl der politischen Meinungsforen, wie weit der ideologische Spielraum sein würde. Sehr vage nur klang die Verpflichtung, sich an gewisse Grundprinzipien der ASU zu halten, so an die Endgültigkeit des Sozialismus in Ägypten (der durch die wirtschaftliche Öffnungspolitik bereits verändert wurde), an das Bündnis der Volkskräfte (trotz des ungebrochenen Klassenbewußtseins der Linken) und an die Fortsetzung der

Revolution (trotz Infragestellung des revolutionären Systems)." Vgl. R. Glagow, Die Wiedereinführung des Parteiensystems in Ägypten, in: Orient, Dezember 1976, S. 67.

85) Vgl. Anmerkung 73.

86) Vgl. ders., Die ägyptische arabische sozialistische Union im Wandel, in: Orient, Dezember 1975, S. 39 ff.

87) "Mustafa Kamil Murad gab zuerst ein Bekenntnis zur ägyptischen Geschichte und ihren Revolutionen, zu Tradition und Religion sowie zur Politik Anwar as-Sadats ab. ... Auf dem Felde der auswärtigen Beziehungen folgen die Vorschläge der Plattform, im wesentlichen der offiziellen Außenpolitik Anwar as-Sadats." Vgl. R. Glagow, Die ägyptische arabische sozialistische Union im Wandel, a.a.O., S. 61.

88) Dazu Beispiele aus Kairo und Alexandria, bei M. Cooper, The Transformation of Egypt, a.a.O., S. 186 f.

89) Vgl. R. Glasgow, Die Wiedereinführung des Parteiensystems in Ägypten, a.a.O., S. 68.

90) Der Begriff flexible Plattform sollte für politische Gruppen, die sich außerhalb der ASU organisieren wollten, gelten. Bis Ende 1975 hatte auch Sadat mehrmals eine solche Variante erwogen, sich aber nicht festgelegt. Trotz der grundsätzlichen Einigung auf Plattformen wurden erneut Emfehlungen für ein Vielparteiensystem mit Verhältniswahlrecht eingereicht. Zur Überwindung der festgefahrenen Diskussion intervenierte der Präsident Ende Januar 1976. "This time Sadat indentified himself with a moderate position between the advocates of continued one-party rule and those who called for the formation of additional parties. He warned of the dangers of excessive political fragmentation and took sharp exception to any possibility of the military being drawn into active political participation in any parties formed. But Sadat did argue that Egypt would benefit from a more active political life. He suggested that political groupings around right, left and center platforms be formed within the ASU ... ." Vgl. R. Baker, Egypt's Uncertain Revolution under Nasser and Sadat, a.a.O., S. 164.

91) "The first trend calls for the modification of the structure of the Arab Socialist Union, and the establishment of various manabir within it ...
The second trend calls for the maintaining of the Arab Socialist Union in its present form but at the same time allowing for more freedom of expression.
The third trend advocates the establishment of political parties.
The fourth trend suggests the establishment of manabir both inside and outside the Arab Socialist Union." Vgl. A. Dessouki (Hrsg.), Democracy in Egypt, a.a.O., Appendix I, S. 85.

92) Vgl. M. Cooper, The Transformation of Egypt, a.a.O., S. 191.

93) Zur Arbeitsweise dieser korporativen Vereinigungen, deren Führungsspitzen vom Präsidenten ernannt wurden, am Beispiel der Rechtsanwälte, Ingenieure und Studenten, s. J. Waterbury, The Egypt of Nasser and Sadat, a.a.O., S. 354, S. 380 f., dort auch Hinweise zu den `Anpassungen' der Richtlinien an die offizielle Politik.

94) Vgl. P. Mansfield, Wind of Change in Egypt, in: Middle East International, September 1976, S. 14 ff., der auch nur von Organisationen innerhalb der ASU spricht. Aufgrund einer komparativen Betrachtung - die Situation in Ägypten wird analog zu den Ereignissen der Nach-Franco-Periode bewertet-prognostiziert er eine kontinuerliche Entwicklung zu einem Mehrparteiensystem ("sooner or later into one of fully-fledged political parties"). Zu den völlig anderen Bestimmungsfaktoren (Rechtsstaatlichkeit, Institutionen), die in Spanien zur Herausbildung einer pluralistischen Mehrparteiendemokratie beigetragen haben, s. A. Hermens, P.-H. Köppinger, Von der Diktatur zur Demokratie: Am Beispiel Spaniens und Portugals, Berlin 1976, dritter Teil, S. 88 ff.

95) Vgl. R. Glagow, Die Wiedereinführung des Parteiensystems in Ägypten, a.a.O., S. 73 ff.

96) Vgl. S. Marei, Political Evolution from the One-Party to the Multi-Party System, in: A. Dessouki, Democracy in Egypt, a.a.O., S. 38 ff.

97) Nach offiziellen Angaben erklärten sich bis Ende Oktober 293 Abgeordnete als Mitglieder der Mitte-Fraktion; s. M. Cooper, The Transformation of Egypt, a.a.O., S. 192.

98) "Nach Ende Oktober 1976 veröffentlichten Zahlen soll die Mitte zu diesem Zeitpunkt 350.000, die Linke bis zu 100.000 und die Rechte bis zu 200.000 Mitglieder besessen haben." Vgl. R. Glagow, Die Wiedereinführung des Parteiensystems in Ägypten, a.a.O., S. 73.

99) Sozusagen während der `heißen Phase'des Wahlkampfes ließ sich Sadat - ohne Gegenkandidaten - per Referendum mit 99,4% für eine weitere Amtsperiode bestätigen. Gestützt auf dieses Plebiszit und eine breit angelegte Medienkampagne, empfahl sich die Mitte-Plattform als Organisation des Oktoberhelden. Vgl. R. Baker, Egypt's Uncertain Revolution under Nasser and Sadat, a.a.O., S. 164.

100) Auch enge Vertraute des Präsidenten setzten die Wahl als solche mit Demokratie gleich. Vgl. S. Marei, Political Evolution from the One-Party to the Multi-Party System, a.a.O., S. 41.

101) Vgl. A. Rubinstein, The Egypt of Anwar Sadat, in: Current History, Januar 1977, S. 19.

102) Vgl. F. Büttner, Political Stability Without Stable Institutions. The Retraditionalization of Egypt's Policy, in: Orient (1), 1979, S. 53 ff., hier S. 52. "Core group

members in some key positions of government and trusted friends in others have been a sufficient guarantee that the president's directives are carried out - ...".

103) So etwa der notwendige Fortbestand der Werte des ägyptischen Dorfes beim Aufbau eines technologisch-modernen Ägypten; weitere Argumentationsbeispiele zu dieser Synthese bei J. Waterbury, The Egypt of Nasser and Sadat, a.a.O., S. 383.

104) Vgl. G. Shoukri, Egypt: Portrait of a President, London 1981, S. 392 ff.

105) Dazu R. Glagow, Die Wiedereinführung des Parteiensystems in Ägypten, a.a.O., S. 70 ff.

106) Vgl. G. Warburg, Islam and Politics in Egypt: 1952-80, a.a.O., S. 138.

107) M. Hudson, Arabic Politics, a.a.O., S. 142 f. konstatiert aufgrund dieser Einstellungen und Verhaltensweisen eine Ruralisierung der urbanen Zentren Ägyptens Mitte der 70er Jahre, ein aufschlußreicher transitorischer Aspekt bezüglich des Stadt-Land Gefälles, der die Wirkungseffekte der sozialen Mobilisierung in Frage stellt. Zu diesen personalisierten Wahlkampfaspekten R. Glagow, Die Wiedereinführung des Parteiensystems in Ägypten, a.a.O., S. 76; auch K. el-Menoufi, The Orientation of Egyptian Peasants Towards Political Authority Between Continuity and Change, a.a.O., S. 87 "The personification of authority."

108) Vgl. R. Glagow, Die Wiedereinführung des Parteiensystems in Ägyptens, a.a.O., S. 73.

109) Vgl. R. Glagow, Die Widereinführung des Parteiensystems in Ägyptens, a.a.O., S. 75.

110) Dazu die Berichterstattung in der "Neue Züricher Zeitung" ab dem 30. Oktober bis 15. November 1976.

111) Vgl. M Cooper, The Transformation of Egypt, a.a.O, S. 206 ff., sowie New York Times v. 29. Oktober 1976.

112) Dazu NZZ vom 30. Oktober 1976; den Organisationen wurde von der ASU offiziell eine Kostenpauschale von je 10.000 ägyptischen Pfund bereitgestellt; ferner übernahm die ASU auch den Druck der für den Wahlkampf benötigten Werbemittel (Flugblätter, Plakate, Schriften).

113) Von jeder Organisation wurden pro Wahlkreis zwei Kandidaten nominiert, von denen in der Regel einer als Vertreter der Arbeiter- oder Bauernschicht auftrat. Der Wähler konnte seine beiden Stimmen entweder je einem Kandidaten dieser Kategorie oder der anderen Berufsgruppe (fi'āt) oder aber zwei Kandidaten der gleichen Kategorie geben.
"Im ersten Wahlgang gewählt war derjenige Kandidat, der die absolute Mehrheit der Stimmen auf sich vereinigen konnte. Wenn in einem Wahlkreis zwei Kandidaten die absolute Mehrheit erreichten, die nicht zu den Arbeiter-Bauern-

Kandidaten gehörten, so galt nur derjenige als gewählt, der von beiden die höchste Stimmenzahl erreichte. In den Stichwahlen mußten sich die beiden Arbeiter-Bauern-Kandidaten mit der höchsten im ersten Wahlgang erreichten relativen Stimmenzahl dem entscheidenden Votum zur Besetzung des zweiten Parlamentssitzes stellen. Wenn im ersten Wahlgang niemand der Kandidaten die absolute Mehrheit erreichen konnte, so stellten sich in den Stichwahlen die vier Kandidaten mit den höchsten relativen Stimmeanteilen, davon mindestens zwei Arbeiter-Bauern-Kandidaten, erneut zur Wahl. Wenn alle vier Kandidaten mit der höchsten relativen Stimmenzahl Arbeiter oder Bauern waren, so traten nur diese in den Stichwahlen an: das 50%-Postulat galt nicht für die Vertreter der fi'ät. Im Wahlrecht wird also in jedem Fall darauf geachtet, daß bei jeder denkbaren Konstellation die Arbeiter-Bauern-Vertreter mindestens einen der ihren durchbringen. In der Praxis wird aber durch diese Privilegierung oft erreicht, daß beide Wahlkreisabgeordneten Arbeiter oder Bauern sind."
Vgl. R. Glagow, Die Wiedereinführung des Parteiensystems ..., a.a.O., S. 77.

114) Bei der Beurteilung dieses Erbegnisses ist auch zu berücksichtigen, daß bei der Kandidatenaufstellung Funktionsträger aus der alten Ära ausgewechselt wurden. Vgl. M. Cooper, The Transformation of Egypt, a.a.O., S. 218 ff.

115) Vgl. R. Glagow, Die Wiedereinführung des Parteiensystems ..., a.a.O., S. 73.

116) Vgl. J. Waterbury, The Egypt of Nasser and Sadat, a.a.O., S. 366 f.

117) Ebenda, S. 367.

118) Vgl. G. Shoukri, Egypt: A Portrait of President, a.a.O., S. 366 ff.

119) Vgl. A. Rubinstein, The Egypt of Anwar Sadat, a.a.O., S. 21 ff.

120) Die Mitte-Fraktion nannte sich zunächst Sozialistische Partei Ägyptens und trat ab Ende des Jahres als Ägypten Partei auf. Die rechte Fraktion wurde als Partei der Sozialistischen Liberalen (später die Rechte) und die linke Fraktion als Partei der National-Progressiv-Unionistischen Sammlung (später die Linke) klassifiziert. Sadat wurde 'Oberster Führer' der Ägypten Partei und übertrug dem Premierminister, Meduh Salem, den Parteivorsitz, da der Präsident als Staatsoberhaupt über allen Parteien stehen sollte. Die Ägypten Partei stellte sich als die genuine Vertretung aller Ägypter dar, was inhaltlich in den Parolen wie "Ägypten über alles" bzw. "Mitte oder Atheismus" zum Ausdruck kam. Die Äygpten Partei kontrollierte weitgehend die Medien. "Besonders eklatant wurde dies durch die Tatsache, daß sämtliche Herausgeber und Chefredakteure der Tageszeitungen und Wochenzeitschriften nach der Gründung dr Parteien der Partei der Mitte demonstrativ beitraten." Vgl.

A. Hajjaj, Zur inneren Stabilität und außenpolitischen Handlungsfreiheit Ägyptens, in: Aus Politik und Zeitgeschichte, April 1977, S. 26.

121) Dazu New York Times v. 12. November 1976.

122) Vgl. A. Rubenstein, The Egypt of Anwar Sadat, a.a.O., S. 20.

123) Definiert als Beachtung der islamischen Rechtstradition, Wahrung der nationalen Einheit, Einhaltung des sozialen Friedens und Verpflichtung zum sozialistisch-demokratischen Regierungssystem.

124) Vgl. D. Hopwood, Egypt, Politics and Society, a.a.O., S. 114.

125) Vgl. M. Cooper, The Transformation of Egypt, a.a.O., S. 234 and J. Waterbury, The Egypt of Nasser and Sadat, a.a.O., S. 367.

126) Vgl. L. Cantori, Egypt at Peace, in: Current History, Januar 1980, S. 28.

127) Zum Gesetz über die Rechtsstellung der politschen Parteien in Ägypten vgl. A. Dessouki, Democracy in Egypt, a.a.O., S. 86 ff.

128) Zur Diskussion der Vor- und Nachteile im zweiten Abschnitt der 70er Jahre, s. G.A. Khalek, The open Door Economy in Egypt: A Search for Meaning, Interpretation And Implications, in: H. Thompson, Studies in Egyptian Political Economy, a.a.O., S. 74 ff.

129) "In Sadat's Egypt the old liberal bourgeoisie has revived, Nasserist state or bureaucratic strata have consolidated, their position of relative privilege, and a `new class' of middlemen and profiteers has thrived." Vgl. R. Baker, Egypt's Uncertain Revolution under Nasser and Sadat, a.a.O., S. 149.

130) "Der politische Machteinfluß der Regierung (und der Staatsverwaltung würde verringert, wenn der Prozeß der internen und externen wirtschaftlichen Liberalisierung voranschreitet. Damit stellt sich das Problem der Reduzierung politischer Macht, welches umso schwieriger für ein Herrschaftssystem zu lösen sein wird, je stärker vorher der Staat die Lenkung der Wirtschaftentwicklung übernommen hatte." Vgl. R. Clapham, Marktwirtschaft in Entwicklungsländern, a.a.O., S. 149.

131) "Der jeder wirtschaflichen Dynamik entgegenstehende `Bremseffekt'der ägyptischen Bürokratie muß ausführlicher dargestellt werden. Die Visionen des Planungsministeriums und der General Agency for Public Mobilization, Kairo, werden bisher regelmäßig nur zu 50% erreicht. Dagegen gelang die Aufstockung des Beamtenapparates in fünf Jahren um 150%." Vgl. G.G. Klöwer, Ägypten, Zwischenbilanz und Perspektiven Sadatscher Entwicklungspolitik, a.a.O., S. 32.

132) "Neben dem Konzentrationsproblem bildet die Umfunktionierung der knappen landwirtschaftlichen Anbaufläche in Bauland ein schwerwiegendes Problem für Raumplanung. Eine Verschärfung der dies betreffenden Gesetze und Verordnungen und strengere Anwendung sind unverzichtbar." Vgl. El-Shaqi al-Shaqi, Probleme und Chancen der Wirschaftspolitik Ägyptens unter Anwar as-Sadat, a.a.O., S. 85; zum "Blühen der Grundstrücks- und Immobilienspekulation", s. S. 88.

133) Eine Übersicht der zu erwartenden alarmierenden Folgeschäden des Dammes (Fließgeschwindigkeit, Unterspülung der Brücken, Rückgang der Fischfangquoten vor dem Delta, Versalzung der Böden, ausbleibende Naturdüngung, Erosion der Küste, und vieles mehr) sowie der nicht bezifferbaren finanziellen Aufwendungen zur `Reparatur', bei R.E. Benedick, The High Dam and the Transformation of the Nile, in: Middle East Journal, 2, 1979, S. 119 ff. Geplant war die Bereitstellung eines Wasservolumens, das die zusätzliche Bewässerung von rund 1,3 Mio. fed. ermöglichen sollte. Tatsächlich wurden nur ca. 1 Mio. fed. kultiviert, "but it is generally conceded that only about half of this total is currently producing. ... What happened was that planners had overestimated the quality of the potentially reclaimable land and underestimated the time and expense involved in turning it fertile. The soil was so inhospitable that it would take 10 to 15 years to build up its fertility. Enormous capital investments were needed for infrastucture: levelling, earth-moving, deep ploughing, roads, canals and draining systems, plus construction of villages and facilities for new settlers who, it turned out, were often reluctant to relocate." Ebenda, S. 135.

134) Vgl. D. Hirst, I. Beeson, Sadat, a.a.O., S. 226 f.

135) Zum Rückgang der Anbaufläche und der Grundnahrungsmittel (Weizen, Hirse, Reis, Linsen, Chillies und Zwiebeln), s. Handbuch für Internationale Zusammenarbeit, Baden-Baden 1985, S. 17 ff.

136) Zur Situation in den ländlichen Distrikten, vgl. K. el-Menoufi, the Orientation of Egyptian Peasants ..., a.a.O., der mehrere ägyptische Sozialstudien bespricht. "Another Egyptian Economic assesses that nearly 44 per cent of the rural families in 1975 live below the poverty line." S. 84. G. Klöwer, Genossenschaftswesen in Ägypten, in: Internationales Afrika Forum, 2/1978, S. 159, schätzt, daß am unteren Ende der sozialen Leiter 14 Mio. landlose Fellachen stehen, "die durch saisonal bedingte Gelegenheitsarbeiten durchschnittlich ca. 30 L.E. p.a. verdienen."

137) Vgl. D. Hopwood, Egpyt ..., a.a.O., S. 175 ff.

138) Bezüglich der neuen Konkurrenzsituation für Kleinhändler (Bäcker, Metzger, Haushaltswaren usw.) aufgrund der Supermärkte und für Akademiker mit inländischem Examen, s. an-Nahar, Arab Report and Memo, 13. April 1981, S. 7.

139) Zur Konsumorientierung der nouveau riches, die alles kauften, was teuer und im Ausland produziert worden war, s. F. Büttner, Political Stability without Stable Institutions ..., a.a.O., S. 64.

140) "In 1975, it is estimated that the state will invest about LE 625 million in price subsidies (or about one-seventh of national income in current prices). The breakdown is revealing:

Food stuffs	LE 464.4 million
Cloth and Clothing	LE 23.0 million
Fertilizer	LE 95.0 million
Pesticides	LE 11.5 million
Agricultural Production	LE 25.5 million
Uncollected Interest	LE 5.4 million

Vgl. J. Waterbury, Egypt ..., a.a.O., S. 205.

141) Vgl. B. Schmidt, Ägypten: Zur wirtschaftlichen Notwendigkeit des Friedensschlusses, in: Internationales Afrika Forum, 3, 1979, S. 269.

142) Vgl. G. Klöwer, Ägypten ..., a.a.O., S. 22.

143) "Die ägyptischen Apußenhandelszahlen zeigen noch immer ein Anwachsen der defizitären Handelsbilanz. Die Einfuhren waren 1978 auf 2,6 Mrd. ägyptische Pfund angestiegen, gegenüber 1,9 Mrd. im Vorjahr; die Ausfuhren stiegen im gleichen Zeitraum nur geringfügig von 669 auf 680 Mio. ägyptische Pfund an." Vgl. Internationales Afrika Forum, 4/1979, S. 323.

144) Die auf die Landwirschaft einwirkenden Ministerien, die sich Zuständigkeiten teilen sollen – insbesondere bei Formulierung und Finanzierung von Projekten – sind: Agrarministerium, Bewässerungsministerium, Industrieministerium (Baumwolle, Zucker, Düngemittel), Wirtschaftsministerium (Weizen), Handelsministerium (Preispolitik), Versorgungsministgerium. Vgl. D. Weiss, Ägypten vor dem `Marshall-Plan', in: Orient, 4, 1979, S. 111; dazu auch die Studie von A. Dessouki, The Shift in Egypt's Migration Policy: 1952-1978, in: Middle Eastern Studies, 1, 1982, S. 53 ff.; obwohl Arbeitsplätze im arabischen Ausland für die Devisenlage von erheblicher Relevanz sind, wird ein arbeitssuchender Ägypter mit 11 bürokratischen Regierungsstellen konfrontiert, die für die Erlaubnis und Ausreiseformalitäten zuständig sind. "There appears to be an endless multiplication of committees, departments and organizations with conflicting jurisdiction and poorly defined functions." S. 59.

145) "The record has been disappointing also in so far as creating new jobs is concerned. Egypt has almost 1.5 million disguised unemployed and needs to create about 100,000 new jobs each year simply to mark time." Vgl. An-nahar, Arab Report ..., a.a.O., S. 6; selbst bei der

Implementierung aller geplanten Projekte (bis 1980) wäre insgesamt mit nur 194.000 Arbeitsplätzen zu rechnen gewesen.

146) Vereinbart wurde auch die Rückgabe der Abu Rudeis Ölfelder an Ägypten sowie die freie Durchfahrt ziviler Passagen durch den Suezkanal von oder nach Israel. Vgl. Area Handbook for Egypt, a.a.O., S. 222 ff.

147) Weitere Beispiele bei J. Waterbury, The Egypt of Nasser and Sadat, a.a.O., S. 144 ff.

148) Vgl. Fußnote 70.

149) Vgl. J. Waterbury, Egypt ..., a.a.O., S. 314.

150) D. Hirst, I. Beeson, Sadat, a.a.o., S. 241.

151) Zur Chronologie der Unruhen, die allein in Kairo über 70 Tote forderten und zu den Zielen der Demonstranten (Nachtclubs, Restaurants, Polizeistationen und ASU Büros), s. Arab Report and Record, Januar 1977. Für Sadat, der sich in Assuan aufhielt und über den Ausbruch der Unruhen zunächst nicht informiert worden war, wurde die Ausreise nach Teheran als Exil vorbereitet.

152) Vgl. G. Shoukri, Egpyt ..., a.a.O., S. 324, der die Spontanität und die wirtschaftliche Not, die sowohl `linke' als auch religiöse Kräfte mobilisierte, betont.

153) Zwei der am häufigsten vernehmbaren Slogans lauteten `Oktoberheld, wo bleibt unser Frühstück' und `Nieder mit Sadat, Nasser, Nasser, Nasser'. Vgl. D. Hirst, I. Beeson, Sadat, a.a.O., S. 244.

154) Vgl. ebenda, S. 253.

155) Ebenda.

156) Eine Darstellung zur Grundproblematik der Rechte der Kopten, s. E. Wakin, A Lonely Minority: The Modern Story of Egypt's copts, New York 1963.

157) Vgl. M. Heikal, Sadat, Das Ende eines Pharao, a.a.O., S. 184.

158) Vgl. J.D. Pennington, The Copts in modern Egypt, in: Middle Eastern Studies, April 1982, S. 167. Der neue Patriarch hatte mehrere Jahre die Gesprächskreise und Sonntagsschulen, insbesondere für junge Leute, geleitet. "He was seen as a charismatic and uncompromising figure, and his election consequently caused great excitement, particularly among young copts who expected him to be a dynamic leader taking a tough line on community grievances."

159) Vgl. H. Ansari, Sectarian Conflict in Egypt and the Political Expediency of Religion, in: The Middle East Journal, 2, 1984, S. 399 f.

160) "The first sectarian conflict during the Sadat regime took place at Khanqa, a town of 22,000 inhabitants 20 kilometers north of Cairo. The main cause of the conflict was the attempt of local Muslim inhabitants to forestall the conversion of the quarters of one of the philanthropic societies, the Holy Book Society at Khanqa, into a Coptic church. On November 6, 1972, some unknown persons set the premises of the Society on fire. On the following Sunday, a large number of Coptic clergy and laity arrived from cairo to hold protest meetings and, in defiance of a ban imposed by the local authorities, held prayers on the burned-out site. That same evening, Muslim militants went on a rampage, burning and destroying Coptic property in Khanqa." Ebenda, S. 400.

161) Vgl. M. Heikal, Sadat ..., a.a.O., S. 185.

162) Zur Entstehungsgeschichte dieser Gruppen, die gegen die moralischen und religiösen Zustände protestierten und eine 'gerechte Herrschaft' durch Religiöse forderten sowie zum Dogmenstreit zwischen den einzelnen Führen, s. H. Ansari, The Islamic Militants in Egyptian Politics, in: International Journal of Middle East Studies, 1, 1984, S. 123 ff.

163) Beispiele dazu bei H. Ansari, Sectarian Conflict in Egypt and ..., a.a.O., S. 413. Nach Polizeiprotokollen aus Miniya attackierte ein lokaler Chef einer islamischen Gemeinschaft zusammen mit anderen Gruppenmitgliedern "the Orthodox Church in an area locally referred to as 'Sultan' land in 1978. He assaulted Coptic couples on several occasions because he believed that Islamic norms prohibited men and women from walking together. He attacked Coptic employees of a cultural center in Miniya for showing a film on the life of Dr. Taha Hussein." Auch koptische Hochzeiten endeten häufig wegen zu lauter Musik in koptisch-islamischen Tumulten.

164) Vgl. R. Israeli, The New Wave of Islam, a.a.O., S. 384.

165) Nach J. Waterbury, The Egypt of Nasser and Sadat, a.a.O., S. 360, Fußnote 2, zählten Kirchenvertreter mehr als fünf Millionen Kopten.

166) Vgl. S.E. Ibrahim, Anatomy of Egypt's Militant Islamic Goups: Methodological Note and Preliminary Findings, in: International Journal of Middle East Studies 12 (1980), der eine empirische Grundlagenstudie aufgrund von Befragungen mit verurteilten Extremisten (1974-1977) vorlegte und die wichtigsten Gruppen aufzählt. Die Auswertung seiner Daten erbrachte u.a. S. 440: "The typical member of the militant Islamic groups could therefore be described as young (early twenties), of rural or small-town background, from the middle or lower middle class, with achievement and motivation, upwardly mobile, with science or engineering education, and from a normally cohesive family." Bei zwei Dritteln der 34 Befragten arbeiteten die Väter im Mittelbau der Administration. Die Inhalte der Fundamentalkritik und die Motive für das Beitreten zu den Gruppen entsprachen dem

Muster der endogenen Mobilisierung (soziale Ungerechtigkeiten, Verlassen des richtigen Weges, Abfall vom Koran). Im Verlauf der Untersuchung – abgebrochen von den ägyptischen Behörden im Februar 1979 – erfolgte eine Radikalisierung aufgrund der exogenen Ereignisse (Israel, Iran).

167) Die theoretische Orientierung basierte u.a. auf den Schriften Sayyid Qutbs, einem Mitglied der Muslimbruderschaft, hingerichtet 1966. Seine Argumentation beruht auf der radikalen Zurückweisung der modernen Zivilisation (Blendung der Menschen durch Wissenschaft) und der Wiedereinrichtung des islamischen Gemeinwesens der Frühzeit. Vgl. S.G. Haim, Sayyid Qutb, in: Asian and African Studies, 16, 1982, S. 147 ff. und A. Hottinger, Allah heute, Zürich 1981, S. 112 f.

168) Vgl. R. Israeli, The New Wave of Islam, a.a.O., S. 385.

169) Zur saudischen Haltung gegenüber Sadat s. W. Kosman, Sadat's Realistic Peace Initiative, New York 1981, S. 10 f.; auch J. Reissner, Die andere Ablehnungsfront, in: Orient, (2) 1979, S. 19 ff.

170) Vgl. S.E. Ibrahim, Anatomy of Egypt's Militant Islamic Groups: ..., a.a.O., S. 423 ff.

171) Vgl. R. Israeli, The New Wave of Islam, a.a.O., S. 385 f.

172) Ausbildungscurricula und Geburtenkontrolle wurden weitgehend der al-Azhar zur Gestaltung überlassen, vgl. R. Baker, Egypt's Uncertain Revolution under Nasser and Sadat, a.a.O., S. 224 ff.

173) Dazu M. Heikal, Sadat ..., a.a.O., S. 249 f. Zahlreiche Verhaftungen bis 1980/81 wurden wegen Gefährdung der nationalen Sicherheit angeordnet, ein Delikt, das strafrechtlich geahndet werden konnte. Es war die einzige Möglichkeit, religiöse radikale Muslime wegen ihrer religiösen Umtriebe zu verfolgen. Nach Angaben des Spiegel, Hamburg, v. 12. Oktober 1981 – offizielle Zahlen – wurden in den letzten vier Regierungswochen Sadats 1527 Personen verhaftet, davon gehörten 1194 zu den islamischen Aktivisten.

174) So auch R.S. Humphreys, Islam and Political Values in ..., a.a.O., S. 17.

175) Vgl. E. Ende, Das geistige und religiöse Leben der Gegenwart, in: H. Schamp, Ägypten, a.a.O., S. 375.

176) "Sadat made a distinction which strictly speaking is not valid in Islam – that of a separation between religion and politics. He said in 1979: `Those who wish to practice Islam can go to the mosques, and those who wish to engage in politics may do so through legal institutions'." Vgl. D. Hopwood, Egypt ..., a.a.O., S. 117.

177) Zur Koalitionsunfähigkeit der Radikalen vor Sadats Jerusalemreise s. H. Hanafi, The Relevance of the Islamic Alternative in Egypt, a.a.O., S. 73 f.

178) Zum Krieg, zu den bilateralen Beziehungen und insbesodere zur persönlichen Gegnerschaft der beiden Staatschefs, vgl. D. Chaplin, Libya - Military Spearhead Against Sadat?, in: Military Review 11, 1979, S. 42 ff.

179) 1976/77 wurde ein Drittel des Bruttosozialproduktes für die Streikräfte ausgegeben. "Saudi-Arabien hat es nunmehr übernommen, diese Last für die nächsten fünf Jahre zu tragen." Vgl. Internationales Afrika Forum, 1/1978, S. 19, sowie J. Wien, Saudi-Egyptian Relations: the Political and Military Dimensions of Saudi Financial Flows to Egypt, Rand Corp. Santa Monica 1980, der eine Bestandsaufnahme der offiziellen saudischen Hilfszahlungen an Ägypten vorlegt.

180) Vgl. Financial Times v. 30. Juli 1979.

181) Zur Wirtschaftshilfe allein der USA i.V. zu den sozialistischen Staaten (1954-80), s. Tabelle J. Waterbury, The Egypt of Nasser and Sadat, a.a.O., S. 405.

<u>Tabelle 28:</u> <u>Amerikanische und sozialistische Hilfe für Ägypten in Miliarden</u>

	Wirtschafts-hilfe	Militär-hilfe	US Dollar Insgesamt
USA	5.14	1.5	6.64
Sozialistische	1.24	4.8	6.04
Länder Insgesamt	6.38	6.3	12.68

182) "As we have seen Sadat interlaced the political with the religious; he did not give two separate speeches presenting first political and then his religious views. In other words, the political was inseparable from the religious and vice versa." Vgl. die Inhaltsanalyse der Sadat Rede in der Knesset, bei N. Salaem-Babikian, The Sacred and the Profane: Sadat's Speech to the Knesset, in: Middle East Journal, 1, 1980, S. 21.

183) Dazu und zur `Personalisierung' der bilateralen Beziehungen seit Amtsantritt Carters, vgl. R. Springborg, US Policy Toward Egypt: Problems and Prospects, in: Orbis, 4, 1981, S. 807.

184) Begriff übernommen von S. Rosen, F. Fukuyama, Egypt and Israel after Camp David, in: Current History, 1, 1979, S. 2. Der arabisch-israelische Konflikt, so Sadat, "consists of 70% psychological problems and 30% substance" Vgl. Economist v. 19. November 1977.

185) Sadat hatte noch zwei Monate vor seiner Israel Reise über eine multilaterale Konferenz nachgedacht und seinem Außenminister mitgeteilt, "daß ich eine Einladung an die

Großen Fünf - Carter, Breschnjew, Giscard d'Estaing, Callaghan, Hua Kuo-feng - zu einem Treffen in Jerusalem in der Knesset in Erwägung zöge." Vgl. A. Sadat, Unterwegs zur Gerechtigkeit, a.a.O., S. 352.

186) "Die Palästinenser selbst hatten die Lage dadurch erschwert, daß der Zentralrat der Palästinensischen Befreiungsorganisation (PLO) am 25. August 1977 in Damaskus erneut erklärt hatte, die PLO lehne die Resolutionen 242 und 338 des UN-Sicherheitsrates ab, was bedeutete, daß die Palästinenser nicht bereit waren, das Recht Israels auf Existenz als selbständiger Staat hinzunehmen." Vgl. A. Hottinger, Präsident Sadats Friedensoffensive. Ein Dialog mit Mißverständnissen, in: Europa Archiv, Februar 1978, S. 93, dort auch eine Darlegung der syrischen Haltung und Teilnahme an der "Widerstandsfront".

187) Vgl. Economist v. 26. November 1977.

188) Zu den 'Protestwahlen' vom Mai 1977, aus denen eine Likud-geführte Koalitionsregierung hervorging, die aufgrund ihrer Wählerschaft - orientalische Israelis - eine aktivistische Sicherheitspolitik einschlug, vgl. M. Wolffsohn, Politik in Israel, Opladen 1983, S. 410 ff.

189) Walter Cronkite von CBS arrangierte vor einem Millionenpublikum während eines Live-Interviews mit Begin und Sadat (getrennte Satellitenschaltung nach Kairo und Tel Aviv) die Modalitäten der Einladung. Vgl. G. Garpozi, Anwar Sadat - A Man of Peace, New York 1977, S. 158 ff. Pressesprecher Jody Powell funktionierte Camp David und die Folgeverhandlungen in ein Medienspektakel um, da die nahöstliche 'Friedenspolitik' Carters zum einzigen positiv perzipierten Kompetenzaspekt des Präsidenten wurde. "Monday night's nationwide telephone sampling of 973 adults showed 51 percent approved of Carter's performance, 28 percent disapproved and 21 percent had no opinion. In June, a CBS New York Times poll showed that 38 percent approved of Carters work, 41 percent disapproved and 21 percent had no opinion. The president's dramatic popularity leap was similar to those recorded by his four immediate predecessors after they scored breakthroughs or took dramatic steps on the international front." Vgl. Washington Post v. 21. September 1978; auch D. Hirst, I. Beeson, Sadat, a.a.O., S. 306, "It was Jimmy Carter's conference. He came down from the mountain bathed in the ethereal glow of victory. ... His presidency was born again. Gallup recorded a 17 percent leap in his ratings since early August. Democratic candidates, who had been distancing themselves from him before the mid-term elections, now fell over themselves to proclaim their fealty. Henry Kissinger said that he could not have done better himself."

190) Zu den Texten bezüglich Camp David und zum Friedensvertrag (26. März 1979), vgl. The Middle East and North Africa 1986, London 1985, S. 76-79.

191) Vgl. M. Riad, The Struggle for Peace in the Middle East, New York 1983, S. 328 ff.

192) Zu den für die militärische Sicherheit relevanten Regelungen des Friedensvertrages, vgl. W. Jablonsky, Die militärische Sicherheit Israels und der ägyptisch-israelische Friedensvertrag, in: Europäische Wehrkunde, 6, 1979, S. 276 ff.

193) Vgl. B. Schmidt, Ägypten: Zur wirtschaftlichen Notwendigkeit des Friedensschlusses, a.a.O., S. 267 ff.

194) Vgl. The Economist, Newsweek, Spiegel, Washington Post, NZZ bis Dezember 1979.

195) Oman, Sudan und Somalia brachen die diplomatischen Beziehungen zu Ägypten nicht ab.

196) "Als Sadat dann auf dem Ben-Gurion Flughafen landete und man im Fernsehen sehen konnte, wie er da tatsächlich mit jenen 'bösten Geistern' sprach und umherging, die bis dahin fast nicht als Menschen aus Fleisch und Blut gegolten hatten, ..., wurde die Faszination der Ägypter von jenem Schauspiel, das da vor ihren Augen ablief, total. Sie schämten sich dessen, was sie sahen, keineswegs. Alle klebten an ihren Fernsehsesseln - sie waren keine Zuschauer mehr, sie waren zu Mitspielern geworden. Jede ägyptische Familie sah einen Superstar in Aktion - einen Superstar, der einer der ihren war -, und sie konnten nur hoffen, daß seine unglaubliche Leistung ihnen allen Segen bringen würde. ... Die Amerikaner würden sich bestimmt großzügig erweisen - aber auch die Juden in aller Welt. Waren sie denn nicht die reichsten Menschen auf Erden? Ganz bestimmt würde jetzt alles billiger werden. Jetz würde ein neues Leben beginnen." Vgl. M. Heikal, Sadat ..., a.a.O., S. 119.

197) Die Befragung erfolgte im März 1982. Das sample bestand aus 186 Studenten (21% Frauen). Die meisten Befragten waren 22 Jahre alt und sollten ihre Einschätzung des Friedensvertrages anhand von 12 Fragen wiedergeben, von denen für den vorliegenden Themenkomplex sieben relevant sind. Aus der Gesamtbefragung ergibt sich:
"The students we interviewed have strong memories of two major events in the Middle East: the October War and Sadat's initiative. While the first is perceived positively, the second is perceived with mixed feelings. Another event which may have an impact on their thinking is the Islamic revolution in Iran and subsequent Islamic resurgence in the Arab World." Vgl. A. a. Maskat, Egyptian Attitudes Towards the Peace Process: Views of an 'Alert Elite', in: The Middle East Journal, Sommer 1983, S. 398. Aufschlußreich hinsichtlich außenpolitischer Optionen auch zwei weitere Fragenbereiche:

"Which of the following sources do you prefer to utilize in order to finance economic development?	1. self reliance
	2. international sources, including World Bank, International Monetary Fund and UN 20%
	3. Arab sources 12%
	4. USA 3%
	5. no response 19%
Which type of society would you like to see for Egypt in the future?	1. Islamic society 72%
	2. Socialistic society 13%
	3. Liberal society 11%
	4. Capitalist society 4%"

Vgl. ebenda, S. 409.

198) "In einer gemeinsamen Proklamation der al-Azhar Gelehrten Anfang 1977, in einem kleinen Büchlein von 29 Seiten, kam man zu der Schlußfolgerung, daß ein Friedensvertrag 'mit den Feinden der Muslime' zwecks Verwirklichung des muslimischen Gemeinwohls (maslaha) - trotz Lehrdifferenzen unter Rechtsgelehrten des Mittelalters (aber auch der Gegenwart) - rechtlich zulässig (jā'iz) ist!" Vgl. M. Muranyi, Ägypten, a.a.O., S. 354. Noch anzumerken ist, "daß die al-Azhar vor und nach dem Juni-Krieg 1967, als Nasser seine 'weder Krieg noch Frieden'-Politik gegenüber Israel verkündete, genau die gegenteilige Auffassung vertrat." S. 355.

199) Vgl. S. Ibrahim, An Islamic Alternative in Egypt: ..., a.a.O., S. 79 ff., der die Monatsschriften der Muslimbruderschaft analysierte - neben den Predigten die Hauptwaffe gegen Sadats Außenpolitik -. Eine Leseprobe vom April 1981 (aus al-I'tisam): "Dying for the sake of God is our dearest aspiration. From this vantage point we consider the shameful peace produced at Camp David and the treaty with the enemy of God, the Prophet, the believers, humanity and justice to be an illusion. We belive from the depth of our hearts that it is a false peace. The Zionist existence on the land of Muslim Palestine at the expense of the Palestinian people is totally illegitimate. ... Normalization, therefore, is not only religiously condemned but it also entails rampant dangers to Muslim Egypt. It is a disguised Jewish invasion of the Egyptian society which hitherto was the fortress of Islam. Egypt has been the last line of defense against the three enemies of Islam: Western Crusaders, Communists, and Jewish Zionists." S. 87.

200) Zur Situation vor dem Friedensvertrag s. H. Hanafi, The Relevance of the Islamic Alternative in Egypt, a.a.O., S. 73.

201) Vgl. G. Shoukri, Egypt: ..., a.a.O., S. 400.

202) Zur expansiven Siedlungspolitik, die seitens der USA offiziell als illegal verurteilt wurde, s. S. Rosen, F. Fukuyama, Egypt and Israel after Camp David, a.a.O., S. 39. Im Zuge der Autonomierealisierung sollten die Bewohner der Westbank und des Gaza Streifens ein politisches Konzil

wählen. Israel interpretierte den vereinbarten Autonomiestatus als eine lokale Gemeindeverwaltung mit 10–11 Räten, während Ägypten ein Gremium mit parlamentsähnlichen Befugnissen, bestehend aus 80–100 Repräsentanten, anstrebte. "Stark auseinander gehen die Auffassungen beider Seiten über die Aufgaben des vorgesehenen Konzils und damit über die politische Bedeutung der Autonomie!" Vgl. Internationales Afrika Forum, 4, 1979, S. 321.

203) "Gaps between the ruler and the ruled are expected and tolerated but gaps in culture have a way of compromising the ruler and suggesting that he left his world behind in search of lights and glamour of the west." Vgl. F. Ajami, The Struggle for Egypt's Soul, in: Foreign Policy, Sommer 1979, S. 25.

204) Dazu G. Shoukri, Egypt: ..., a.a.O., S. 424 ff.

205) Vgl. R.S. Humphreys, Islam and Political Values ..., a.a.O., S. 3 ff.

206) Vgl. B. Tibi, Die Wiederentdeckung der Ägyptisch-Nationalen Identität, Ägyptens Lösung vom Panarabismus unter Sadat, in: Orient, 3, 1978, S. 127 ff.

207) Zum Ansteigen der Zahl religiöser Publikationen, dem demonstrativen Tragen islamischer Kleidung und zu den Moschee Neugründungen vgl. International Herald Tribune, Islamic Puritanism is Spreading in Egypt, v. 26. Januar 1979.

208) "In der Tat war der Versuch as-Sādāts, verschiedenen islamischen Vorschriften wieder mehr Geltung zu verschaffen, z.B. in bezug auf den Alkoholkonsum, wenig konsequent. So wurde Ägyptern, unabhängig von ihrer Religionszugehörigkeit, kein Alkohol in Bars oder Restaurants ausgeschenkt, während Ausländer, gleichgültig ob Muslime oder nicht, bedient wurden." Vgl. P. Hinz, Radikale Muslimorganisationen im heutigen Ägypten, a.a.O., S. 118. Aus der verstärkten Betonung islamischer Grundausrichtung - trotz dieser Praxis - resultierten weit gewichtigere, für die innenpolitische Stabilität kontraproduzente Implikationen. So weigerte sich der Patriarch, die Kopten offiziell zur Pilgerreise nach Jerusalem aufzurufen, wie es Sadat im Rahmen seiner Normalisierungspolitik wünschte, da er eine militante Kampagne der Muslime gegen die christliche Minorität wegen 'Verrats an der arabisch-islamischen Verpflichtung' perzipierte. "Sadat war fuchsteufelswild. Da drängten ihn die Israelis, seinerseits die Kontakte zu fördern - und es stellte sich heraus, daß er dazu nicht die Macht hatte." Vgl. M. Heikal, Sadat ..., a.a.O., S. 240.

209) Die Größenordnung von 10 Mrd. US Dollar war durchaus realistisch und hätte nach Meinung der Experten die technischen Probleme beim Aufbau einer effizienten Infrastruktur gelöst. Doch die konzeptionellen und strukturellen Schwächen der Bürokratie hielten die

potentiellen Geberländer von einer massiven Beteiligung ab. "Eine konzise, durchdachte, in sich konsistente Formulierung eines mittelfristigen Entwicklungsprogrammes ist bislang von der ägyptischen Administration nicht zu leisten.
Die sektoralen Politiken sind untereinander kaum koordiniert. ...
Es fehlt innerhalb der angesprochenen Politiken die konzeptionelle Verknüpfung 'Globalziele - Sektorziele - institutionelle Maßnahmen - Projekte - finanzielle Konsequenzen' ...".
Weitere Ausführungen zu den Kapazitäten der ägyptischen Bürokratie Ende der 70er Jahre bei D. Weiss, Die Orientierung der ägyptischen Entwicklungspolitik, a.a.O., S. 108 ff.

210) Mit der Pluralisierung ist hier nicht der Prozeß der freien Gruppenbildung (Interessenverbände usw.), sondern die Offenheit der Gesellschaft gemeint, aufgrund derer der einzelne "sich nicht mehr einem einzigen geschlossenen Normensystem gegenübersieht ..., sondern mit unterschiedlichen Möglichkeiten der Lebensführung und deren Bewertung konfrontiert wird. Entscheidend ist also die Konkurrenz der Normen." Vgl. M. Hättich, Pluralismus als Aufgabe, in: H. Oberreuter (Hrsg.), Pluralismus, München 1979, S. 68.

211) Zu den Dekreten und dem Gesetz Nr. 2 "Zum Schutz der Sicherheit des Landes und seiner Bürger", vgl. G. Shoukri, Egypt ..., a.a.O., S. 378, sowie R. Burrell, A. Kelidar, Egypt: The Dilemmas of a Nation 1970-1977, in: The Washington Papers/100, New York 1983, S. 18 ff.

212) Die wesentlichen Bestimmungen aus dem Parteiengesetz sind abgedruckt in : A.H. Dessouki, Democracy in Egypt, a.a.O., S. 86 ff.

213) Ebenda, S. 87.

214) Vgl. M. Heikal, Sadat ..., a.a.O., S. 220.

215) Vgl. Internationales Afrika Forum, 4/1978, S. 312; zu den Veranstaltungen und weiteren Aktivitäten der neuen Wafd Partei s. Cairo Press Review vom 05. Februar - 03. Juni 1978.

216) Vgl. Süddeutsche Zeitung vom 3./4. Juni 1978.

217) Vgl. F. Büttner, Political Stability without Stable Institutions, a.a.O., S. 59.

218) Zur Selbstauflösung der Wafd, s. L.I. Cantori, Egypt and Peace, a.a.O., S. 23.

219) Vgl. J. Waterbury, The Egypt of Nasser and Sadat, a.a.O., S. 369 f.

220) Zu diese Rede und zur Reaktion in der ägyptischen Presse,

vgl. A. Rubinstein, Egypt's Search for Stability, a.a.O., S. 22.

221) Vgl. Archiv der Gegenwart, a.a.O., November 1978, 22 200.

222) Vgl. D. Hopwood, Egypt: Politics and Society 1945-1981, a.a.O., S. 115; dort weitere Programmpunkte und westliche Pressestimmen zu Sadats NDP.

223) Vgl. J. Waterbury, The Egypt of Nasser and Sadat, a.a.O., S. 370 ff.

224) Vgl. Internationales Afrika Forum, 4/1978, S. 318 f.

225) Vgl. Archiv der Gegenwart, a.a.O., November 1978, 22 202, mit weiteren Angaben zum 'ersten Friedenskabinett' bestehend aus unpolitischen Fachleuten. Hervorzuheben ist "in diesem Zusammenhang das Fehlen außen- oder innenpolitisch profilierter Persönlichkeiten."

226) Vgl. D. Hirst, I. Beeson, Sadat, a.a.O., S. 253 f.

227) Diese gemäßigte Opposition verlangte vor Aufnahme der diplomatischen Beziehungen und dem Austausch von Botschaftern (beispielsweise) den garantierten Rückzug Israels aus allen besetzten arabischen Gebieten und eine bindende Zusage der israelischen Regierung für die Einrichtung einer palästinensischen Selbstverwaltung. Zu weiteren, auch ökonomisch begründeten Kritikpunkten, vgl. M. Riad, The Struggle for Peace in the Middle East, a.a.O., S. 335 ff.

228) Vgl. M. Heikal, Sadat, a.a.O., S. 226.

229) "Im vorliegenden Fall aber hatte das Parlament, weit davon entfernt, mit dem Präsidenten im Streit zu liegen, mit überwältigender Mehrheit für seine Politik gestimmt." Vgl. M. Heikal, Sadat, a.a.O., S. 226.

230) Neue Zürcher Zeitung vom 8. Juni 1979.

231) Neue Zürcher Zeitung vom 31. Mai 1979.

232) Zu den Unregelmäßigkeiten s. Neue Zürcher Zeitung vom 10./11. und 16. Juni 1979.

233) Mit Ansetzung der Neuwahlen wurde gleichzeitig per Dekret verfügt, daß zukünftig nur Parlamentsfraktionen mit einer Größe von mehr als 10 Abgeordneten das im Parteiengesetz ausgewiesene Recht zur Herausgabe einer wöchentlich erscheinenden Parteizeitung (in Kleinformat) in Anspruch nehmen können. Vgl. Neue Zürcher Zeitung vom 21. Juni 1979.

234) Vgl. W.B. Fisher, Egypt, in: The Middle East and North Africa, 1982-83, a.a.O., S. 372.

235) Dazu gehörte auch nach den Wahlen der parteiinterne Personalaustausch bei den Spitzenpositionen. "The

appointments reflected the intention of the NDP to develop as the dominant political organization in Egypt. The party leader, President Sadat, himself instigated the radical changes of the party organization at all levels." Vgl. Egyptian Gazette vom 30. Dezember 1979.

236) "The government responded by initiating changes in the legal status of the Press, which were strongly denounced by the Opposition as infringing the freedom of expression ... ." Vgl. C. Legum u.a., Egypt, in: a.a.O., S. 421.

237) Zur Desillusionierung, vgl. I. Merriam, Egypt after Sadat, a.a.O., S. 5.

238) "The Lawyers' Association was also active in decrying the regime. (Of its 20 Council members, nine were ex-Wafdists, three Marxists and three Muslim Brothers.) The Association was especially vocal in denouncing the normalization of relations with Israel." Vgl. C. Legum u.a., Egypt, a.a.O., S. 421.

239) Dazu A. Hottinger, Ägypten nach der Ermordung Sadats, in: Europa Archiv, 23, 1981, S. 701. "Alle anderen Veröffentlichungen mußten dagegen stets alle Aspekte der ägyptischen Politik loben; sie konnten und können noch heute höchstens an kleinen Einzelheiten, etwa an Verwaltungsmißbräuchen, 'konstruktive Kritik' üben." Vgl. C. Legum u.a., Egypt, a.a.O., S. 421. Die wohl einflußreichste Zeitschrift der Fundamentalisten (ad-Da'wa) soll eine Auflage von 150.000 gehabt haben. "Jedes Exemplar wurde mit Sicherheit von vielen Personen gelesen." (S. 707).

240) Vgl. The Egyptian Gazette vom 8. Juli 1979. Während dieser Veranstaltung forderte Sadat die Delegierten auf, das religiöse Bewußtsein der ägyptischen Jugend zu stärken und "promised to contact educators in Egypt and advised them on the necessity of organizing programs of religious education through all educational stages, starting with primary school and ending with the university." Ebenda.

241) Zur Verhärtung der ägyptischen Verhandlungsposition, die schließlich zum zeitweiligen Abbruch der Gespräche führte, haben die israelische Bekräftigung der Siedlungspolitik und die Ankündigung, die 'Unteilbarkeit' Jerusalems gesetzlich zu fixieren, beigetragen.

242) Weitere Angaben zu dem mehr säkularen Personenkreis, der sich in einer Nationalen Koalition zusammengeschlossen hatte und deren veröffentlichte Protestschreiben und Resolutionen bei: C. Legum u.a., Middle East Contemporary Survey 1980-81, a.a.O., S. 420 ff.

243) Vgl. J. Waterbury, The Egypt of Nasser and Sadat, a.a.O., S. 371.

244) Vgl. Archiv der Gegenwart, a.a.O., Mai 1980, 23573.

245) Ebenda.

246) "Was den Presseartikel angehe, so werde ein in Vorbereitung befindliches Gesetz dafür sorgen, daß die wenigen noch in privater Hand befindlichen kleinen Zeitungen, Zeitschriften und Pressedienste spätestens nach dem Tod der jetzigen Eigentümer unter staatliche Kontrolle kommen würden." Vgl. Archiv der Gegenwart, a.a.O., Mai 1980, 23273.

247) "In bezug auf die Änderung von Artikel 2 habe die koptische Kirche, die rund 8 Millionen Christen vertrete, eine Ausnahmeregelung für ihre Gläubigen gefordert, aber nur erreicht, daß ein Hinweis auf die familienrechtliche Sonderstellung der ägyptischen Christen in die Verfassung aufgenommen worden sei; beim Erbrecht werde dagegen wohl nach dem islamischen Grundsatz der beschränkten Testierfähigkeit von Nichtmuslimen verfahren, wodurch das Vermögen von Christen, die in Ägypten ohne Nachkommen ersten Grades sterben, an die Islamische Sozialbank fallen würde." Ebenda.

248) Vgl. H. Ansari, Sectarian Conflict in Egypt and the Political Expediency of Religion, a.a.O., S. 412 ff.

249) Beispiele hierzu in New York Times vom 28. Juni 1981.

250) Vgl. D. Hirst, I. Beeson, Sadat, a.a.O., Epilogue; ferner auch Artikel in Kuwait Times vom 30. Mai 1981, wonach die Funktion des ägyptischen Parlaments und des Mehrparteiensystems darin liege, "to promote the image of Egypt as the only parliamentary democracy in the Arab world."

251) Zu Sadats Personalpolitik vgl. The Middle East, November 1980, S. 19, "The arrest in Egypt of one of President Sadat's former friends and supporters, Muhammad Abdel-Salam Zayyad has caused a stir among Egyptian Government officials. Zayyad was one of Sadat's closest advisers after Abdel-Nasser's death, but he was one of many who signed a recent petition calling for the restoration of democratic live. Informed sources said Sadat wanted to set Zayyad as an example for those in Government circles who have been criticizing the regime more frequently in the past months. This comes amid reports that the Egyptian opposition is now finding mounting sympathy among prominent politicians and senior government officials." Ferner Süddeutsche Zeitung vom 5. Oktober 1981. "Völlig überraschend auch für Kenner der oft schwer durchschaubaren Personalpolitik Sadats wurde Mansour Hassan seines Postens als Staatsminister für Kultur, Information und Präsidentschaftsangelegenheiten enthoben; ... ."

252) Vgl. J. Waterbury, The Egypt of Nasser and Sadat, a.a.O., S. 383. "Sadat faced with fiscures in the social fabric along lines of relative wealth and relative piety, from the outset cast himself in the role of the nation's father. That role, moreover, was openly modeled on the image of the village headman. He frequently proclaimed that the values of Village Egypt must be those of all the country, emphasizing patience

and hard work. ... And Sadat himself was the father or patriarch of that family (abal-'a'ila) to the extent that he addressed MP's as 'my son'. His close associates adopted the same style."

253) Vgl. New York Times vom 28. Juni 1980, C. Legum u.a., Egypt, in: a.a.O., S. 423, 425-27.

254) Vgl. I.D. Pennington, The Copts in Modern Egypt, a.a.O., S. 167 ff.

255) Tagebuch der eigenen Verhaftung führte M. Heikal, Sadat, a.a.O., S. 249 ff., dort auch Hinweise zu den zahlreichen politischen Persönlichkeiten, die ebenfalls verhaftet worden waren.

256) Vgl. Süddeutsche Zeitung vom 5./6. September 1981, auch Sunday Times vom 6. September 1981. Die Verhaftungen und andere Maßnahmen wurden nachträglich in einem Referendum mit 99,54% der abgegebenen Stimmen gebilligt. Süddeutsche Zeitung vom 12./13. September 1981.

8. Zusammenfassung und Ausblick

1.

Faßt man den historischen Längsschnitt des politischen Prozesses im Überblick zusammen, so lassen sich seit Muhammad 'Alī bis zur Gegenwart neun Phasen erkennen. Die erste Phase umfaßt die Aufnahme der tradierten Elemente der politischen Kultur in diesen Modernisierungsprozeß, wobei zwei Strukturelemente wichtig sind: die hydraulische Gesellschaft und der Islam.

Als erstes Strukturelement der politischen Kultur ist die hydraulische Gesellschaft festzuhalten. Diese umfaßt: Die strikte Trennung in politische Elite und politisch verwaltete Masse mit ihren in sich abgeschlossenen politischen Wertesystemen, die das göttlich legitimierte Machtmonopol der Elite absicherten. Veränderungen der politischen Macht vollzogen sich nur auf der Ebene der Elite ohne jedweden Partizipations- und Kontrollbezug zu den Beherrschten. Die damit zusammenhängende, weil in Jahrtausenden eingeübte Rollenzuweisung wurde zu einer unüberwindlichen Schwelle, die die Perzeption von Konflikten und deren Umsetzung in politische Organisationen verhinderte und an die Stelle einer Konflikthierarchie allenfalls eine Konsenshierarchie setzte.

Das zweite Strukturelement bildete der Islam, er brachte einerseits politische Werte, die die bisherigen verstärkend überlagerten, andererseits solche, die durch Formen der Partizipation Bewegung in die tradierte und akzeptierte Trennung von Herrscher und Beherrschten brachten. Aber der Islam ließ keinen Zweifel an der Göttlichkeit der Ordnung, die diese Trennung in Herrscher und Beherrschte vorsah.
Da jedoch weder im Koran noch durch den Propheten selbst eindeutige, klare Regeln für die Bestellung des politischen Führers überliefert sind, zwang das islamische Kohäsionsgebot zu Verfahren politischer Teilnahme, die mit dem Ziel der Integration auf eine Konsensfindung hinausliefen. Dabei ging es im wesentlichen um die Amtseinsetzung und Bestätigung des Herrschers, aber auch um die Identifizierung und Ablösung des Herrschers, der von den religiös definierten Normen abwich.

Formal fiel diese Mitsprache den religiösen Rechtsgelehrten zu, die mit ihrem Urteil die Gläubigen gegen den Herrscher theoretisch mobilisieren konnten. Da sich jeder Muslim aber die Frage stellen mußte, ob der jeweilige Herrscher die vom Koran geoffenbarten Voraussetzungen erfüllte, ergab sich prinzipiell ein legitimes Widerstandsrecht.
Aus diesen Verfahren, die der politischen Kultur der Beduinenstämme entstammten und Partizipation nur als Konsultation verstanden, entwickelten sich keine auf Dauer angelegten institutionellen Kontrollinstrumente, die eine Opposition hätten ermöglichen können. Eine solche mußte sich zwangsläufig als Fundamentalopposition äußern, die nur den radikalen personellen Austausch im Herrscheramt kannte. Politische Kontrolle und die Formierung politischer Organisationen zur Kritik-, Artikulations- und Interessenvertretung waren damit mit dem Bann der Illegalität belegt und wurden stets in die Fundamentalopposition abgedrängt.

2.

Am Ende der ersten Phase, die inhaltlich als partielle Modernisierung zur Machtsicherung der 'Alī Dynastie bewertet werden muß, waren aus der Differenzierung der ägyptischen Gesellschaft zwei neue gesellschaftliche Schichten entstanden:

- Eine Landaristokratie, die sowohl nach dem Ausbau ihrer Besitzrechte strebte als auch um die Mitsprache bei der Festsetzung des Budgets rang, und

- eine Armee, deren mittleres Offizierskorps die vom Khediven vertretene Privilegienordnung bekämpfte und eigene Entfaltungschancen einforderte.

Die daraus resultierenden Konfliktstrukturen, nämlich der Steuer- und der ethno-hierarchische Konflikt, führten fast nach europäischem Modell zur Herausbildung von politischen Institutionen, die zwar Beratung, aber keine Weiterentwicklung zur Mitsprache boten. Sie wurden letztlich unfähig, die Konflikte institutionell zu kanalisieren.

Der Ruf nach einer kodifizierten Verfassung führte Militär und Landaristokratie zu einer 'organisierten', wenngleich begrenzten Allianz zusammen. Obwohl die aus dem Verfassungskonflikt resultierende Mobilisierung scheiterte, sind zwei Präzedenzfälle hervorzuheben:

- Erstens wurde mit der Forderung nach verfassungsmäßiger Fixierung ihrer Rechte auf der Grundlage europäischer Muster ein Regelmechanismus angestrebt, der nicht auf der islamischen Tradition fußte. Mit anderen Worten: Überlieferte islamische Institutionen wurden mit als überlegen perzipierten exogenen Verfassungseinrichtungen konfrontiert und zunächst beiseite gedrängt;

- zweitens zeichnete sich für die Armee eine Rolle als politische Kraft ab, sowohl als potentieller Usurpator der Macht als auch als Motor einer Reformbewegung.

3.
Die Präsenz der Kolonialmacht beendete zunächst die endogene Entfaltung der neuen sozialen Schichten und schuf einen politischen Handlungsrahmen, dessen Institutionen nach britischem Vorbild geschaffen waren.
Freilich war die oligarchische Zusammensetzung des Parlaments, seine Arbeitsweise und das Wahlrecht bewußt so gesteuert, daß lediglich die Interessenartikulation einer am materiellen output orientierten Landaristokratie berücksichtigt wurde. Die Artikulation der darüber hinaus existierenden Konflikte blieb den Kräften überlassen, die außerhalb des dekredierten Konstitutionalismus standen. Ihnen fiel aufgrund ihrer Artikulations-, Kritik- und begrenzten Interessenvertretung ein Repräsentationsbonus im vorkonstitutionellen Raum zu.
Die Diskrepanz zwischen dem von der Kolonialmacht aufoktroyierten Verfassungssystem und der Realität der politisch-sozialen Konflikte führte zu einer negativen Perzeption europäisch-politischer Verfassungstechnologie. Diese wurde einseitig als Unterdrückungsinstrumentarium begriffen, dem es nur durch Rückgriff auf autochthone islamische Werte zu begegnen galt.

Ungeachtet aller Unterschiede der quasi außerparlamentarischen Opposition entstand aus der Frontstellung zur Kolonialmacht in Abweichung zum europäischen Konfliktmuster ein dominanter Konflikt.

4.
Dieser Kolonialkonflikt sowie die Konstellation und das Zusammenwirken der Wirtschaftskrise um die Jahrhundertwende, die Unfähigkeit des islamischen Klerus, der wachsenden Zahl der Unzufriedenen einen politischen Organisationsrahmen anzubieten und die Existenz einer partiell säkularisierten Elite, die in Frankreich Parteien als Instrumente der modernen Massenmobilisierung kennengelernt hatte, trug entscheidend zur Formierung der von nun an maßgeblichen Parteien bei.
Es wurden also im Zuge des antikolonialen Konflikts europäische Partizipationsformen übernommen, doch die Führer dieser Parteien begriffen sich getreu der islamischen politischen Kultur nicht als Teil eines politischen Spektrums, sondern beanspruchten für sich die Alleinvertretung des nationalen Konsenses.
Ein weiterer Aspekt kommt hinzu. Die sich am Kolonialkonflikt entzündende zentrale inhaltliche Frage der (nationalen) Identität wurde zum Thema, das vorwiegend islamische Kräfte besetzten und das daher die Parteien zwang, die Nationalstaatsidee auf religiöser Basis neu zu formulieren, was die ansatzweise Säkularisierung der neuen politischen Organisationen entscheidend hemmte.

5.
Der Versuch, mit Hilfe der formalen Übernahme des belgischen Verfassungsmodells ein konstitutionelles Zusammenspiel zwischen Krone und Parteien - bei gezielter Einflußnahme der Briten - auf den Weg zu bringen, litt von vornherein an der disfunktionalen Kompetenzzuweisung für die politischen Akteure, die einen kontinuierlichen Prozeß zwischen Willensbildung und Regierungsübernahme verhinderte. Gleichermaßen trug deren Verharren in den überkommenen Normen politischen Handelns zum Fehlschlag des konstitutionellen Neubeginns bei.

So knüpfte das Selbstverständnis der Krone an die ordnungspolitische Ideenwelt des Kalifats mit seiner gottgewollten ungeteilten Herrschaft an; notwendige systemnormative Verhaltensweisen und Strukturprinzipien wie parlamentarische Kontrolle, liberale Individualrechte und aktive, über die tradierte Beratung hinausgehende Partizipationsformen waren ihr gänzlich fremd.
Die Wafd-Partei ihrerseits konstruierte aus ihrer historischen Entwicklung - bedingt durch die eindimensionale Konfliktstruktur und ihre strukturelle Mehrheitsfähigkeit - ebenfalls das Monopol zur Herrschaft und modifizierte somit das politische Kohäsionsideal des Islam, das nunmehr in der Wafd sein säkulares Organisationsideal fand.

Die parlamentarischen Spielregeln haben die politische Kultur fast aller parlamentarisch regierten Staaten nachhaltig geprägt und zur Stabilisierung der Verhaltensweisen und Rollenerwartungen im System beigetragen. In Ägypten bestand aber die vom europäischen Modell abweichende besondere Wechselwirkung von Kolonialkonflikt und asymmetrischem Parteiensystem. Sie erklärt, warum die partielle Übernahme exogener, politischer Strukturen nicht zur graduellen Herausbildung bestimmter neuer Spielregeln führte, sondern zu einem Dominanzkonflikt, der den anderen (kleinen) Parteien nur die Rolle einer Manövriermasse zuschrieb und auch bei ihnen die Internalisierung "gesetzter Regeln" nicht honorierte.

Krone und Wafd sahen also in einer Verfassung und in einem Parteiensystem nicht die Chance für ein geregeltes, reformierbares Verfahren des Machterwerbs, sondern nur eine technisch neue, effektive Organisationshilfe zur Mobilisierung der jeweiligen Klientel.

Das Fehlen einer wirkungsvollen Opposition im Eineinhalbparteiensystem und das Versagen der politischen Institutionen haben nicht nur die Unberechenbarkeit des politischen Prozesses bewirkt, sondern sie sind auch für das Defizit an strukturellen Beziehungen mit verantwortlich. Diese sind aber für die Bildung neuer politischer Einstellungen eher relevant als der bloße Erwerb von - exogenen - Werten; daher konzentrieren die politischen Eliten ihre Aufmerksamkeit auf den Machtkampf - bei Vernachlässigung sachbezogener Problemlösungen - und gaben damit ihre Funktion der gesellschaftlich-normativen Führung auf.

6.
In diesem Kontext der partiellen politischen Modernisierung mit ihrem Pendant einer Kulturanomie im geistig-normativen Bereich konnte ein systembezogener Grundkonsens nicht aufgebaut werden. Die durch exogene Einflüsse entstandene multivalente Normenstruktur bewirkte bei den Regierten und Teilen der Regierenden schließlich die Destabilisierung der politisch-normativen Identität, die sich in der Radikalität äußerte und in personalisierten Alternativen wie dem Oberhaupt der Muslimbruderschaft Hassan al-Banna und bei Nasser, dem Führer eines militärischen Geheimzirkels, einen neuen endogenen Bezugspol suchte.
Hinzu kam, daß der verlorene Palästinakrieg und die Gründung Israels die ägyptische Gesellschaft in eine neue, ihre Identität bedrohende Krise stürzte, deren Erklärung nicht nur in der exogenen Bedrohung gesucht, sondern auch mit dem Versagen der konstitutionellen, 'modernen' Monarchie begründet wurde.

Nachdem die Muslimbruderschaft durch die Ermordung al-Bannas ihrer charismatischen Kristallisationsfigur beraubt war, fiel der Armee aufgrund des Bewaffnungs- und Kommunikationsmonopols die Handlungsinitiative und nach dem Putsch die Macht zu.

So wie bereits beim internen Machtkampf bediente Nasser sich zur Sicherung und Legitimierung seiner Machtposition Techniken, die sowohl Formen moderner Massenorganisation als auch traditionaler Elemente einer personalisierten Herrschaft einschlossen.

Ziel war der Aufbau eines Charisma, das sich durch zwei Leistungsmerkmale einstellen sollte:

1. Außenpolitische Konfrontation zur Durchsetzung eines Hegemonialanspruchs und Mittel zur Identitätsfindung.

2. Massenwohlfahrt durch eine sozialpopulistische Verteilungspolitik.

Mit der Kombination personaler Charismabildung und Verpflichtung zu konkreten Leistungsmerkmalen, die Erwartungshaltungen aufbauten, verließ Nasser die traditionalen Vorgaben und begab sich sowie das von ihm geschaffene Einparteiensystem in ein "Abhängigkeitsverhältnis" gegenüber der Gesellschaft, das konstitutiv für moderne Regierungssysteme ist.

Während pluralistische Regierungssysteme einen kontinuierlichen Innovationsprozeß - Voraussetzung für Leistungserfüllung - durch autonome Teilbereiche und aktive Partizipation sicherstellen, blieb dieser Schritt in Ägypten aufgrund der Idee der Unteilbarkeit politischer Macht nicht nachvollziehbar. Im Gegenteil: Quasi moderne Partizipationsformen wie Einparteiensystem, Gewerkschaften und Massenkommunikationsmittel dienten nur zur Mobilisierung eines manipulierten Konsenses.
Konsequenterweise blieb die Bildung autonomer gesellschaftlicher Gruppen und die aktive Teilnahme zur Kontrolle von Entscheidungsprozessen als mit den ideologischen Grundprinzipien unvereinbar verboten.

Da die Erfüllung der propagierten sozialen und wirtschaftlichen Ziele nicht geleistet werden konnte, nicht zuletzt, weil die bürokratische Mobilisierung Loyalität vor Effizienz präferierte und ein System rivalisierender Apparate aufbaute, blieb für den Aufbau von Charisma nur eine offensive Außenpolitik.
Inhaltlich wurde durch die Konfrontation mit Israel die alte Form des antibritisch geprägten Kolonialkonflikts in die neue Form eines ägyptisch-israelischen Konflikts transformiert. Dieser neue außenpolitische Konflikt war aufgrund des Strukturwandels des internationalen Systems (Dekolonialisierung) für Nasser doppelt profitabel. Einerseits konnte er sich an die Spitze der islamisch-arabischen Welt im Kampf gegen Israel und die Vereinigten Staaten setzen, andererseits setzte er sich international mit an die Spitze des anti-imperialistischen Kampfes, was Ägypten die

Rolle eines regionalen Vorreiters für die populäre Blockfreienbewegung sicherte.

Beides stärkte die Vision eines ägypto-zentrischen Panarabismus, der gleichsam auf säkularer Grundlage für den außenstehenden Betrachter an die Kalifatsidee in abgewandelter Form anknüpfte und vielschichtige Chancen zur kollektiven Identitätsfindung zuließ.
Die Vermittlung dieser Politik durch den Einsatz moderner Medien erlaubte nicht nur die ideologische Mobilisierung und Personalisierung des gesamten politischen Prozesses, sondern wehrte auch institutionale Partizipationsbestrebungen ab.

8.
Eine militärische Niederlage wie die von 1967 mußte den Charismaträger und das von ihm repräsentierte Regierungssystem diskreditieren. Diese Konstruktion implizierte für jeden Nachfolger, der als legitim erscheinen wollte, die Notwendigkeit, ein eigenständiges Charisma aufzubauen.

Strukturell gesehen instrumentalisierte Sadat dazu die Innen- und Außenpolitik in ähnlicher Weise wie Nasser. Er schaltete 1971 die innenpolitischen Hauptgegner aus, schuf durch eine neue Verfassung die institutionellen Elemente seiner Herrschaft und stellte im Oktoberkrieg von 1973 trotz der Niederlage das angeschlagene Nationalbewußtsein der Ägypter wieder her.

Eine derartige Handlungsweise, insbesondere auch die Modifizierung des wissenschaftlichen Sozialismus arabischer Prägung durch die Betonung seiner islamischen Grundlagen war nur möglich, weil das Nasser-System institutionell nicht verfestigt und seine politischen Werte nur selektiv internalisiert waren; für den Nachfolger war es daher nur beschränkt verpflichtend.

Der politische Erfolg des Oktoberkrieges vermittelte der Person Sadat jenes Maß an Popularität, das ihn dazu legitimierte, die nasseristischen Instrumente der Willensbildung und den ideologischen Bezugsrahmen zur Veralltäglichung seines Charismas umzubauen.

In Abgrenzung zum Nasserismus modernisierte Sadat das Regierungssystem dahingehend, daß er die Einheitspartei ASU durch Mobilisierung der Öffentlichkeit und eine schrittweise institutionelle Pluralisierung an die Sozialstruktur anpaßte und den Mittelschichten in einem Mehrparteiensystem eine Artikulationschance bot. Ansätzen zur Parlamentarisierung und einem Legitimationsfluß zwischen Wähler und Gewählten, aus denen Machtkontrolle und damit tendenziell Machtverlust hätten entstehen können, trat Sadat mit traditionalen Mitteln entgegen.

Einerseits integrierte er die potentielle Gegenelite in die Exekutive und nutzte Verwandtschaftsbeziehungen, um Loyalitäten und Ämter bzw. Mandate zu sichern, andererseits suchte er über die modernen Massenkommunikationsmittel, insbesondere das Fernsehen - mit vorwiegend religiösen Inhalten -, das tägliche Plebiszit. Darüber hinaus versuchte Sadat, mit Hilfe der religiösen Orthodoxie und der Revitalisierung islamischer Normen sowohl die Nasseristen an den Rand des politischen Spektrums abzudrängen, als auch den radikalen Fundamentalisten die Argumente gegen seine Reformpolitik, die mit Abfall von islamischen Prinzipien gleichgesetzt wurde, zu nehmen.

9.
Als Sadats Reformprogramm aufgrund der wirtschaftlichen Fehlentwicklungen, die in den Unruhen 1977 gipfelten, durch Hinwendung zu einer spektakulären Außenpolitik stabilisiert werden mußte, verließ er sein selbstinitiiertes Modernisierungskonzept.

Die Manipulation der Wahlen von 1979, der exzessive Einsatz von Referenda, die erneute Umbildung des Parteiensystems sowie die Einführung personalisierter Beratungsverfahren verwiesen Kritik und Opposition wieder in die Illegalität. Aus der partiell zulässigen Kritik innerhalb des Systems wurde aufgrund der desintegrierenden Wirkung dieser traditionalen Herrschaftssicherung eine Opposition zum System.

Die daraus resultierende Konfrontation zwischen herrschender Elite und Fundamentalopposition wird auch weiterhin den Aufbau konsensbildender Spielregeln blockieren und läßt deshalb die Retraditionalisierung des Regierungssystems erheblich wahrscheinlicher erscheinen als die Institutionalisierung einer pluralistisch-demokratischen Regierungsweise.

10.
Die analytische Erklärungskraft des Konzepts der politischen Kultur als intervenierender Variable im Allokationsprozeß politscher Macht gestattet über die Erklärung der politischen Entwicklungssequenzen hinaus auch ein generelles Ergebnis zur Funktionsinterdependenz von politischer Kultur, politischer Stabilität und Innovationsfähigkeit.

War bis zur Übernahme der europäischen Institutionen und der modernen institutionellen Zivilisationstechniken die politische Kultur als eine Konstante im Allokationsprozeß politischer Macht zu setzen, so bewirkte die Adaption an und die Auseinandersetzung mit diesen Neuerungen eine graduelle sozio-ökonomische, politische und kulturelle Umschichtung der ägyptischen Gesellschaft.
Das daraus resultierende Wechselspiel von endogenen tradierten politischen Werten und exogener politischer Verfassungstechnologie setzte die politischen Akteure in die Lage, den überkommenen Konsens und die akzeptierten Institutionen in Frage zu stellen und im Wege einer funktionalen Neuinterpretation zur Machtsicherung bzw. zum Machterwerb einzusetzen.

Dieses machtpolitische Verhalten und die durch den sozialen Wandel in Gang gesetzte Differenzierung der Gesellschaft induzierten Rückwirkungen, so daß die konstanten Elemente der politischen Kultur teils modifiziert, teils außer Kraft gesetzt wurden, sich aber insgesamt als so grundlegend erwiesen, daß sie den Neuaufbau eines Konsenses auf der Grundlage moderner Spielregeln nicht zuließen.

Die latent dualistische Ausprägung der politischen Kultur ermöglichte einerseits in den verschiedenen Sequenzen – in

Abhängigkeit von der Konfliktstruktur und der sozialen Basis - verschiedene moderne bzw. tradierte Handlungsmaxime und damit, freilich nur kurzfristig, Legitimationsoptionen zur Krisenbewältigung und zur vorübergehenden Stabilisierung der labilen Regierungssysteme. Andererseits ist diese strukturelle Wertekonkurrenz ursächlich für die Anomie der politischen Kultur, die ihrerseits die disfunktionalen Mischsysteme im wirtschaftlichen und insbesondere im politischen Prozeß festschrieb.

Als Antwort auf den sozialen Wandel wurden zwar moderne Institutionen wie Verfassung, Parlament, Parteiensysteme und Presse eingeführt - mit der Absicht, demokratische Partizipationsverfahren vorzuweisen -, doch der politische Prozeß wurde nicht gemäß den systemimmanenten Bedingungen dieser Verfahren und Verhaltensweisen geregelt.

Unter entwicklungspolitischen Aspekten kommt ein weiteres hinzu: Die Grundbedingung für aktive Partizipationsformen, nämlich die reale Chance des Machtwechsels, ist nicht nur zentrale Voraussetzung für den Aufbau eines gesellschaftlichen Konsenses, sondern auch die einzige Möglichkeit, Innovationen qua politische Entscheidungsfindung zu institutionalisieren. Solange die politische Kultur selbst die Internalisierung gesetzter Regeln und das effektive Funktionieren eines Wechselspiels zwischen Regierung und Opposition erschwert, wird auch Ägypten mittelfristig von einer politischen Instabilität gekennzeichnet sein, die in Abhängigkeit vom Krisenhaushalt nur durch eine charismatische Führerfigur überlagert werden kann.

Da aber der gegenwärtige (kalte) Frieden mit Israel eine militärische Option und die desolate wirtschaftliche Verfassung eine Leistungsoption für den Charismaerwerb ausschließen, dürfte auch unter Mubarak die Fortführung des labilen, tendenziell plebiszitären Präsidialsystems, allerdings unter islamischen Vorzeichen, eine plausible Entwicklungsmöglichkeit sein.
Die Rückkehr zu einem islamischen Regierungssystem oder der Durchbruch zu einer parlamentarischen Regierungsweise auf der Grundlage eines kompetitiven Mehrparteienpluralismus sind wegen

der Normenverschiebung Ende der 80ger Jahre keine realen Alternativen

Sollten die nach wie vor existierenden transitorischen Konflikte eine krisenhafte Entwicklung induzieren, wäre auch ein Militärputsch als säkulare Modernisierungsvariante plausibel, die sich allerdings erneut weitgehend auf Elitenaustausch und Reformrhetorik konzentrieren würde.

Literaturverzeichnis

Quellenmaterial und Nachschlagewerke

AREA HANDBOOK FOR EGYPT, 3. Aufl., Government Printing Office, Washington, D.C. 1975.

AREA HANDBOOK FOR IRAQ, 2. Aufl., Government Printing Office, Washington, D.C. 1971.

BESTERS, H., Boesch, E., Entwicklungspolitik, Handbuch und Lexikon, Stuttgart, Berlin 1966.

DOKUMENTE, Rede Sadats vor dem ASU-ZK und den Parlamentsabgeordneten am 28. September 1975, in: Orient, 4, 1975.

ENZYKLOPAEDIA des Islam, hrsg. v.: M.T. Houtsma, T.W. Arnold, A.J. Wensinck u.a., 4 Bde. u. Ergänzungsband, Leiden u. Leipzig 1913-1938.

FISCHERLEXIKON Soziologie, Bd. 10, 1958.

HANDBUCH für internationale Zusammenarbeit, Baden-Baden 1985.

HANDWÖRTERBUCH DER SOZIALWISSENSCHAFTEN, Bd. 8, Tübingen, Göttingen 1964.

HOLT, P., Lambton, A., Lewis, B. (Hrsg.), The Cambridge History of Islam, Vol. 1, London 1970.

INTERNATIONAL Encyclopaedia of the Social Sciences, Vol. XII, Ausgabe 1968.

JAHRBUCH DES ÖFFENTLICHEN RECHTES DER GEGENWART, Bd. 20, Tübingen 1932.

KEESING's Archiv der Gegenwart, 25. Jahrgang, 1955, Essen, Wien, Zürich, o.J.

KÖNIG, R. (Hrsg.), Handbuch der empirischen Sozialforschung, Bd. 10, 2., völlig neubearb. Aufl., Bd. II, Stuttgart 1977.

DER KORAN, Übersetzung von Rudi Paret, Stuttgart, Berlin, Köln, Mainz 1979.

KREISER, K., Diem, W., Majer, H.G., Lexikon der islamischen Welt, Stuttgart 1974.

NOHLEN, D., Nuscheler, F. (Hrsg.), Handbuch der Dritten Welt, 2 Bde, Hamburg 1976.

RONARD, S. u. N., Lexikon der Arabischen Welt, Zürich, München 1972.

SCHOECK, H., Soziologisches Wörterbuch, 4. Aufl., Freiburg 1971.

STERNBERGER, D., Die Wahl der Parlamente, Bd. II, 1. Halbbd., Berlin, New York 1978.

THE MIDDLE EAST AND NORTH AFRICA, London 1979.

UNESCO Statistical Yearbook 1974/75.

UNITED ARAB REPUBLIC, Ministry of Information, The October Working Paper, presented by Mohamed Anwar el Sadat, Kairo 1974.

UNITED ARAB REPUBLIC, Charter, Information Department, Cairo o.J. (engl. Übersetzung).

USIA, Country Data Sheets, US-Department of State, 1975.

WEHR, H., Arabisches Wörterbuch, Arabisch-Deutsch, 4. Aufl., Wiesbaden 1968.

Monographien und Sammelwerke

ABBAS, I., Points of Departure in Egypt's Foreign Policy, Ann Arbor 1972.

ABBOUSHI, W.F., Political Systems of the Middle East in the 20th Century, New York 1971.

ABDEL FADIL, M., Development, Income Distribution and Social Change in Rural Egypt 1952-1970, Cambridge 1975.

ABDEL MALEK, A., Ägypten: Militärgesellschaft, Frankfurt/M. 1971.

AHMAD, I., The Social Contract and the Islamic State, Delhi 1944.

AHMED, J.M., The Intellectual Origins of Egyptian Nationalism, London, New York 1960.

AL-'AQQAD, A.M., al-falsafa al-qur'āniya (Koranphilosophie), Kairo 1970.

AL-WARDI, A., Soziologie des Nomadentums, Neuwied, Darmstadt 1972.

ALBERTINI, R.v., Moderne Kolonialgeschichte, Köln 1970.

ALLEMAN, F.R., Die arabische Revolution, Nasser über seine Politik, Frankfurt/M. 1958.

ALMOND, G.A. (Hrsg.), Comparative Politics Today, A World View, 3. Aufl., Boston, Toronto 1974.

ders., Verba, S., The Civic Culture, Boston 1965.

ders., Comparative Politics, Boston, Toronto 1978.

ders., Powell, G.P., Jr., Comparative Politics: A Developmental Approach, Boston 1966.

ders., Coleman, J.S. (Hrsg.), The Politics of the Developing Areas, Princeton, New Jersey 1960.

ANDRAE, T., Islamische Mystiker, Stuttgart 1960.

APTER, D.A., The Politics of Modernization, Chicago 1965.

ders., Political Change, Collected Essays, London 1973.

AREI, S., Agrarian Reform in Egypt, Kairo 1957.

ARNOLD, T.W., The Caliphate, Oxford 1924.

ASHFORD, D.E., The Elusiveness of Power: African Single Party State, Ithaca 1965.

AYAD, M.K., Die Geschichts- und Gesellschaftslehre Ibn Khālduns, Stuttgart, Berlin 1930.

AYROUT, H., The Egyptian Peasant, Boston 1963.

AYUBI, N., Bureaucracy and Politics in Contemporary Egypt, London 1980.

BADOWI, M.A.Z., The Reformers of Egypt, London 1978.

BAER, G., A History of Landownership in Modern Egypt 1800-1950, London 1962.

ders., Studies in the Social History of Modern Egypt, Chicago 1969.

BAKER, R., Egypt's Uncertain Revolution under Nasser and Sadat, Cambridge, Mass. 1978.

BALANDIER, G., Politische Anthropologie, München 1972.

BARAWI-AL, R., The Military Coup in Egypt, Kairo 1952.

BE'ERI, E., Army Officers in Arab Politics and Society, New York 1970.

BEER, S.H., Ulam, A., Patterns of Government, New York 1962.

BEHRENDT, R.F., Soziale Strategie für Entwicklungsländer, Frankfurt 1965.

BERGER, M., Islam in Egypt Today, Cambridge 1970.

ders., Military Elites and Social Change: Egypt Since Napoleon, Princeton 1966.

BEYME, K.v., Die Parlamentarischen Regierungen in Europa, München 1970.

ders., Die politischen Theorien der Gegenwart, 2. korrigierte und ergänzte Aufl., München 1974.

BIDDISS, M.D., The Age of the Masses, Ideas and Society in Europe Since 1870, New York 1977.

BILL, J.A., Leiden, C., The Middle East, Politics and Power, London 1974.

BINDER, L., In a Moment of Enthusiasm: Political Power and the Second Stratum in Egypt, Chicago 1978.

ders., Coleman, J.S., LaPalombara, J., Pye, L.W., Weiner, M., Verba, S., Crises and Sequences in Political Development, Princeton 1971.

ders., Iran: Political Development in a Changing Society, Berkeley and Los Angeles, 1962.

BLACK, G.E., Comparative Modernization, New York, London 1976.

BLUME, H., Saudi Arabien, Tübingen und Basel 1976.

BLUNT, W.S., Secret History of the English Occupation of Egypt, New York 1967.

BOHNER, M. (Hrsg.), Das Nord-Süd-Problem, Konflikte zwischen Industrie- und Entwicklungsländern, 3. bearb. Aufl. 1974.

BOKTOR, A., The Development and Expansion of Education, Kairo 1963.

BOWIE, R.R., Suez 1956, International Crisis and the Role of Law, New York, London 1974.

BRANDENBURG, D., Die Baumeister des Propheten, Zürich 1971.

BRAUN, H., Der islamische Orient zwischen Vergangenheit und Zukunft, Bern, München 1960.

BRÄUNLICH, E., Bistam Ibn Qais, ein vorislamischer Beduinenfürst und Held, Leipzig 1923.

BRIEFS, G., Laissez-Faire Pluralismus, Demokratie und Wirtschaft des gegenwärtigen Zeitalters, Berlin 1966.

BROCKELMANN, C., History of the Islamic Peoples, New York 1960.

BÜREN, R., Die Arabische Sozialistische Union, Opladen 1970.

ders., Nassers Ägypten als arabisches Verfassungsmodell, Opladen 1972.

BUSSE, H., Chalif und Großkönig, Die Buyiden im Iraq 945-1055, Beirut 1969.

BÜTTNER, F. (Hrsg.), Reform und Revolution in der islamischen Welt, München 1971.

CALVERLY, E., Islam, Kairo 1974.

CHILDERS, E., The Road to Suez, London 1962.

CHURCHILL, C. (Hrsg.), Readings in Arab Middle Eastern Societies and Cultures, Paris, Hague 1970.

CLAPHAM, R., Marktwirtschaft in Entwicklungsländern, Freiburg 1973.

COOK, M., Studies in the Economic History of the Middle East, London 1970.

CREMEANS, C.D., The Arabs and the World, Nasser's Arab Nationalist Policy, 2. Aufl., New York, London 1963.

CROUCHLEY, A.E., A Century of Economic Development of Modern Egypt, London 1938.

CROUS, M., Neuordnung der ägyptischen Wirtschaft, Orient 69, No. 2.

DAHL, R.A., Die politische Analyse, München 1973.

DAVIES, I., Soziale Mobilität und politischer Wandel, München 1972.

DEEB, M., Party Politics in Egypt: The Wafd and its Rivals, 1919-1939, London 1979.

DEKMEJIAN, R.H., Egypt under Nasir, New York 1971.

ders., Patterns of Political Leadership, Lebanon, Israel, Egypt, New York 1975.

DESSOUKI, A. (Hrsg.), Democracy in Egypt, Cairo Papers in Social Science, AUC, Kairo 1978.

DEUTSCH, K.W., Nationenbildung - Nationalstaat - Integration, Düsseldorf 1972.

DONZEL, E.V., Lewis, B., Pellat, Ch. (Hrsg.), The Encyclopaedia of Islam, New Edition, Leiden 1978.

EASTON, D., A System Analysis of Political Life, New York 1965.

EISENBLÄTTER, B., Muslim Practice and Modern Development, paper prepared for delivery at the First Conference of Islamic Philosophy on Islam and Civilization, Cairo 19.-22. Nov. 1976.

EISENSTADT, S.N., Modernization: Protest and Change, Englewood Cliffs 1966.

EL GHANNAM, A., Das Regierungssystem des unabhängigen Ägypten (1922-1967), München 1968.

EL-SAYED, A.L., Workers' Participation in Management, Kairo (AUC) 1978.

ELIAS, N., Über den Prozeß der Zivilisation, 6. Aufl., Ulm 1978, Bd. 1.

EMERSON, R., From Empire to Nation, Cambridge Mass. 1960.

ENDE, W., Steinbach, U., Der Islam in der Gegenwart, München 1984.

EPSTEIN, L., British Politics in the Suez Crisis, University of Illinois 1964.

ETZIONI, A., Social Change, New York 1964.

FAINSOD, M., Wie Rußland regiert wird, Köln 1965.

FEIT, E., The Armed Bureaucrats, Boston 1973.

FESTINGER, G., A Theory of Cognitive Dissonance, Evanston 1957.

FLORA, P., Modernisierungsforschung, Zur empirischen Analyse der gesellschaftlichen Entwicklung, Opladen 1974.

FRAENKEL, E., Die repräsentative und die plebiszitäre Komponente im demokratischen Verfassungsstaat, Tübingen 1958.

FRANZ, G., Staatsverfassungen, München 1950.

FRIEDRICH, C.J., Man and His Government, New York 1963.

ders., Politik als Prozeß der Gemeinschaftsbildung, Köln 1970.

ders., Totalitäre Diktatur, Stuttgart 1957.

GALAL, ed-din K., Entstehung und Entwicklung der Tagespresse in Ägypten, Frankfurt/M. 1939.

GARDET, L., Der Islam, Aschaffenburg 1961.

GARPOZI, G., Anwar Sadat - A Man of Peace, New York 1977.

GIBB, H., A.R., Mohammedanism, 2nd ed., London 1957.

GOETZE, D., Entwicklungssoziologie, München 1976.

GOLAN, G., Yom Kippur and After, Cambridge 1977.

GOLAN, M., The Secret Conversations of Henry Kissinger: Step-by-Step Diplomacy in the Middle East, New York 1976.

GOLDZIHER, I., Vorlesungen über den Islam, 2 Bde, 2. umgearb. Aufl., Heidelberg 1925.

GOMAA, S., Das Militär in Ägypten, Bochum 1976.

GOTTSCHALK, G., Die großen Pharaonen, Bern, München 1979.

GRUNEBAUM, G.E.v., Der Islam in seiner klassischen Epoche, Zürich 1966.

ders., Der Islam im Mittelalter, Zürich 1963.

GRUNEWALD, K., Ronall, J.O., Industrialization in the Middle East, New York 1960.

ders., Industrial Revolution in the Middle East, New York 1960 (Council for Middle Eastern Affairs).

GUGGENBERGER, B., Veen, H.J., Zunker, A. (Hrsg.), Parteienstaat und Abgeordnetenfreiheit, München 1976.

HAAS, M., Husseins Königreich, München 1975.

HADDAD, G.M., Revolutions and Military Rule in the Middle East: The Arab States, Bd. II (Egypt), New York 1973.

HAIM, S. (Hrsg.), Arab Nationalism, Berkeley, Los Angeles 1976.

HALLIDAY, F., Arabia without Sultans, New York 1979.

HALPERN, M., The Politics of Social Change in the Middle East and North Africa, Princeton 1963.

HAMDAN, H., Nassers Rolle in der Außenpolitik der arabischen Staaten von 1954 bis 1964, Bonn 1977.

HANSEN, B., Economic Development in Egypt, The Rand Corporation 1970.

ders., Marzouk, G., Development and Economic Policy in the UAR (Egypt), Amsterdam 1965.

HARIK, I.F., The Political Mobilization of Peasants, Bloomington 1974.

ders., R. Antonn, Rural Politics and Social Change in the Middle East, London 1972.

HARRIS, C.P., Nationalism and Revolution in Egypt, The Role of the Muslim Brotherhood, London 1964.

HASENCLEVER, A., Geschichte Ägyptens im 19. Jahrhundert, Halle 1917.

HATTENHAUER, H., Die geistesgeschichtlichen Grundlagen des deutschen Rechts, Heidelberg 1980.

HEAD, S. (Hrsg.), Broadcasting in Africa, Philadelphia 1974.

HEARD-BEY, F., Die arabischen Golfstaaten im Zeichen der islamischen Revolution, Bonn 1983.

HEIKAL, M., Das Kairo Dossier, Wien 1972.

ders., Sadat, Das Ende eines Pharao, Eine politische Biographie, Düsseldorf 1984.

HEINTZ, P., Soziologie der Entwicklungsländer, Köln 1862.

HENLE, H., Der neue Nahe Osten, Frankfurt 1972.

HERMENS, F.A., Verfassungslehre, 2. Aufl., Köln, Opladen 1968.

ders., Köppinger, P.-H., Von der Diktatur zur Demokratie: Am Beispiel Spaniens und Portugals, Berlin 1976.

HERSHLAG, Z.Y., Introduction to the Modern Economic History of the Middle East, Leiden 1980.

HEYWORTH-DUNNE, J., An Introduction to the History of Education in Modern Egypt, 2. Aufl., London 1968.

HIRST, D., Beeson, I., Sadat, London 1982.

HITTI, P.K., Islam, Chicago 1970.

HOHMEYER, W., Fellachen als Sparer, Köln 1969.

HOLT, P.M., Egypt and the Fertile Crescent 1516-1922, A Political History, 2. Aufl., London 1975.

ders. (Hrsg.), Political and Social Change in Modern Egypt, London 1968.

HOPWOOD, D., Egypt, Politics and Society 1945-81, London 1982.

HOTTINGER, A., Allah heute, Zürich 1981.

HOURANI, A. (Hrsg.), St. Antony's Papers, No. II, Middle Eastern Affairs, London 1961.

ders., Arabic Thought in the Liberal Age 1798-1939, London 1970.

HÜBNER, E., Partizipation im Parteienstaat, München 1976.

HUDSON, M.G., Arab Politics, The Search for Legitimacy, 2. Aufl., New Haven 1979.

HUNTINGTON, S.P., Political Order in Changing Societies, 7. Aufl., New Haven 1973.

HUREWITZ, J.C., Diplomacy in the Near and Middle East. A Documentary Record: 1914-1956, 2. Bd., London 1958.

HUSAINI, I.M., The Moslem Brethren, Beirut 1956.

IPPOLITO, D.S. u.a., Public Opinion and Responsible Democracy, New Jersey 1976.

ISMAEL, T., The U.A.R. in Africa, Evanston 1971.

ISSAWI, C., Egypt at Mid-Century, An Economic Survey, London, New York, Toronto 1954.

ders., The Economic History of the Middle East 1800-1914, Chicago u. London (repr.) 1975.

ders., Egypt in Revolution, An Economic Analysis, London 1963.

JÄNICKE, M. (Hrsg.), Politische Systemkrisen, Gütersloh 1973.

JANOWITZ, M., The Military in the Political Development of New Nations, Chicago 1964.

JOHNSON, J.J. (Hrsg.), The Role of the Military in Underdeveloped Countries, Princeton 1962.

JUDD, P. (Hrsg.), African Independence, New York 1963.

KAMMLER, H., Die Feudalmonarchien, Köln 1974.

KALTEFLEITER, W., Die Funktionen des Staatsoberhauptes in der parlamentarischen Demokratie, Köln 1970.

KARPAT, K.H., Political and Social Thought in the Contemporary Middle East, New York 1968.

KEDDIE, N.R., Sayyid Jamel ad-Din "al-Afghani", A Political Biography, Los Angeles 1972.

KEHRER, G., Religionssoziologie, Berlin 1968.

KERR, M.H., The Arab Cold War, 3. Aufl., New York 1981.

ders., The United Arab Republic, The Rand Corporation 1969.

KHALIL, S., Grundeigentum und Landreform in Ägypten, Bonn 1959.

KIRK, G., A Short History of the Middle East, London 1964.

KISSINGER, H., Memoiren 1968-1973, München 1979.

KLAPPER, J.T., The Effects of Mass Communications, New York 1960.

KLINGMÜLLER, E., Ägypten, Berlin 1944.

ders., Geschichte der Wafd Partei im Rahmen der gesamtpolitischen Lage Ägyptens, Berlin 1937.

KLÖWER, G., Ägypten. Zwischenbilanz und Perspektiven Sadatscher Entwicklungspolitik, Köln 1976.

KLUXEN, K., Parlamentarismus, Köln 1976.

KOHN, H., Geschichte der nationalen Bewegung im Orient, Berlin 1928.

KOSCHWITZ, H., Publizistik und politisches System, München 1974.

KOSMAN, W., Sadat's Realistic Peace Initiative, New York 1981.

KÜHNEL, S.E., Die Kunst des Islam, Stuttgart 1962.

KURZMAN, D., Genesis 1948, New York 1972.

LA PALOMBARA, J., Weiner, M., Political Parties and Political Development, Princeton 1966.

LABAN, A.M., Einige Aspekte der Akkulturation und des sozialen Wandels in Ägypten von 1900 bis 1952, Frankfurt 1977.

LACKNER, H., A House Built on Sand, London 1978.

LACOUTURE, J. u. S., Egypt in Transition, New York 1958.

LANDAU, J.M., Parliaments and Parties in Egypt, Tel Aviv 1953.

LANDEN, R.G., The Emergence of the Modern Middle East, New York 1970.

LANE, E., An Account of the Manners and Customs of the Modern Egyptians, Neuauflage der 1860 erschienenen Ausgabe, New York 1973.

LANG, K. u. G., Politics and Television, Chicago 1968.

LAQEUR, W.Z. (Hrsg.), Middle East in Transition, New York 1958.

ders., Nasser's Egypt, London 1956.

ders., Communism and Nationalism in the Middle East, 2. Aufl., London 1957.

LAZARSFELD, P.F., Berelson, B., The People's Choice, New York 1948.

LeBON, G., Psychologie der Massen, Stuttgart 1982.

LENCZOWSKI, G. (Hrsg.), Political Elites in the Middle East, Washington, D.C., 1975.

LENSKI, G., Macht und Privileg, Frankfurt/M. 1977.

LERNER, D., The Passing of Traditional Society, Modernization in the Middle East, London 1964.

LEWIS, B., The Arabs in History, rev. ed., New York 1967.

LIPSET, S.M., Rokkan, S. (Hrsg.), Party Systems and Voter Alignments, New York 1967.

LITTLE, T., Egypt, New York 1958.

LLOYD, G.A., Egypt Since Cromer, 2. Bd., New York 1970 (repr.).

LÖWENSTEIN, K., Staatsrecht und Staatspraxis von Großbritannien, Bd. 1, Berlin 1967.

MABRO, R., Radwan, S., The Industrialization of Egypt 1939-73, Oxford 1976.

MAIER, F.G., Die Verwandlung der Mittelmeerwelt, Frankfurt 1968.

MANSFIELD, P., Nasser, London 1969.

ders., The British in Egypt, London 1971.

MARLOWE, J., Anglo-Egyptian Relations 1800-1953, London 1954.

MAYFIELD, J.B., Rural Politics in Nasser's Egypt, Austin, London 1971.

MEINARDUS, O., Christian Egypt Ancient and Modern, 2. überarb. Aufl., Kairo (American University Cairo, AUC) 1977.

MEIR, G., My Life, 8. Aufl., London 1982.

MENDELSOHN, H., Crespi, J., Polls, Television and the New Politics, Scranton 1972.

MEYER-CRONEMEYER, H., Kusche, U., Rendtorff, R., Israel in Nahost, Hannover 1975.

MEYER-RANKE, P., Der Rote Pharao, Hamburg 1964.

MIQUEL, A., Der Islam, Essen 1975.

MITCHELL, R.P., The Society of the Muslim Brothers, London 1969.

MOMMSEN, W., Imperialismus in Ägypten, Wien 1963.

MOTZKI, H., Dimma und Egalité, Bonn 1979.

MURALT, I.v., Entwicklung und Struktur des Genossenschaftswesens in Ägypten unter besonderer Berücksichtigung der landwirtschaftlichen Genossenschaften, Marburg 1964.

NAGEL, T., Staat und Glaubensgemeinschaft im Islam, 2. Bd., Zürich/München 1981.

NAGUIB, M., Egypt's Destiny, New York 1955.

NARR, W.D., Theoriebegriff und Systemtheorie, 3. Aufl., Stuttgart 1972.

NEWMAN, K.J., Die Entwicklungsdiktatur und der Verfassungsstaat, Bonn, Frankfurt/M. 1963.

NOELLE-NEUMANN, E., Schulz, W., Publizistik, Frankfurt 1971.

NUTTING, A., Nasser, London 1972.

O'BRIEN, P., The Revolution in Egypt's Economic System: From Private Enterprise to Socialism 1952-65, London 1967.

OBERNDÖRFER, D. (Hrsg.), Systemtheorie, Systemanalyse und Entwicklungsländerforschung, Berlin 1971.

OBERREUTER, H. (Hrsg.), Pluralismus, München 1979.

OPITZ, P.J. (Hrsg.), Profile und Programme der Dritten Welt, München 1970.

ORTLIEB, H.D. (Hrsg.), Hamburger Jahrbuch für Wirtschafts- und Gesellschaftspolitik, Hamburg 1958.

OTTO, E., Nachrichten in der DDR, Köln 1979.

OTTO, E., Ägypten, Der Weg des Pharaonenreiches, 4. Aufl., Stuttgart 1966.

ders., Wesen und Wandel der ägyptischen Kultur, Berlin, New York 1969.

PARET, R., Mohammed und der Koran, 4. Aufl., Stuttgart 1976.

ders. (Hrsg.), Die Welt des Islam und die Gegenwart, Stuttgart 1961.

PERLMUTTER, A., Egypt the Pretorian State, New Brunswick 1974.

PLANCK, U., Der Agrarkredit in Ägypten, Orient Nr. 6, Hamburg 1967.

POLIAK, A., Feudalism in Egypt, Syria, Palestine and the Lebanon, 1250-1900, London 1939.

PYE, L.W., Communications and Political Development, Princeton 1963.

ders., Politics, Personality and Nation Building, New Haven 1962.

RADWAN, F., ara - hurra fī ad - dīn wa - l - hayāt (Meinungsfreiheit in Religion und Leben), Kairo 1969.

REJWAN, N., Nasserist Ideology, Its Exponents and Critics, Tel Aviv 1974.

RIAD, M., The Struggle for Peace in the Middle East, New York 1983.

RICHMOND, J.C.B., Egypt 1798-1952, London 1977.

RIFAAT, M., The Awakening of Modern Egypt, London 1947.

ders., The Monetary System of Egypt, London 1935.

RIVERA, I. de, The Psychological Dimensions of Foreign Policy, Columbus 1968.

RIVLIN, H.A., The Agricultural Policy of Muhammad 'Ali in Egypt, Cambridge Mass. 1961.

ROBBE, M., u.a., Aufbruch am Nil, Ost-Berlin 1976.

RODINSON, M., Islam und Kapitalismus, Frankfurt 1971.

ROSENTHAL, F., Ibn Khaldun - The Muqaddimah, 3. Bd., New York 1958.

ROUSSEAU, J.J., Der Gesellschaftsvertrag, Stuttgart 1974.

ROWLATT, M., Founders of Modern Egypt, London 1962.

RUBINSTEIN, A., Red Star on the Nile, Princeton 1977.

RUGH, W.A., The Arab Press, London 1979.

RUSTOW, A., Ortsbestimmung der Gegenwart, Bd. 1, Ursprung der Herrschaft, Stuttgart 1950.

RUSTOW, D.A., Politics and Westernization in the Near East, Princeton 1956.

ders., Ward, R.E., Political Modernization in Japan and Turkey, 1. Paperback Ausg., Princeton 1968.

SAAB, G.S., Egyptian Agrarian Reform 1952-62, London 1967.

SACHAR, H., Egypt and Israel, New York 1981.

SADAT, A., Die ägyptische Revolution, Düsseldorf 1970.

ders., Geheimtagebuch der ägyptischen Revolution, Düsseldorf 1957.

ders., Unterwegs zur Gerechtigkeit, Wien 1977.

SAFRAN, N., Egypt in Search of Political Continuity, Cambridge, Mass. 1961.

SAMIE, H., Agrarreform und Maßnahmen zur Förderung der landwirtschaftlichen Entwicklung der Vereinigten Arabischen Republik und des Irak, Kiel 1960.

SCHAMP, H. (Hrsg.), Ägypten, Das alte Kulturland am Nil auf dem Weg in die Zukunft, Tübingen 1977.

SCHODJAIE, G.G., Das Problem der Freiheit und Determination im Islam, München 1975 (Diss.).

SCHÖLCH, A., Ägypten den Ägyptern!, Freiburg o.J.

SCHUMPETER, J.A., Kapitalismus, Sozialismus und Demokratie, 4. Aufl., München 1975.

SEARIGHT, S., The British in the Middle East, London 1979.

SHABAN, M.A., Islamic History, Cambridge, 1971.

SHAGI, el, el-S., Neuordnung der Bodennutzung in Ägypten, Drei Fallstudien, München 1969.

SHARABI, H.B., Governments and Politics of the Middle East in the Twentieth Century, New York 1962.

SHAW, S.J., The Financial and Administrative Organization and Development of Ottoman Egypt 1517-1798, Princeton N.J. 1962.

SHERWANI, H.K., Muslim Political Thought and Administration, Delhi 1976 (repr.).

SHOUKRI, G., Egypt Portrait of A President, London 1981.

SIMMEL, G., Grundlagen der Soziologie, unveränd. 2. Aufl., Berlin 1970.

SIMON, H., Ibn Khalduns Wissenschaft von der menschlichen Kultur, Leipzig 1959.

SMITH, W.C., Der Islam in der Gegenwart, Frankfurt/M., 1963.

SMITH, D.E., Religion and Political Modernization: Comparative Perspectives, New Haven 1974.

SOMBART, W., Der moderne Kapitalismus, 5. unerw. Aufl., 2. Bd., 1. Halbbd., München und Leipzig 1922.

SROUR, H., Die Staats- und Gesellschaftstheorie bei Sayyid Gamaladdin "Al Afghani" als Beitrag zur Reform der islamischen Gesellschaften in der 2. Hälfte des 19. Jahrhunderts, Freiburg 1977.

STEINHAUS, K., Soziologie der türkischen Revolution, Frankfurt/M. 1969.

STEINKEMPER, B., Klassische und politische Bürokraten in der Ministerialverwaltung der Bundesrepublik Deutschland, Eichholz 1974.

STEPHENS, R., Nasser, A Political Biography, New York 1971.

STEWART, D., Young Egypt, London 1958.

STOWASSER, K., At-Tahtāwī in Paris. Ein Dokument des arabischen Modernismus aus dem frühen 19. Jahrhundert, Münster 1968.

TACHAU, F., The Developing Nations, New York 1972.

ders., Political Elites and Political Development in the Middle East, New York 1975.

TAESCHNER, F., Geschichte der arabischen Welt, Stuttgart 1964.

THOMPSON, W.R., The Grievances of Military Coup-Makers, London 1973.

THOMPSON, H., Studies in Egyptian Political Economy, (AUC), Kairo 1979.

TIBI, B., Militär und Sozialismus in der Dritten Welt, Frankfurt 1973.

TIBI, B., Die Krise des modernen Islam, München 1981.

TIBIders., Nationalismus in der Dritten Welt am arabischen Beispiel, Frankfurt/M. 1979.

TÜTTENBERG, E., Der Beitrag der Staaten des Ostblocks zur Wirtschaft der Entwicklungsländer Afrikas, Sankt Augustin 1977.

TWORUSCHKA, M., Die Rolle des Islam in den arabischen Staatsverfassungen, Walldorf-Hessen 1976 (Diss.)

ULE, W., Der arabische Sozialismus und der zeitgenössische Islam, Opladen 1969.

VATIKIOTIS, P.J., The Egyptian Army in Politics. Patterns for the New Nations?, Bloomington 1961.

ders., The Modern History of Egypt, London (repr.) 1976.

ders., Nasser and his Generation, London 1978.

ders. (Hrsg.), Egypt Since the Revolution, New York 1968.

WAKIN, E., A Lonely Minority: The Modern Story of Egypt's Copts, New York 1963.

WALD, P., Die Vereinigte Arabische Republik, Hannover 1969.

WATERBURY, J., The Opening, Teil 1: Egypt's Economic New Look, Field Staff Reports, No. 2, 1975.

ders., 'Aish: Egypt's Growing Food Crisis, American Universities Field Staff Reports, Dezember 1974.

ders., The Egypt of Nasser and Sadat, Princeton 1983.

ders., The Opening, Teil 3, American Universities Field Staff Reports, 4, 1975.

ders., Egypt, Burdens of the Past, Options for the Future, Bloomington/London 1978.

WATT, W.M., Islam and the Integration of Society, London 1961.

ders., Muhammad Prophet and Statesman, London 1961.

WEBER, M., Gesammelte Politische Schriften, 3. Aufl., Tübingen 1971.

ders., Wirtschaft und Gesellschaft, 5. rev. Aufl. (Studienausgabe), Tübingen 1976.

ders., Gesammelte Aufsätze zur Religionssoziologie, Bd. 1, 7. Aufl., Tübingen 1978.

WEIHER, G., Militär und Entwicklung in der Türkei 1945-1973, Opladen 1978.

WELLS, A., Mass Communications, Palo Alto 1974.

WHEELOCK, K., Nasser's New Egypt, New York 1960.

WIELANDT, R., Offenbarung und Geschichte im Denken moderner Muslime, Wiesbaden 1971.

WIEN, J., Saudi-Egyptian Relations: The Political and Military Dimensions of Saudi Financial Flows to Egypt, Rand Corp., Santa Monica 1980.

WIILDENMANN, R., Kaltefleiter, W., Funktionen der Massenmedien, Frankfurt 1965.

ders., Macht und Konsens als Problem der Innen- und Außenpolitik, 2. Aufl., Köln und Opladen 1967.

ders. (Hrsg.), Ein Leben für die Demokratie, Festschrift zum 70. Geburtstag von F.A. Hermens, Berlin 1976.

WITTFOGEL, K.A., Die orientalische Despotie, Frankfurt/M. 1977.

WOLF, W., Das alte Ägypten, München 1971.

WOLFFSOHN, M., Politik in Israel. Entwicklung und Struktur des politischen Systems, Opladen 1983.

WYNN, W., Nasser of Egypt: The Search of Dignity, Cambridge, Mass. 1959.

YOUNG, G., Egypt, London 1927.

ZAPF, W., Theorien des sozialen Wandels, 4. Aufl., Königstein/Ts. 1979.

ZEINE, Z.N., The Emergence of Arab Nationalism, Beirut 1966.

ZIADEH, F.I., Lawyers, the Rule of Law and Liberalism in Modern Egypt, Stanford, Cal. 1968.

ZONIS, M. (Hrsg.), The Political Elite of Iran, Princeton 1976.

Aufsätze aus Sammelwerken und Fachzeitschriften

ABDEL KHALEK, G., The Open Door Economic Policy in Egypt: A Search for Meaning, Interpretation and Implications, in: H. Thompson, Studies in Egyptian Political Economy, (AUC), Kairo 1979.

AJAMI, F., The Struggle for Egypt's Soul, in: Foreign Policy, Sommer 1979.

AKHAVI, S., Egypt: Neo Patrimonial Elite, in: F. Tachau, Political Elites and Political Development in the Middle East, New York 1975.

ALMANEY, A., Government Control of the Press in the United Arab Republic, in: A. Wells, Mass Communications, Palo Alto 1974.

ANSARI, H., The Islamic Militants in Egyptian Politics, in: International Journal of Middle East Studies, 1, 1984.

ders., Sectarian Conflict in Egypt and the Political Expediency of Religion, in: The Middle East Journal, 2, 1984.

BAER, G., Egyptian Guilds in Modern Times, in: The Oriental Society (Nr. 8), Jerusalem 1964.

ders., Social Change in Egypt 1800-1914, in: P.M. Holt, Egypt and the Fertile Crescent 1516-1922, A Political History, 2. Aufl., London 1975.

BECHTHOLD, P., New Attempts at Arab Cooperation: The Federation of Arab Republics, 1971-?, in: Middle East Journal, 2, 1973.

BENEDICK, R.E., The High Dam and the Transformation of the Nile, in: Middle East Journal, 2, 1979.

BERGER, M., Social Basis of Political Institutions, in: A. Lutfiyya, C. Churchill (Hrsg.), Readings in Arab Middle Eastern Societies and Cultures, Paris, Hague 1970.

ders., Bürokratie und Gesellschaft im modernen Ägypten, in: P. Heintz, Soziologie der Entwicklungsländer, Köln 1962.

BEYME, K.v., Der Begriff der parlamentarischen Regierung, in: K. Kluxen, Parlamentarismus, Köln 1976.

BINDER, L., Political Recruitment and Participation in Egypt, in: J. LaPalombara, M. Weiner, Political Parties and Political Development, Princeton 1966.

BOHNER, M. (Hrsg.), Die Entwicklungstheorien - Ein Überblick, in: ders. (Hrsg.), Das Nord-Süd-Problem, Konflikte zwischen Industrie- und Entwicklungsländern, 3. bearb. Aufl. 1974.

BOWIE, L., Charisma, Weber and Nasir, in: Middle East Journal, 2, 1976.

BRÄUNLICH, E., Beiträge zur Gesellschaftsordnung der arabischen Beduinenstämme, in: Islamica Bd. 6, Leipzig 1934.

BUSSE, H., Tradition und Akkulturation im islamischen Modernismus (19./20. Jahrhundert), in: Saeculum XXVI, 1975, Heft 2 (Sonderdruck).

BÜTTNER, F., Nassers Ägypten zwischen islamischer Tradition und sozialistischer Zukunft, in: P.J. Opitz (Hrsg.), Profile und Programme der Dritten Welt, München 1970.

ders., Political Stability Without Stable Institutions. The Retraditionalization of Egypt's Policy, in: Orient, 1, 1979.

ders. u. Büttner, V., Ägypten, in: Nohlen/Nuscheler (Hrsg.), Handbuch der Dritten Welt, 2 Bde, Hamburg 1976.

CANTORI, L., Egypt at Peace, in: Current History, Januar 1980.

CHAPLIN, D., Libya - Military Spearhead Against Sadat?, in: Military Review 11, 1979.

COOPER, M., The Demilitarization of Egyptian Cabinet, in: International Journal of Middle East Studies, 14, 1982.

CRECELIUS, D., Al-Azhar in the Revolution, in: The Middle East Journal, No. 20, 1966.

DAVIES, H., The Legal and Constitutional Problems of Independence, in: P. Judd (Hrsg.), African Independence, New York 1963.

DEKMEJIAN, R.H., The U.A.R. National Assembly - A Pioneering Experiment, in: Middle East Studies, 4, 1968.

DESSOUKI, A., The Shift in Egypt's Migration Policy: 1952-1978, in: Middle Eastern Studies, 1, 1982.

DEUTSCH, K.W., Social Mobilization and Political Development, in: American Political Science Review, September 1961.

ders., Soziale Mobilisierung und politische Entwicklung, in: W. Zapf, Theorien des sozialen Wandels, 4. Aufl., Königstein/Ts. 1979.

DIAS, P.V., Der Begriff 'Politische Kultur' in der Politikwissenschaft, in: D. Oberndörfer (Hrsg.), Systemtheorie, Systemanalyse und Entwicklungsländerforschung, Berlin 1971.

EL-SAYED, A.L., The Role of the 'Ulama' in Egypt during the Early Nineteenth Century, in: P.M. Holt, Political and Social Change in Modern Egypt, London 1968.

ENDE, E., Das geistige und religiöse Leben der Gegenwart, in: H. Schamp, Ägypten, a.a.O.

ENDRUWEIT, G., Elitebegriff in den Sozialwissenschaften, in: Zeitschrift für Politik, Jg. 26, Heft 1, März 1979.

ENTERLIS, I., Nasser's Egypt: The Failure of Charismatic Leadership, in: Orbis, 2, 1974.

FISHER, W., Egypt, in: The Middle East and North Africa, London 1979.

GASPARD, J., Damascus After the Coup, in: New Middle East No. 28, London, Januar 1971.

GHONEMY-EL, M., Economic and Institutional Organization of Egyptian Agriculture since 1952, in: P.J. Vatikiotis (Hrsg.), Egypt Since the Revolution, New York 1968.

GLAGOW, R., Das Oktoberpapier - Dokument eines neuen Ägypten, in: Orient, 2, 1974.

ders., Einige Aspekte der gegenwärtigen politisch-ideologischen Diskussion in Ägypten, in: Orient, 1, 1975.

ders., Die ägyptische arabische sozialistische Union im Wandel, in: Orient, 4, 1975.

ders., Neue Perspektiven in der ägyptischen Innen- und Wirtschaftspolitik, in: Orient 2, 1975.

ders., Die Resolutionen und Empfehlungen der III. Nationalkonferenz der ASU vom 25. Juli 1975, in: Orient, 4, 1975.

ders., Ägypten seit der Juli-Revolution von 1952, in: H. Schamp, Ägypten, Das alte Kulturland am Nil auf dem Weg in die Zukunft, Tübingen 1977.

ders., Die Wiedereinführung des Parteiensystems in Ägypten, in: Orient, 4, 1976.

GOLDSCHMIDT, A., Jr., The Egyptian Nationalist Party: 1892-1919, in: P.M. Holt, Political and Social Change in Modern Egypt, London 1968.

GREEN, T., Egypt, in: S. Head (Hrsg.), Broadcasting in Africa, Philadelphia 1974.

GROSSMANN, B., Orientalische Despotie, Über einen neuen Beitrag zur Deutung des totalen Staates, in: H.D. Ortlieb (Hrsg.),

Hamburger Jahrbuch für Wirtschafts- und Gesellschaftspolitik, Hamburg 1958.

HAARMANN, U., Das islamische und christliche Ägypten, in: H. Schamp, Ägypten, Das alte Kulturland am Nil auf dem Weg in die Zukunft, Tübingen 1977.

HADDAD, G.M., The Arabic Revolt: Comparisons and Comments, in: The Muslim World, Okt. 1964, Nr. 4.

HAIM, S.G., Sayyid Qutb, in: Asian and African Studies, 16, 1982.

HAJJAJ, A., Zur inneren Stabilität und außenpolitischen Handlungsfreiheit Ägyptens, in: Aus Politik und Zeitgeschichte, April 1977.

ders., Der Bruch mit dem Nasserismus in Ägypten, in: Europa Archiv 29, 1974.

HANAFI, H., The Relevance of the Islamic Alternative in Egypt, in: Arab Studies Quarterly, 1, 2, 1982.

HARIK, I.F., Mobilization Policy and Political Change in Rural Egypt, in: ders., R. Antonn, Rural Politics and Social Change in the Middle East, London 1972.

HEAPHEY, I., The Organization of Egypt, Inadequacies of a Nonpolitical Model for Nation-Building, in: World Politics, No. 2, Januar 1966.

HELEK, W., Das vorislamische Ägypten, in: H. Schamp, Ägypten, Das alte Kulturland am Nil auf dem Weg in die Zukunft, Tübingen 1977.

HERMENS, F.A., Wildenmann, R., Politische Wissenschaft, in: Handwörterbuch der Sozialwissenschaften, Bd. 8, Tübingen 1964.

HOTTINGER, A., Der Machtkampf in Ägypten nach dem Tod Nassers, in: Europa Archiv, 16, August 1971.

ders., Präsident Sadats Friedensoffensive. Ein Dialog mit Mißverständnissen, in: Europa Archiv, Februar 1978.

HUMPHREYS, R., Islam and Political Values in Saudi Arabia, Egypt and Syria, in: Middle East Journal, 1, Winter 1979.

HUNTINGTON, S.P., Politische Entwicklung und politischer Verfall, in: M. Jänicke (Hrsg.), Politische Systemkrisen, Gütersloh 1973.

IBRAHIM, S.E., Anatomy of Egypt's Militant Islamic Groups: Methodological Note and Preliminary Findings, in: International Journal of Middle East Studies, 12, 1980.

IBRAHIM, I., Der Aufstieg des Nationalismus, in: F. Büttner (Hrsg.), Reform und Revolution in der islamischen Welt, München 1971.

ISRAELI, R., The New Wave of Islam, in: International Journal, Nr. 3, Jerusalem 1979.

JABLONSKY, W., Die militärische Sicherheit Israels und der ägyptisch-israelische Friedensvertrag, in: Europäische Wehrkunde, 6, 1979.

JONES, C., The New Egyptian Constitution, in: The Middle East Journal, Nr. 4, Sommer 1956.

KALTEFLEITER, W., Politische Form, in: R. Wildenmann (Hrsg.), Ein Leben für die Demokratie, Festschrift zum 70. Geburtstag von F.A. Hermens, Berlin 1976.

KASTER, H.L., Aussichten der ägyptischen Revolution, in: Außenpolitik, 2. Halbjahr, Stuttgart 1954.

KEDOURI, E., Sa'ad Zaghlul and the British, in: A. Hourani (Hrsg.), St. Antony's Papers, No. II, Middle Eastern Affairs, London 1961.

KENDALL, P.L., Der ambivalente Charakter des Nationalismus bei ägyptischen Akademikern, in: P. Heintz, Soziologie der Entwicklungsländer, Köln 1962.

KENNY, L., The Khedive Ismail's Dream of Civilization and Progress, in: Muslim World 1965.

KERR, M.H., The Emergence of a Socialist Ideology in Egypt, in: Middle East Journal, Vol. 16, No. 2, 1962.

KLÖWER, G., Genossenschaftswesen in Ägypten, in: Internationales Afrika Forum, 2, 1978.

ders., Spatzker, M., Das ägyptische Dorf im sozialen Wandel, in: Internationales Afrika Forum, 2, 1978.

KÖHLER, W., Die Wiedereröffnung des Suez-Kanals, in: Orient, Juni 1975.

KOHN, H., Die neuen Verfassungen im Vorderen Orient, in: Jahrbuch des öffentlichen Rechtes der Gegenwart, Bd. 20, Tübingen 1932.

KÖNIG, R., Institution, in: Fischerlexikon Soziologie, Bd. 10, 1958.

KRAMER, T., Neuere Geschichte Ägyptens, in: H. Schamp (Hrsg.), Ägypten. Das alte Kulturland am Nil auf dem Weg in die Zukunft, Tübingen 1977.

LANDAU, J.M., Prolegomena to a Study of Secret Societies in Modern Egypt, in: Middle Eastern Studies, Heft 1, Januar 1965.

LERNER, D., Eine Bemerkung zum ambivalenten Nationalismus und zur politischen Identität, in: P. Heintz, Soziologie der Entwicklungsländer, Köln 1962.

ders., Die Modernisierung des Lebensstils: eine Theorie, in: W. Zapf (Hrsg.), Theorien des Sozialen Wandels, 4. Aufl., Königstein/Ts. 1979.

LITTLE, T., Nasser and the Cold War Strategy, in: Middle East Forum, No. 4, April 1959.

MANSFIELD, P., Wind of Change in Egypt, in: Middle East International, September 1976.

MAREI, S., Political Evolution from the One-Party to the Multi-Party System, in: A. Dessouki, Democracy in Egypt, Kairo 1978.

MASKAT, A., Egyptian Attitudes Towards the Peace Process: Views of an 'Alert Elite', in: The Middle East Journal, Sommer 1983.

MATTES, H., Züfle, W., Ägypten, in: D. Sternberger, u.a., Die Wahl der Parlamente, Bd. II, 1. Halbbd., Berlin, New York 1978.

McCLOSKY, H., Political Participation, in: International Encyclopaedia of the Social Sciences, Vol. XII, Ausgabe 1968.

MENOUFI, K., Occupational Status and Mass Media in Rural Egypt, in: International Journal of Middle East Studies, 13, 1981.

MURANYI, M., Ägypten, in: Ende, W., Steinbach, U. (Hrsg.), Der Islam in der Gegenwart, München 1984.

NEWMAN, K.J., Papst, Kaiser, Kalif und Basileus, Eine Untersuchung über Ursprünge der autoritären Staatspraxis, in: Politische Vierteljahresschrift, März 1963, Heft 1.

NIE, N.H., Powell, G.B., Jr., Prewitt, K., Social Structure and Political Participation: Developmental Relationships, in: The American Political Science Review, Juni 1969, Teil 1, September 1969, Teil 2.

NIEMEYER, G., The Structure of Total Power, in: The Review of Politics, Vol. 20, 1958, No. 2.

NUSCHELER, F., Bankrott der Modernisierungstheorien?, in: Nohlen, D., Nuscheler, F. (Hrsg.), Handbuch der Dritten Welt, Bd. 1: Theorien und Indikatoren von Unterentwicklung und Entwicklung, Hamburg 1974.

O'BRIEN, P., The Long-Term Growth of Agricultural Production in Egypt: 1821-1962, in: P. Holt, Political and Social Change in Modern Egypt, London 1968.

ders., Nasser's Economic Legacy, in: The New Middle East, Sept. 1971.

O'KANE, J., Islam in the New Egyptian Constitution: Some Discussions in al-Ahram, in: Middle East Journal, 2, Spring 1972.

ORGANSKI, A., Rezensionsartikel, in: The American Political Science Review, No. 3, Sept. 1969.

OWEN, E.R., The Attitudes of British Officials to the Development of the Egyptian Economy 1822-1922, in: M. Cook, Studies in the Economic History of the Middle East, London 1970.

ders., Die islamischen Erfahrungen Lord Cromers und ihr Einfluß auf die britische Ägyptenpolitik 1883 bis 1907, in: Albertini, R.v., Moderne Kolonialgeschichte, Köln 1970.

PAWELKA, P., Von Nasser zu Sadat: Ägypten heute, in: Landeszentrale für Politische Bildung Baden-Württemberg, Brennpunkt Mittelost, Stuttgart 1981.

PENNINGTON, J.D., The Copts in Modern Egypt, in: Middle Eastern Studies, April 1982.

PYE, L.W., Armies in the Process of Political Modernization, in: J.J. Johnson (Hrsg.), The Role of the Military in Underdeveloped Countries, Princeton 1962.

ders., Introduction, in: ders., Verba, S. (Hrsg.), Political Culture and Political Development, Princeton 1965.

ders., Political Culture, in: Sills, D.L. (Hrsg.), International Encyclopaedia of the Social Sciences, Vol. XII, 1968.

ROSEN, S., Fukuyama, F., Egypt and Israel after Camp David, in: Current History, 1, 1979.

RUBINSTEIN, A., The Egypt of Anwar Sadat, in: Current History, Januar 1977.

SALEM-BABIKIAN, N., The Sacred and the Profane: Sadat's Speech to the Knesset, in: Middle East Journal, 1, 1980.

SALIBA, N., The Decline of Nasirism in Sadat's Egypt, in: World Affairs, No. 1, Summer 1975.

SCHMIDT, B., Ägypten: Zur wirtschaftlichen Notwendigkeit des Friedensschlusses, in: Internationales Afrika-Forum, 3, 1979.

SCHULZ, R., Wie modern ist die Kairoer Gesellschaft, in: Orient, 3, 1972.

SILBERMANN, A., Massenkommunikation, in: König, R. (Hrsg.), Handbuch der empirischen Sozialforschung, Bd. 10, 2., völlig neubearb. Aufl., Bd. II, Stuttgart 1977.

SPRINGBORG, R., Patterns of Association in the Egyptian Politial Elite, in: G. Lenczowski (Hrsg.), Political Elites in the Middle East, Washington D.C. 1975.

ders., Professional Syndicates in Egyptian Politics, 1952-1970, in: International Journal of Middle East Studies, Vol. I, 1978.

SRADJ, N. u. M., Die Verfassung der VAR vom 25. März 1964, in: Verfassung und Recht in Übersee, 4, 1970.

STARN, R., Historische Aspekte des Krisenbegriffs, in: Jänicke (Hrsg.), Politische Systemkrisen, Gütersloh 1973.

STEPPAT, F., Der Muslim und die Obrigkeit, in: Zeitschrift für Politik, Bd. 12, 1965.

ders., Nationalismus und Islam bei Mustafa Kamil, in: Die Welt des Islam, IV (1956).

TIBI, B., Die Wiederentdeckung der ägyptisch-nationalen Identität, Ägyptens Lösung vom Panarabismus unter Sadat, in: Orient, 3, 1978.

ders., Armee und sozialer Wandel in Nordafrika, in: Afrika-Spektrum, Bd. 6, 1971.

TORREY, G.H., Instability in Syria, in: Current History, Januar 1970.

VATIKIOTIS, P.J., Dilemmas of Political Leadership in the Middle East: The Case of the UAR, American Political Science Review, März 1961 (1).

ders., Some Political Consequences of the 1952 Revolution in Egypt, in: P. Holt, Political and ..., a.a.O.

VERBA, S., Comparative Political Culture, in: L.W. Pye, S. Verba (Hrsg.), Political Culture and Political Development, Princeton 1965.

VIGNEAU, J., The Ideology of the Egyptian Revolution, in: W. Laqueur (Hrsg.), Middle East in Transition, New York 1958.

VRIHOF, P.H., Was ist Religionssoziologie, in: R. König (Hrsg.), Kölner Zeitschrift für Soziologie und Sozialpsychologie, Sonderheft 6, 1962.

WARBURG, G., Islam and Politics in Egypt: 1952-80, in: Middle Eastern Studies, 2, April 1982.

WARRINGER, D., Land Reform in Egypt and its Repercussions, in: International Affairs, Vol. XXIX, No. 1, London, Januar 1953.

WATERBURY, J., Endemic and Planned Corruption in a Monarchial Regime, in: World Politics, Juli 1973.

WATT, W.M., Muhammad, in: P. Holt, A. Lambton, B. Lewis (Hrsg.), The Cambridge History of Islam, Vol. 1, London 1970.

WEBER, M., Politik als Beruf, in: ders., Gesammelte Politische Schriften, 3. Aufl., Tübingen 1971.

WEISS, D., Ägypten vor dem 'Marshall-Plan', in: Orient, 4, 1979.

WIEDENSOHLER, G., Zum Entwurf eines neuen ägyptischen Arbeitsgesetzes, in: Orient, 1, 1970.

WISSMANN, H.v., Bauer, Nomade und Stadt im islamischen Orient, in: R. Paret (Hrsg.), Die Welt des Islam und die Gegenwart, Stuttgart 1961.

ZAYID, M., The Origins of the Liberal Constitutionalist Party in Egypt, in: P.M. Holt, Political and Social Change in Modern Egypt, London 1968.

ZOLONDEK, L., al-Ahram and Westernization: Socio-Political Thought of Bisharah Tagla (1853-91), in: Die Welt des Islam, Vol. XII, Nr. 1-3, 1969.

Zeitungen und Zeitschriften

AL-AHRAM vom 21.08.1974 und vom 21.10.1975.

AN-NAHAR, Arab Report and Memo, 13. April 1981.

ARAB WORLD WEEKLY, 18. September 1971.

ECONOMIST, 26.11.1977.

EL-GUMHURIYA, 17. September 1958.

FINANCIAL TIMES, 30. Juli 1979.

INTERNATIONAL Herald Tribune vom 26.1.1979.

MIDDLE EAST AFFAIRS, III., Februar 1956.

NEUE ZÜRCHER ZEITUNG vom 11.02.1974, 30.10.1976.

NEW YORK TIMES, 17.11.1952, 29.10.1976, 12.11.1976.

THE WORLD TODAY, Februar 1955, Vol. XI.

THE EGYPTIAN GAZETTE, Kairo, 3. August 1952.

0. Tabellen- und Schaubilderverzeichnis

Schaubild